Personal Quality
Assessment

作 者 简 介

　　赵琛徽，男，1970年10月生，北京大学光华管理学院博士，中南财经政法大学教授、工商系副主任、硕导组长，国际人力资源研究所所长，兼任湖北省人力资源学会副秘书长、中南民族大学和浙江工贸学院教授、上市公司六国化工（600470）管理顾问，为近百家企事业单位人力资源管理转型提供过咨询服务工作。近五年来，在《中国人力资源开发》、《中国行政管理》、《中国工业经济》等国家级权威学术杂志上发表论文50余篇，出版专著和译著各一部，主编和参编教材四部，主持含国家社科基金项目在内的省部级以上课题七项，教学研究成果获湖北省一等奖，科研成果获国家人事部一、二、三等奖各一次。

管理学通用教材

MANAGEMENT

人员素质测评

Personal Quality Assessment

主 编 赵琛徽

副主编 黄化锋 周新军

WUHAN UNIVERSITY PRESS

武汉大学出版社

总　序

经济全球化、新技术革命及过度竞争不仅改变了 21 世纪企业的生存基础，而且也给中国高等教育带来了新的发展机遇和挑战。在我国现行教育状况下，专业范围和专业训练过于狭窄，使得学生在进行综合思考和知识创新方面存在局限。虽然职能化和专业化在企业业务决策和管理中具有十分重要的作用，然而，面对日益复杂的市场竞争环境以及职业发展的更高需要，通才才是最好的专才。为此，有必要摒弃业已陈旧的人才培养模式、狭窄的课程设置和落后的教学内容，对工商管理类各专业的培养目标、培养模式、课程设置、教学内容和教学手段等进行一系列重大改革，以宽口径、厚基础、高素质、重能力为原则，把培养面向现代化、面向世界、面向未来、基础扎实、知识百宽、综合素质高、富有创新意识和开拓精神以及良好职业道德的高层次管理人才作为我们办学的重要使命。

教材建设作为本科教学的一项基本任务，体现着教学改革和教学水平的主要方面。为了将学生培养成应用型、融通性、开放式的通才型专才，我们精心挑选"国际贸易理论与实务"、"商品流通概论"、"电子商务"、"战略管理"、"人力资源管理"、"物流管理概论"、"管理科学概论"、"中国农业与农村经济"及"旅游学"等专业基础课作为管理类各专业通修课程，期望通过这一举措将本科教学改革和教育水平推进到一个新高度。

这套系列教材的鲜明特色主要表现在以下四个方面：

1. 系统性。这些课程选自管理类专业的专业基础课，较为全面地反映了管理类专业的知识体系与课程精华。企业——作为一个有机整体，决策的基本单元是企业本身，至于企业内部各职能部门——作为企业整体的一个不可分割的组成部分，其决策必须符合企业整体的生存与发展需要。鉴于大多数工商管理类专业属于职能性专业，故其在课程设置及课时安排上各有自己的不同侧重，其结果将不利于学生在今后职业生涯中全面发展。本套教材针对的这些课程则在很大程度上弥补了各专业在课程设置及培养目标上存在的先天性局限。

2. 专业性。基于企业的基本现实及企业管理的基本需要，一次性地将管理各主要专业的主要基础课程对管理各专业进行通识教育，不仅开阔了学生的专业视野，而且还为学生进一步学好各专业课程奠定了厚实的知识基础。这意味着，随着各个学科课程共性的进一步提高，各专业的特殊性不仅没有削弱，反而还会变得更具纵深性，各专业间的学习交流与互动变得更加切实可行。

3. 先进性。这些课程的教材编写者都是相关专业的教学科研骨干，对所选课程的体系和内容都进行了系统性更新，吸收了国内外最新理论成果。培根说"知识就是力量"，但德鲁克说得更好："分享的知识才有力量。"在科技发展日新月异、知识更新不断加速的今天，对最新的理论知识进行系统性分享的有效途径之一就是将之编入新版教材，只有这样，才能确保新的知识能得到更大范围及更高程度的及时传播、学习、吸收与运用。

4. 成熟性。本系列教材按照国际上各专业教材的通行标准和体系，结合中国的具体实际，在结构上进行了很好的取舍和调整，使得教材体系变得更加清晰，特点也更加突出。

本系列教材适用于我国全日制本专科学生相关课程教学及理论研究。因时间紧促及能力所限，一定还存在着这样那样的漏洞和错误，故而诚心恳求各位读者批评指正。本系列教材在组稿及撰写过程中，参考了国内外同行大量的研究资料、数据、图表和理论观点，在此，向各位作者及作品出版单位表示诚挚的感谢。本套系列教材在组稿、编写及出版过程中，得到了武汉大学出版社范绪泉博士的大力支持与帮助，没有他的辛勤劳动与汗水，这套系列教材很难这么快地问世。在此，我代表作者对他的敬业精神表示最真诚的敬意与谢意。

张新国

2008 年 3 月于武汉

前　言

　　人类已跨越农业经济时代，飞跃到工业经济时代最辉煌的巅峰，并昂首跨入知识经济时代。人作为能动的生产要素，不仅是知识、信息和科学技术的载体，而且是人类全部知识的发现者、创造者、传播者和使用者。从这个意义上讲，知识经济乃人才经济，即以高素质的人力资源为依托的经济。在知识经济时代，掌握了高新技术和具有现代化管理理念的人力资源将成为企业的战略性资源，一个拥有持续创新能力和大量高素质人力资源的企业，将具备形成核心竞争能力、赢得持续性竞争优势的巨大潜能；一个缺少高素质人力资源、缺少对市场环境变化的识别能力、响应能力和创新能力的企业，不仅将失去知识经济带来的机遇，而且将被市场无情地淘汰。放眼天下，全球范围内企业实力的竞争和座次的排定，实质上是人才的竞争即人力资本运营的竞争。面对未来的竞争，企业最需要的，也是最为缺乏的就是高素质的人才，谁拥有高素质的人才，谁拥有丰富而不可复制、不可模仿的人力资本，谁能高效地运营这些人力资本，谁就拥有自己的核心竞争能力，谁就能在波涛汹涌的市场大潮中打造一艘永不沉没的航空母舰。

　　人类的素质，是人成为万物之灵的基础，素质的研究与测评，在人类社会中具体悠久的历史。孔子把人的智力分为上、中、下三等，三国时期的刘劭则根据心理素质与智能素质把人区分为圣贤、豪杰、傲荡、拘懦，他认为："心小志大者圣贤之伦也；心大志大者豪杰之隽也；心大志小者傲荡之类也；心小志小者拘懦之人也。"刘劭在对人的素质进行了研究与分类的基础上，还提出了一系列测评素质的方法论原则。而诸葛亮在《心书》中亦提出素质测评的基本方法，他说："问之以是非以观其志；穷之以词以观其变；咨之以计谋以观其识；告之以祸难以观其勇；醉之以酒而观其性；临之以刑而观其廉；期之以事而观其谋。"

　　"你也许能教会一只火鸡去爬树，但还是找一只松鼠来得容易一点。"由此可知，人员素质测评是人力资源管理工作中一个至关重要的环节。能否对人员素质作出准确的评价，能否选拔优秀的人才加入到组织中来，对企业的发展至关重要，正如现代管理学之父彼得·德鲁克所说："没有任何决策比用人决策的影响更深远。"

　　企业兴旺之要，唯在得人，得人之道，在于知人。古人亦云："人之难知，江海不足喻其深，山谷不足以配其险，浮云不足以比其变。"因此过去那种单凭经验选人、评价人的方法已不再适合新时期对人才的需要了，迫切需要构建系统而又科学的人员素质测评体系。

素质驱动行为，行为产生绩效。首先，在任何一个组织，认识人和管理人从来都是相辅相成的。柳传志说："办企业就是办人，"只有对组织成员的人性结构，素质结构和能力结构有充分的认识和了解，才能真正做到有的放矢地选拔人、培训人、管理人、激励人，从而把人工成本变为人力资产。汉高祖刘邦在总结以弱胜强打败项羽的经验教训时说："夫运筹帷幄之中，决胜于千里之外，吾不如子房；镇国家、抚百姓、给粮饷、不绝粮道，吾不及萧何；连百万之军，战必胜、攻必取，吾不如韩信。此三者，皆人杰也，吾能用之取天下也。"这一经典案例说明，在一个组织中，要善于管理人才，首先要有知人之明。知人之明，是善用人的前提条件，才不会瞎指挥。如果刘邦任命萧何带兵打仗，韩信管理钱粮，就难以战胜项羽，从而奠定汉王朝数百余年的基业。

另外，素质测评也是个体全面了解和认识自己，进行正确的择业和定位，进行恰当的职业生涯规划和开发的基础。认识自己，把握自己，这是热爱生命的现代人终生不倦的追求。古希腊哲学大师苏格拉底曾说："真正认识自己的人，才是最有力量的人。"每个人都渴望成功，每个人都渴望生命美丽而精彩，但是，如果一个人不能认识自己的现在和未来，不能理性地认识自己的长处与短处、优势与劣势，不知道什么职业适合自己，不知道怎样设计才容易事业有成，他就不可能成为一个最有力量的人，不可能获得成功的前提条件，从而在实现自我的过程中实现组织目标和社会目标。

显而易见，人员素质测评体系是现代社会的"伯乐"，它不仅为组织进行科学的人事决策和人力资源管理提供客观的依据，而且对于个体正确地认识自己和确保其在人生的道路上走向成功与辉煌，提供了全面的信息支持，在人与人之间、人与岗位之间、人与组织之间架起了一座对应的金桥。

本书共有十一章，第一、二、三章着重于理论的阐述，介绍了素质测评的概念和发展历程、素质测评的基本原理、测评指标体系的建构，该部分力求简洁、清楚和透彻；第四、五、六、七、八章系统介绍了履历分析、心理测验、纸笔测验、面试及其应用、评价中心等素质测评的方法，该部分力求全面、详细和准确；第九、十、十一章重点介绍人员素质测评的组织实施、质量控制以及素质测评报告的撰写与应用，突出强调如何进行素质测评设计以及如何应用测评报告，该部分力求实用、科学和清晰。在教材的编写过程中，由赵琛徽提出写作框架和大纲，并具体负责教材组织的编写工作。其中第一章由杨俊杰和王聪负责，第二章由赵琛徽和雷琳负责，第三章由梁步菁负责，第四章由易宏煊负责，第五章由田蕾负责，第六章由李佩和赵琛徽负责，第七章由黄化锋负责，第八章由王军伟负责，第九章由孔丽萍和赵琛徽负责，第十章由周新军负责，第十一章由雷琳和王军伟负责，教材的编纂、统稿由赵琛徽、黄化锋和周新军负责。

　　本书在写作过程中，参阅和引用了国内外许多专家学者的著作和研究成果，没有这些专家学者的开拓性工作，本书就难以问世，在此谨向那些在素质测评研究上作出过贡献的学术先驱们表示深深的谢意。非常感谢国内测评界的翘楚上海诺姆四达公司及公司董事长苏永华先生，该公司提供的素材和实测案例为本书增色不少。本书得以与广大师生及读者见面，还与武汉大学出版社范绪泉、辛凯先生的职业素质和敬业精神密不可分。范绪泉、辛凯先生对本书的创造性建议和辛勤编辑劳动，对作者的支持和鼓励，令人十分感动。还要借此机会感谢所有支持我们工作和学习的老师、同学、同事和朋友们，在这里我们无法用自己贫乏的语言来述说自己的感激之情，惟望在今后的人生道路上，用更加努力的工作和学习，报答师长于我们的关爱，答谢好友于我们的支持，感谢学生于我们的活力，回报社会于我们的慷慨。

　　惟余浅陋，学识所囿，书中恐有诸多不逮之处，敬请专家学者匡谬斧正，恳请广大读者提出宝贵意见，使本书更臻完善。

编　者

2010 年元月

目　　录

第一章　人员素质测评导论

【学习目标】

1. 掌握素质的概念、素质的结构与素质的特点
2. 熟悉人员素质测评的概念及其各种类型的特点与流程
3. 理解人员素质测评的功能与误区
4. 了解人员素质测评的发展历程

【引导案例】

　　南部沿海某淀粉厂主营变性木薯粉，工厂规模是越做越大，但是厂长王先生有个头痛的问题，那就是厂里关键职位的人员流动太大了，给经营带来了许多不便。比如，财务管理这个岗位，半年内走了两任，每次都伴随着账面上的问题。王先生是白手起家，虽然做了多年生意，但是文化程度并不高，每次招人时都是以工作经验和学历为标准进行筛选。进来的新人一开始还可以，但是做不了多久，就开始抱怨。由于工作条件、报酬等原因，员工关系也不是很和谐，尤其是高学历的毕业生，似乎是把王先生的厂子当做实习单位，觉得没有什么可以学习的就走了。王先生把这个问题跟一位在咨询公司工作的明先生讨论，明先生开导他说高学历不等于高素质，关键是找适合企业的人才而不是找最优秀的人，办企业说到底就是办人，这包括如何引进高素质的员工，培养高素质的员工，并让高素质的员工为企业服务。只有培养与企业文化相协调的高素质员工，然后把员工的素质、能力、知识和智慧融入企业的产品中，才能使企业的产品成为市场的焦点。

　　三国时蜀主刘备举事之初，东躲西藏，先后投曹操，事吕布，依刘表，靠袁绍，未能割据一方，甚至弄得无立足之地。后有山林隐贤司马徽给他举荐卧龙、凤雏二人，说这二人之中得其一就足可以安天下，奠立百年基业。那么卧龙、凤雏为何有如此能耐，关键在于他们是经纶济世之士，不仅有丰富的天文地理知识，而且还有对大局敏锐的判断能力，以及运筹帷幄决胜千里的计谋。也就是说，他们有过人的素质，那么什么是素质呢？如何评价素质呢？

　　资料来源：赵琛徽. 员工素质测评[M]. 深圳：海天出版社，2003.

第一节　素质及相关概念释义

"素质"概念及其理论的应用经历了从内容分析到实际运用的发展过程。由于不同的研究者对于素质的内涵与外延的认识不同，因此对于"素质"到底是什么，一直以来的观点都是百家争鸣。

一、素质的概念释义

素质一词来源于英语"competency"，其意思是能力、技能。在学者的研究与企业的管理实践领域，"素质"又被称做"能力"、"资质"、"才干"等，常常与英语中的"competence"、"skill"、"ability"、"talent"等同时使用。

1. 学者的观点

美国学者莱尔·M. 斯潘塞博士和塞尼·M. 斯潘塞在所著的《工作素质：高绩效模型》一书中指出，素质是在工作或情境中，产生高效率或高绩效所必需的人的潜在特征，同时只有当这种特征能够在现实中带来可衡量的成果时，才能称做素质。基于此，斯潘塞提出了素质的冰山模型（见图1.1），即素质存在于四个领域：知识与技能、社会角色、自我形象、个性与动机。其中，在"水面上"的知识与技能相对容易观察与评价，而在"水面下"的其他特征是看不到的，必须有具体的行动才能推测出来。

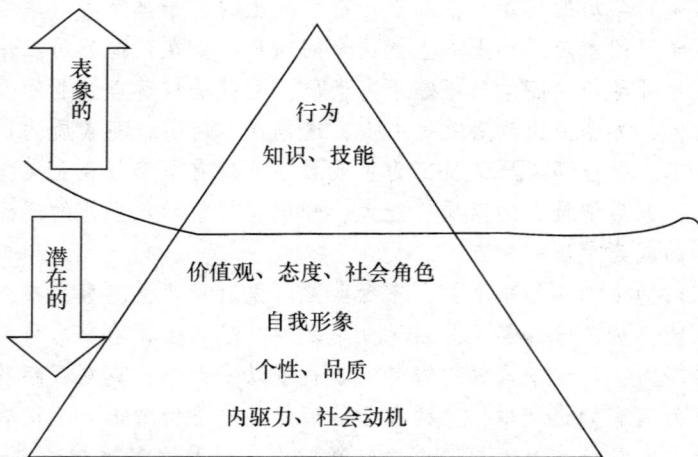

图 1.1　冰山模型

2. 社会机构的观点

20 世纪 70 年代，美国管理协会（AMA）发起了第一次大规模的素质研究活动，主要集中在"什么样的素质是成功管理者所特有的"问题上。美国管理协会的研究涉及了 1800 位管理者在 5 年中的工作表现，通过比较分析，发现了产生优秀绩效的各种特征，进而对成功管理者所需要的工作素质进行了界定，这在素质的研究史上也是第一次。美国管理协会将素质定义为"在一项工作中，与达成优良绩效相关的知识、动机、特征、自我形象、社会角色与技能"。

3. 以咨询公司为代表的企业观点

美国著名咨询公司合益公司（Hay Group）提出，素质是在既定的工作、任务、文化环境中区分绩效水平的个人特征。素质决定了一个人能否胜任某项工作或者很好完成某项任务。另外，美国美世顾问公司（Mercer Inc.）则认为，素质就是那些优秀员工比普通员工表现更为一致的行为，无须判断、假设或解释的可观察的行为（非单个行为）的集合。还有另一种观点认为，一个人的成功，关键在于能否准确识别并全力发挥个人的天生优势，这种优势是由才干、技能与知识组成的，而核心是才干，即个人所展现的自发而持久的，并且能够产生效益的思维、感觉与行为模式。

可以看到，学者、社会机构以及企业对于素质的解释与定义已然形成了鲜明的对照，每一种观点对于素质的发展与应用实践都起到了有益的作用。尽管各方的观点可谓仁者见仁、智者见智，但是，从本质上讲，其内在原理与逻辑都是基本一致的。

为了便于统一，我们认为，素质可以这样定义：

素质是驱动一个人产生优秀工作绩效的各种个性特征的集合，它反映的是可以通过不同方式表现出来的个人的知识、技能、个性与内驱力等。素质是判断一个人能否胜任某项工作的前提，是决定并区别绩效差异的个人特征。

值得注意的是素质与绩效的关系：

1. 素质是个体完成任务、形成绩效及继续发展的前提

任何一个有成就、有发展潜能的个体，都必须以良好的素质作为基础。例如，企业家经常体现出喜欢冒险、精神饱满、乐观自信、健谈开朗、雄心壮志等个体素质。

再如，直觉情感型的人更容易成为一个出色的诗人、音乐家或剧作家，而富有理性思维的人更容易成为科学家。

2. 素质只是个体成功与事业发展的必要条件而不是充分条件

没有素质是万万不行的，但有了素质也不能表明就有了一切。事业成功、发展顺利还需要许多内外部动态条件的保证，这包括个体所面临的环境和机遇等。

因此，素质与绩效、素质与发展是互为表里的关系，素质是绩效与发展的内在条件，而绩效与发展是素质的外在表现。

二、素质的常见结构模型

素质结构即素质的构成，是指构成素质的基本成分或因素以及诸因素之间的关系。对于素质结构的划分不同的学者有不同的看法，这里主要介绍三种模式：

（一）素质洋葱模型

图1.2展现了素质洋葱模型的几个核心要素，与素质的冰山模型相似的是，素质的洋葱模型由内至外说明了素质的各个构成要素具有逐渐可被观察、衡量的特点。

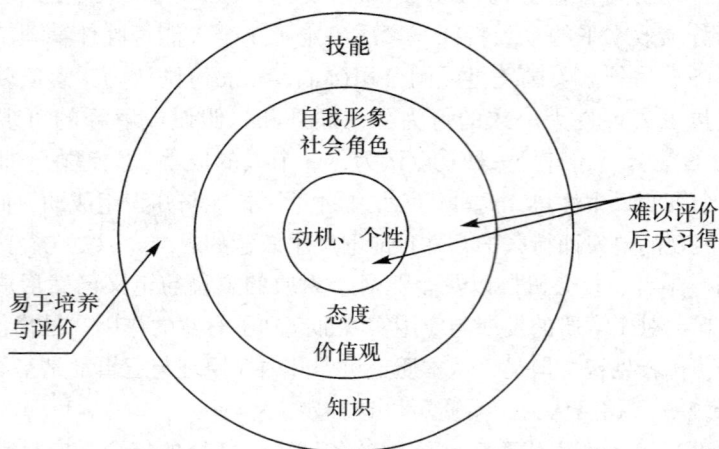

图1.2　素质洋葱模型

1. 动机

动机是推动个人为达到一定目标而采取行动的内驱力。动机会推动个人行为方式朝着有利于目标实现的方向前进，并且防止偏离。例如，具有成就动机的人常常为自己设定一些具有挑战性的目标，并尽最大努力去实现它，同时积极听取反馈，以便做得更好。

2. 个性

个性表现出来的是一个人对外部环境与各种信息等的反应方式、倾向与特性。个性与动机可以预测一个人在长期无人监督情况下的工作状态。例如，反应敏锐与灵活性是对一个飞行员的基本个性要求。

3. 自我形象与价值观

自我形象是个人自我认知的结果，它是指个人对其自身的看法与评价。一个人对自我的评价，主要来自于将自身与他人的比较，而比较的标准即他们所持有的价值观。因此这种自我形象不仅仅是一种自我概念，也是个人在价值观范畴内对这种自我观念的解释与评价。例如，自信就是一个人坚信在任何情况下自己都可以有效应付各种事情，它是一个对自我形象认知的一部分。

4. 社会角色

社会角色是指与人们的某种社会地位、身份相一致的一整套权利、义务的规范与行为模式，它是人们对具有特定身份的人的行为期望，它构成社会群体或组织的基础。个人所承担的角色既代表他对自身所具备特征的认识，也包含了他对他人期望的认识。

5. 态度

态度是一个人的自我形象、价值观以及社会角色综合作用外化的结果，它会根据环境的变化而变化。态度作为动机的反映，可以预测短期内有监督条件下的人的行为方式。例如，尊敬师长是对学生的基本要求。

6. 知识

知识是指一个人在某一个特定领域所拥有的事实型与经验型信息。例如，操作工必须了解机器设备的运转知识与操作规程以及停机维修保养的时间与周期，这是对他的基本知识的要求。

7. 技能

技能是指一个人结构化地运用知识完成某项具体工作的能力，即对某一人特定领域所需技术与知识的掌握情况。技能的运用一定会产生某个可测量的结果，这与素质本身的概念也是一致的。例如，操作工能够在遵循操作规程的前提下提高单位劳动生产率，这是对他的基本技能的要求。

(二)麦克利兰的素质模型

美国心理学家麦克利兰经过研究提炼形成了21项通用素质要项，并将21项素质要项划分为6个具体的素质族，同时依据每个素质族中对行为与绩效差异产生影响的显著程度划分为2～5项具体的素质。6个素质族及其包含的具体素质如下：① 管理族，包括团队合作、培养人才、监控能力、领导能力等；② 认知族，包括演绎思维、归纳思维、专业知识与技能等；③ 自我概念族，包括自信等；④ 影响力族，包括影响力、关系建立等；⑤ 目标与行动族，包括成就导向、主动性、信息收集等；⑥ 帮助与服务族，包括人际理解力、客户服务等。

(三)五结构体系

素质通常包括心理素质、品德素质、能力素质、文化素质和身体素质等五个方面，这五个方面并非孤立存在的，而是相互依存、相互制约的。表1.1详细展示了从心理素质、品德素质、能力素质、文化素质和身体素质等五个方面建构人员素质的结构体系。

表 1.1　　　　　　　　　　　　　　**人员素质构成**

心理素质	人格	气质、需要与动机、兴趣与情感、态度、习惯、意志等	它们相互作用, 共同形成内在的精神动力, 控制和调节着人员能力发挥大小和方向、发挥程度和发挥功效
	观念	世界观、人生观、价值观	
	自我意识	自信心、自主性、自知度	
品德素质	政治品质		
	思想品质	事业心、上进心、责任心、协作意识	
	道德品质	社会道德、职业道德	
能力素质	智力	心理年龄、比例智商、离差智商	它们相互作用, 共同形成外在的物质上的牵引力, 控制着人员可能发挥的能力
	技能	是在多种素质基础上, 经过实践锻炼形成的工作能力	
	才能		
文化素质	知识素质	知识量、知识结构的合理性、知识的更新程度	
	经验素质	人的特殊的职业感觉力	
	自学能力	掌握学习方法, 能独立地提出、分析和解决问题	
身体素质	体质	一部分是先天获得的, 一部分是后天遗传的。它是寓智之所、载德之舟, 这是其他一切素质发展的基础。	
	体力		
	精力		

三、素质的特征

(一)基础作用性

光有"素质"是不行的, 但没有素质是万万不行的。素质是个体行为发展与事业成功的必要条件, 而非充分条件。

(二)稳定性

素质并不只存在于一时一事之中, 而是体现于个体活动的全部时空之中。表现为一个人某种经常和一贯性的特点。在时间上, 素质的表现虽然偶尔间断, 但总体上却是持续的; 在空间上, 素质的表现虽然有时相异, 但总体上却是一致的。

(三)可塑性

个体的素质是在遗传、环境和个体能动性三个因素共同作用下形成和发展的, 并非天生不可变。不健全的素质可以健全起来, 成熟的素质也许会退化萎缩, 缺乏的素质可以通过实践和学习获得提高, 一般性的素质可以训练成为特长素质。

（四）内在性

虽然素质是任何个体身上的一种客观存在，但它却是一种看不见、摸不着、说不清的东西，具有隐蔽性和抽象性。

（五）表出性

素质虽然是内在的与隐蔽的，但它总会通过一定的形式表现出来。行为方式、行为过程与工作绩效是素质表现的主要媒介与途径。虽然就个别素质与个别行为来说，不一定具有一一对应的关系，但就总体来说，特定个体的特定素质都会以特定的形式表现，而特定的表现形式也反映特定个体的特定素质。即素质一般都表现在具体而实在的行为方式、行为过程与工作绩效之中。

（六）差异性

"一娘生九子，九子各不同。""一棵树上长不出两片完全相同的叶子。"素质的差异性表现在每个人的行为方式、行为过程与工作绩效之中。有人活泼好动，有人沉静敏捷，有人反应迟钝，无论是同一个体的各种素质比较，还是不同个体的同一素质比较，真可谓"横看成岭侧成峰，远近高低各不同。"

（七）综合性

同一个体的各种素质、同一素质的各种成分，作为高度统一的有机体存在于个体之中，它们相互联系、难分难割，统一作用于行为方式、行为过程与工作绩效。素质的综合性，还表现在素质对行为辐射的共同性、普遍性与全时空性。因此，对任何一个人与任何一种素质的测评，都不应该凭一时一事，而应该依据所有的行为表现进行综合评判。

（八）可分解性

素质对个体行为辐射的综合性与全时空性，并不排斥对它的可分解性。任何个体的素质都不是单一的，而是一个复杂的系统。我们要想在特定的时空下去把握所有的素质，是十分困难甚至是不可能的。我们可以先从素质的表现媒介中逐一地去认识单个的素质，然后再去把握整体的素质。

第二节 素质测评

一、素质测评的概念

狭义的素质测评是指通过量表对被测者的品德、智力、心理、技能、知识、经验进行评价的一种活动。例如，智力测验、气质测验、品德测验等都是通过问卷选择题等量表形式，来测评被测者的有关素质。

广义的素质测评，是通过量表、面试、测评中心技术、观察评定、业绩考核等多种手段，综合测评被测者的一种活动。

本书将素质测评定义为测评者采用科学的方法，收集被测评者在主要活动领域中的表征信息，针对人员素质测评目标体系作出量值或价值判断的过程，或者从表征信息中引发与推断某些素质特征的过程。也就是先测量，后评定的工作。素质测评由两部分组成：

一是"测"，主要是测评主体采用科学的方法收集被测评者在主要活动领域中行为的表征信息；

二是"评"，主要是测评主体采用科学的方法针对某一素质测评目标作出量值与价值判断，或者直接从表征信息中引发与推断某些素质特性的过程。

素质测评虽然离不开素质的测量和评价，但素质测评并不是素质测量与素质评价的机械相加，而是指一种建立在对素质特征信息"测"与"评"基础上的分析判断。在综合大量行为事实群的基础上进行整体测评，局部范围内行为事实与素质高低不一致的偶然现象，并不能否定素质测评整体把握的必然性。

这里还要注意素质测评与绩效考评的关系。它们间的区别与联系见表 1.2。

表 1.2　　　　　　　　　　　素质测评与绩效考评的对比

	区　别	联　系
素质测评	素质测评主要是对主体工作前条件的分析与确定，是对人与条件的测评，以任职资格要求为标准	二者是相辅相成的。素质测评为绩效考评提供了基础与背景，而绩效考评为素质测评提供了一种实证与补充；素质测评为人与事的配置提供科学依据，而绩效考评是对配置的优劣进行科学的检查
绩效考评	绩效考评主要是对主体工作后结果的分析与审定，主要是对事与结果的考查，以职责任务要求为标准	

二、素质测评的主要内容

人员素质测评的主要内容是个体稳定的素质特征，包括能力因素、动力因素和个人风格因素三个方面。

(一) 能力因素

能力按其来源不同，划分为科学智能和社会智能。前者来自于人与自然交往过程中的直接经验或者通过书本学习而取得的间接经验；后者则是来自于社会实践，它是通过人与人之间的交往、联系、竞争与合作来获得的。

长期以来，我国很重视科学智能的测查与开发，相对来说，对社会智能的测量与培训重视不够。而事实上，科学智能和社会智能对人的工作、生活都是非常重要的。对于正常人来说，都具有一定的科学智能和社会智能，但是不同人所具有的这两种智能的水平差异是很大的。这两种智能拥有程度的不同将会影响一个人的职业类型及其相应的成就，见表 1.3。

表 1.3　　　　　　　　　　**智能结构与职业类型的关系**

智能结构组合	职业类型
科学智能高，社会智能低	技术、工程、研究等专业性的工作
科学智能低，社会智能高	管理、公关、商人、中介人、经纪人等
科学智能高，社会智能高	高级管理人才
科学智能低，社会智能低	非技术性、非关键性、普通人均能胜任的工作

科学智能与社会智能可以进一步分解为以下各种能力，见表 1.4。

表 1.4　　　　　　　　　　**各种智能所对应的能力**

科学智能	研究能力、分析能力、判断能力、推理能力、学习能力、观察能力、思考能力、规划能力、空间能力、记忆力、联想力等
社会智能	说服能力、交涉能力、社会交往能力、观察能力、适应能力、协调能力、沟通能力、人际关系能力、用人授权能力等
科学智能＋社会智能	指挥能力、预测能力、竞争能力、开拓能力、应变能力、决策能力、管理能力、领导能力、控制能力（还包括以上两项之和）

对于管理者来说，有时社会智能甚至比科学智能还重要。美国著名教育家戴尔·卡耐基在调查了无数的明星巨商、军政要员之后，得出了这样的结论：一个人事业上的成功，只有 15% 是由于他的专业技术（科学智能），另外 85% 要靠人际关系、处世技巧。越是高级管理人员，其人情、见识也越高，这里的人情见识就是我们所说的社会智能素质。表 1.5 形象地说明不同层级管理人员对不同的智能所需要的程度。

表 1.5　　　　　　　　　　**不同层级管理人员的智能结构**

管理人员	人情、见识	技术
高级	高	低中
中级	中	低中
低级	低	高

北京大学梁钧平教授提出了一个引人入胜的观点，"智商令人受聘，情商令人升职。"情商(EQ)是指个体的自我意识能力、自我控制能力、对自己情绪的了解、对他人情绪的了解、自信与自我激励、专注力、社交能力。每个职位需要不同的情商。例如，一个跨文化的战略联盟企业的CEO，应具备冲突管理的社交能力。一个改制企业的CEO应具备同理心和鼓动变革的能力。很显然，这里的情商更多地表现为社会智能。

(二)动力因素

任何一个人要取得成功，不仅要有一定的能力水平，而且要有一定的内在动力，即他愿意做，只有很想在某方面干点事出来，这时即使他能力水平较低，往往比能力强而不愿意做的人更能把事情干好。在现代人才测评技术中，心理测验中就有专门测量动力因素的工具。

在动力因素中，价值观是层次最高、影响面最广的因素。所谓价值观，就是人们关于目标或信仰的观念，它使人们的行为带有个人的一致的方向性。国外有人专门编制了测量价值观的测验，其中最著名的价值观测验把价值观分为六种类型：理论型、经济型、审美型、社会型、政治型、宗教型。

除了价值观以外，动机也是动力因素的重要成分。所谓动机是指推动一个人行为的内在原因。一个成就动机强的人往往表现得积极上进，并且最终很可能会成就一番事业；反之可能会碌碌无为，一事无成。

在动力因素中，兴趣是层次最低的因素。兴趣指的是个体对某种活动或某种职业的喜好。当人的兴趣与行为相一致的时候，可以使行为更加有效和执著；而当人的兴趣与行为不一致的时候，会影响行为的效果。

(三)个人风格因素

每个人在行动的时候总是会表现出自己所独有的行为方式，这便是个人风格因素。比如，同样做一件事，有的人说干就干，很快就完成了；而有的人则慢条斯理，但最终也保质保量地把事情完成了。

当前国外很有影响的人格测验从四个方面来考查人的行为风格：

一是从一般心理倾向(外倾性和内倾性)来考查人的行为风格。外倾的人易沟通、好交际、坦率随和；内倾的人比较缄默自持。

二是从接收信息方式(感觉和直觉)来考查人的行为风格。感觉型的人善于观察，对细节敏感；直觉型的人关注整体和事物的发展变化，思维活跃。

三是从处理信息方式(思考和情感)来考查人的行为风格。思考型的人考虑问题比较客观理智；而情感型的人考虑问题以个人情感为重。

四是从行动方式(判断和知觉)来考查人的行为风格。判断型的人善于组织和决断；知觉型的人比较开放，灵活多变。

由此可见，不同行为风格的人无论是在考虑问题的方式上，还是在解决问题的风格上，都很不一样。但是这里需要注意的是，行为风格本身并不存在好坏之分。例如，不能说外倾的风格就好，内倾的风格就不好。只有当它与具体工作联系起来的时候，才会有好坏的可能。比如，一个很内向的人去做公关工作，可能会不太适应，但让一个内向的人去做研究工作则可能比较理想。

三、素质测评的特点

人员素质测评是一项特殊的复杂的社会认知活动，其主体包括测评者和被测评对象，他们都是有灵有肉的人，这就决定了人员素质测评不同于其他形式的测评活动，归纳起来，它主要有以下几个方面的特点：

（一）人员素质测评主要是心理测量，而不是物理测量

这一特点是就素质测评的内容指向而言的。一般来讲，素质测评主要是对个体心理现象的测量，包括能力、兴趣、性格、气质及价值观等。当然身高、体重有时也列入测量范围，但不是主要方面。

美国心理学家特尔曼曾对 800 名男性成人进行测评，发现其中成就最大的 20% 与成就最小的 20% 两组人之间，最明显的差异是他们在心理素质上的差异。成就最大组，主要在进取心、意志力、兴趣和坚持性方面，明显高于成就最小组。这说明素质测评的重点是心理测量，其测量对象具有内在性、隐蔽性和无形性的特点。而物理测量是对看得见、摸得着、说得清的有形实体的测量，因此，相对于物理测量来说，心理测量就复杂艰巨得多。

（二）人员素质测评是抽样测量，而不是整体测量

从理论上讲，当人员素质测评实施时，涉猎的范围越广，收集的相关信息越充分、越全面，测评结果就越有效和越具体客观。但在实际操作中，任何一项测评的主持者，在有限时间内都不可能掌握被测评者素质的全部表征信息，只能本着"部分能够反映整体"的原理，对测评要素进行抽样，保证样本的足够多及其足够的代表性，从样本的测量结果来推断全部待测评内容的特征。

（三）人员素质测评是相对测量，而不是绝对测量

任何测评从测评的实施主观愿望来讲，都力求尽量客观地反映被测者素质的实际状况。但由于人员素质测评是对人的测评，测评的主观性决定素质测评必然会存在误差。一方面，测评方案的设计及测评活动的实施都是凭借施测人的个人经验进行的，而不同的施测人对测评目标的理解、测评工具的使用及测评结果分数解释，都难免带有个人色彩，不可能完全一致；另一方面，作为测评对象的人，其素质是抽象模糊的，其构成是极为复杂的；三是测评工具亦有一定的局限性。

德国物理学家海森堡在 1927 年提出了物理学中的测不准原理，那么在人员素质测评中测不准关系更为显著。这就是说，人员素质测评既有测准的一面，也有测

不准的一面。当然，随着人类认识自身能力的提高及测评技术的发展，人员素质测评将逐步摆脱测不准的状态，逼近测准的状态。

（四）人员素质测评是间接测量，而不是直接测量

这一特点是由素质的特点决定的。素质是隐藏在个体身上的客观存在，是一种内在抽象的东西，是看不见的，摸不着的乃至说不清的，但素质并不神秘，它具有一定的表出性，即素质可以通过人的行为表现出来，素质和行为之间存在一系列中介物。我们不可能对素质本身进行直接测量，但可以通过表现的行为特征进行间接的推测和判断。

第三节　人员素质测评的类型

素质测评的类型，按不同的标准有不同的划分。从测评的目的和用途来看，有选拔性测评、配置性测评、开发性测评、诊断性测评和考核性测评。

一、选拔性测评

选拔性测评是一种以选拔优秀人员为目的的素质测评。它的操作流程见图1.3。

如公务员考试就是一种选拔性测评，其目的是选拔出解决问题能力较强，对政策敏感性高的人员，其中的行政能力测试和申论可以充分区分应考者的这些素质差异，考试后的分数线区分出优秀者和非优秀者。

选拔性测评与其他类型的测评相比，其主要特点有四个：

（1）整个测评特别强调测评的区分功用，即要把不同素质、不同水平的人区别出来，目的是选拔优秀者。

（2）测评标准的刚性最强。选拔性测评的目的，既然是要把最优秀的求职者与一般性的合格者区分开来，那么人们对它的要求自然就非常严格，非常精确。因此，测评的标准无论合理不合理，一旦实施决不允许有丝毫变动。否则所选拔出的"优秀者"就难以取信于民。

（3）测评过程特别强调客观性。选拔性测评方法的改进过程实际上就是使其测评过程不断客观化的过程。这种客观化的明显标志就是对测评方法的信度的追求，表现为对数量化与计算机化的追求。

（4）测评指标具有灵活性：其他测评的指标都是从测评目标分解而来的，是测评标准的具体体现，选拔性测试的指标允许有一定的灵活性，以客观、便于操作与相关性为前提，甚至可以是一些表面上看起来与测评标准不相干的指标。

在进行选拔性测评操作中，必须坚持公平性、公正性、差异性、准确性与可比性等基本原则。

```
┌─────────────────────┐
│  分析合格求职者之间  │
│  的素质差异及其表征  │
└─────────────────────┘
          │
          ▼
┌─────────────────────┐
│ 从所有能够揭示求职者素质 │◄─────────┐
│ 差异的特征与标志中选定几 │          │
│ 个最主要的特征与标志     │          │
└─────────────────────┘          │
          │                      │
          ▼                      │
┌─────────────────────┐          │
│  以具体指标界定所选定  │          │
│  的主要特征与标志      │          │
└─────────────────────┘          │
          │                      │
          ▼                      │
┌─────────────────────┐          │
│  选取适当方法测评求职者  │          │
│  在每个指标上的取值      │          │
└─────────────────────┘          │
          │                      │
          ▼                      │
┌─────────────────────┐          │
│   按测评规则区分求职者   │          │
└─────────────────────┘          │
          │                      │
          ▼                      │
┌─────────────────────┐          │
│    调整数据控制误差     │          │
└─────────────────────┘          │
          │                      │
          ▼              否       │
       ╱满意否╲──────────────────┘
       ╲     ╱
          │ 是
          ▼
┌─────────────────────┐
│  报告素质测评结果，为选  │
│  拔优秀求职提供依据      │
└─────────────────────┘
```

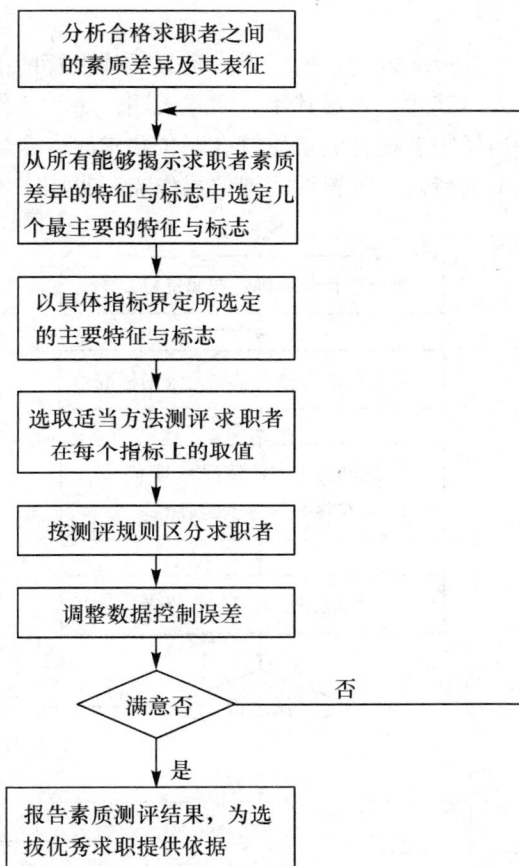

图 1.3　选拔性测评的流程图

所谓公平性原则，即要求整个素质测评过程对于每个被测平者来说，有利性相对平等。

所谓公正性原则，即要求整个素质测评过程对于每个被测评者来说，都是一致的。

所谓差异性原则，即要求素质测评既要以差异为依据，又要能够反映每个被测评者素质的真实差异。

所谓准确性原则，即要求素质测评对被测评者素质差异的反映尽可能精确，限于在允许误差范围之内。

所谓可比性原则，即要求素质测评对被测评者素质测评的结果具有纵向的可比性。

二、配置性测评

配置性测评以人事合理配置为目的。人力资源最佳发挥的前提是人事相匹，人适其事，事得其人，人尽其才，才尽其用。实践表明，每种工作职位对其任职者都有一定的基本要求，当任职者现有的素质符合职位要求时，个体的人力资源就能主动发挥，创造出高水平的绩效。配置性测评的操作流程见图1.4。

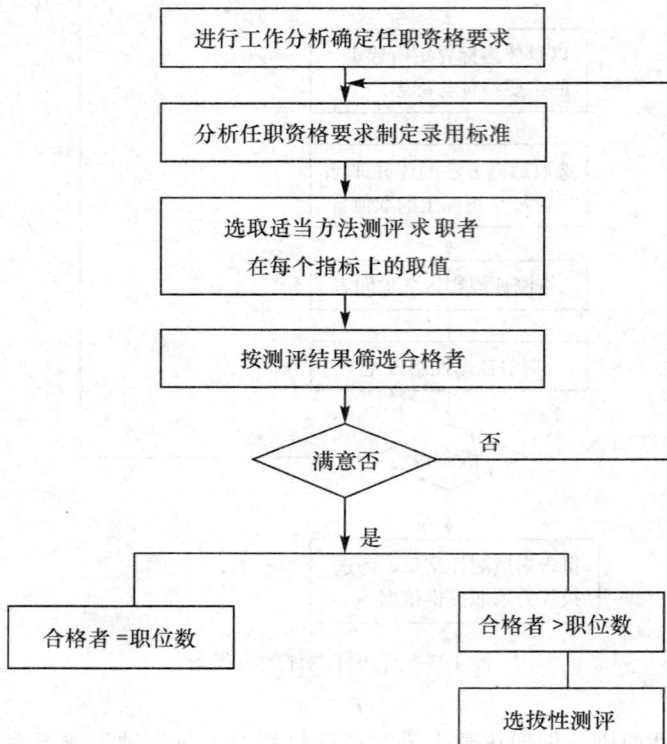

图 1.4　配置性测评操作流程图

配置性测评与其他类型的素质测评相比，其主要特点有四个：

（1）测评具有针对性。配置性测评的目的是以所配置的职位要求为依据来寻找合适的匹配者。适用于甲职位的配置性测评，不一定适用于乙职位的配置。换句话说，针对甲职位的配置性测评结果不能运用到乙职位的人事配置上去。

（2）测评具有客观性。体现在测评的标准上，配置性测评的标准，必须是实实在在的，必须以职位的客观要求为标准，不能主观随意制定。

（3）测评具有严格性。既体现在测评的标准上，又体现在测评活动组织与实施中。有些工作，如飞行员的驾驶工作，不能因为一时找不到合格的人员而降低标准要求，但是这绝不是意味着标准越高越好。实验表明，让一个大学毕业生从事看门工作的绩效远远不如高中毕业生。另外，对测评方法、测评实施及整个测评过程，也都要求十分严格，否则，保证不了最后测评结果的准确性与人事配置的效果。

（4）测评具有准备性。依据配置性测评结果所作的人事配置，只是保证工作效率效果的一种必要条件，是一种可能性，是一种准备。随着工作要求与人员素质的变化，配置应该有所改变，不能一配定终身。

三、开发性测评

开发性测评是一种以开发素质潜能与组织人力资源为目的的测评。人的素质具有可塑性和潜在性。从当前现状来看，有些人也许并不具备某方面的素质，但可能具有发展另一方面素质的潜力。如何发现人的潜力呢？可以考虑采用开发性测评。

此外，人力资源的开发应该具有针对性。在每个企事业组织中，存在着不同类型的人力资源。有的人专注于技术运用，有的人热心于技术革新，有的人擅长于技术传播，这些人实际具备了不同的人力资源形态，应该对他们分别采取不同的开发策略，以最大限度地发挥他们的作用。对于"运用型"的人应把他们培养为"生产冠军"；"革新型"的人应让他们有机会接触更多的技术资料，并对他们的失败抱以宽容的态度，鼓励他们的创新精神；"传播型"的人，应让他们横向发展，允许职位轮换流动。要明确不同形态人力资源，就必须实施开发性的素质测评。开发性测评的操作流程见图 1.5。

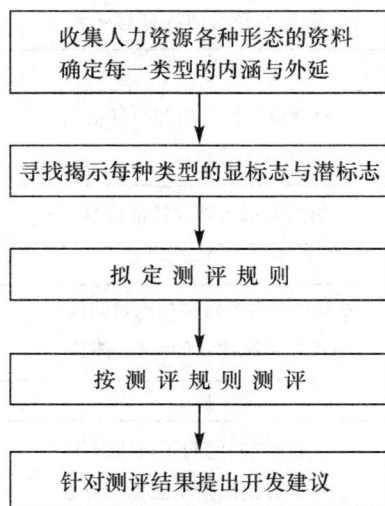

图 1.5　开发性测评操作流程图

与其他测评类型相比，开发性测评具有勘探性、配合性、促进性等特点。

（1）所谓勘探性，是指开发性测评对人员素质具有调查的功能。主要是了解总体素质结构中，哪些是优势素质，哪些是短缺素质，哪些是显性素质，哪些是潜在素质，哪些素质有开发价值等。

（2）所谓配合性，是指开发性素质测评是为人力资源培训和提高素质服务的。

（3）所谓促进性，是指开发性素质测评的主要目的，不在于评定哪种素质好，哪种素质不好，哪种素质有，哪种素质无，而在于通过测评激励与促进各种素质的和谐发展与进一步提高。

四、诊断性测评

诊断性测评是以服务于了解素质现状为目的的素质测评。在企业管理中，常常需要从人员素质测评方面查找原因，这就需要实施诊断性测评。诊断性测评的操作流程见图1.6。

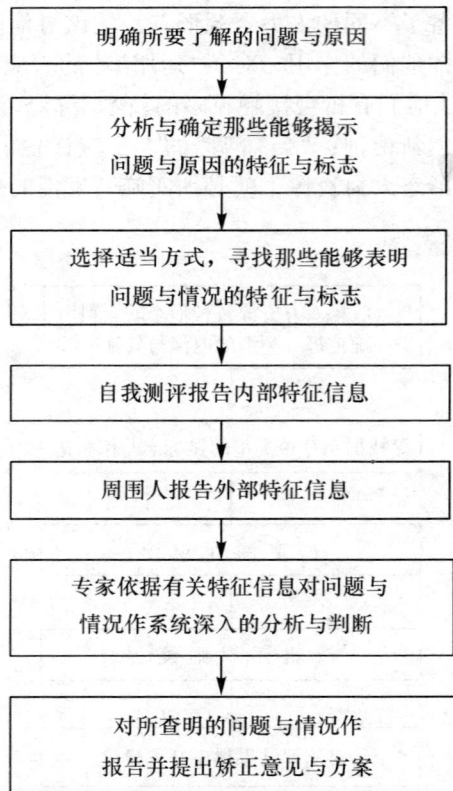

图1.6　诊断性测评操作流程图

诊断性测评与其他测评类型相比，其主要特点有四个：

（1）测评内容或者十分精细，或者全面广泛。诊断性测评的目的是查找问题的原因，因此在测评时就像医生问病情一样，任何细节都不放过，测评内容十分精细与深入。当然如果是了解现状，则其测评的内容就十分广泛。

（2）测评过程是寻根究底。测评者的测评，一般是从现象观察出发，层层深入分析，步步综合，直到找到答案。

（3）测评结果不公开。诊断性测评的结果，只供内部掌握与参考。

（4）测评具有较强的系统性。诊断性测评要求从表面特征与标志观察搜寻入手，继而深入分析问题与原因，诊断"症状"，接着由此提出矫正对策方案。

五、鉴定性测评

鉴定性测评是以鉴定与验证某种（些）素质是否具备或者具备程度大小为目的的素质测评。鉴定性测评经常穿插在选拔性测评与配置性测评之中。鉴定性测评的操作流程见图1.7。

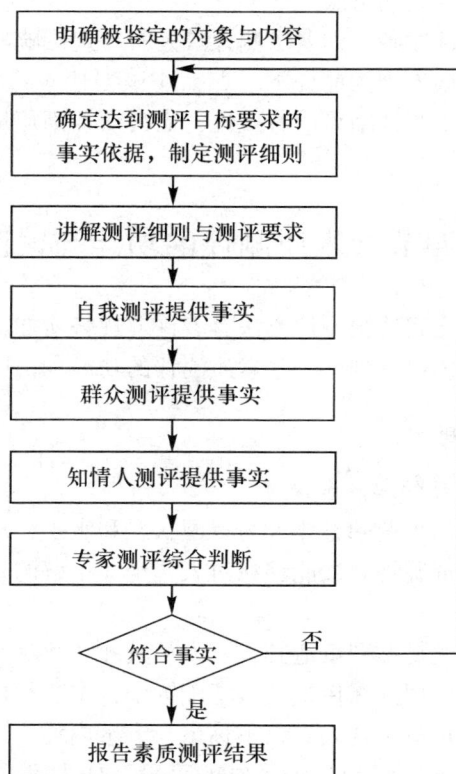

图1.7 考核性测评操作流程图

鉴定性测评与其他类型相比，其主要特点有四个：

(1)测评结果是对求职者素质结构与水平的鉴定。

(2)测评侧重于求职者现有素质的价值与功用，比较注重素质的现有差异而不是素质发展的原有基础或者发展过程的差异。

(3)测评的范围比较广泛，涉及素质表现的各个方面，是一种总结性的测评。

(4)测评结果要有较高的信度与效度。要求所作的评定结论有据可查，而且充分全面；要求所作的评定结论能够验证，结果一致。

在操作与运用鉴定性测评时，应注意全面性、充足性、可信性、权威性或公众性等基本原则：

所谓全面性原则，即要求鉴定性素质测评的范围，要尽可能遍及纵向的时间跨度与横向的空间跨度。

所谓充足性原则，即要求所作的每一个评价结论都要有充足的依据，是事实本身的反映而不是事实的主观推论。

所谓可信性原则，即要求测评的结果要令人信服，这就要求素质测评的方法科学客观，素质测评的指标具体可验。

所谓权威性或公众性原则，即要求测评者是有一定影响的权威人士或专家，如果在测评者本人并非权威人士的前提下，那么应该多让一些有代表性的群众参加。因为权威性从质上保证了测评结果的有效性，而公众性则从量上保证了测评结果的有效性。

第四节　素质测评的功能与误区

现代人员素质测评比起传统测评方法有着许多优势功能，但是在现实运用中还有着这样或那样的问题，以下列举一些素质测评的功能和误区。

一、素质测评的功能

(一)是人力资源管理的起点和保证

人员素质测评告诉你企业的整体人力资源状况和水平，从而使企业在充分认清自我的基础上制定人力资源规划，能够在对人才全面了解的基础上有针对性地培养人才、使用人才。

人力资源管理的目的是做到事适其人，人尽其才，才尽其用，人事相配，最大限度地发挥人力资源的作用。在传统的人事配置中，主要是依靠配置者的经验分析与主观判断，结果往往是事不合人，人不称事，人事内耗。有些人甚至把因事配人作为送人情、拉关系、走后门和打击报复的手段。任人唯亲，任人唯权，任人唯利，任人唯钱，以致小材大用，专材偏用，歪材正用，埋材不用，大材小用。而现代人事配置中的人员素质测评则告诉你企业的整体人力资源状况和水平，从而使企业的管理者了解和掌握人力资源开发中的问题、人力资源开发的进程，做到"心中有数"，实现人与事的科学配置，有助于消除人事配置中的弊端，为合理使用、培养、选拔人才提供依据。

（二）为企业人员招聘提供支持

传统的人员招聘，仅仅是看看学历、工作经历等表面信息，因而招聘成功率不高。如果中高级管理职位招聘失误，则损失的就不仅仅是几个月的工资和企业资源，还可能是稍纵即逝的发展良机，从而影响企业的发展速度和经济效益。人员素质测评在对招聘岗位进行深入分析之后，可对应聘者的能力、个性进行深入了解，对与招聘岗位之间的匹配程度作出评价，并提出将来的使用和调配建议，不仅大大提高了招聘的成功率，还使日后对其管理变得有章可循。

（三）为企业选拔管理干部提供支持

员工在当前岗位上成绩不错，并不等于能够胜任更高的职位。如同挑担子一样，能挑得起 50 斤的担子，不等于能够挑得起 100 斤。当挑 100 斤担子时，一种人很轻松地挑起来了；一种人试了试，很重，但一挺肩膀，也挑起来了；再一种人，100 斤的重量，对于他来说，实在是不堪重负了。企业管理职位越高，管理的职责、跨度和难度也相应越大，管理成败所产生的影响也就更大，因此需要更强、更全面的综合能力。通过什么手段能够了解后备干部能否担当更重的担子呢？除了考查业绩之外，人才测评是一个重要的手段。人才测评可以通过一系列手段，不但了解人的现有能力素质，还能了解潜在的发展潜力，可以大大提高选拔干部的成功率。

（四）为企业领导班子建设提供支持

"世界上不存在完美的人，但可能存在完美的团队。"这是管理学界普遍承认的一个观点。团队分析是针对企业或部门的领导班子进行的。它主要考察三个方面的问题：一是在这个领导班子中的每一个人都具有什么样的管理角色特征；二是这些人目前所承担的工作是否与其自身的管理角色特征相匹配；三是这些人的管理风格与方式是否协调。曾经有一位职业经理深有感触地谈道："如果一个企业的一名总经理和几名副总全是当总经理的材料，那么这个企业一定搞不好！"这说明在一个团队中，需要各种各样的人来扮演各种各样的角色。一个完美的团队的特点是人尽其才、各司其职、各显其能、全力配合。

某一家专业测评机构对北京一家公司的一名总经理和五名副总经理进行测评后认为，该公司高层班子的人员结构很合理，总经理是一位高瞻远瞩，抓大局、抓战略的决策者，从不过多干涉具体的业务问题；而恰恰有一位副总经理有明显的外部经营取向，总是能够妥善处理好业务问题；另外一位副总经理有明显的内部团队取向，能够把企业员工凝聚起来……该公司总经理认为，原先的分工是在工作中自然形成的，自己也讲不出其中有什么必然性，现在经过测评，头脑清晰了，方向明确了，更加坚定了信心。

（五）有助于人才的开发和有效利用

传统的人事管理对人力资源基本上是一种物化式的"仓库管理"。人事管理人员把每个职员物化为档案袋，当做物质，像记录设备的型号、性能、价格等资料那样建立个人档案。"活"的人力资源管理变成了"死"的档案保管。人与人之间的差别只看得见性别、年龄、职务、工种上的区别，看不出素质上的差异。结果造成人才的积压与埋没，导致人力资源的巨大浪费。有了人员素质测评，不但能发现优秀人才，而且还能明确各人所长，各人所短，用人所长，避人所短，取长补短，优化组合，并通过培训开发人的潜能。

二、素质测评的误区

（一）素质测评无用论

尽管现代人员素质测评方兴未艾，但仍有一些企业和个人认为，现代人员素质测评并不比传统的选人用人办法高明，不用现代素质测评技术，企业照样能很好地发展。事实上，这种看法是错误的。在市场竞争日益激烈的今天，企业越来越需要客观有效地选用人才，如果说在一定范围内对科技人员的误用还是可以弥补的话，那么可以说对管理人员的误用，特别是中高级管理人员的误用所造成的损失将是无法挽回的，因为企业会因此而在市场中丧失自己的发展机遇，最终可能给企业发展带来致命的创伤。

现代人才测评技术由于其设计和方法上的科学性，使其比传统的选人用人办法要准确、客观和有效。这就有点像医生给病人看病，过去只是看看病人的脸色和摸摸病人的脉搏，这固然能在许多情况下正确判断病情，但也经常出现判断失误。而现在医生诊断病情时给病人化验血液、做 B 超检查和做 CT 检查，等等，这些先进的技术很少会发生病情判断失误。现代人才测评技术就像化验血液、做 B 超检查等病情诊断方法一样，准确性要比传统的选人用人方法高得多。所以，认为现代人才测评无用的观点是错误的、有害的。

当然，现代人员素质测评技术和传统的选人用人办法并不是相互矛盾、相互排斥的，而是可以相互结合的。在某些情况下，对选人用人的准确性要求不高，此时用传统的方法即可达到目的；而在许多情况下，比如选择重要岗位的人员，就得用现代人才测评技术才能满足准确的用人需求。

（二）素质测评教条化

有些企业在应用素质测评的时候，硬搬素质测评模式或成功企业的测评体系，强行地应用到本企业的人员素质测评中，认为这样可以省时省力，事实上这种做法是错误的，搬照的素质测评体系会使企业对自身的认识产生错误，从而误导企业作出错误决策。素质测评本身不是目的，只是一种手段，它提供的是一种一般性的指导，企业必须灵活运用，才能发挥素质测评的真正作用。就像医生给病人看病，对相同的病症医生却开出不同的药方，因为病人的病症虽然是相同的，但导致生病的原因和隐藏在病症表面之下的相关因素却不同，对症下药才能药到病除，解决根本问题。企业应用素质测评也一样，每个企业所面临的内外部环境、企业战略、企业文化等都是不同的，在进行人员素质测评时，也应该各有不同。企业在素质测评过程中，应把素质测评基本理论和体系作为一种指导性的思想，综合成功企业的测评模式，结合本企业的具体情况灵活运用，逐渐形成一套自主化、有企业特色的素质测评体系。

（三）素质测评应用范围模糊

有些企业对素质测评应用范围较为模糊，以素质测评代替人事决策。这种倾向过分夸大现代素质测评的作用，期望素质测评结果直接用做人事决策。事实上现代人才测评只是为人事决策提供一些参考信息，它本身并不能取代用人决策。一个人是不是可以录用或晋升，不仅要看这个人本身的素质状况，而且要考虑到岗位要求和环境状况。所以，再先进的测评技术只能提供一些决策依据，最终的用人决策是必须有主观判断的，测评的准确性只是降低这种主观判断的失误率。这与医生看病的道理是一样的，血液化验只能提供有关血液指标是否正常，比如，白血球是多了还是少了，但至于得什么病，仅靠血液化验是不够的，最终还有赖于医生在综合各种化验结果后的主观判断。

（四）素质测评期望值过高

有些企业对现代人测评的测量的信度和效度期望过高，以至于把测评结果报告中的每一句话都当做真理。事实上，尽管现代人才测评的测量结果通常要比传统的选人用人办法准确得多，但这种测量的准确性永远无法与物理测量相比。这是因为：

首先，人的测量要比物理测量复杂得多。在素质测评中测量对象的界定也往往不是十分明确的，比如，"应变能力"的测量，先需要界定什么是"应变能力"，不同的人会有不同的看法，而不像体重、身高等物理测量对象那样有明确的、大家都认可的界定。

其次，在素质测评中，经常会发生想测某种素质而实际却测了别的素质。比如，本想测"应变能力"，但由于测量中涉及"社交能力"，结果实际成了对"社交能力"的测量。这种现象在物理测量中是不容易发生的，我们不会因为要测身高而实际量的是体重。

最后，在素质测评过程中，经常会受到多种因素的干扰，特别是受测者自身因素的干扰，比如，受测者的紧张情绪、心情、身体状况等许多因素都会影响测评结果的准确性，这在物理测量中一般也是不会发生的。

由此可见，人才测评不可能是十全十美的，测评结果也不可能100%正确。一般来说，能达到80%的准确性就令人满意了。但是无论如何，它比传统的识人选人办法要完善很多。

（五）素质测评科学与否的判断标准模糊

当前，许多组织机构的人事主管一提起现代人才测评方面的具体应用成果，就要问是不是某种软件，仿佛只有编成软件的测评工具才是科学、有效的研究成果。这种看法是错误的，测评软件固然有利于各类组织机构应用人才测评研究成果，但它与测评工具是否科学、有效是两码事。编软件是个比较简单的事，算命先生如何算命可以编成软件，但这类软件显然不是科学的测评软件。相反，某些设计合理、测量效果好的测评工具，即便没有编成软件，也是科学的人才测评工具。

所以，在判断一个测评工具是否科学有效时，不应看它是不是一个软件，而应检查其设计是否合理，各种测评质量指针是否达到，而且最重要的是看它的应用效果，这应该引起人们在实践中注意。

第五节　人员素质测评的历史与发展

人员测评的思想古已有之，早在2000多年前我国就有了科举考试，以为统治者选拔官员，分析国内外人员素质测评的有关思想与方法，了解人员素质测评历史发展的轨迹，对于人员素质测评的深入理解与研究是十分必要的。

一、中国古代人员素质测评

（一）测评内容

中国古代人才测评的内容，包括性、绩（功、黜）、德、才、识、智。

"性"相当于人员的心理素质。孔子认为，智、仁、勇、艺、礼、乐是人员的六大优秀素质；孟子认为，仁、义、礼、智是人性中的四种优秀素质。

"绩"一般又称为"功"，即今天所说的绩效。在我国古代，还有从"绩"的反面"黜"即"过失"的多少来考评"绩"的。

"德"包括道德品质与一般的个性品质。《尚书·皋陶莫》中有"九德"之说："九德，即宽而栗、柔而立、愿而恭、乱而敬、扰而毅、直而温、简而廉、刚而塞、强而义。"

"才"、"识"、"智"的测评充分体现在"六艺"之中，即"礼、乐、射、御、书、数"。在三国和唐朝时期，人才选举中，"才"与"智"是首要的标准。唐太宗说："朕任官必以才。""若才，虽仇如魏征，不弃也。"

（二）测评指标

纵观古代人员素质测评的活动，用来揭示性、德、才、智、识等测评内容的指标有"言"、"行"、"气"、"色"、"服饰"、"事"、"血缘"、"五行"、"九征"、

"五物"，等等。但概括起来，不外乎言、行、事、物，即日常言行、特定情景下的言行、工作绩效、生理因素与特征、五行阴阳等中介标志。

孔子说："视其所以，观其所由，察其所安，人焉瘦哉?"其意思是说，观察一个人的日常所言所行的原因、目的与手段，洞察他的心情，看他安于什么和不安于什么，那么就可以知道一个人的内在素质了。而诸葛亮的"七观"法，则是依据"问是非"、"穷辞"、"咨计谋"、"告祸难"、"醉酒"等特定情景下所作出的言行反应来考查一个人的"志"、"变"、"识"、"勇"、"性"、"廉"、"信"等素质。

（三）测评方式

中国古代人才测评方式主要有选、举、考等三种方式。

"选"的具体形式有"宾兴制"和"禅让制"。"宾兴制"是西周时期的一种原始民主推选制，一般是召集乡里众民，把最具贤与能的人推选出来，担任官职。"禅让制"是一种自我筛选的机制，它是以贤能为标准，通过让位的办法来评选首领。《尚书·尧典》记载，尧晚年在选择继承人时，曾要四岳出任，四岳认为自己不能胜任，便让位于舜，舜后来又让位于禹。

"举"的具体形式有察举、荐举、贡举、保举等。所谓察举是通过比较的方式来选择人才，其特点是察言观行，考行究德。为了保证察举的人才质量，察举演变为贡举和保举。贡举强调下级对上级察举人才的义务性，有助于强化下臣对朝廷察举人才的光荣感和质量感。保举则把察举人所察举人才的质量与其所应担负的责任直接相联。荐举是以察举为基础，即少数权威知名人士向朝廷推荐他们认为优秀的人才。

"考"包括考查、考试、考绩、考验。它的具体形式有九品中正、科举制、考课制、试用、试事、军功制、比武竞技等。

（四）测评技术

中国古代人才测评活动所采取的技术，主要有问、听、观、访、察、忖、论、试等。这都是今天我们所用的面试、履历资料调查、组织考查、外调、考试、演讲、情景辩论、工作模拟等测评技术的早期表述形式。

二、西方人员素质测评的产生与发展

（一）西方人员素质测评的产生——早期的心理测试

19世纪末，法国颁布了义务教育法。由于不同的儿童智力水平不同，为了区分智力正常的儿童和智力落后的儿童，对智力落后儿童进行特殊教育，急需通过一种方法来有效鉴别儿童的智力。

法国心理学家比奈将智力看做是人的一种高级心理活动，并以高级判断推理能力为核心因素，编制出世界上第一个成功的智力测验——比奈—西蒙量表。从而将智力测验成功地运用于教育领域，使人们看到了心理测验的广泛应用前景，完成了心理测量的奠基工作。比奈的智力测验量表发表以后，在世界各地引发了对智力测验的兴趣，许多国家都将该量表翻译成本国语言加以修订应用。例如，1916 年美国心理学家推孟所修订的斯比量表就是一次成功的修订。推孟首次采用了智商的概念，制定了严密的施测程序，并确定了智力等级的分类方法，较之比奈的智力测验表有了很大的进步。

早期的心理测验成为现代人才测评的基础，为现代人才测评提供了便利的测评工具，为现代人才测评的产生作出了极大的贡献。

（二）西方人员素质测评的发展

（1）军事上的广泛应用。第一次世界大战期间，许多心理学家认为，通过测量官兵的智力水平可以帮助军队对官兵进行选拔和分派。为了将心理测验成功地推广到拥有百万之众的军队中，心理学家设计了能够适合于大规模群体施测的团队测验，从 1917 年 3 月到 1919 年 1 月期间，200 多万名官兵参加了测试，效果显著。

（2）管理科学的有力促进。20 世纪初期管理科学的创立与传播有力地促进了人才测评理论的发展。管理科学的创始人泰勒认为，企业应该采取科学和客观的方法来研究如何有效地设计工作，要科学地挑选工人，对他们进行培训、教育，并使之拥有工作所需要的技能，从而直接提出了进行人才测评对生产活动的重要性。

此后，人际关系学派又提出了"社会人"、"需求层次理论"、"双因素理论"等理论，这些理论认为组织只有了解员工的需要，才能提高员工的满意度和生产力。在这些管理思想的指导下，企业在人员的素质测评中，不但对员工的知识和技能进行测评，而且对员工的需要、动机、性格、兴趣等心理特征进行测评。人才测评理论有了进一步的发展，于是，人才测评理论逐渐应用于工业之中。许多组织开始运用素质测评理论制定适合其组织的测评手段和方法。

（三）西方人员素质测评的成熟

进入 20 世纪中期，统计学、心理学等学科的发展为人员素质测评理论和实践的成熟奠定了基础，人员素质测评的研究进一步完善。

（1）心理学的发展。人格心理学中的特质理论、行为理论、权变理论是现代人才测评的主要基础。该理论是最早关于管理人员测评的研究理论。特质理论假设管理者的人格特征不同于普通被管理者，以此来找出管理者与被管理者之间在人格上的差异。行为理论研究从研究管理者的内在特征转移到研究管理者的行为上。行为理论的代表研究有"工作为中心，员工为中心"理论、管理方格理论等。权变理论又称情景理论，它是将管理者的行为与情境结合起来考虑管理方式的理论。费德勒认为，管理者的能力取决于群体的工作环境、领导者的风格和个性以及领导方法对群体的适合程度。

（2）统计学的发展。素质测评的可测性还需归功于统计学的发展。我国古代在人才选拔中虽蕴含着素质测评的基本思想，但由于没有受到足够的数学理论的支持，因此人才素质测评一直停留在较为原始的阶段。现代数学特别是多元统计学的发展，如多元回归、因素分析、聚类分析、判断分析等方法的应用对人才测评的发展产生了重大影响，使得人才测评的信度、效度、区分度、独立性得到有效的技术支持。离散数学的发展及其成果使得人才测评中大量非连续数据处理成为可能。另外，模糊数学和层次分析方法等数学理论与方法也方便了我们进行科学和客观的人才测评。

（四）当代西方人员素质测评

当代西方人员素质的测评已经发展到较为成熟的阶段，形成了相对独立的一门学科。具体来讲，当代素质测评主要包括以下几种：

（1）心理测验。其中，比较有影响的心理测验，包括早期的比奈—西蒙智力测验、斯坦福比奈儿童智力测验，还有罗夏墨迹测验、默里和摩根的主题统觉测验等。

（2）面试。有关研究认为，人的内在素质必然会通过外显的行为表现出来，通过面试可以在较短时间内了解被试者的仪表风度、知识的广度与深度、实践经验与专业能力、兴趣爱好与活力、自我控制能力与情绪稳定能力及口头表达能力。由于面试能够在短时间内了解被试者的众多信息，信息利用率高，同时还能减少测评的时间与经费成本，因此在众多测评方式中，面试方式日益受到人们的重视。

（3）评价中心。评价中心是20世纪50年代出现的一种测评方式，它采用多种测评方法对人员的素质进行测评，如公文处理、无领导小组讨论、角色扮演、演讲、案例分析、事实判断、面试等形式，观察被试者特定行为。

（4）其他分析方法。除了以上三种基本方法外，还有一些辅助性的测评方法，如书面介绍信息的分析、履历档案的分析、工作取样法与实证分析法、绩效考评法、员工推荐法等。这些方法与以上三种测评方法相比，在形式上属于"小型"的方法，费用低、用人少、使用简单，但它们在人员素质测评中的辅助作用也不容忽视。

三、我国现代人员素质测评的发展

我国现代的人员素质测评研究在20世纪二三十年代就已经出现，后因抗日战争的影响被迫中断。新中国成立后，在"左"倾思想的影响下，学术界关于心理测验和人员素质测评的研究工作被压制，遭到不公正待遇。在计划经济体制和传统管理体制下，人员素质管理和开发的自由度很小，人力资源测评工作自然也得不到重视。改革开放后，我国经济体制逐步由计划经济向市场经济转变，为适应经济体制，对人才选拔方法进行了探索，人员管理和开发开始被提上议事日程，一些单位对人才考核和选拔的方法进行了探索，开始对人员的德、智、能、绩进行定性和定量相结合的评价，与传统的重定性、轻定量，重历史表现、轻发展潜能的考核及选拔方法相比，更合理一些。20 世纪 80 年代后，我国人员素质测评的发展可以粗略地划分为三个阶段：

（一）恢复阶段（1980—1988 年）

此阶段的特点是恢复了心理测验，并开始学习和借鉴国外的测验编制技术和方法，但主要应用于教育领域，只有少数心理学工作者和测评专家会在经济领域中初步开展人员素质测评的应用研究。如中科院心理研究所修订了测量领导行为的 PM 量表，对企业管理人员开展测评并取得了较好的成效。但此时人员素质测评事业仍处于萌芽时期，影响比较小。整个社会对人员素质测评的认识还不够，大多数人还不了解现代人员素质测评是干什么的，有什么用，行政、事业和企业单位的领导仍习惯于传统的选人用人方法。此外，从事该领域研究与实践的学者比较少，适用于企事业单位选人、用人的测评手段和工具也很缺乏。

（二）初步发展阶段（1989—1997 年）

1989 年 1 月，中组部、人事部联合下发通知，要求县级以上国家行政机关在补充非领导职务的工作人员时，要按照德才兼备的原则，公开考试，严格考核，择优录用。这标志着国家公务员录用考试制度开始建立。从此，要想进入公务员序列就要经过客观化考试，现代人员素质测评技术也开始应用于国家机关的人才选拔。到 1992 年年底，全国 29 个省及国务院 3 个部门都不同程度地采用了人员素质测评技术招募工作人员。在对高级人才的选拔与任用中，人员素质测评技术也开始应用。北京、上海、广东等一些省（市）的组织部门也开始使用结构化面试、情景模拟测试等技术选拔厅、局级领导干部。

许多企业也意识到人员素质的重要性，对如何发现、鉴定和发展优秀人才日益重视，人员素质测评开始引起人们的广泛关注。由于企业界人员素质管理的自由度更大，所以对人员素质测评技术的研究和应用较行政事业单位走得更远、发展更快。

（三）繁荣阶段（1998 年至今）

经过多年的探索与研究，目前我国的人才选拔已从过去单一的政治考核逐步走向科学全面的测评。当今社会上存在的招聘、职称、晋升以及机关人员录用等考试都离不了人员素质测评技术。目前，各类用人单位有了相对灵活的用人主权，个人也有了更多的择业自由和机会。特别是我国加入 WTO 以来，对外开放的力度不断加强，国际交流日益增多，大量的外资企业和合资企业带来了先进的生产技术和管理经验，其中也包括人员素质管理和人才测评的技术和手段，这使得人员素质测评逐渐为大众所接受和认同。中国的人员素质异常丰富，而对高级管理和技术人才的招聘、选拔必须依赖现代的人员素质测评技术，这就促进了我国人员素质测评技术的快速发展。目前，我国人员素质测评手段不断完善，人员素质测评的研究和应用机构也不断增多，标志着我国人员素质测评事业进入了繁荣发展时期。

【专栏1.1】

人才测评风起云涌

2008 年航天科技集团公司五院在用人制度方面逐步建立起社会化的人才信息收集渠道，充分利用资源，在部分岗位招聘中引入了猎头公司和人才测评工具；11月 28 日五院首次按照"统一试题标准、统一考试、统一阅卷、统一发证"的模式，组织对院本部 40 多个工种、近 600 名员工进行持证上岗统一考试，确保员工持证上岗率 100%。

2007 年华夏银行在太原、大连、北京几个地区对分行行长职务实施了社会公开选聘。面试时间非常有限，他们急需一种方法或工具能够深入了解应聘者的个人情况以及相关的胜任能力水平，在此基础上才能开始标准化面试。该行的人力资源部决定引入第三方人才测评机构，在招聘过程中加入现代的人才测评技术，进行招聘前的初筛工作。通过调研，他们将目光投向了国内最大的人才测评机构——北森测评技术有限公司。由北森测评完成了三个地区的招聘前期的筛选工作。

在全球金融风暴正盛、企业艰难过冬之际，企业该如何化解人才风险？2008年 11 月企业人才测评系统知名品牌曼萨测评在佛山拉开全国巡展第一站，上百家企业前来参加讲座，这也是佛山企业首次接触专业人才测评。

2008 年 10 月国际服务外包人才测评中心在大连软件园成立，该中心率先引入全球最大的计算机化认证考试平台以及国际化标准的人才评估体系，填补了国内软件及服务外包产业人才评估的空白，开创了国内软件与服务外包人才标准化测评的先河。

飞亚达在人员招聘和选拔中坚持不断创新，引入多种人事测评技术，运用了结构化面试、背景调查、性格分析、KENO 测验、职业性向测验、耐力测验、无领导小组讨论等测评方法，并运用职业心理体检等新的人才测评方法，探索各类人员的素质常模，提升招聘的信度和效度。

资料来源：[1]杨昱. 听人才测评学精挑细选[N]. 金羊网. 羊城晚报地方，第 FA17 版.
[2]佚名. 飞亚达：雇主品牌塑造核心竞争力[OL].
http://shoubiao. wanren8. com/Watches/sort02/info-373. html. 2009-02-12.

本章关键词汇

素质　人员素质测评　选拔性测评　诊断性测评　配置性测评　开发性测评

本章小结

1. 素质是指个体完成一项工作与任务所具备的基本条件和基本特点，通常包括心理素质、品德素质、能力素质、文体素质和身体素质等五个方面。

2. 员工素质是企业的绩效之源，也是个人发展的前提条件。

3. 素质的特征有：基础作用性、稳定性、可塑性、内在性、表出性、差异性、综合性、可分解性。理解素质的特性对素质测评有指导作用。

4. 素质的洋葱模型由内到外说明了素质的各个构成要素逐渐可被观察、衡量的特点。该模型揭示个体素质由内到外包括个性、动机、态度、价值观、自我形象、社会角色、技能与知识。

5. 素质测评是指测评主体采用科学的方法，收集被测评者在主要活动领域中的表征信息，针对某一素质测评目标作出量值或价值的判断过程；或直接从表征信息中引发与推断某些素质特性的过程。

6. 素质测评主要包括三个方面的内容，即能力因素、动力因素和个人风格因素。

7. 素质测评是心理的、抽样的、相对的、间接的；素质测评对个人、组织及社会都具有重要意义。

8. 人员素质测评按功能分类可分为分类选拔性测评、诊断性测评、配置性测评、鉴定性测评和开发性测评；按素质分类可分为生理素质测评、心理素质测评和知识素质测评。

9. 人员素质测评与传统人事配置相比有其科学性先进性，素质测评无用论是不对的，但也不能对其期望过高，在某些特定范围内人员素质测评不能代替人事配置。

10. 西方人员素质测评经历了由生涩到成熟的发展过程，逐渐形成了一套系统的理论与实践工具；我国人员素质测评起步时间较早但发展缓慢，20 世纪 90 年代才走向繁荣。

复习思考题

1. 素质的特征是什么？
2. 素质测评的功能有哪些？
3. 试述各种人员素质测评的类型及其区别，试举例。
4. 简述素质与绩效的关系。
5. 试论述中国人员素质测评与西方人员素质测评的区别与联系。
6. 试分析当代人员素质测评的发展趋势。

【案例分析】

武汉凯迪电力股份有限公司人才选拔测评

武汉凯迪电力股份有限公司于 1993 年成立, 1997 年在深圳交易所以 A 股 (0939) 上市。总注册资本为 21630 万元, 2000 年前公司的主营业务为: 水处理、化工、仪器仪表、热工、机电一体化、计算机应用等。当时, 公司有 11 家控股子公司, 员工总数 600 余人, 集团公司人员 100 余人。2000 年, 公司董事会制定新的战略, 集团公司主营业务向环保领域转移。主要方式为环保工程总承包, 以输出技术和管理为主; 具体业务分为火电厂的烟气脱硫、污水处理两大类。2001 年年初, 凯迪公司实施战略转移的第一季度就签订了总金额为 13 亿元的工程项目。当时公司面临着两大困难: 一是人员数量严重不足, 当时公司实行改革后总公司只有 80 余人; 二是现有人员的专业结构及经验不足, 基本上没有从事过大型工程管理经验的人。其解决的基本办法就是面向全国公开招聘。

通过媒体发布招聘信息后, 共有 3000 余人报名, 经过材料审查、电话沟通方式筛选初步入围近 500 人, 这 500 人中又由公司董事会和高管层及人力资源部组成多个面试小组赴全国各地进行面试, 最后确定 343 名人员入围。由于所招聘的人员大部分都在比较重要的岗位, 这些岗位人员的使用, 不仅成本高, 而且有较高的风险性, 因此, 公司领导层决定聘请专业的测评机构对这些应聘的人员进行综合素质测评。

诺姆四达承接这一项目后, 设计了一个系统的测评方案, 决定使用多种方法对这些应聘人员进行综合测评。测试于 2001 年 5 月 1 日至 7 日在武汉市进行, 为了保证测试的客观性, 测评专家们租用了武汉大学的计算机中心机房进行人机测试, 另外租用华中师范大学心理学系的行为观察室进行角色扮演和游戏活动。具体的测试内容和方法见图 1.8。

根据每个测试对象和各个测试项目上的反应情况, 测评专家把数据汇总进行了综合分析, 并针对每个应聘者应聘岗位的要求作出推荐意见。推荐意见共分五个等级, 五级为最高级, 即特别优秀者; 四级为优秀者; 三级为合格者; 二级为慎重使用者; 一级为完全拒绝者。以下是总体上各个等级的分布情况(各等级所占的比例): 一级: 15%; 二级: 30%; 三级: 45%; 四级: 8%; 五级: 2%。

由以上测评结果可以看出, 四、五级为优秀人才, 这种人才所占的比率只有 10% 左右, 合格层次的为 45%, 而二级和一级基本上属于不能录用的人员, 这两部分共占 45%, 可见也有相当大的比例。如果凯迪公司中不采用这种科学的测评方法对人员进行测评的话, 则它们在录取时基本上是在这 343 人中随机选取, 其不合格率几乎达到 50%, 接近随机的概率。由此可见, 科学的人才测评方法与技术

```
                              ┌─────────┐
                         ┌────│ 基本潜能 │
                         │    └─────────┘
              ┌───────┐  │    ┌─────────┐
         ┌────│人机测试│──┼────│ 个性测验 │
         │    └───────┘  │    └─────────┘
         │               │    ┌─────────┐
         │               ├────│ 核心能力 │
         │               │    └─────────┘
         │               │    ┌─────────┐
         │               └────│ 管理能力 │
         │                    └─────────┘
┌─────┐  │               ┌─────────┐      ┌─────────┐
│测评 │  │    ┌───────┐  │  游戏   │──────│ 角色扮演 │
│方法 │  │    │       │──└─────────┘      └─────────┘
│及   │──┼────│测评中心│                   ┌─────────┐
│内容 │  │    │       │──┌─────────┐──────│ 公文筐   │
└─────┘  │    └───────┘  │无领导小组│      └─────────┘
         │               └─────────┘
         │    ┌───────┐  ┌─────────┐
         ├────│投射测验│──│ 主题统觉 │
         │    └───────┘  └─────────┘
         │               ┌─────────┐
         │               │  墨迹   │
         │               └─────────┘
         │    ┌───────┐
         └────│背景调查│
              └───────┘
```

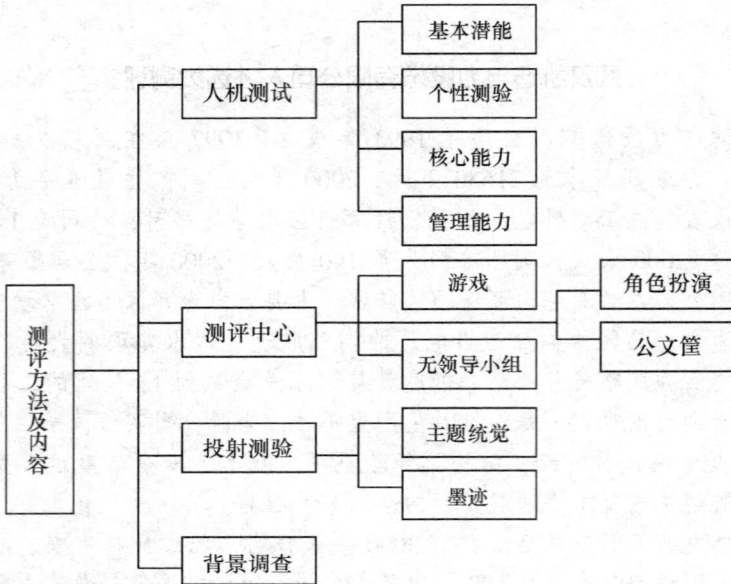

图 1.8　武汉凯迪电力公司招聘选拔程序与方法

对企业的人才选拔的重要作用。

　　凯迪公司在肯定这次项目的成效后，又于当年 5 月和 6 月下旬委托诺姆四达中心为公司内部所有员工进行素质测评，目的是了解公司内部人员的素质状况。这一次的内部素质评价包括了 100 余名普通员工，几十名中高层管理人员。

　　自 2001 年 5 月招聘之后至目前为止，凯迪公司在人力资源管理中先后十余次运用了人才测评技术。在 2002 年 11 月中旬，凯迪人力资源部的部长亲自带着一位重要的应聘人员飞到上海进行测评工作。这从一个侧面也说明了人才测评结果的准确性和有效性，说明了人才测评工作确实为客户企业的发展提供了有价值的帮助。

　　正因为有着强有力的人力资源支持，目前凯迪集团公司已由 2001 年 80 人发展成了 1 500 人的大企业，由原来的凯迪电力公司发展成由凯迪水务公司、凯迪蓝天公司、凯迪投资公司组成的"凯迪系"。凯迪电力在中国烟气脱硫市场占据 70% 的市场份额。

　　通过此种方法选拔的人才进入岗位后的工作表现究竟如何呢？人才测评技术到底给凯迪带来了什么效益呢？凯迪电力公司的董事长陈义龙先生是这样评价的：

　　"通过这些内容的测验与专家的综合评价及描述，使我们看到每一位应聘者的完整的个人档案，这样，我们就能判断谁该录用，谁不该录用，谁放在什么样的岗位上更合适。"

"我们从 343 位应聘者中挑选了 100 名被录用人员主要是参考了诺姆四达中心的测评结果和专家的综合评价与推荐意见。当时我们确定了原则：专家们的四级以上(含四级)推荐者 100% 录用，三级(不含三级)以下者一律不录用。就在这个原则的指导下，我们很快完成了对 100 个岗位的人才选聘。"

实践证明，凯迪公司 2001 年的招聘工作是成功的。现在凯迪电力的绝大部分技术骨干、管理骨干、经营骨干都是通过这次招聘进入公司的，是他们的加盟并在公司里发挥着巨大的作用，才保证了凯迪电力今天的快速成长。

"人才测评不仅帮我们选聘了一批优秀人才，而且帮助我们公司的决策层和管理层对'人才'二字的科学理解。我们认为人才测评技术对我们的帮助是巨大的，我们的收益也是巨大的，我相信人才测评技术将会为我国更多的企业提供有益的帮助。"

资料来源：上海诺姆四达测评咨询公司提供案例.

◎**思考题**

1. 你认为人才测评技术是如何给凯迪公司带来效益的？这些效益主要体现在哪些方面？

2. 结合本案例，试分析若要招聘到适合企业的优秀人才，则企业应如何完善人才选拔测评系统？

第二章　人员素质测评的基本理论

【学习目标】
1. 了解人性假说原理中各种假设人的特性
2. 理解人格特质构造关系图
3. 掌握人职匹配原理的基本观点及其四大匹配
4. 了解人职匹配理论的流派及其拓展理论
5. 掌握个性差异原理与职位差异原理
6. 理解素质测评的可能性和现实性及其黑箱理论
7. 辨析经典测量理论、概化理论和项目分析这三大测量理论

【引导案例】

巴林银行的倒闭

人们不会忘记英国老牌的巴林银行是如何在一夜之间倒闭的。巴林银行具有颇为自豪的辉煌历史，它曾为美国当年的杰弗逊总统提供了贷款，让后者顺利地从拿破仑手里买下路易斯安那州，将美国面积扩大了一倍，它还向葡萄牙、法国、俄国、印度、伊拉克、埃及和比利时等无数国家放过债。第二次世界大战大空袭和无数次金融危机，巴林银行都挺过来了，却从没想到会毁在一个自己雇佣的交易商手里。28 岁的尼克·尼森当初进入银行前，就有人才公司告知任用此人需谨慎，但此建议未得到巴林银行的采纳。后来尼森被派往新加坡从事交易活动，并开始进行未经授权的业务，在亏损时又制造假账蒙混过关，最终使巴林银行蒙受 9.27 亿英镑的损失，导致最后的破产。

事之至难，莫如知人；事之至大，亦莫如知人；诚能知人，则天下无余事矣。

——陆九渊

凡论人，通则观其所礼，贵则观其所进，富则观其所养，听则观其所行，止

则观其所好，习则观其所言，穷则观其所不受，贱则观其所不为，喜之以验其守，乐之以验其僻，怒之以验其节，惧之以验其恃，哀之以验其人，苦之以验其志。

——《吕氏春秋·论人》

对于企业来说，人是最大的投资，同时也是最大的风险。要对人有所认识，要对人员素质进行测评，必须首先对人性有一个系统的了解。因此，有必要先从人性的角度开始对人员素质测评理论的探讨。

第一节　人性假说原理

一、经济人假说

经济人假说认为，经济活动的动力来源于改善自己经济状况的愿望，人的本性是懒惰的，人的行为是为了追求本身的最大利益，工作是为了取得经济报酬，或者是为了避免受到惩罚而被迫劳动。美国麻省理工学院管理心理学教授道格拉斯·麦格雷戈把传统管理学对人的看法及"经济人"假说称为 X 理论，并概括为：

（1）一般人生来就是懒惰的，总想尽量逃避工作，工作可推就推，能逃避就逃避，多一事不如少一事。

（2）多数人都缺乏雄心壮志，不愿负任何责任，宁愿被别人指挥和引导。

（3）人生来以自我为中心，对组织目标漠不关心，所以必须用强制、惩罚的措施才能迫使其为组织目标服务。

（4）缺乏理性，本质上不能自律，易受他人影响。

（5）多数人工作是为了满足自己的生理、安全需要，只有金钱和其他物质利益才能激励他们努力工作。

经济学和管理学上的经济人假说，其实质是把人看成一种具有理性的经济动物。与经济人假说相对应的是"物本管理"，即突出物在管理中的作用，把人与物同等对待。在传统的泰勒管理模式中，最显著的特点就是"物本管理"的理念，即只重视物的作用，忽视人的因素，把企业看做是一个大机器，而企业的员工则是这一机器中的具体零部件，把人当物来管理。把人看做是只关心自己经济利益的"经济人"，从而忽视了人的社会属性。

据此，对"经济人"的管理，就是要对人诱之以得，惩之以罚，采用"胡萝卜加大棒"的政策。管理工作的重点是完成生产任务，提高劳动生产率，无须关心人的感情和愿望。组织应以金钱刺激员工的生产积极性，而对消极怠工者采取严厉的惩罚措施。用权力和控制手段来保护组织本身及引导员工为其工作。制定各种严格的工作规范，加强各种法规管理。管理是少数人的事，与广大员工无关。员工的责任就是干活，服从管理者的指挥。

二、社会人假说

社会人假说认为，人们工作的动机不只在于经济利益，还追求全部社会需求，愿意在社会关系中寻求乐趣和意义，物质刺激对调动人的积极性具有次要意义，社会需要和尊重需要才能激发工作的动力。这种重视社会需要和尊重的需要，而看轻物质利益和经济实惠的人即为"社会人"。

梅奥在 20 世纪二三十年代经霍桑实验开启了人际关系理论，提出社会人假说。社会人假说的基本观点是：

（1）人是社会人。影响人的生产积极性的因素，除物质因素外，还有社会的、心理的因素。

（2）生产效率的高低主要取决于职工的士气，而士气则取决于家庭、社会生活及企业中人与人之间的关系是否和谐。

（3）在正式组织中存在着非正式群体，这种非正式群体有其特殊的行为规范，对其成员有着很大的影响。

（4）技术进步和工作机械化，使工作本身失去了乐趣和意义，因此人们便从社会关系中寻求乐趣和意义。

（5）领导者要了解人，善于倾听和沟通，使正式组织的经济需要同非正式组织的社会需要得到平衡。

"社会人"的人性假说，其实质是试图在管理中建立一种比较和谐的人际关系，它在某种程度上已经提出了被管理者作为组织成员在管理中的民主、平等、参与等问题，这显然比经济人假说前进了一大步。

据此，管理人员对"社会人"的管理不应只注意其是否完成生产任务，而应把注意的重点放在关心、满足人的需要上，见表 2.1。管理人员不能只注意计划、组织、指挥和控制，还要重视职工之间的关系，培养职工的归属感。提倡集体的奖励制度，培养集体精神，不主张个人奖励。管理人员不应只限于制订计划、组织工序、检验产品等，而应在职工与上级之间起到联络沟通作用。他们既要听取职工的意见和要求，了解职工的思想感情，又要向上级呼吁、反映，即让职工或下级能在不同程度上参与企业的决策。

表 2.1 **X 理论与人际关系理论在管理方式上的区别**

X 理论的管理模式	人际关系理论的管理模式
只重视完成生产任务，提高生产效率	重点放在关心人，满足人的社会和心理需要上
只注重发挥正式组织的功能	强调培养职工的归属感、整体观念，重视职工之间的效能和友谊，构建良好的人际关系，并重视非正式群体的作用
强调金钱、物质刺激，并扩大个人差别	提倡奖励集体，不主张奖励个人
完全是一种任务管理	强调职工参与组织的决策，倡导参与管理

三、自我实现人假说

自我实现人假说认为，人都需要发挥自己的潜力，展现自己的才能，实现自己的理想，只有人的潜力充分发挥出来，人才会感到满足。"人之初，性本勤，条件好，即奋进"，是建立在人是勤奋的、有才能、有潜力的基础上的。自我实现人假说最初是由管理心理学家马斯洛提出来的，他认为人性具有充分发挥潜力的特征，每个人都渴望成为自己所希望的那种人。人具有"越变越完美的欲望"，"自我实现"是人类需要的最高层次，理想的人就是自我实现的人。

自我实现人假说又称为：Y 理论，其基本观点为：

（1）一般人都是勤奋的，如果环境条件有利，则人们工作起来就如同游戏或休息一样自然轻松。

（2）控制和惩罚不是实现组织目标的唯一方法。人们在执行任务中，能够自我指导和自我控制，而外在控制有可能对职工构成威胁。因此，要立足于导，而不要立足于管。

（3）在正常情况下，一般人不仅会接受任务，而且会主动地承担责任，人群中广泛地存在着解决组织中出现问题的创造性。在现代工业条件下，一般人的潜力只发挥了一部分，人们中间蕴藏着极大的潜力。

（4）职工的自我实现倾向与组织所要求的行为之间并没有冲突，如果给员工一个机会，则他就会自动地把自己的目标与组织的目标统合起来。

与以往人性假说不同，自我实现人假说的管理重点不是人自身，而是工作环境，管理者为被管理者创造一种适宜的工作环境、工作条件，使被管理者的潜力得以充分发挥。为此，这样的组织必须是学习型组织，管理者主管学习。与自我实现人假说相对应的管理模式是团队模式。团队模式犹如一个大型的交响乐队，它由大量的专业人才构成，通过从同事与顾客那里得到有条理的信息反馈，这些专业人才可以对自己的管理行为进行自我指导和自我调节。

据此，对"自我实现人"，在管理上要实现以下几个转变：

（1）应改变管理工作的重点。经济人假说把管理的重点放在生产管理上，只重视物和工作任务，轻视人的作用和社会关系；社会人假说把管理的重点放在满足人的社会和心理需要上，只重视人的作用和人际关系，把物质因素放在次要地位；而自我实现人假说，则把注意力转移到工作环境上面，就是要创造一个适宜的工作环境和工作条件，使人们在此条件下充分发挥自己的能力和潜力，实现自我。

（2）应转变管理人员的职能。管理者不是生产任务的指导者，也不是人际关系的调节者，而应是一个采访者。由于环境往往给人发挥才智造成了障碍，所以管理者应以采访者的身份，采访环境给人发挥才智造成的障碍，并排除这些障碍，创造一个适宜的工作环境。管理者的任务主要是寻找什么工作对什么人最具有挑战性，最能满足人自我实现的需求。

（3）调整奖励方式。改变经济人假说中主张用物质刺激调动人的积极性和社会人假说中主张靠满足人的社会需求、搞好人际关系来调动人的积极性的方法，强调用内在的奖励调动人的积极性，努力实现组织目标。

（4）建立参与管理制度，下放管理权力。建立决策参与制度、提案制度、劳资会议制度，制订个人发展计划，保证职工能充分施展自己的才能，充分发挥他们的积极性和创造性，把个人的需要同组织的目标统合在一起。

四、复杂人假说

复杂人假说认为，人既不是单纯的经济人，也不是完全的社会人，更不是纯粹的自我实现人，而是因时、因地、因各种情况，采取适当反应的复杂人。人的需要和动机不仅因人而异，而且一个人在不同的年龄、不同地点会有不同的表现，会随着年龄的增长、知识的增加、环境的变化而变化。以行为科学理论中有关人的特性的复杂人假说为依据，莫尔斯和洛希提出了超 Y 理论，又称为权变理论。

复杂人假说的主要观点包括：

（1）人的需要是多种多样的，且会随着人的发展和生活条件的变化而变化，同时需要的层次也不断改变。

（2）人在同一时间内有各种需要和动机，它们会发生相互作用，结合成一个统一的整体，形成错综复杂的动机模式。就是说，人的动机形成是内部需要与外部环境相互作用的结果。

（3）一个人在不同单位或同一单位的不同部门，会产生不同的需要。由于人的需要不同，能力各异，同一管理方式会有不同的反应，因此，没有一种适合于任何时代、任何组织和任何个人的普遍行之有效的管理方法。

复杂人假说虽不赞成前三种人性假说，但不要求管理人员完全放弃以前三种人性假说为基础的管理方式，而是要求管理人员根据不同的人、不同的情况，灵活地采取不同的管理措施，即因人、因事而异，不能千篇一律，一成不变。

从复杂人假说的观点出发，超 Y 理论要求采取如下的管理方式：

（1）在组织形式上要根据工作性质不同，有的采取固定的组织形式，有的则采取灵活、变化的形式。

（2）企业情况不同，领导方式也应不同。若企业任务不明确，工作混乱，则应采取严格的领导方式，使企业走上有秩序的轨道。若企业任务明确，分工清楚，工作有秩序，则应更多采取授权的领导方式，以充分发挥下属的积极性和创造性。同时善于发现职工的差异，因人而异地采取灵活的管理方式。

五、四种人性假说的意义

上文提到的管理主张和管理措施中的许多观点，至今仍有借鉴意义。

经济人假说提出的工作方法标准化、制定劳动定额、实行有差别的计件工资、建立严格的管理制度等，至今仍是管理的基础工作；

社会人假说提出的尊重人、关心人、满足人的需要，培养职工的归属感、整体感，主张实行"参与管理"，这是管理的一个重要方面和目的；

自我实现人假说提出的给员工创造一个发挥才能的环境和条件，重视人力资源的开发、重视内在奖励等，这些都是现代管理应遵循和坚持的原理、原则。

复杂人假说提出的因人、因时、因事而异的管理，是具有辩证思想的管理原则。

总之，管理指导思想和管理方式要视工作性质、环境特点、成员素质等而定，不可能一概而论。比如，工厂和研究所，由于正式组织的结构程度和职务规定的明确程度、正式规划和控制的形式、正式业务所包含时间的长短、影响力的分配、上下级的关系和同事关系、高层领导的管理模式等方面的特点各有不同，适于采用的管理指导思想也不同。

第二节　特质理论

由于个体生理条件、教育程度、工作经验等方面的不同，导致了智力、知识、技能等方面的差异，不同的人会对同一工作有不同的适应性。同时，不同的工作要求具有不同的个性心理特征的人来承担，并要求具备与其相符的特殊能力。

特质是人的稳定的、经常表现的行为方式，表现为一个人在不同的情境中的经常的稳定的行为模式。这种在各情境中经常表现出来的一致行为方式就是特质，一个偶然发生的行为不能称为特质。人格特质理论假设人有多种特质，每个人都不同程度地具有这些特质，人与人之间的差异在于人与人之间特质水平上的差异。

卡特尔认为个性的各种特质彼此并不是松散的，而是作为整体的机能相关联的。他通过特质的阶层来表示个性构造，见图2.1。第一层次包括个别特质和共同特质两种。第二层次包括表面特质和根源特质，这些特质和第一层次的特质交互联系。由于根源特质被认为是因子，它具有复杂的下位构造。即是说，根源特质作为第三层次包含体质特质和环境形成特质。第四层次分为动力特质、能力特质以及气质特质等三种，它和第三层交互联系。第五层从动力特质中分出能和外能两种，从能力特质分出知觉和运动两种。

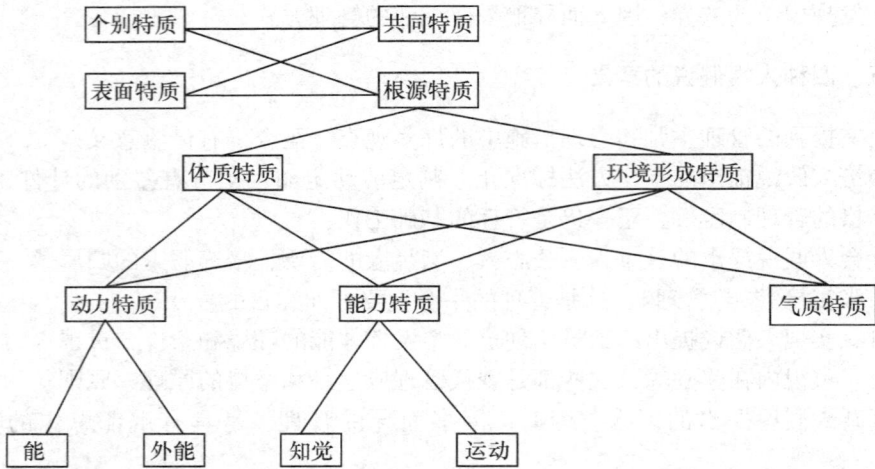

图 2.1　特质构造关系图

（1）个别特质与共同特质：个别人所具有的特质是个别特质；某一地区、某一集团中所有成员共有的特质属于共同特质。但共同特质在各个成员身上的强度是不同的，即使在一个成员身上，其强度在不同时间的表现也不相同。

（2）表面特质和根源特质：经常发生、从外部行动可以直接观察的行为表现称为表面特质。从许多表面特质中求出相关系数就可以发现根源特质，即潜在因子，抽出潜在因子是卡特尔研究的主要目的。根源特质是内涵的，它构成个性的基本特质。人的一切行为，无一不常受根源特质影响。根源特质越深刻，行为效应越明显。

（3）体质特质和环境形成特质：由身体内部条件构成的特质称体质特质，它包含由遗传素质所决的如神经质、兴奋性等。起源于环境影响的特质称为环境形成特质，也可以说环境形成的特质是习得的特质。

（4）动力特质：指个性结构中，促进人趋向某一目标的行动动力，分为能和外能。其中，能是基本动因；自我形成的外能是由能派生的态度、情操。能是与生俱来的，可以用动因、欲求等替换概念来表示，它包括知觉的选择性、激发情绪反应、利用一定手段趋向目标的反应、达到目的等四个方面。外能是由于社会的、文化的交互影响，在经验之中发生的根源特质，相对能来说，外能更加多样化，且非常不稳定。在不同场合、不同背景下外能的表现变化较大。能和外能并不是某一方面单独起作用，而是通过相互影响共同起作用的。

（5）能力特质：表现在知觉以及运动的个别差异方面，包括：一是一般能力的各方面；二是行为刺激——反应中的辨别和运动控制；三是反应的学习程度和记忆的减退程度等。

（6）气质特质：是遗传因素之一，它一般较难随着环境的变化而变化，具有稳定性、一贯性。诸如在体态中表现的活泼、反应速度、力量的强度以及情绪等，都是气质特质。

第三节　人职匹配理论

一、人职匹配理论

人职匹配理论以个性心理学和差异心理学为理论基础，其理论前提是承认人的个性结构存在差异，这些个性差异适合于不同的职业。人职匹配理论最早是由Parson 教授提出来的，他认为每个人都有一系列独有的特性，不同的职业需要具备不同特性的人员。他把人职匹配分为两种类型：（1）条件匹配，职业所需要的与从业者所掌握的技术、知识之间的匹配。（2）特性匹配，职业所需要的与从业者所具有的个性、特点之间的匹配。例如，具有敏感、易动感情、不守常规、个性强、理想主义等人格特性的人，宜于从事审美性、自我情感表达的艺术创作类型的职业。

一根木棒在劳动者手里就是劳动工具，拿在罪犯手里就是凶器。人才用得好就可以产生 $1+1>2$ 的效果，反之就会造成人才浪费，得不偿失。用人之道的妙处就在于怎么用，如何找到人才与工作的最佳结合点，从而发挥最大的效能。

所谓人职匹配就是按照人适其事、事宜其人的原则，根据个体间不同的素质和不同的需求将其安排在各自最合适的岗位上，即保持个体素质与工作岗位要求的同构性，保持个体需要与工作报酬的同构性，从而做到人尽其才、物尽其用。如果说通过工作分析对不同的岗位进行描述，可以明确工作环境、工作内容、工作职责和对人的基本要求，那么，通过人员素质测评对个体素质进行测量和评价，则可以明确个体素质结构、素质水平和各自适宜的工作。因此可以说，人员素质测评作为量"人"的尺子，在人与岗之间架起了桥梁。

人职匹配包括四个方面（见图2. 2）：

（1）工作要求与人的素质相匹配。要做到事得其才，人尽其用，有效使用。

（2）工作报酬与人的需求相匹配。要使酬适其需，人尽其力，最大奉献。

（3）人与人的匹配。要做到人与人之间协调合作，互补凝聚，共赴事功，强调团队精神。

（4）工作与工作的匹配。要使工作之间权责有序，灵活高效，发挥整体优势。

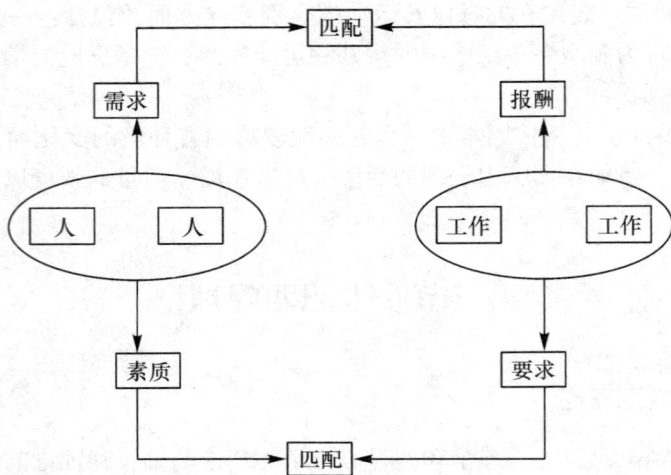

图 2.2　人职的四大匹配

在这四大匹配中，有一个管理理念的问题，到底是以人为中心还是以工作为中心，传统的管理一般是以工作为中心设计这四大匹配，人围绕着工作来转；现代管理强调以人为本，很多企业开始以人为中心来设计这四大匹配。

【专栏 2.1】

日本企业在选拔经理时有关品德的十项考评要素

（1）使命感：上级给予的任务，无论有多大困难，都一定要完成它。

（2）信赖感：既信赖他人也受他人的信赖，与上下级、同事间关系融洽。

（3）诚实：待人真心诚意，讲真话。

（4）忍耐：每当遇到困难或下级顶撞等，无论怎样痛苦，也能够忍耐。

（5）热情：工作抓得紧，毫不放松，不达目的决不罢休。

（6）责任感：能时刻记住自己的职责，充分发挥自己的作用。

（7）积极性：对任何工作都有积极的态度，能主动地以主人翁的态度去完成工作。

（8）进取心：学习努力，时刻向上，不断提高自己。

(9)公平：对事对人都力求公平合理。

(10)勇敢：对有危险的工作自己亲自动手，不怕出问题。

二、人职匹配理论的流派

(一)特性—因素理论

特性—因素理论的前提是可测评性、匹配性和可行性，它旨在帮助个人寻求个体特性和具体职业要求之间的最佳程度的匹配，使适当的人从事适当的职业，充分发挥每个人的作用，最大限度地提高工作效率，这正是人职匹配实践所努力追求的目标。

根据特性—因素理论，职业的选择与岗位安排过程分为三步：

(1)人员特性分析。首先，通过科学的心理测评并结合其他手段对相关人员的特性进行分析，获取相关人员的身体状况、态度、兴趣、能力、性格、气质等方面的个人资料；其次，通过面谈、调查等方法获得个人家庭背景、学习成绩、工作经历、社会关系等相关的情况；最后，综合评价所获得的资料，总结出相关人员特性。

(2)职业因素分析。该过程主要是分析各种职业对人的要求，一般采取工作分析的方法，尤其注重对人员条件的分析，了解各种职业所需要的专业知识、特殊技能以及人员必须具备的生理与心理特征等方面的要求。

(3)人职匹配的过程，也就是以上两个过程所得结果的平衡。在清楚了解个人条件的基础上，通过各种渠道获取职业任职条件的资料，并在职业指导者的帮助下，将个人的特性与职业相匹配，最后选择一种符合自身特点且可能获得的职业。

特性—因素理论在美国最为盛行，在日本、英国、加拿大等国也广为流行。最近几年，我国的职业指导实践也多以这一理论为基础。

(二)个性—职业类型理论

个性—职业类型理论是在特性—因素理论的基础上发展起来的。心理学教授约翰·霍兰德，他亦是美国著名的职业指导专家，在1959年提出了具有广泛社会影响的人格—工作适应理论，他指出，员工对工作的满意度和流动的倾向性，取决于个体特点与职业环境的匹配程度。

他于1971年提出了具有广泛社会影响的职业性向理论。他认为职业和人都可以分成不同的类型。他将职业归属为六个职业领域，分别为现实型(R)、研究型(I)、社会型(S)、企业型(E)、常规型(C)、艺术型(A)。相应地，也可以把人的职业性向分为六种。(霍兰德的职业性向理论将在第五章心理测验中详细阐述)

这六个职业领域之间存在一定的相关性，有的职业之间联系比较紧密，有的则相距较远。依照霍兰德的理论，员工存在一个职业性向类型，员工的职业性向类型与职业类型相关性越大，适应程度就越高。同一类型的员工与职业互相结合，便达到适应状态，员工找到适宜的职业岗位，其才能与积极性才能得以充分发挥。

霍兰德发现，大多数人并不一定就属于这六种类型中的某一种。尽管大多数人的个性类型主要归为其中的一种，但由于人具有广泛的适应能力，其个性类型在某种程度上是几种典型类型的混合，一个人的职业方向是由与他最相近的人格类型决定的。

（三）需要理论

需要理论是由心理学家安妮·罗欧于1951年在需要层次理论基础上提出来的。该理论的基本观点是，个人的需要层次决定着个人选择职业的倾向，职业选择的意义在于满足个人的需要。他认为，人们的职业兴趣并不是在面临升学或就业时才产生的，而是从小形成的，是一个过程。也就是说，一个人早期所受的教育方式影响着其追求的职业类型和在所选择的职业领域中可能达到的水平。他还认为，职业指导就是帮助个人识别自己的基本需要，发展满足需要的技术，消除需要发展的障碍。

罗欧根据职业的重点，将职业分为两大领域、八种类型，另外，根据工作技能、专业水平和责任心程度，把职业分为六个不同的层次（见表2.2）。这些不同的职业类型和技术专业层次对应于人的需要结构，以满足人不同的需要层次。

表 2.2　　　　　　　　　　　　　　罗欧的职业分类

	两大领域	八种类型	六个层次
职业的分类	定向于人的职业群	服务性、商业性、组织性、一般文化性、艺术和娱乐性等	非技能性、半技能性、技能性、半专业性、专业性、管理性
	定向于物的职业群	技术性、户外性、科学性等	

三、人职匹配理论的拓展

人员素质测评中，不仅要注意人职匹配，还应重视人与组织匹配、人人匹配和岗岗匹配。

（一）人组织匹配

1. 人组织匹配的理论概述

人与组织匹配主要是将人放到组织的环境中，考虑组织中员工之间的匹配和员工个人特点与组织特点的匹配。也可以说是人的个性，如价值观、性格等方面，与企业的企业文化相匹配。企业希望招募个人特点与公司企业文化相一致的员工。如微软中国研究开发中心希望员工聪明、责任心强、有团队精神、会找事情做；IBM则希望员工尊重个人、顾客至上、追求卓越。

Schneider 在 1987 年提出了"吸引—选择—磨合"模型。他认为，求职者容易被吸引到与他们具有相似目标的组织中，与组织内部员工个性不相似的求职者容易被排除在挑选范围之外。个人与组织的匹配意味着高绩效、高满意度和低压力；不匹配意味着低绩效、低满意度和高压力，会迫使员工或者自身作出改变，或者更换工作单位和环境。

2. 人与组织匹配的研究与应用

目前，对人与组织匹配的研究主要包括个人和组织价值观匹配、个人和组织目标匹配、个体需求和偏好与工作环境特征之间的匹配、个体个性和组织文化之间的匹配。人与组织匹配为我们提供了一个新的视角，对人员素质测评内容的设计具有指导意义。

人与组织的匹配要求在人力资源管理中必须使员工的价值观与组织的价值观相匹配，员工的期望与组织的期望相匹配，员工的责任与组织的责任相匹配。社会心理学者 Blau 认为，员工与企业之间的关系可区分为经济性交换与社会性交换两种形态，并且他指出虽然这两种交换关系存在着差异，但同样都必须建立在互惠（reciprocity）的基础上。因此，要做到人与组织的匹配，就是要通过素质管理、岗位管理、绩效管理和薪酬管理对员工进行招聘前、招聘中和招聘后的管理，从而用有形劳动契约和无形心理契约双重纽带把员工与组织联系起来。一方面，使员工拥有其工作所要求的知识、技能和能力，并培养员工对组织的认同感、归属感和献身精神；另一方面，不断满足员工在内在报酬和外在报酬上的期望和需要。

（二）人人匹配

人人匹配，顾名思义是说企业员工与员工之间的匹配。企业中员工的知识、能力、性格都千差万别，人们需要根据自己的个性特点找到合适的工作氛围，适应不同的人际关系，以获得个人需要、兴趣及心理上的满足，从而形成个体性格和差异的互补，最大限度地发挥自己的潜力。

人与人的匹配要求在人力资源管理过程中做到员工与员工之间在知识上互补、能力上互补、性格上互补和气质上互补，从而协调合作，共赴事功。因此，必须通过素质管理，在识人和承认员工差异的基础上，围绕企业战略目标的实现，把差异性的员工组合起来，形成高绩效的工作团队，一方面，能较好地分工与合作，提高组织的效率和效能；另一方面，能增加员工的组织归属感和工作投入热情度。需要强调指出的是，人与人的匹配不是静态的、一次性的，必须动态地看待。因而要通过培训开发和职业生涯规划，不断提高员工的就业能力和岗位胜任力，实现员工之间的动态匹配。

（三）岗岗匹配

岗位与岗位的匹配要求在人力资源管理中必须使岗位之间权责有序，灵活高效，确保工作流程发挥整体优势，有利于员工最大效能的发挥。因而必须在岗位分析的基础上进行岗位管理，根据企业的战略要求和企业员工素质的具体情况，对岗位进行设计和再设计，对岗位的价值进行正确的评估和界定，确定合理的工作流程、工作形式和岗位设置，并通过竞聘上岗、岗位轮换、工作团队等多种形式不断提高员工的工作参与感和工作满意度。

第四节　素质可测评理论

一、个体差异理论

孔子曰："性相近也，习相远也。"

世上没有两片完全相同的树叶，世上也没有两个完全相同的人。这就是说，尽管人类的天性基本相同，但是即使是亲兄弟姐妹之间，性格与资质也会有差异。

个体素质是在遗传、环境和个体能动性三个因素共同作用下形成和发展的，显然，个体之间存在较大的差异。

个体差异，顾名思义就是指人与人之间在个性特征上所存在的差异。这些差异虽然是极其复杂的，但概括起来可以归为两个方面：一是个体倾向性的差异，表现在人的兴趣、需要、信念、理想等方面的差异；另一是个性心理特征的差异，表现在人的气质、能力、性格三方面的差异。

（一）个体倾向性的差异

个体倾向性差异，包括兴趣、爱好、需要、动机、信念、理想、世界观等方面的差异；个体倾向性是人与客观现实相互作用的过程中，所表现出来的心理倾向总和。它决定人的心理活动的选择性、对事物不同的态度以及各种行为模式，标志着一个人憧憬什么、企求什么、争取什么、坚信什么、喜欢什么、嫌弃什么和什么驱使他活动，等等。可以说，个体倾向是个体潜在的力量，是人进行一切活动的动力，它制约和调节人的所有行为过程，是个体特性中最积极、最活跃的因素。个体倾向性的各因素，如需要、动机、兴趣、世界观等都是相互联系、彼此影响的，但世界观是其中的主导因素，它决定一个人总的心理倾向。

因此，个体倾向性差异主要包括：

（1）个体的需要差异；

（2）个体的动机差异；

（3）个体的兴趣差异；

（4）个体的世界观差异。

（二）个性心理特征差异

个性心理特征差异，包括能力、气质与性格等方面的差异。

个性心理特征是指一个人带有倾向性的、本质的、比较稳定的心理特征的总和，它决定一个人的风格、行为方式与活动效率。这些差异具体表现在气质差异、能力差异、性格差异等三个方面，这里重点分析气质差异和能力差异。

1. 气质差异

气质是指个人行为全部动力特点的总和。早在公元5世纪，古希腊医生波克拉特根据人体内的四种液体，把人的气质分为四种类型：多血质、胆汁质、黏液质和抑郁质。而前苏联神经心理学家巴甫洛夫关于高级神经活动类型特点的研究，把高级神经活动划分为四个类型：弱型、兴奋型、安静型和活泼型。从表2.3可以看出，波克拉特的四种气质类型与巴甫洛夫高级神经活动类型是相对应的。

表2.3　　　　　　　　　　　气质与神经类型的行为特点

气质类型	神经活动类型	强度	平衡性	灵活性	行为特点
胆汁质	兴奋型	强	不平衡	不灵活	攻击性强，易兴奋，不易约束，不可抑制
多血质	活泼型	强	平衡	灵活	活泼、好动、反应灵活、好交际
黏液质	安静型	强	平衡	不灵活	安静、坚定、迟缓、有节制、不好交际
抑郁质	弱型	弱			胆小畏缩，消极防御反应强

胆汁质又称兴奋型，属于不可遏制的类型。这种人往往精力充沛，热情、泼辣，情感和语言动作发生强烈而难以控制，反应速度快，但不灵活，具有明显的外倾性。

多血质又称活泼型，属于敏捷好动的类型。这种人往往活泼、好动、善于交际，动作速度快，可塑性强，情感易变化，兴趣容易转移。

黏液质又称安静型，属于缄默而沉静的类型。这种人往往平静、沉着，情感反应慢而持久，且不外露，动作迟缓而不灵活，具有明显的内倾性。

抑郁质又称弱型，属于刻板而羞涩的抑郁类型。这种人往往敏感、多疑，感情比较脆弱，做事小心谨慎，观察敏锐，善于察觉别人观察不到的细小事情。

实际上，只有少数人是四种气质类型的典型代表，多数人是介于各种类型之间的中间类型。每种气质类型的特点，都具有好的一面，又具有差的一面。例如，多血质的人情感丰富，工作能力强，容易适应新环境，但注意力不集中，兴趣容易转移。抑郁质的人胆小、孤僻，但感情细腻，做事谨慎小心，观察力强。因而，可以说，一个人的气质类型并不决定一个人的社会价值。同一气质类型的人，既可能成为杰出人物，也可能成为平庸之辈。

正是由于个体素质存在差异，不同素质的人适宜不同的岗位，才使人员素质测评具有重要性和可能性。如果个体之间不存在素质差异，那么人员素质测评将无法获得有意义的结果，以及为人事决策提供客观依据，从而素质测评最终将失去其存在价值。因此，可以说，个体素质差异是人员素质测评存在的客观基础。

2. 能力差异

人的能力差异表现在两个方面：一方面，是一般能力存在着差异，如人人都有记忆力，但如果用随机取样的手段对足够大的样本群体进行记忆测验，就会发现有50%的人记忆能力处于中等水平，有25%的人记忆能力高于中等水平，有25%的人记忆能力低于中等水平；另一方面，是特殊倾向差异，它强调的是个体的能力具有相对的倾向性，如有人在某一领域表现杰出，而在另一领域则表现平平。图2.3表明了不同层次的管理人员的基本能力分布状况。

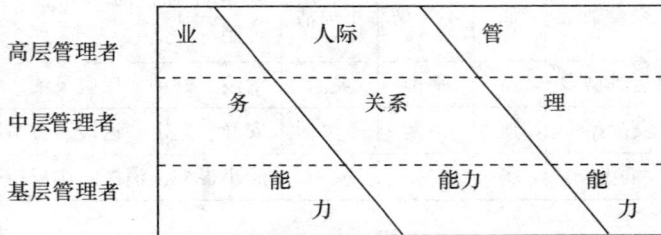

图2.3 管理人员能力分布图

二、职位差异理论

岗位差异即不同岗位之间的非一致性，它是对企事业单位内部所有岗位，按照工作性质、责任轻重、难易程度、所需资格条件等因素进行区分的结果。

古希腊著名哲学家苏格拉底认为，个人的工作总有差异性，不同的岗位其要求也不同，应让人们从事其最合适的工作，以取得最高的工作效能。

（一）职务特征模型

职务特征模型（job characteristics model）提供了这样一种分析框架，它从五个方面对职务和工作进行了区分，并分析了它们之间的关系以及对员工生产率、工作动力和满足感的影响。

根据职务特征模型，任何职务都可以从五个核心维度进行描述，它们分别是：

（1）技能多样性，指一项职务要求员工使用各种技术和才能从事多种不同活动的程度；

（2）任务同一性，指一项职务要求完成一项完整的和具有同一性的任务的程度；

（3）任务重要性，指一项职务对其他人的工作和生活具有实质性影响的程度；

（4）自主性，指一项职务给予任职者在安排工作进度和决定从事工作所使用的方法方面担任的实质性自由、独立和自主的程度；

（5）反馈，指个人对其从事职务所要求的工作活动的绩效的直接和清晰程度。

表2.4为我们提供了用以评定每种特征得分高低的职位活动的例子。

表2.4　　　　　　　　　　**工作特征得分高低举例**

技能多样性

高分：小型汽车修理站的所有者兼经营者。其活动内容包括：进行电子维修，装配发动机，做一些体力活，与顾客接触等。

低分：车身加工工厂的喷漆工。他每天要做8小时喷漆工作。

任务同一性

高分：家具制造者，他自己设计图样、选料、制造产品并对产品加以完善化。

低分：家具工厂的锯木工人，其任务是开动车床制造桌腿。

任务重要性

高分：医院危重病房的护理人员。

低分：医院中擦地板的人。

工作自主性

高分：电话安装员，他可以自主安排日程，在没有监督的情况下会见客户，并且自由决定最有效的安装方式。

低分：负责按照例行程序处理打进来电话的电话接线员。

工作反馈

高分：电子工厂进行半导体安装，然后进行检试以了解其性能的工人。

低分：电子工厂负责半导体安装，然后交给检验员检试的工人。

图2.4是这个模型的结构图，在这五个核心维度中，前三个维度共同创造出有意义的工作，也就是说，如果具有这三个特征，我们就可以预期任职者将他的职务

视为重要、有价值的和值得做的。另一个需要注意的地方是，拥有自主性的职务会给任职者带来一种对工作结果的个人责任感，而如果职务能提供反馈，则员工就会知道他所进行的工作效果如何。

从激励的角度讲，这种理论模型表明，当员工得知他个人在其喜欢的工作方面干得好时，员工就能得到内在的奖励，员工的积极性、工作绩效、满意度就越高，员工缺勤率、流动率就低。与此同时，从图2.4可以看出，工作各维度与工作结果之间，受到员工成长需要强度的调节和影响。也就是说，受员工自尊自强、自我实现欲望的影响，成长需要高的员工与成长需要低的员工相比，工作内容丰富后，会更多地经历到这几种积极的心理状态。

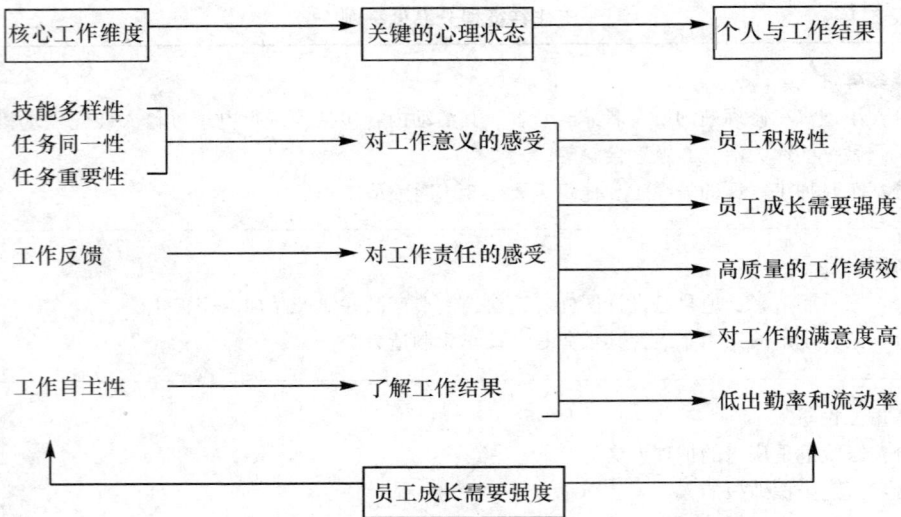

图2.4　工作特征模型

(二)职务差异的评价指标

随着社会化大生产的发展，社会分工越来越细，不同的工作岗位之间虽有千丝万缕的联系，但各自的工作内容、工作责任、工作范围及工作性质等是不尽相同的，岗位间存在的较大的差异，对员工的素质要求也大相径庭。

当员工的素质与岗位的要求相匹配时，则员工可能在今后的工作中取得较大的成绩，否则，即使员工任劳任怨，也难以取得好的工作成绩。也就是说，岗位差异要求通过人员素质测评找到素质结构与之相符的员工。

在劳动管理中，通常从五个因素：劳动责任、劳动技能、劳动强度、劳动环境和劳动心理对各职务进行区分。表2.5列出了职务差异评价指标。

表2.5　　　　　　　　　　　　　　职务差异评价指标

因素	劳动责任	劳动技能	劳动强度	劳动环境	劳动心理
指标	1. 质量责任 2. 产量责任 3. 管理责任 4. 安全责任 5. 消耗责任 6. 看管责任	7. 技术知识要求 8. 操作复杂程度 9. 看管设备复杂程度 10. 品种质量难易程度 11. 处理预防事故复杂程度	12. 体力劳动强度 13. 工时利用率 14. 劳动姿势 15. 工作规则	16. 接触粉尘危害程度 17. 接触高温危害程度 18. 接触毒物危害程度 19. 接触噪声危害程度 20. 其他有害因素危害程度	21. 择业心理 22. 择岗心理 23. 岗位位置

（三）工作角色要求

在人事配置中，既包括宏观的部门与地区配置，也包括微观的个人与职位的配置，无论哪种配置，应借助于人员素质测评，根据每个职位与工作角色的差异，选择一定数量的具备相应素质的任职者。

美国社会心理学家乔治·米德是最先使用"角色"一词的。所谓角色，是社会学和社会心理学从戏剧中借用的术语，它是由一定的社会地位和身份所决定的，符合一定的社会期望的行为模式。我们引用"角色"一词于工作类别之中，称为工作角色，是指由于特定环境与工作任务不同而形成的特定工作性质与特征，这种特定的工作性质与特征，要求担任角色的人具有相应的素质条件、态度、心理特征与工作行为模式。

职业、职位类别及其工作角色要求，是人员素质测评的客观要求。不同社会发展的任何阶段，都存在着一定的社会分工问题，不同产业部门对任职者的素质要求是不尽相同的。即使同一产业中不同职位的任职者也有职业与职级的差异，即便同一等级地位的人，因为职责任务及所处的环境特殊，实际的工作要求也是有所不同的，这就是工作角色的差异。由此可见，工作角色要求是进行人员素质测评的客观要求，担任一定工作角色的人，必须具备相应的素质条件。

同一种工作角色可以由多个人来承担，一个人也可能有承担多种不同角色的潜能。然而，在特定时空条件下，每个人所能承担的工作角色是等定的。显然，这种由职业、职位类别而产生的工作角色对任职者的素质要求与期望作用，提出了人员素质测评的客观要求，要求每个职位的人选都要合理配置。越是高级的工作角色，其相应的要求也就越高。

三、素质可测评理论

(一)原理一：素质测评的可能性

个人的每一个行为(先天的条件反射除外)表现，都是其相应心理素质的特定表征。用数学公式可表示为：

$$B = f(Q, E)$$

其中，B：个体的行为表现；

f：个体行为的表征方式或机制；

Q：个体的素质；

E：个体面临的环境。

例如，当一个人在公共汽车上看见一位孕妇艰难地站着，就立即站起来把自己的座位让给她。那么，

B：给孕妇让座；

f：看见孕妇、立即站起来，情感；

Q：善良；

E：孕妇艰难地站着。

该原理表明，人是社会的存在物，其素质可以通过言语行为和非言语行为及对外部世界的反应表现出来。人的素质包括许多方面，这些方面可以划分为一些基本要素，这些要素相互联系、相互区别、相互影响、相互制约，并通过社会活动表现出来，共同揭示人的素质。我们可以通过要素分析来测定人的素质。

人员素质测评实际上就是测评者对被测评者的信息获取、加工的过程，也就是测评者对被测评者的认知过程，可以概括为由四种成分所组成的模式：(1)感知系统，即接受由环境提供的信息；(2)记忆系统，即对输入信息的编码、储存和提取活动；(3)控制系统，即决定目标的先后顺序，监督当前目标的执行；(4)反应系统，即控制着一个系统的全部输出。测评者的认知过程并不是按上述顺序单方向进行的，各种成分之间存在着不同方式的相互作用。人员素质测评之所以能够存在，并作为人力资源开发和管理的基础被广泛应用，是基于其自身所具有的效度和信度特征。

原理一表明素质测评是可能的

(二)原理二：素质测评的现实性

素质是一种相对稳定的组织系统，各个体不尽相同，它可以综合不同环境下的刺激，使个体对这些不同的刺激作出一致的反应行为。用数学公式可表示为：

$$Q = \int B \times \mathrm{d}E$$

其中，Q：素质；

$\int$:积分号,即总和运算;

B:个体有代表性行为;

dE:环境刺激变量、不同环境。

这个数学式子表示,素质 Q 是不同环境 dE 刺激下有代表行为 B 的总和($\int$),即素质是不同环境刺激下有代表性行为的总和。

如果一个人有善良的素质,那么他不但会在公共汽车上为老人、小孩让座,而且对有困难的人也会热心帮助,在集体宿舍里会克制自己来方便别人,无论是对一面之交还是对亲朋好友,都会友情相待,等等。

这里,Q:善良;

dE_1:公共汽车上、老人、小孩;

B_1:让座;

dE_2:面对有困难的人;

B_2:帮助;

dE_3:宿舍里、别人;

B_3:方便;

dE_4:一面之交、亲朋好友;

B_4:友好相待;

……

$$Q = \int B \times dE = B_1 \times dE_1 + B_2 \times dE_2 + B_3 \times dE_3 + B_4 \times dE_4 + \cdots$$

如果说职业类别、角色要求与个体差异的客观存在,是人员素质测评的必要条件,那么对个体素质的认知理论与实践探索,则是人员素质测评的充分条件。认知的理论和实践,是人员素质测评可能性的基础,人员素质测评实际上是一种特殊的认知过程,在这一过程中,测评主体借助于某种科学的手段,从人力资源配置与管理的角度去认识求(任)职者的素质。这种认识是借助于一定的测评手段和测评标准来实现的。由此可见,哲学中的认识论与认知心理学,为人员素质测评的可能性提供了理论基础,而人事配置及其测评的探索活动则提供了实践基础。

原理二表明对素质进行测评有现实性和充分性。

(三)素质测评的模式:黑箱理论

黑箱理论将系统内部状态认识不清的复杂对象看做一个"黑箱",把外部对它的作用看做输入,而把它对外部的作用看做输出。通过研究任何一个"黑箱"的输入和输出的相互关系,即使还不知道这个"黑箱"的内部状态,也可以按照输入和输出的情况来预测"黑箱"的行动。

当我们想测评某一素质是否存在,且具备多少时,不是直接测评素质本身,而是以一定形式给被测评者输入各种不同的信息，然后观察其所作出的各种行为反应，分析所输出的各种信息，并依据测评标准作出判断。这一模式可表示成图2.5。

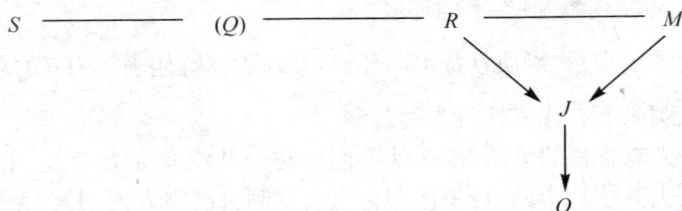

$$S \text{——————} (Q) \text{————} R \qquad M$$
$$J$$
$$O$$

图2.5　素质测评模式

其中，S：输入信息；
　　　Q：素质；
　　　R：输出信息；
　　　M：测评标准；
　　　J：分析评判；
　　　O：测评结果。

图2.6是对"服从"这一特定素质测评的模式分析，依据每个人面对上述各种情景刺激下所作出的不同反应行为，包括类型与程度的差异，依据测评标准对"服从"不同等级的规定，就可以按照测评的法则给每个人作出评定并报告测评结果。

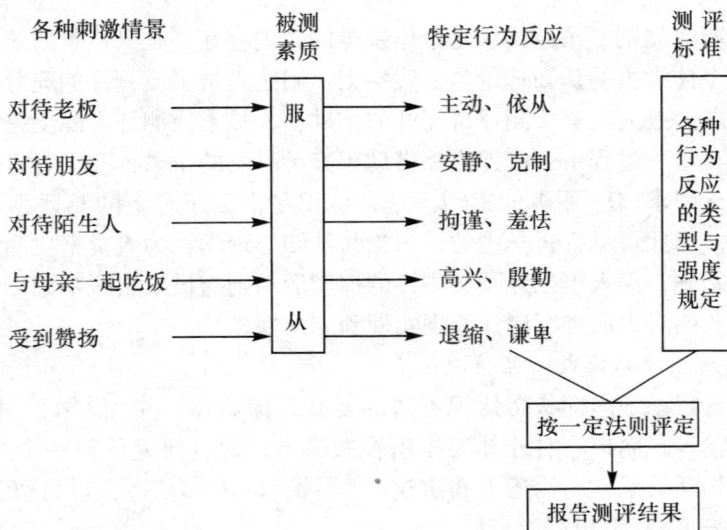

各种刺激情景	被测素质	特定行为反应	测评标准
对待老板	服	主动、依从	各种行为反应的类型与强度规定
对待朋友		安静、克制	
对待陌生人		拘谨、羞怯	
与母亲一起吃饭		高兴、殷勤	
受到赞扬	从	退缩、谦卑	

按一定法则评定

报告测评结果

图2.6　"服从"素质测评模式

当测评情景是以文字或图形设计呈现时，测评即是笔试形式；当刺激情景是经过精心设计、且以面对面地问答或谈话形式出现时，测评则是面试形式；当各种刺激以实际情形出现时，测评则是试用观察评定形式。

第五节　测量理论

一、经典测量理论

经典测量理论(classical test theory，CCT)从19世纪末开始兴起，20世纪30年代形成比较完整的体系而渐趋成熟。格里克森的著作使其具有完备的数学理论形式，而1968年洛德和诺维克的《心理测验分数的统计理论》一书，将真分数理论发展至巅峰状态，并实现了向现代测量理论的转换，真分数理论是经典测量理论的核心。

（一）真分数理论概述

在经典测量理论中，真分数假设是在这一思想基础上提出来的：在刻画一个人的外显行为反应水平时，可据此来间接刻画人的心理特质及其发展状况的水平。同时，这就成为了测验的首要条件。

所谓真分数是指测验中不存在测量误差时的真值或客观值。真分数是一个在理论上构想出来的概念，在实际测量中是无法得到的。由于实际考试中误差是不可避免的，因此真分数只能依靠对实测分数进行修订而得出。

其数学模型是：$X = T + E$

这里 X 为实际测得分数，T 为假设的真分数，E 为测量误差，即随机误差分数。

上式包含以下假设：一是在所讨论的范围内，真分数保持不变；二是误差分数是完全随机的，与真分数相关为零，反复测量后其平均值为零。

据此，真分数的操作定义为：在某一具体测验反复施测的条件下，或在这一测验大量平行施测的条件下，被测者所得分数的期望值(平均值)。

（二）理论应用

1. 应用的情况

真分数假设是人们为刻画人的外显行为反应水平与人的心理特质发展水平之间的关系而架设的一座桥梁，它的作用和价值是巨大的。

经典测量理论是一个线性模型，它表示在观察分数和真分数之间存在线性关系。目前，它已经被广泛应用于各种测评的编制和对测评分数的分析解释中，它的许多重要公式已经为广大测评工作者所熟悉，经典测量理论有着较长的历史，并且也发展得比较成熟。当然，真分数理论并没有真正建立起被试者可观察的外部表现与不可观察的内部潜在特质的关系，所谓"观测分数等于真分数加误差"的模型所给出的仅仅是一种外部的现象性描述，而没有真正去揭露或刻画内部特质与外部表现的实质关系，所以，运用真分数这一特征量来刻画人的心理特质水平，就存在着较大的相对性和模糊性。在实际应用中，尽管它仍然存在许多无法克服的技术问题，尽管它要确认严格意义上的平行测量颇为困难，但还是开发了许多获得平行测量（严格说是大体平行测量）的方法和策略。

2. 应用的局限性

上述测量理论把影响测验分数的所有因素分成两个，即真分数和测量的随机误差。虽然这种广泛的分类可能对研究物理测量是有用的，但是它不一定是考虑测评的最有用的方式。应用经典测量理论的最严重缺点可能是误差的概念。对内部一致性信度、重测信度和复本信度而言，决定测评误差数量的因素是不同的。我们一般认为信度系数是真分数与真分数加上误差之间的比率，但是如果我们改变估算程序，真分数和一次测评误差的组成成分也发生变化，那么就会发生严重错误了。

汉布尔顿和沃米娜赛认为经典测量理论存在以下的局限：（1）项目统计量（项目难度和项目区分度）不能独立，会随着测评所实施的被试样本组不同而变化；（2）被测者的测评分数并不一定是真正想要测评的素质的体现，这些分数还依赖于所施测的项目的难度；（3）信度是经典测量理论的一个基本理论，而经典测量理论的第三个缺陷和它有着密切关系；（4）经典测量理论不能提供不同能力水平的被测者是如何对项目作出反应的信息；（5）经典测量理论假设对所有被测者测量误差的方差都是相等的，这显然也不符合现实。除了上述缺陷以外，经典测验理论对许多实际问题都不能提供令人满意的答案。另外，它在研究项目偏差时也是不成功的。这是因为其无法很确切地掌握不同团体被试者真实能力之间的差异。

二、概化理论

（一）理论概述

克隆巴赫于 1972 年提出的概化理论（generalizability theory，GT）是测量和研究测评分数一致性的一个可选择的方法。概化理论主要源自经典测量理论和误差分析，概化理论本身由两大块组成：一是理论部分，包括概化研究（generalizability study，G 研究）和决断研究（decision study，D 研究）；二是统计部分，包括"误差的变异成分"和"信度系数和指数"。概化理论是经典测量理论与方差分析结合的产物，它将因素设计、方差分量分析等统计方法应用到心理测量理论中，对经典测量理论的信度观进行推广，提出了新的误差分析方法。

在经典测量理论中，核心问题是在我们的测量中存在多少随机误差。在概化理论中，关注点是我们从一系列测量（如一篇文章测验上的一个分数）到一系列其他可行的测量（如不同研究者对相同的文章划分等级）进行概括的能力。概化理论中的核心问题是关注个体可以进行概括的条件，或我们期望在什么样条件下的结果与这里获得的结果是既相似又不同的，概化理论通过系统研究测评分数的一致性和不一致性的来源来解决这个问题。

（二）理论应用

1. 应用的情况

从测评的理论的历史来看，古典测量理论发展了 50 年，然后才出现了概化理论。概化理论推出不到 10 年，便成为大量研究的焦点，但是直到现在，它才用于处理实践性的测评问题。现在概化理论已经成为众多研究者的重要研究工具之一，概化理论的技术正在各种研究领域中得到广泛的应用。

2. 应用的优势

概化理论与经典测量理论相比，其首要优势是概念上的而不是统计上的。也就是说，概化理论将信度看做是测验分数使用的一个特征，而不是分数本身的一个特征。例如，概化理论认为，当你制定的决策与人们在一个特质或属性上的相对位置相关，而不是与绝对水平相关，那么你的决策将会更可靠。因此，正如我们前面已经提到的，相同系列的测验分数由于分数使用的目的不同，就会存在不同水平的信度。我们相信，怎样使用测验分数比分数本身更重要，因此，与统治心理测量学历史的经典测量理论相比，概化理论是一个非常大的进步。

概化理论的另一个优势在于，它为使用经典测量理论过程中无法回答的各种实践性问题提供了答案，概化理论可以用来决定如何将问题和人的数量结合起来，以产生最可靠的评估效果。

三、项目反应理论

（一）理论概述

20 世纪中后期，逐步发展起了项目反应理论（item response theory，ITR），又称潜在特质理论。这是人们为克服经典测量理论的局限而提出的现代测量理论。当我们编制一个测评时，为了改善和提高测评的信度和效度，在组成测评之前，应对每个题目进行分析，这就是项目分析。所以，项目分析是指根据被试者的反应对组成测评的各个题目（项目）进行分析，从而评价其功用的程序和方法。

项目分析包括定性分析和定量分析，定性分析包括考虑内容效度、题目（项目）编写的恰当性和有效性等；定量分析主要是指题目难度和区分度的测量。任何测量的信度、效度最终都依赖于题目的上述性质。

通过项目分析，我们可以选择和修改测评题目，以提高测评的信度和效度。项目分析既能帮助测评使用者评价现有的各种测评，还非常适合特殊的和非正式的测评的编制。

(二)理论应用

1. 应用的情况

从 20 世纪初开始到现在，经典测量理论一直是心理测量工作的基础，它运用的是线性模型，而近年来测量学家的注意力已转向非线性模型，于是产生了项目反应理论。它的起源可以追溯到 20 世纪 30 年代中期。到 20 世纪 70 年代，该理论在大多数发达国家得到测量学者们的关注并成为其研究的主要课题。

项目反应理论在美国、西欧等地也有广泛应用。一些著名的测验与编制机构(如 ETS)都在运用项目反应理论编制常模与标准参照测验，许多大型考试(如 GRE、TOFFL、GMAT)等也用项目反应理论原理来指导测验的编制、实施和解释。我国也于 20 世纪 80 年代引入项目反应理论，取得了一些研究成果，并将之成功运用于教育与心理测量实践中。

2. 应用的优势

项目反应理论的特点是：(1)被试者能力的估计值和所施测的项目无关；(2)项目参数的估计值是和被试样本组无关的；(3)IRT 可以提供被试者能力估计值的精确度指标；(4)在 IRT 中，被试者能力和项目难度是在同一量表上。由于项目反应理论具有以上这些优点，解决了经典测量理论中的许多问题，所以现在成为教育和测量学中的前沿理论，吸引了大量的测量专家去研究并将之应用于实际。

本章关键词汇

人性假说 特质 人职匹配 素质可测评 真分数假设 概化理论 项目分析

本章小结

1. 人性假说分为经济人、社会人、自我实现人和复杂人假设等，对人的管理要视工作性质、环境特点、成员素质等而定，不可能一概而论。

2. 人格特质理论认为人有多种特质，每个人都不同程度地具有这些特质，人与人之间的差异在于人与人之间特质水平上的差异。卡特尔认为个性的各种特质彼此并不是松散的，而且是作为整体的机能相关联的，他用特质的五个阶层表示个性构造。

3. 人职匹配理论以个性心理学和差异心理学为理论基础，其理论前提是承认人的个性结构存在着差异，这些个性差异适合于不同的职业。所谓人职匹配就是按照人适其事、事宜其人的原则，根据个体间不同的素质和不同的需求将其安排在各自最合适的职位上，即保持个体素质与工作岗位要求的同构性，保持个体需要与工作报酬的同构性，从而做到人尽其才、物尽其用。其四大匹配包括：(1)工作要求与人的素质相匹配；(2)工作报酬与人的需求相匹配；(3)人与人的匹配；(4)工作与工作的匹配。

4. 个体差异是指人与人之间在个性特征上所存在的差异，包括个性倾向性的差异和个性心理特征的差异。岗位差异即不同岗位之间的非一致性，它是对企事业单位内部所有岗位，按照工作性质、责任轻重、难易程度、所需资格条件等因素进行区分的结果。职务特征模型(job characteristics model)提供了这样一种框架，它从五个方面对职务和工作进行了区分，分析了它们之间的关系以及对员工生产率、工作动力和满足感的影响。

5. 同一种工作角色可以由多个人来承担，一个人也可能有承担多种不同角色的潜能。然而，特定时空条件下，每个人所能承担的工作角色是特定的。为此，提出了人员素质测评的客观要求，即每个职位的人选都要合理配置。

6. 素质测评是可能的，对素质进行测评有其现实性和充分性，通过研究任何一个"黑箱"的输入和输出的相互关系，即使还不知道这个"黑箱"的内部状态，也可以按照输入和输出的情况来预测"黑箱"的行动。

7. 测量理论包括经典测量理论、概化理论和项目反应等。(1)经典测量理论是一个线性模型，它表示在观察分数和真分数之间存在着线性关系。真分数假设是人们为刻画人的外显行为反应水平与人的心理特质发展水平之间的关系而架设的一座桥梁，它的作用和价值是巨大的。但是，经典测量理论存在着较大的相对性和模糊性。(2)概化理论中的核心问题是关注个体可以进行概括的条件，或我们期望在什么样条件下的结果与这里获得的结果是既相似又不同的，概化理论通过系统研究测评分数的一致性和不一致性的来源来解决这个问题。(3)项目反应是指根据被试者的反应对组成测评的各个题目(项目)进行分析，从而评价其功用的程序和方法。

复习思考题

1. 人性假说原理包括哪几种假设？试举例分析。
2. 卡特尔的特质构造关系分为哪些阶层？各阶层的关系如何？
3. 你如何理解人职匹配原理中的四个匹配？
4. 为什么素质测评具有可能性、现实性和充分性？
5. 试分析比较经典测量理论、概化理论和项目分析理论这三大测量理论。

【案例分析】

到底是因人设岗还是按岗找人

广州 A 企业是一家大型的印刷设备供应商，公司成立有 10 年时间了，销售额达到 10 亿元人民币。公司 2008 年请广州某大学下属的咨询机构为公司设计了新的组织结构。然而当组织结构方案设计出来后，公司对咨询机构设计的方案全部否定了。我们拿到组织结构设计方案的时候，觉得很奇怪，并不觉得这个方案有多大的漏洞。于是询问 A 公司为什么否定这个方案。A 公司的解释是方案虽然好，但是没有考虑公司的实际情况，现在公司得力的人就那么几个，公司以前完全是根据这几个人的特点来设计组织结构与部门职能的。

看来 A 企业信奉的是因人设岗。那么为什么 A 公司会因人设岗呢？我们再来看看 B 公司的案例。

B 公司是浙江一家大的制药企业，公司经过 15 年的艰苦努力，成为了该细分市场的龙头公司。B 公司为了寻求更大的发展，请了上海的一家咨询机构重新设计了人力资源体系，组织结构的调整是这次咨询的一个重要组成部分，咨询机构为 B 公司设计了 5 个高层管理岗位。B 公司对咨询的方案给予了充分的认可，但后来操作起来，却遇到了问题。尽管公司开出了比较高的价格，却很难从市场上招聘到合适的人，结果，由于高层无法及时到位，这套方案也拖了很长时间也没有实施。

看了 A、B 两家公司的案例，我们知道，其实，很多企业都是在采用因人设岗的原则。那为什么会采用因人设岗位的原则呢？

资料来源：蔡巍，姜定维. http//pfbsc. blogdriver. com/pfbsc/123914. html. 2003-06-02.

这两个案例中提到的都是高层管理人员，属于职业经理人阶层。可以说这个阶层在中国还没有真正形成，属于稀缺资源，企业能够找到完全适合的人才是非常困难的。B 公司无法从人才市场上招聘到合适的管理者，咨询机构的方案就无法推行下去，A 公司也担心招聘不到合适的管理者，才会提出根据自己现有人才的特点来进行组织结构设计。对于普通岗位来说，可选择的余地就大很多了，采取因事设岗、因岗择人问题不大。

从 A、B 两家公司的案例中我们可以知道，不要片面地强调因事设岗，尤其是高层管理岗位，片面地强调了因事设岗会脱离大多数中国企业的实际情况，在设立岗位的时候，尤其是设立高层管理岗位的时候，不但需要考虑企业的需求情况，还需要考虑人才市场的供给情况，对于实力不强的中小公司更应该是这样。

其实，因人设岗并非"洪水猛兽"。随着人力资源特别是核心人才日益成为企业最重要的战略性资源，应在"人"与"岗"之间的配合中实行双向互动，两者不可偏废。全面认识和运用好因人设岗，给关键人才创造平台，将对集聚、保持和发展优势人力资源，增强企业核心能力发挥巨大作用。柳传志在谈及当年联想集团和神州数码的拆分时，也特意强调了联想因人设岗的思想，他指出：这种拆分实际上就是为了给杨元庆和郭为各自一个充分展示自己才干的平台，这两家公司今天的成功再次证明了人才的价值。

另外，在组织变革过程中，合理地通过给"能者"设计"多劳"的岗位，扩大岗位的"外延"与"内涵"，这样不仅可以降低人力成本，也有利于员工充分发挥能力，起到"工作丰富化"和"工作扩大化"的激励效应，同时也将有利于企业人力资源的保持和发展，这样将在激励关键员工、为企业节省人力成本两方面达成"双赢"。那么如何做好因人设岗呢？

* 鉴别出企业的战略性人才和稀缺性人力资源，综合考虑企业的战略、变革的要求，综合考虑这些核心员工的需要，为他们定制岗位。

* 在进行岗位设置时，应有发展的眼光，避免短视行为，企业的结构、流程和岗位设计必须能够使员工充分认识到自己的全部潜能，企业必须使员工对自己的工作感到满意。

* 根据工作特征模型，在技能的多样性、任务的同一性、任务的重要性、工作的自主性和工作结果的反馈等五个方面，重新组织企业岗位和任务，以满足员工对工作内在报酬的需求。

◎ **思考题**

1. 通过以上案例分析，对于"因人设岗"和"按岗找人"各自的优劣，请谈谈自己的想法。

2. 你认为企业在人岗匹配方面应注意的问题有哪些？

第三章 人员素质测评指标体系的构建

【学习目标】

【学习目标】
1. 了解人员素质测评指标和指标体系的概念与结构
2. 了解人员素质测评要素设计的原则和方法
3. 了解人员素质测评指标体系的设计步骤

【引导案例】

　　A公司是我国东南部省份的一家海产品出口企业，近几年来，随着出口经济的迅速发展，出口需求强劲，公司有了飞速的发展。公司原来的组织机构较简单，每个部门只有几个员工，但是随着公司的发展和壮大，人手不够这一矛盾已经逐渐凸现出来。于是人事部门准备在近期内招聘一些新的员工，部门涉及采购、销售、质检。面对纷至沓来的简历，在接下来的笔试与面试环节中，A公司要怎么把握，才能去伪存真，找到真正适合A公司的人才呢？A公司人事部决心一改过去凭管理人员印象招人的做法，将人员素质要求细化并测量以求科学，那么要如何细化，究竟哪些指标能够反映A公司的真实需求呢？

　　人员素质测评的指标及指标体系解决的是人员素质测评中测什么的问题，也就是根据工作岗位或项目任务要求所确定的适岗人员的素质范围、方面和程度。"不依规矩，不成方圆"，人员素质测评指标体系的设计，是人员素质测评工作的基础工程。素质的特征只有通过测评标准体系，或者把它投影到测评标准体系中，才能体现它的相对水平与内在价值。

第一节 人员素质测评指标体系的概述

一、人员测评指标

　　我们常常用长度、硬度、比重等指标来衡量物体的物理特征，这些长度、硬度、比重等都是物理指标，是衡量物体的物理特征的维度。人员素质测评指标，指的就是能反映人员测评对象特定属性的一系列考查方面或维度。

尺子之所以能用来测量长度，是因为它有代表长度单位的刻度，只有规定了长度单位，并有代表长度单位的刻度工具——"尺"，我们才能来衡量物体的长度。同样的，人员素质测评也必须有这样的"尺子"才能进行评价，所以确定人员素质测评指标不单单要确定评价的维度，而且还要制定测评中使用的统一测评的"尺子"。一个完整的人员素质测评指标应该包括三个方面的内容：测评要素、测评标志和测评标度。后二者也经常被称为测评标准，它们是衡量测评要素的"尺子"。

素质测评指标 = 测评要素 + 测评标志 + 测评标度

测评要素 = 测评对象的基本单位

测评标志 = 提示测评要素的关键可辨特征

测评标度 = 测评要素或要素标志的程度差异与状态的顺序和刻度

（一）测评要素

测评要素是指测评内容的细化条目，所谓测评内容是指素质测评所指向的具体对象与范围，它具有相对性。例如，管理者素质测评中的"管理能力"与"管理技能"，面试中的"仪表"、"口才"，高考的"数学"、"语文"、"英语"等都是测评实践中所确定的内容。确立测评指标的第一步就是制定测评要素，根据测评对象（如管理者、销售者人员）的分析结果拟定出测评要素。分析测评对象是设计指标要素的基础，虽然指标设计的方法有很多种，但是在不同程度上都要依据对测评对象的认识和分析。

（二）测评标志和测评标度

测评标志是为每一个测评要素确立的关键性描述特征或界定特征，要求必须是可辨别、易操作的特征，通常一个测评要素要由多个测评标志来说明。测评标度是指描述测评要素或要素标志的程度差异与状态水平的顺序和度量。对于这种程度差异或状态水平的刻度表示，可以是数量的也可以是语言的，可以是精确的也可以是模糊的。对每一个测评要素都要制定自己相应的测评标志和标度，以下以逻辑思维能力测评指标为例，见表 3.1。

表 3.1　　　　　　　　　　　　**逻辑思维能力考评指标**

测评要素	测评标志	水平标度		
逻辑思维能力	1. 回答问题层次是否清楚 2. 论述问题是否周密 3. 论点论据照应是否连贯	清楚 周密 连贯	一般 一般 一般	混乱 不周密 不连贯

现实应用中，测评指标可以没有测评标度，也可以将测评标志与测评标度合二为一。如后文所说的"评语短句式测评标志"本身就带有标度含义，不需要另外的测评标度。

(三)测评标志的形式

测评标志有以下三种表述形式:

1. 评语短句式

它指用对测评要素的简短判断与评论的短句来作为测评标志,多为动宾词组或动补词组,有的还加入具体的量词。

例如,对语言表达能力的考评要素之一是"用词准确性",对于这一考评要素的考评标志可以用如下一组评语短句来揭示,见表3.2。

表3.2   评语短句式测评标志示例

测评要素	测评标志
用词准确性	① 没有用词不当的情形 ② 偶有用词不当的情形 ③ 多次出现用词不当的情形

2. 设问提示式

它是指以具体问题来提示测评者注意某个测评要素的特征,见表3.3。

表3.3   设问提示式测评标志示例

测评要素	测评标志	考评标度				
		优	良	中	可	差
协调性	① 合作意识怎么样? ② 见解、想法不固执吗? ③ 自我本位感不强吗?					

3. 方向指示式

在这种测评标志中,只规定了从哪些方面去测评,并没有具体规定测评的标志与标度,而是让测评员自己把握。这种测评在传统测评中经常被采用,优点是指标确立迅速、方便,缺点是很难避免测评者不同的主观判断标准造成的差异。表3.4就是一个具体的例子:

表3.4   方向指示式测评标志示例

测评要素	测评标志	测评标度
业务经验	主要从应聘者所从事的业务年限、熟悉程度、有无工作成果等方面进行测评	根据具体情况把握

（四）测评标度的形式

1. 量词式标度

这种标度是用一些带有程度差异的形容词、副词、名词等修饰的词组刻画与揭示有关测评标志状态、水平变化与分布的情形。

例如，"多"、"较多"、"一般"、"较少"、"少"。

2. 等级式标度

这种标度是用一些等级顺序明确的字词、字母或数字揭示测评标志状态、水平变化的刻度形式。

例如，"优"、"良"、"中"、"差"，"甲"、"乙"、"丙"、"丁"以及"1"、"2"、"3"、"4"、"5"。

等级与等级之间的级差应该是有顺序关系的，最好还要有等距关系。等级之间的距离要适当，太大了，有可能犯"省略过度"的错误，考评结果太粗，区分度差；太小了，有可能使考评操作烦琐，判断过细，不好把握与操作。研究表明，当等级数超过9时，人们难以把握评判，等级数在5以内，考评结果最佳。等级式标度可以进行相应的赋分，以便测评后期的数据统计分析工作。赋分包括正向赋分和反向赋分两种，以避免被试者投机取巧的猜测因素，即有些题按由大到小的顺序赋分，有些题按由小到大的顺序赋分。如三等级的标度，当正向赋分时，就分别是1，2，3分，而当反向赋分时，三个等级的分数就是3，2，1分。

3. 数量式标度

这种标度是以分数来揭示测评标志水平变化的一种刻度形式。它有离散点标式与连续区间型两种。表3.5和表3.6就是两个示例。

表3.5　　　　　　　　　　　点标式标度示例

测评要素	测评标志	测评标度
综合分析能力	能抓住实质，分析透彻 接触实质，分析较透彻 抓不住实质，分析不透彻	10分 5分 0分

表3.6　　　　　　　　　　　连续区间式标度示例

测评要素	测评标志与标度				
	5~4.5分	4.4~4分	3.9~3.5分	3.4~3分	3分
协作性	合作无间	肯合作	尚能合作	偶尔合作	我行我素

4. 符号式标度

这种标度一般是以一种简便的符号来提示测评标志的状态变化或水平变化情形。例如，"○"、"△"、"×"分别表示"上"、"中"、"下"三种水平；或用"×"与"√"表示"是"与"否"。这种方式是既能避免差异刺激的负面影响又直观形象，且不受语种差异影响。

5. 定义式标度

这种标度是用许多字词规定各个标度的范围与级别差异，实质上是说明型标度，表3.7是一个例子。

表3.7　　　　　　　　　　　　　**定义式标度示例**

测评项目		三级标度定义			测评结果
序号	要素描述	A：含义	B：含义	C：含义	直接上司填写栏（ABC）
1	工作中进取精神如何	克服困难完成工作	有心干好工作	让我干，我就干	
2	是否有计划地安排好众多的工作	有计划地进行工作	按计划工作是理所应当的事	计划这事很麻烦，不太会做	

二、人员测评指标体系

测评指标是测评指标体系的基本单位。根据测评对象、测评目的和要求，选择一系列评价点或方面(指标)，这些测评指标的集合就组成了测评某类人员的测评指标体系。每个测评指标只代表了人员素质的某一侧面。所以，测评指标体系反映了人员素质测评要检测的各个方面，反映了这一测评系统所测对象素质的宽度、深度和层次关系，是人员素质测评工作的框架基础。

组成素质测评指标体系的每个素质结构成分(一级指标或因素)又由相应的测评亚指标(二级指标或子因素)组成，有时二级指标下又由三级指标组成。例如，传统上我国人事测评指标体系一般包括德、能、勤、绩四个方面的指标，即品行指标结构、能力指标结构、考勤指标结构和绩效指标结构。组成素质测评指标体系的每一素质结构，又都由相应的测评子指标组成。如品行结构就是由事业心、责任心、原则性、积极性、政策性等测评亚指标组成；考勤结构是由工作坚持性等测评亚指标组成；能力结构是由专业知识、知识面、自学能力、观察力、理解力、组织能力、用人授权能力、判断能力等测评亚指标组成；绩效指标体系是由工作成绩、工作质量、工作效率等测评亚指标组成。

对于不同行业、不同岗位系列和不同层次岗位的人员素质确定的测评指标体系会有所不同。

第二节　人员测评指标设计原则和基本方法

一、测评指标设计原则

(一)针对性原则

在对不同类别被测人员进行功能测评时，测评指标体系中的各项指标应有所不同，要针对各类人员的具体特点来进行指标设计。在设计评价标准时，应首先对各岗位进行工作分析，确定它对人员素质在心理、道德、智力、能力、绩效和体能等方面的基本要求，然后进行调查研究，归纳提炼出评价标准。对于不同类型的人进行测评的指标是不同的，即使有些指标相同，但其内容是不一样的或者其权重设置是不一样的。

如测评的对象是科技人员，其测评指标除了应具备的基本要素之外，还应具备一些特殊要素如设计能力、实际操作能力等。如管理人员，其特殊指标有决策能力、组织能力等。

(二)可操作性原则

即设立的标准应该可以辨别、可以比较、可以测评。也就是说，评价标准所展示的标志是可以直接观察、计算或能通过一定的方法辨别、把握和计量的。因此，在进行评价标准设计时，要充分考虑可操作性，评价标准的措词应当通俗易懂，避免意义含糊不清；测评标准的内容和形式，应当尽量简化，突出重点。

(三)完备性原则

完备性指的是处于同一个标准体系中的各种标准相互配合，在总体上能够全面地反映工作岗位所需具备的素质及功能的主要特征，使整个考评对象包含在评价标准体系内容之中。即在能够获得被测评者素质结构完备信息的基础上，以尽可能少的指标个数来充分体现测评目的。例如，反映被测人员综合分析能力的具体指标可以多种多样，其中由严密性、精确性、理解力和逻辑性四个指标组成的指标体系，就能满足指标设计中完备性原则，这样既做到了使指标的个数尽可能少，又很好地反映了被测人员的综合分析能力。

(四)独立性原则

即设立的评价标准在同一层次上应该相互独立，没有交叉。一般来说，企业经营管理的评价指标体系由多个层次构成，独立性原则要求同一层级上的 A 指标与 B 指标不能存在重叠和因果关系。即 $A \cap B = 0$。

（五）精练性原则

测评指标的设计应尽量简单，只要能达到既定目的并获得所需要的功能信息就行。换言之，就是要把一切不必要的以及不能反映素质测评特点的指标都删除。冗杂繁琐的要素往往掺杂相互重叠的成分，如不筛取，不仅费人费时，难以被采纳和掌握，而且会使测评结果成为重叠信息，降低测评的有效性。

（六）权重原则

测评指标体系中各个指标针对不同的测评目的（如招聘、培训等）和不同测评对象（如管理人员、技术人员等）应有不同的权重，体现同一素质对不同人员的不同要求程度，以提高素质测评体系的效度。

二、测评指标设计的基本方法

（一）工作分析法

工作分析法是一种以确定职位工作要求与责任范围为目的的人力资源管理方法，通过工作分析，可以明确所从事的工作要求任职者应具备哪些素质，哪些素质是必不可少的，哪些素质是最重要的，哪些是不需要的，哪些素质是无关紧要的。在素质测评要素的设计中，运用工作分析的操作步骤如下：

（1）根据测评目的与工作要求，确定需要调查的职位范围，制订调查提纲与计划；

（2）采用一定方法广泛收集有关职位任职者的主要工作要求与内容素材；

（3）通过定性方法筛选，形成内容全面的素质调查表，包括品德、智能、知识、经验与资历等方面的调查内容；

（4）在更大范围内进行调查，要求被调查者对调查表上的素质内容进行评价与补充；

（5）对调查结果进行多元统计分析，筛选主要素质项目；

（6）对筛选出的主要素质测评项目进行试测或专家咨询，以保证素质测评目标的实现。

表 3.8 是采用工作分析法得到的素质测评要素。

表 3.8　　　　　　　　　　　　　厂长素质分析表

工作要求＼表现形式	品德素质	能力素质
生产指挥 经营管理	事业心、竞争性、公正心	管理科学知识、专业知识、判断能力、指挥协调能力、任贤能力
信息沟通	平易近人、公仆意识、虚心好学	口头表达能力、交往能力、综合分析能力

（二）专题访谈法

研究者通过面对面的谈话，用口头信息沟通的途径直接获取有关专题信息的研究方法。例如，可以通过与领导者、人事干部、某职务人员等人进行多次的广泛交谈，交谈内容围绕下述三个问题展开：

（1）你认为具备什么条件的人最适合担任××职务？

（2）××职务的工作成效检验的主要指标是什么？

研究者分析汇总访谈所得的资料，可以获取许多极其宝贵的材料。专题访谈法有个别访谈法和群体访谈法两种。

个别访谈轻松、随便、活跃，可快速获取信息。群体访谈以座谈会的形式进行，具有集思广益、团结民主等优点。两种形式的采用或有机结合，有助于测评要素的确定。

专题访谈法具有简单、易行，研究内容集中，便于迅速取得第一手材料等优点，因而在实践中广泛运用。但是谈话无统一规范，使信息的获取与加工都要受到研究者个人条件的影响。

（三）问卷调查法

问卷调查法是指运用内容明确、表达正确的问卷量表，让被调查者根据个人的知识与经验，自行选择答案的研究方法。

例如，研究者通过访谈法把评价某职务人员的测评要素归纳为 40 个要素，为了筛选要素或为了寻求关键要素，可以用问题或表格的形式进行问卷式的民意调查。

问卷形式按答案的标准化程度可以分为开放式问卷和封闭式问卷两种。

开放式问卷无标准化答案和回答程序，被调查者可以根据自己的真实想法，自由回答。例如，某油田科技拔尖人才评价量表的调查问卷中有如下两题：

（1）你认为拔尖人才主要应当具备什么条件？

（2）你认为"草案"中提供的十项能力是否合理？要增加或删减吗？

封闭式意味着有标准的答题方式，常见的封闭问卷有是非法、选择法、等级排列法三种。

（1）是非法。要求被调查者对问卷中的每一个问题作出"是"或"否"的回答。例如，教师需要有较强的口头表达能力吗？是□　否□。

（2）选择法。要求被调查者从并列的两种假设提问中，作出选择。例如，研究人员应当有合作精神 □，研究人员应当有民主作风 □。

（3）等级排列法。要求被调查者对多种可供选择的方案，按其重要程度排列出名次。

例如，现代领导者应该具有事业性、责任性、坚韧性、原则性、民主性这五项品德特性，试按重要性依次排列这五个特性。

一般而言，开放式问卷可以广泛了解民意，大量收集信息，适合于要素选择的初级阶段运用，封闭式问卷答案规范，便于统计分析，适合于素质的分析判断及要素体系的总体规划。

下面是专家问卷的示例：

我们拟对某公司员工所应具备的素质做一次调查研究。你在这方面很有研究，特请您对以下指标予以评定，具体方法是在每个指标的右边方格中选一项打分，每一项分数分别为4、3、2、1。其中"4"表示完全同意，"3"表示同意，"2"表示不同意，"1"表示完全不同意。

感谢您在百忙中支持和协助我们调查，我们将把调查研究的最后结果寄给您，并望今后能保持联系。

此致

敬礼！

2009 年 10 月 10 日

附表：

您的姓名_____，年龄_____岁，文化程度_____，工作单位_____，职务_____

您认为某公司员工最需具备的素质有哪些？请据此对下列素质一一作出评价（见表3.9）。

表3.9　　　　　　　　　　　　　　　素质测评指标评价表

指标 ＼ 评分	完全同意 4	同意 3	不同意 2	完全不同意 1	指标 ＼ 评分	完全同意 4	同意 3	不同意 2	完全不同意 1
创造性					工作质量				
原则性					工作数量				
灵活性					工作效率				
事业心					工作经历				

（四）个案研究法

对某一个体、群体或某一组织在较长时间里连续进行调查研究，期望从典型个案中推导普遍规律的研究方法称为个案法。常见的个案研究法有典型人物（或事件）分析法与典型资料分析法两大类。

典型人物分析法是通过对典型人物的工作情况、具体表现或工作角色特征的剖析研究，来编制人员测评的指标体系的方法。具体操作步骤是，首先要明确测评的目的与对象，其次依据测评目的与对象特征来选择典型样本，再次是要选择适当的方法，对典型人物做一个透彻全面的分析，关键要能在众多特征内容中找出最主要的特征，要能在众多特征的观察中寻找到最为客观的标志。

典型资料分析法以人物或时间的文字资料为直接研究对象，通过对这些材料的总结分析，归纳出测评指标体系。可以选择成功的典型资料，作为正向测评指标，也可以选择失败的典型资料，作为反向测评指标。如每个企业都可以找到自己企业某种工作岗位的不成功者的素质特征来做反向测评指标的分析。例如，日本人从《孙子兵法》中的"五德"素质中提出了现代企业领导者选拔的五种素质：

（1）智：领导者必须聪明而有智慧，遇事能作出准确无误的判断和及时合理的决定。

（2）信：信赖自己的下级并能获得部下的信任。

（3）仁：体贴、爱护下属，时刻把部下的事情挂在心上。

（4）勇：有勇气、有魄力，处事果断，雷厉风行。

（5）严：遵守法纪，赏罚严明。

个案是现实生活中的典型，它具有真实、可信等优点，所以由此产生的要素既有针对性，又有较为全面的整体构思。缺点是研究周期长，研究结果具有描述性，容易受研究者的经验、知识、能力等个人因素的影响。

（五）胜任力特征分析法

这是一种基于胜任力概念的素质测评指标分析法。胜任力指标体系的形成一般应经过以下步骤：

第一步，确认企业战略，需要对组织面临的竞争挑战和组织文化进行研究。同时明确胜任力模型将主要运用在何处，是侧重于绩效考评、薪酬管理、人员、选拔，还是职业发展与培训。只有了解企业的远景，才能了解组织与员工的目标与共同利益，发展符合企业文化和员工可接受的有效胜任力模型。

第二步，数据收集，需要选择合适的方法来收集模型构建中必要的数据信息，这将是构建过程中的主要工作。通过数据收集，得到胜任力的主要模块和指标体系。

构建素质模型最为常见的方法是行为事件访谈法，它主要是与特定工作领域或工作职位上的高绩效者面谈——有时也会找一些普通绩效的员工作为对比——引发他们讲述自己的成功故事。面谈的目的是为了识别导致高绩效的行为。通过与一批成功者的面谈，比较并总结他们的成功故事，对照与一般员工或非成功者在绩效差距方面的行为特征，我们可以找出关键的支持高绩效的行为主题和特征。这些能够区分在特定工作领域或岗位上成功者与非成功者的行为事件和行为特征就形成了"特征素材库"。然后，在这些特征素材的基础上选择出与工作要求关联度强的那些特征作为该工作领域或职位的胜任力特征，进而组成相应的胜任力特征（指标）体系。确定胜任力特征权重的依据可以通过以下几种方法：

个人访谈：有时高绩效的行为事件难以归纳，而且随着组织的变化，过去的成功并不意味着现在乃至未来的成功。在这种时候，往往需要与关键管理岗位员工进行面谈，了解其成功的行为。

焦点小组：让一些来自于同一层次的员工组成小组，让他们历数出高绩效者普遍具备的胜任力项目，或者提供足够的事例。这种方法比访谈拥有更宽的信息来源，而且更加有效地集中于未来导向的成功因素。

问卷调查：将一系列行为书面列出，加以描述，要求被调查者指出哪些行为是组织中高绩效者才有的，这对于修正适合组织的模型十分有效。

专家数据库：从已有的胜任力模型中找出专家意见，在类似的模型环境中识别出重要的资质信息。

第三步，数据集成，需要将已收集的数据进行归纳，这需要采取一些统计分法，对前面形成的要素和数值进行因子分析，从而提炼出主要影响因素。

第四步，有效性分析，模型初步成型之后，构建过程并没有结束，还需要通过绩效考评进行效度验证。只有在一定时间后，员工的绩效符合素质模型中的预测，才能证明此模型是有效的。然而这一步往往被很多企业所忽视，构建出的模型就失去了其区分绩效的效用了。

第三节　人员测评指标体系设计步骤

制定一个成功的测评指标体系是需要多次反复实践才能达到较为理想的效果测评指标体系的制定过程是一个系统的过程，其流程见图3.1。

一、明确测评的客体与目的

人员素质测评指标体系的制定，首先必须以一定的测评客体为对象，以一定的测评目的为根据，测评客体的特点不同，测评指标体系就不同，即使同一测评客体，若测评目的不同，则所制定的标准体系也不尽相同。

例如，对教师的测评标准显然不同于对厂长经理的测评标准，选拔性测评标准体系显然要区别于配置性素质测评标准体系。

二、明确测评要素和测评指标体系结构

(一)测评要素的信息基础

测评指标体系的制定者要根据不同的测评目的、测评类型、测评客体与对象结构搜集有关的内容，如已有的研究文献资料、工作分析资料、工作绩效资料、访谈

```
┌─────────────────────┐
│  明确测评的客体和目的  │
└─────────────────────┘
           │
           ▼
┌─────────────────────────────┐
│ 根据测评客体和目的，选择适当方法，确定 │◄──┐
│ 测评指标体系的测评要素，以及测评指标体 │   │
│ 系结构                        │   │
└─────────────────────────────┘   │
           │                      │
           ▼                      │
┌─────────────────────┐           │
│  确定测评指标的量化方式  │           │
└─────────────────────┘           │
           │                      │
           ▼                      │
┌─────────────────────────────┐   │
│ 选择合适的客体进行试用并根据     │   │
│ 试用的结果进行反馈调整          │   │
└─────────────────────────────┘   │
           │                      │
           ▼                      │
        ╱────────╲      否        │
       ╱ 检验合格吗? ╲────────────┘
        ╲────────╱
           │ 是
           ▼
┌─────────────────────────────┐
│ 把合格的测评指标连同配套        │
│ 的人员测评工具付诸实施          │
└─────────────────────────────┘
```

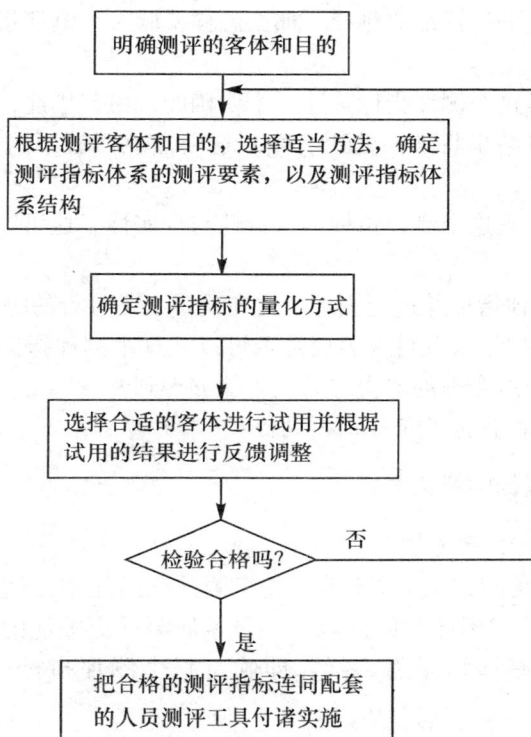

图 3.1 测评指标设计流程图

资料、人事档案资料、问卷调查资料和理论基础资料等，推论出符合理论原理和已有经验资料及工作实际需要的测评要素和指标体系构想。收集信息的方法有在第二节中介绍的几种常用方法，不再赘述。

(二)测评指标描述与筛选

1. 制定适当的测评标志和标度

这一步实际上是对测评指标进行清楚、准确地表述和界定。测评标志是进行文字意义和情景意义上的定性表述和界定；测评标度是进行数量等级或程度上的表述和界定，这是使测评指标体系具有可操作性的关键步骤。

2. 筛选测评指标

如何筛选那些优良的素质测评指标呢？一般是依据下列两个问题逐个检核指标：

一是这个测评指标是否具有实际价值；

二是这个测评指标是否切实可行。

　　一个测评指标虽然具有实际价值，但并不一定切实可行，或者虽有可行的条件但实际价值不大，这种指标都应删掉。那么怎样检验一个测评指标的实用价值和可行性呢?

　　第一步就是要对这个测评指标陈述一个明确的理由与用途，说明为什么要这个测评指标，以及所得结果将如何使用。做到这一点就回答了这个测评指标的潜在价值。

　　第二步就是要考查这个测评指标的可行性与现实性。这可以针对下面三个问题进行检查:

　　(1)保留这个测评指标并进行测评，这在逻辑上是可行的吗?

　　(2)所需要的数据结果及行为表现是否可以从这个测评指标中得到，或者测评者与被测评者双方经过合理的努力之后是否能够得到?

　　(3)实施这个测评指标的条件是否具备?

三、确定测评指标的量化方式

(一)测评指标权重的确定

　　素质测评指标确定以后，并不等于整个测评标准体系已经确定。测评指标仅仅是确定了素质测评指标体系的内容，人员素质测评更关注的是每个测评对象在这些检测指标上的测评结果怎么样，即确定每个测评指标应怎样解释并量化计分。

　　各个测评指标相对于不同的测评对象来说，会有不同的地位与作用。因此要根据各测评指标对测评对象反映的不同程度恰当地分配与确定不同的权重。但如果仅有一个权数，而没有对每一个指标规定一个统一的计量办法，则测评者的测评结果会有很大差异。

　　测评指标的计分在相当程度上依赖于测评对象和测评目的，同样的测评指标内容在不同对象的测评中，其解释和计分是不一样的。

　　如"语言表达能力"这一测评指标，在招聘研发人员、行政职能人员和市场销售人员时的要求是大不相同的。即使对于同一类人员，若这一指标同时在笔试、面试和小组讨论中被测评，其对最后结果的影响，会随不同指标权重分配的不同，也会是不一样的。

　　因此，要根据各测评指标对测评对象和测评目标反映的不同程度而恰当地分配与确定不同的权重。

　　所谓权重，即测评指标在测评体系中的重要性或测评指标在整个测评总分中所应占的比重。

　　1. 权重加权的三种基本形式

　　(1)纵向加权。即对不同的测评指标给予不同的权数值，其目的是使不同的测

评指标的得分可以进行纵向比较，或者说使各测评指标的分数计量单位相等。表
3.10 是车间工人的指标加权表，其中的权数 0.15，0.18 等是纵向加权，表明了不
同指标对测评车间工人这个测评对象的重要程度。

表 3.10　　　　　　　　　　　　　　指标加权表

素质指标	量表原始分	权数
健康状况	100	0.15
智力	100	0.18
职业能力	100	0.24
职业兴趣	100	0.18
专业技能	100	0.25

　　（2）横向加权。即给每个指标分配不同等级分数。其目的是使不同的测评客体
在同一测评指标上的得分可以比较。

　　一般的加权是根据不同的测评主体、不同的测评目的、不同的测评对象、不
同的测评时期和不同的测评角度而指派不同的数值。因此加权是相对特定的情况
而进行的，适用某一场合的权数并不一定适用于另一场合。见表 3.11，对于不
同的测评对象，同一素质指标（如健康状况）有不同的权重（如 0.15，0.3，
0.3）。

表 3.11　　　　　　　　　　　　　　指标加权分配表

素质指标	量表原始分	车间工人	销售人员	经理
健康状况	100	0.15	0.3	0.3
智力	100	0.18	0.1	0.25
职业能力	100	0.24	0.2	0.15
职业兴趣	100	0.18	0.2	0.2
专业技能	100	0.25	0.2	0.1

　　（3）综合加权。即纵向加权与横向加权同时进行，其目的是使不同的测评客体
在不同的测评指标上的得分可以相互比较。

　　2. 确定权重的方法

　　（1）主观加权法。所谓主观加权法，即加权者依据自己的经验权衡每个测评指
标的轻重直接加权。

如选拔"德"、"才"兼备的管理干部，若认为两者同等重要，则等额赋分各为50 分或 0.5 的加权系数；若强调能力，则可以"德"30 分或加权系数 0.3，"能"70 分或加权系数为 0.7。主观加权法要注意"四性"：

① 权重分配的合理性。即权重分配要反映测评对象的内部结构和规律，防止因权重分配不当而脱离实际或产生偏向；

② 权重分配的变通性。即权重分配要符合客观实际的需要，可以根据测评目的与具体要求而适当变通分配；

③ 权重数值的模糊性。即对权重的分配不必十分精确，可以为方便测评而模糊一点，实际上有些测评指标根本无法做到精确；

④权重数值的归一性。即各个测评指标的权数和应为 1 或 100。

（2）专家加权法。所谓专家加权法，即先聘请素质测评方面的专家，要求他们各自独立地对测评指标体系加权，然后按每个测评指标进行统计，取其平均值作为权重系数。这种方法比主观加权法可靠些，也比较简便，但如果大家意见分散，则权重系数效果较差。

（3）特尔斐法（又称专家咨询法）。特尔斐法是请专家"背靠背"反复填写对权重设立的意见，不断反馈信息以期专家意见趋于一致，得出一个较为合理的权重分配方案。

这种方法避免了权威、职称、职务、口才以及人数优势对确定权重的干扰，集中了大多数人的正确意见。缺陷是由于最后不再考虑少数人的意见，容易失去一部分信息，同时也缺乏科学的检验手段。

（4）简单比较加权法。所谓比较加权法，即首先确定测评指标中重要程度最小的那个指标，把其他测评指标与它进行比较，作出是它多少倍的重要程度的判断，然后进行归一化处理，即得到各个测评指标的权重系数。这种方法易于掌握，虽然主观性也很大，但若与专家加权法结合使用，则效果良好。

例如，在专业知识、语言表达能力、人际关系技能、团队精神、创新能力五项测评指标中，若对于招聘销售人员来讲，假设专业知识这一测评指标被认为重要程度最小，将其定为 1，其他四项指标与它相比较，他们的重要性分别是专业知识这一测评指标的 2.5 倍、3 倍、3 倍、2.5 倍，那么将它们相加得到 12。则每个指标所占百分比为用 1、2.5、3、3、2.5 分别去除以 12，即得到这五个测评指标的权重系数为 0.08、0.21、0.25、0.21。

（5）层次分析法（AHP）。层次分析法的步骤：首先，建立一个多层次的递阶结构，按目标的不同、实现功能的差异，将系统分为几个等级层次。表 3.12 中，能力素质指标之下有交际沟通、思维判断等指标，交际沟通指标下又有宣传表达、沟通说服等指标，形成等级层次。

表 3. 12 素质指标等级层次示例

		宣传表达
能力素质	交际沟通	沟通说服
		乐群性
	思维判断	逻辑推理
		预见判断
		开拓创新
	管理组织	决策能力
		知人善任
		动员激励
		授权协调

然后，确定以上递阶结构中相邻层次元素间的相关程度。通过构造两两比较判断矩阵及矩阵运算的数学方法，确定对于上一层次的某个元素而言，本层次中元素与其相关元素的重要性排序——相对权值。表 3. 13 中，括号内权数为本指标对上级指标的贡献(重要性)的示例。

表 3. 13 素质指标各层次对上层贡献率

		宣传表达(30%)
能力素质	交际沟通(30%)	沟通说服(20%)
		乐群性(50%)
	思维判断(30%)	逻辑推理(40%)
		预见判断(20%)
		开拓创新(40%)
	管理组织(40%)	决策能力(30%)
		知人善任(30%)
		动员激励(20%)
		授权协调(20%)

最后，计算各层元素对系统目标的合成权重，进行总排序，以确定递阶结构图中最底层各个元素在总目标中的重要程度。表 3. 14 中，宣传表达对能力素质的重

要性是9%。

表3.14　　　　　　　　　　素质指标各层次对最上层贡献率

能力素质	交际沟通(30%)	宣传表达(9%)
		沟通说服(6%)
		乐群性(15%)
	思维判断(30%)	逻辑推理(12%)
		预见判断(6%)
		开拓创新(12%)
	管理组织(40%)	决策能力(12%)
		知人善任(12%)
		动员激励(8%)
		授权协调(8%)

(二)测评指标的计量

素质测评指标的量化，除了上面的权数确定外，还有对各测评指标的计量问题。

任何一个测评指标的计量，均由两个因素决定：一是计量等级及其对应的分数；二是计量的规则和标准。在计量等级及其对应的分数方面，为了使测评的结果规范化、统一化和计分简单化，便于微机处理，对于测评指标体系中的每一个指标，可采取统一的分等计分法，即每一个测评指标都分为1~5等，分别对应分数5~1分。

在计量的规则或标准方面，一般因具体的情况不同而不同，常见的有以下两种情况：

1. 客观性测评指标

如出勤率、犯错误的次数等，均可采取客观性的计量方法来计量。一是可列出与测评指标有关的参考标准，这个参考标准可以是有关政策的规定，也可以是国内外提供的经验数据，计量中以参考标准为效标，根据测评的对象偏离效标的实际程度来确定相应的等级。二是可以把测评对象在某一测评指标上实际达到的水平从高到低排队，以获得最高分者得5分为标准，以此按比例量标折算，确定等级得分。

例如，被测评的总体是5个工人，他们在某年同时抽检的特优产品分别是14件、13件、10件、8件、7件。这里件数最多的是14件，因此规定件数最多的这个工人在产品质量这个测评指标上的得分为 5 分，其余的则依次为 4.64 分、3.57 分、2.86 分、2.50 分。

2. 主观性的测评指标

对于主观性的测评标准，要求测评者在调查研究的基础上进行定性分析，然后根据自己以往的经验和当前的实际来确定测评对象在该指标上的等级水平并给以相应的分数。在这种情况下，我们一般借助于模糊数学的方法进行模糊计量。

为了保证测评结果的相对客观与准确，测评者不能是一个人而必须是一个群体。具体的计量办法是，先要求每个测评者对同一测评指标按统一的等级量表测评对象，然后统计出各个评判等级上的总人数，并据此算出分数。

例如，有 25 个测评者就某一测评指标对同一个员工的素质进行测评，测评结果中评一等 5 分的有 4 人，评二等 4 分的有 9 人，评三等 3 分的有 5 人，评四等 2 分的有 7 人，评五等 1 分的没有。则这个员工在此测评指标下的得分为：

$$(5 \times 4 + 4 \times 9 + 3 \times 5 + 2 \times 7) \div 25 = 3.4$$

四、测试并完善测评指标体系

经过以上三个步骤所制定的测评指标体系在工作中会受到许多因素的干扰，因此尽管在主观上是按照科学方法行事，尽了很大努力，但实际效果并不一定就能如愿以偿。其客观性、准确性如何？可行性怎样？还必须经过实践的检验。因此，测评指标体系在大规模的施测之前，还必须在一定范围内进行试测，对整个测评指标体系进行分析、论证、检验并不断修改，最后形成一个客观、准确、可行的测评指标体系，以保证大规模测评的可靠性与有效性。这个过程要注意使用的主体和客体的选择、情景控制和对偶发情况的记录。一般而言，应该选择指标设计者自己较为熟悉的测评客体做检验，这样有利于将使用结果与实际情况对比分析。

第四节 人员素质测评指标体系示例

一、常见工作岗位测评指标体系

各种不同工作性质的岗位所必须承担的职责和运用的技能是有很大差异的。在为各种不同工作性质的岗位所罗列的测评指标表中，可以看到不同岗位的测评对测评指标的不同要求。所以，测评应该集中在每一特定岗位的最有关、最重要的领域。表 3.15 和表 3.16 举例说明岗在某些不同的工作岗位中的一些常见的测评要素表 3.15 和表 3.16。

表 3.15　　　　　　　　　　　**不同岗位常见测评指标一**

商品销售员	生产工人	行政助理
规划与组织能力	技术熟练	书面交流能力
敏感性	检测故障的能力	合作精神
承受压力的坚韧性	工作高标准	敏感性
对细节的注意力	有计划地工作	工作高标准
诚实	主动性	行政管理能力
口头交流能力	承受压力的韧性	行政公文回忆能力
	安全工作	主动性
		学习能力

资料来源：王继承. 人事测评技术. 广州：广东经济出版社，2001：45.

表 3.16　　　　　　　　　　　**不同岗位常见测评指标二**

商业机械销售代理人	主管人	总经理
技术知识	分析能力	分析能力
口头表达能力	判断力	判断力
规划与组织能力	规划与组织能力	决断能力
坚韧性	控制能力	组织意识
说服劝导及推销能力	敏感性	组织敏感性
影响力	领导能力	对组织外事物敏感性
行为的灵活性	对雇员的安全需求的认识	开发下属人员的能力
恢复能力	承受压力的韧性	领导能力
精力	工作高标准	适应能力
从事销售工作的积极性		独立性
学习能力		工作积极性
口头交流能力		兴趣范围
		精力
		承受压力的韧性
		口头表达能力
		书面交流能力

资料来源：王继承. 人事测评技术. 广州：广东经济出版社，2001：45.

下面，对以上一些用得比较多的测评指标给予简单的定义说明：

（1）分析能力：识别问题，获得有关信息，将来源不同的数据联系起来，确定可能引起问题的原因的能力。

（2）判断能力：提出并形成可供选择的行动方案，作出以逻辑假设为根据并反映真实信息的决策的能力。

（3）决断能力：准备作出决策、实施判断、采取行动或身体力行的能力。

（4）规划和组织能力：为实现某一特定目标，给自己或他人建立行动方案，作出适当的人员派遣和资源分配规划的能力。

（5）分派任务的能力：能有效地利用下属人员，将决策内容和其他职责分派给合适的下属人员的能力。

（6）独立性：主要根据自己的判断而不是根据他人的意见采取行动。

（7）坚韧性：在压力或反对下坚定地工作。

（8）领导能力：处理人际关系的适当方式和引导单个人（包括下属、同僚和上级）或一些人去完成任务的能力。

（9）主动性：积极努力去采取一些活动，以确保组织实现目标所需要的资源或信息。当然，所采取的行动必须超出其本职位的一般性工作的表现。

（10）工作高标准：不满足于一般的工作绩效，为自己、下属和他人建立起较高的工作目标或标准。

（11）精力：保持高度的活力。

（12）工作积极性：在工作中所从事的具体活动和承担的责任超出一般人期望的程度。

（13）书面交流能力：能运用正确的语法清楚地表达书面意见。

（14）口头表达能力：在有准备的情况下能清楚地向一个人或一些人陈述事实或说明任务（包括用手势或口头表达）。

二、某企业职业经理人素质测评指标体系

表3.17中，该指标体系由三个层次的指标构成。第一层次的指标由能力素质、个性特质、思想品质和专业特征四个方面的指标（主因素）组成。各主因素指标的权重分别为34、33、17、16，总数为100。第二层次的指标，即子因素，由交际沟通、思维判断、管理组织、自我认同感、意志信念、奋发进取、行为习惯、公益心、事业心、诚信度、政策理解、作风态度、文化程度、知识面和专业水平等十五个指标组成，其权重分别为10、10、14、11、9、8、5、5、2、4、2、4、4、5、7，总数为100。第三个层次的指标，即次级子因素，由从"宣传表达"到"实践"的29个指标组成。各个三级指标的权数总和为100。

表 3.17　　　　　　　　　**企业职业经理人素质测评指标体系示例**

能力素质(34)	交际沟通(10)	宣传表达(3)
		沟通说服(4)
		乐群性(3)
	思维判断(10)	逻辑推理(2)
		预见判断(3)
		开拓创新(5)
	管理组织(14)	决策能力(4)
		知人善任(3)
		动员激励(3)
		授权协调(4)
个性特征(33)	自我认同感(11)	自信心(4)
		果断迅速(3)
		乐观豁达(4)
	意志信念(9)	自制力(3)
		顽强性(6)
	进取奋发(8)	竞争超前(3)
		勇敢度(2)
		开拓冒险(3)
	行为习惯(5)	行为连贯(2)
		自觉行为正确(2)
		行为乐意(1)
思想品质(17)	公益心(5)	服务性(2)
		负责心(3)
	事业心(2)	
	诚信度(4)	相容(2)
		正直(2)
	政策理解(2)	
	作风态度(4)	民主(2.5)
		实践(1.5)
专业特征(16)	文化程度(4)	
	知识面(5)	
	专业水平(7)	

资料来源：刘长占，萧鸣政. 人才素质测评方法. 北京：高等教育出版社，2000：108.

本章关键词汇

素质测评指标　素质测评指标体系　素质测评要素　素质测评标志　素质测评标度

本章小结

1. 人员素质测评指标，就是人员素质测评中衡量和评价被试的维度。一个完整的人员素质测评指标应该包括三个方面的内容：测评要素、测评标志和测评标度。测评指标的集合就组成了测评某类人员的测评体系。每个测评指标只代表了人员素质的某一侧面。所以，测评指标体系反映了人员测评要检测的各个方面。它反映了这一测评系统所测对象素质的宽度、深度和层次关系，是人员素质测评工作的框架基础。

2. 测评要素设计原则有：① 针对性原则；② 可操作性原则；③ 完备性原则；④ 精练性原则；⑤ 独立性原则；⑥ 科学性原则。

3. 测评要素设计方法有：① 工作分析法；② 专题访谈法；③ 问卷调查法；④ 个案研究法。

4. 人员测评指标体系的设计步骤：① 明确测评的客体与目的；② 明确测评要素和测评指标体系结构；③ 确定测评指标的量化方式；④ 测试并完善测评指标体系。

复习思考题

1. 素质测评指标的结构包含哪几部分？
2. 素质测评指标中的标志有哪些形式？标度有哪些形式？
3. 什么是素质测评要素设计的可操作原则？
4. 素质测评要素设计有哪些方法？
5. 测评指标的权重分配依据是什么？
6. 测评指标体系设计的步骤是什么？

【案例分析】

本章前面提到的 A 公司尝试开展科学的招聘甄选工作。

人事部门开始阅读人员素质测评的相关文献，决定使用胜任力模型这种国内流行的方法。人事部门找到与目标岗位相应的经过验证的胜任力模型，如销售胜任力模型。

销售胜任力模型的内容包括：

协调客户、供应商的战略目标：发现为客户增值的机会，并强化与客户建立的关系对于本组织的价值。

听取客户产品以外的需求：寻找改进工作流程的潜力和机会，为客户提供增值服务。

理解决策对财务方面的影响：理解决策对客户及本组织的财务方面的影响，量化并传达双方关系的价值。

调配组织资源：明确主要贡献者并传达相关信息，建立一种合作性的、以客户为中心的关系。

使用磋商式的问题解决方法：创造新的解决方法，为客户定制产品与服务，愿意并能够突破常规，并在必要时做出改变。

建立忠诚的客户—供应商关系：致力于实现双方的使命、价值观与愿望。

不断的自我评估和学习：确保从客户、同事及上级那里获取反馈意见。

⋮

建立和实施战略性的客户渗透计划：描绘与客户交易合作的蓝图。

人事部门认为这一胜任力模型是国际上经过验证有效的胜任力模型，它的有效性应该有保障，还能使本公司的人力水平"与国际接轨"了。

但是在以下的工作中，这一胜任力模型的运用却问题不断。

首先，有这么一些胜任力特质，却不知道它如何运用于筛选。部门经理指着"协调客户—供应商的：发现为客户增值的机会，并强化与客户建立的关系对于本组织的价值"，问人事部门经理这是什么意思，要怎么做才能保证被招聘的人能达到这一标准，人事部门经理也说不清楚，最后与部门经理商量了一下决定问的几个问题。但是得到应聘者回答后，如何决定这一回答是好是坏，能不能体现被试的这一特质，又没有一个统一的标准，最后也是人事部门经理和销售部门经理商量得出一个主观的意见。

其次，这些胜任力特质不符合 A 公司的战略。如"建立和实施战略性的客户渗透计划：描绘与客户交易合作的蓝图"。A 公司还是个小公司，内部信息沟通比较顺畅，执行也比较好，所以决策一般是老板说了算的从上而下的决策模式。销售部门经理说："我们不需要他描绘这样的蓝图!"但是胜任力模型上有，只有也问上几个问题。这不仅加重了招聘的任务，还混淆了本应该重要的特征，搞得本末倒置。

基于以上这些问题，不仅招聘过程难以顺利进行，最后招到的人工作绩效也欠佳。

资料来源：李静，李雪梅. 公务员能力结构的实证研究[J]. 北京交通大学学报，社会科学版，2007，6(77).

◎**思考题**

1. 对照所学的设计测评指标体系的步骤进行分析，A 公司人事部门做得如何？做了什么，没做什么？

2. 胜任力模型是如何使用的？

3. A 公司人事部门在使用胜任力模型时有没有做错什么？如果有的话，那么有哪些错误？

第四章 履历分析

1. 掌握履历分析的概念、特点及发展
2. 了解履历分析的理论基础和维度
3. 掌握履历分析的步骤
4. 掌握履历分析问卷的编制原则及主要构成
5. 熟悉履历分析问卷设计与开发

【引导案例】

　　广东某化妆品企业，是一家典型的小型民营企业，老板王是学医出身，不懂管理更不懂营销，尽管有很好的产品，但一直销量不好。在经营过程中，王老板认识了时任北京某著名化妆品企业的市场部经理张某。王老板认为张某在市场营销上比较专业，所以有意邀请张某加盟自己的公司。2003 年 4 月，张某凭着自己多年在化妆品市场的推广经验，注册了一个国外的化妆品品牌，成立了某化妆品有限公司，王老板让张某担任新公司的总经理，全权管理采购、生产、技术研发、人力资源和市场营销等整个公司的运作，仅仅把财务控制在自己的手里。

　　张某也不负王老板期望，带领公司市场部人员从产品卖点提炼，到概念包装以及相应的推广计划和宣传物料等，搞得有板有眼。市场开始运作以后，考虑到公司的快速反应，王某干脆把财务也放手给张某。张某运用自己对市场的敏感性，设计出了一整套相对完善的整合推广计划和经销商政策以及销售管理政策，然后将新招聘来的销售人员经过简单的培训后，开始推向市场。张某包装了一个子虚乌有的法国老品牌，但对经销商和消费者来说，依然只是个陌生的品牌，要想尽快进入市场，必须要给经销商足够的利润空间，才能利用经销商的网络资源。他们专门设计了一个给经销商高利润空间而自己却零利润甚至负利润的所谓刀刃产品，然后又推出了公司和经销商都具有相对较高利润的刀背产品，但由于后续支持系统滞后、销售人员个人素质的局限以及对经销商的管理缺乏等原因，尽管公司在全国市场零零散散地销售了五六百万元的产品，但公司仍然处于亏损状态。

由于张某当时只具备了一个市场部经理的才能，譬如，完全凭个人的喜好以及员工跟他的关系度来制定工资、奖金和销售提成，销售人员的差旅费报销，也是看谁顺眼就批或者多报，不顺眼就不批，造成仅有20名员工的销售队伍四分五裂，员工流失率一度达到了50%以上。在对待客户管理问题上，张某更是推行暗箱操作模式，造成经销商不愿意再合作，纷纷退出经销商队伍，而王老板也由于缺乏对张某在具体运作上的过程监控，等到员工纷纷向他告发公司运作的糟糕情况时，这个成立不到一年的新公司已经面临倒闭的危险。

职场专家认为：王老板的初衷没有错，张某本身也没有太多的过失，总的来说，主要是由于王老板没有对张某进行全面的了解，缺乏对其个人能力的认知，张某从严格意义上不具备一个职业经理人的基本素养，缺乏人格魅力，尤其缺乏团队管理的领导能力；销售人员跟他关系好的，收入自然也高；那些耿直的销售人员，哪怕市场做得再好，也得不到应有的报酬。这样的队伍，能打胜仗才怪！由此可见，对拟招聘的人员进行综合的履历分析有多么重要，尤其是在招聘企业高层管理者时，履历分析应作为一个必备的程序。

资料来源：佚名. 四川工人日报，企业资讯版，2008，10(2).

第一节　履历分析的概述

一、履历分析的概念

履历分析又称资历评价技术，是通过对评价者的个人背景、工作与生活经历等进行分析，判断其对未来岗位适应性的一种人才评估方法，是相对独立于心理测试技术、评价中心技术的一种独立的人才评估技术。

履历分析是建立在如下几个假设的基础之上的：

首先，通过履历分析可以收集到比申请表更多的信息（如过去的行为和生活经历等），而这些信息将提供对申请者与动机有关特征的间接测量。由于是对动机有关特征的间接测量，所以申请者很难作假；同时通过这些间接测量，我们可以了解什么样的人能够做好一份工作，能够在工作中得到晋升，能够在工作岗位上取得好的成绩。

其次，履历分析的潜在假设是，员工以前的行为，能够较好地预测其以后在工作中的行为表现。了解员工的生活工作经历，我们可以对其以后的表现作出预测，即人的行为表现具有长时间的稳定性。

近年来履历分析越来越受到人力资源管理部门的重视，被广泛地用于人员选拔等人力资源管理活动中。使用个人履历资料，既可以用于初审个人简历，迅速排除明显不合格的人员，也可以根据与工作要求相关性的高低，事先确定履历中各项内容的权重，把申请人各项得分相加得出总分，并根据总分确定选择决策。

二、履历分析法的原理

履历分析法的主要理论基础是"过去行为是预测未来行为的最好指标"，也就是说，当我们能够全面、深入、细致地了解一个人的过去的时候，就能够有效地预测他未来的行为与表现。其主要基础主要有以下几个方面：

从感觉、知觉方面来说，感觉是对事物个别属性的反映，而知觉是个体对整个事物的反映。知觉是以感觉为基础的，知觉也离不开感觉。同时，人类知觉过程与个人经验密不可分。没有过去经验的支持，人类是不可能将感觉到的对象转化为知觉对象，并进行更深层次的心理加工。也就是说，过去的经验能够影响我们对客观事物的理解与认识。而经验主要来源于个体的人生经历与个体体验。所以，一个人的工作经验和经历也会影响个人在今后工作中的表现。因此，招聘者可以通过对个体经验的分析和考查，来预测个体未来工作的表现和绩效。

从能力形成过程而言，个体的能力是由先天条件和后天环境共同作用而形成的。先天条件是后天作用形成的基础，但是先天条件的发挥也离不开后天作用的影响。在一定条件下，后天环境成为影响个体能力和素质形成的重要因素，它塑造了人的个性、能力和观念等。每份履历都可以在一定程度上反映出个体在特定环境条件下的表现，而这些表现又与个体能力、素质不可分离。因此，通过履历来考查个体能力和素质是可行的。

就履历本身而言，包含了招聘者所需要的大量信息。一般情况下，这些信息都是个体的亲身经历和体验，它们客观、系统、全面、真实地记录着，直接地反映出个体能力和素质，间接地反映出个体隐含的动机、观念等，这些内容是用其他形式的选拔测量手段很难会获得的。

就履历分析的设计来说，履历分析首先是建立在职位要求和工作分析的基础上的，所选取的测评要素和权重必须职位有一定的关联性和针对众多的相关因素的集合，使履历分析结果与工作实际表现的相关性和针对性进一步提高。同时，较高的相关性和针对性，必然能获得较高的预测性和准确度，也就意味着较高的可靠性。所以，应聘者过去的工作经历和表现就是预测他未来工作表现的最好方法之一。

不仅如此，履历分析法还紧紧结合胜任力的理念。胜任力是指用行为方式描述完成工作或任务时所需要具备的知识、技能、态度和个人特质等。它是由哈佛大学教授麦克莱兰于1973年提出的。胜任力概念提出不久便引起了广大研究者和企业实践者的高度瞩目，并逐步发展和完善起来。在现代胜任力的研究中，最重要的内容之一就是关于胜任力模型的建构。胜任力模型是指个人为了完成某项工作或达到某一绩效目标所需要的一系列不同能力和素质要素的组合，包含不同的动机表现、个性与品质要求、自我形象和社会角色特征以及知识与技能水平。不同企业员工个体具有不同能力素质特征，不同岗位也存在不同的胜任素质。实际上员工个人的胜任力、岗位的工作要求以及组织环境三部分均影响员工素质模型的建立，只有当员工胜任能力与另外两部分相匹配时，员工才能胜任此工作。因此在履历的编写和制作过程中，以工作分析为基础建立胜任力模型，可以较准确和有效地对应聘者的工作绩效进行预测。

心理学家通过对履历分析以及相关方法的研究，提出了关于传记式资料的理论模型。Owens 最早提出了传记式资料的发展综合模型理论(developmental integrative model)，他根据个体在传记式资料不同因素上的得分，将具有相似生命史的个体分配到不同的亚群体组，并分析不同组个体在不同工作中的工作绩效和工作满意度，结果发现，不同个体在这两个项目上的表现不同，进一步推论出一般的生命经验对不同工作的绩效存在差异性影响。Mumford、Stocks 和 Owens 等人于 1990 年提出生态模型理论(ecology model)，从生物学视角对传记式资料测量理论做了进一步的完善。该理论认为，人作为一种生物会积极寻求经验和机会，以长期且更好地适应环境。个体的行为一旦在某种情景下获得了满意的结果，那么个体就会在将来寻找类似的情景，并产生类似的行为(李英武、车宏生，2006)。

三、履历分析的特点

(一)普遍性

履历分析法的适用范围非常广，几乎适用于所有部门和岗位的招聘和选拔，尤其适用于某些实践性较强的岗位。在招聘过程中，对于特定的岗位而言，知识性或机能性的考试并不能完全预测或反映应聘者在实际工作中的表现，而应聘者的个人经验和工作经验则能部分地体现出个人的实践工作水平的高低。因此，履历分析法可以应用于各个岗位应聘人员的初步筛选。

(二)客观性

履历是过去发生过的事情，这些情况是无法改变的客观事实，因此，一旦履历分析测评系统结构设计确定以后，测评结果也会随之确定，这样一来就可以有效避免某些人为因素的影响。同时，履历中包含的信息比较广泛，包括成功的或失败的工作经验、工作业绩等内容，也避免了在人才选拔过程中出现高分低能的情况。

(三)多维性

履历分析不是单纯从知识、能力等横向方面对应聘者进行考查，而是包含了对个人历史的纵向考查，即对个人工作实践的整个过程进行了历史的、全面的评价。这就突出了对个人的既定行为和实际业绩的评价，避免了从单一角度评价应聘者，从而有助于全面地、多角度地了解应聘者。

（四）低成本

虽然履历表制作的过程比较复杂，需要具有专业的人力资源管理和心理学知识，并要对特定的工作岗位进行调查和研究，但是一旦编制完成，履历表可以重复使用，可以节约大量、反复测量带来的人力、财力消耗，从而大大降低了招聘成本。

四、履历分析的发展

履历分析法的雏形是个人经历分析，它诞生于第二次世界大战期间。著名心理学家 J. P. 吉尔福特及同事在开发军队征兵用的阿尔法测验的同时，开始根据个人经历来预测军事训练的成功率。他们发现，有不同个人经历的军人在军事训练的过程中表现不同，即个人经历可以为军事训练的成绩提供良好的预测作用。而这一发现也使得个人经历对于今后工作的影响渐为人们所关注。第二次世界大战后，经历检查的方法被转移应用到民用部门，并在大量研究和应用的基础上发展成认识测评和预测的一项重要方法技术，即履历分析法。国际上通用的资历评价方法一般以选择题的形式要求被评价对象填写经历调查表，这方面的代表可推美国人事总署研究开发的经历调查表（IAR，又称个人成就信息表）。该表自 1983 年起沿用至今，它从学习经历、工作经历、工作能力和人际关系等方面编制了 148 道选择题，每个选择题有 5 个选项，要求应聘者根据自己的真实情况作答。目前经历调查表已经成为美国公务员选拔的一种重要手段。

时至今日，欧美很多大公司也开发了适合企业自身需要的履历分析测评系统。应用最广泛的主要有权重申请表（weighed application blank，WAB）和传记式申请表（biographical information blank，BIB）。这两种申请表的主要不同之处在于，他们收集到的信息的种类和数量不同。权重申请表一般包含 10 ~ 20 个左右的信息，主要是一些能够确定和证实的信息，即客观信息。而传记式申请表则包含了 50 ~ 200 个问题，这些问题并不完全是客观题，还包括考查应聘者态度、观念和价值观方面的问题。

经过多年的实践，履历分析法已变成了企业人才选拔中不可或缺的组成部分。此外，履历分析法强调定性分析与定量分析相结合的特点也体现了人员招聘的发展趋势。

第二节　履历分析的一般步骤

履历分析是一个以工作分析为基础，涉及众多心理学和人力资源管理学的知识，其主要步骤有以下几个部分（见图 4.1）：

```
┌─────────────────────────┐
│  分析对象，建立胜任力模型  │
└─────────────────────────┘
            │
            ▼
    ┌───────────────┐
    │  确定要素和权重  │
    └───────────────┘
            │
            ▼
    ┌───────────────┐
    │  编制和设计履历  │
    └───────────────┘
            │
            ▼
    ┌───────────────┐
    │    项目计算    │
    └───────────────┘
            │
            ▼
    ┌───────────────┐
    │ 预测、修改和测量 │
    └───────────────┘
            │
            ▼
    ┌───────────────┐
    │  信度和效度检验  │
    └───────────────┘
```

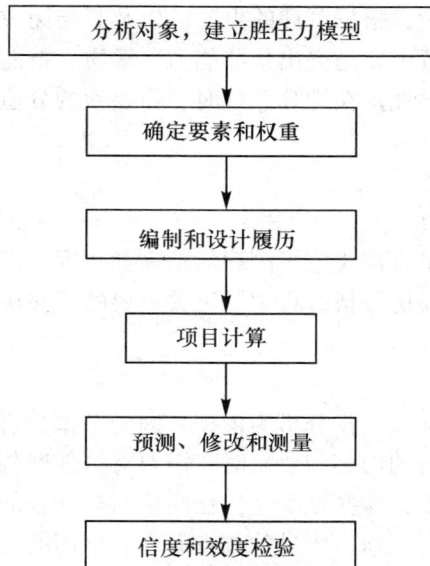

图 4.1　履历分析法的基本步骤

一、分析对象，建立胜任力模型

进行履历分析的第一步就是调研和分析拟聘职位，根据工作分析的结果建立相应的胜任力模型。不同岗位的胜任力要求不同，不同企业的战略、文化、价值观不同，因此，在设计履历分析系统时，要以企业的实际情况为基础，进行有效的工作分析，并以工作分析的结果来建立相应的胜任力模型。胜任力模型是履历分析中不可或缺的重要组成部分，也是整个履历分析的基础。因为胜任力模型不仅可以为招聘者在编制和设计履历时提供必要的理论基础，而且胜任力模型与员工个人的工作绩效紧密结合，基于胜任力的履历分析的预测效度也会大大提高。

二、确定要素和权重

在进行履历分析之前，先对拟聘岗位进行深入研究，尽可能选择与职位要求最为密切的知识、能力、技能等测评结构要素(即胜任力模型相关要素)，将其作为编制和设计履历的素材。这些测评要素的数量根据职位的要求而定。一般是 20 ～ 50 个要素。数量太多会增加招聘的成本和时间，数量太少又无法全面、深入地对应聘者进行考查。在选择测评结构要素之后，确定每个要素的具体组成及其之间的相互关系。在确定要素的过程中，要尽可能做到详尽、准确、针对性强，因为测评要素的选择直接决定着履历分析结果的准确性和有效性。

在确定测评要素之后，根据测评的重要性以及其与岗位的密切程度，确定各个要素的权重。权重的设置主要是突出某些能力、素质、技能的重要性，提高人员测评与选拔的准确性和科学性。在计算总分时，将要素的分值与其权重相乘，得出该测评要素的最终得分。

三、编制和设计履历

履历分析问卷的质量直接决定了测评的信度和效度，因此，设计一份高质量的履历分析问卷，在整个履历分析过程中是至关重要的。履历分析问卷编制的主要方法有三种：

(一)工作分析法

履历内容的确定必须以工作分析为依据，因为工作分析是实施人才选拔与面试的基础。在确定履历分析的内容和要素时，需要对拟任岗位进行工作分析，找出最重要、最关键的考查维度，这些维度是拟任岗位对拟任者的素质、能力要求中比较典型、具有普遍性的内容。通过大量的调查研究，履历的总体结构可大致分为三个方面：受教育程度、工作经历、工作业绩。在实际的履历分析过程中还需要对这三个方面进一步的细分，分别确定具体的考查指标和权重。

(二)等级评定法

履历分析法不仅可以进行定性分析，还可以进行定量分析。等级评定法就是根据预定的权重标准和评分标准，对履历分析内容进行等级评定。等级评定法不仅可以细微地评价应聘者的情况，而且可以通过定量的方法比较各个应聘者在不同方面的情况。这使得履历从单一的考查工具，变成了可以全面、细致地考查应聘者以往历史的手段，大大提高了人员选拔的科学性和有效性。

(三)历史分析法

历史分析法的基本思想是：选人和用人都不能脱离特定的历史背景，不能超越或落后于时代的发展水平要求。所以，在编制履历内容时，要充分考虑到一定历史时期内对于员工的实际要求，不能仅限于以往经验或超出时代要求，也不能脱离一定时期内的具体实际。

四、项目计算

(一)题目计分策略

在履历分析过程中，假定在题目分数和效标之间存在单一的线性关系，如Likert5点量表履历，题目的计分从 $1\sim5$，依次与效标呈不同程度的正线性相关。因此，反应 1 会对整个问卷的总分产生 1 单位的影响，而反应 2 相应的会产生 2 单位的影响。采用这种计分策略，可能由于应聘者的主观因素降低人员测评的可信性。

履历分析中的计分也可以根据每一个题目的选项反应与效标的相关显著性指标，进一步分析后计分。通常采用对照组方法，即将高—低效标组所选题目选项的频次进行比较，将具有显著频次差异的选项分别计为 1 或 −1 分，其他选项计为 0 分；或者根据专家评价、项目编码等方法，设定不同项目的评级等级，进而计算各个项目的总分。

（二）总分计算公式

履历分析的总分计算公式主要分为三种（其中，P_1、P_2、P_3 为录取概率，A 为个人基本情况得分，B 为个人知识和工作能力得分，C 为个人家庭和社会关系得分，D 为个人品质或其他得分；P_1、P_2、P_3、A、B、C、D 的值域为 0 ~ 100；当应聘者的 P_1、P_2、P_3 落在招聘计划比例中时，方可考虑录取）。

1. 乘法公式：$P_1 = (A \times B \times C \times D)^{1/4}$

乘法公式是履历分析法评价中最严格的公式。这种评估方法意味着，一旦应聘者某一项内容得分为零，则其录取概率立即变为零。由于乘法的放大效应，一个明确的弱项将导致应聘者整体得分的大幅度回落，而一个明显的强项也会使得应聘者的总体得分的大幅度攀升，从而有助于拉开应聘者的分数。履历分析法的乘法公式主要适用于重要人员、重要岗位的人员选拔。因为某些岗位对于人个品质和能力或其他方面的要求都很高，这些要求是人才测评与选拔最重要的方面，如果不能满足这些要求，则选拔出来的人员也是不合格的。

2. 加法公式：$P_2 = (A + B + C + D)/4$

加法公式是一个相对宽松的评价公式。这种评价方法意味着，评价过程中能够容忍应聘者某些方面的缺陷。即使在履历分析中有一项或几项内容得分偏低，其总分也会有一定的数值，而不像乘法公式那样会导致应聘者的直接"出局"。加法公式体现的是"每个人都有可用之处"的用人理念。当某一组织的管理比较规范，应聘岗位的重要性一般时，可以采用加法公式进行人员选拔。

3. 混合公式：$P_3 = [(A + B + C)/3 \times D]^{1/2}$

混合公式兼顾了乘法公式的严格和加法公式的宽松，同时赋予了"个人品质"最为重要的评价。这符合目前绝大多数公司的用人理念，即能力强弱不要紧，因为能力可以在今后的工作中给予培养的机会；但品质不好的人绝不可录用。在使用混合公式的时候，也可以根据企业、组织、岗位的要求不同，挑选其他的评价项作为"一票否决"的内容。

五、预测、修改和测量

在实施履历分析之前，应该在一定范围内对可能发生的困难与复杂程度进行模拟，便于检验各项目对实际工作影响力的大小。在此过程中，要与被测试人保持持续的沟通，探讨有效的实施方案，从而提高测评的信度和效度。

在进行预试之后，根据测验的结果与反馈，对履历内容进行必要的修改。在最终确定履历内容之前，要对履历内容进行复查，检查其中是否存在可能引起负面情绪或偏见的项目通过预测结果或是专家筛选、剔除、修改不合适的项目。同时，需要设计履历分析的实施计划和方案，为实施测评做好准备。

在实际的测评过程中，要注意辨别履历填写的真假。履历的内容都是应聘者自己填写的，不排除应聘者为了提高入选的可能性而作假的可能。如果能够断定在简历中有虚假的成分存在，就可以直接将这些简历筛选掉。另外，需要注意的是：应聘者是否标明了过去的工作单位的名字，他过去的工作经历和现在申请的工作是否符合，他的工作经历和教育背景是否符合申请条件，他是否经常变换工作，等等。

第三节　履历分析问卷

一、履历分析问卷编制原则

（一）公平性

在企业人员测评与选拔过程中，公平、公正、公开是贯穿整个过程的基本原则。履历分析法作为招聘与选拔的一个重要工具，也必须依据该条原则。因此，履历分析法的内容必须具有公平性，不能剥夺应聘者的公平就业机会，不能排除特定人群的就业可能，这样才能有效地进行人员选拔工作。

（二）客观性

在履历的填写中，应聘者可能以一种社会期许的方式来进行表达，从而增加被选中的机会，但这会降低选拔的有效性。类似的干扰因素还包括应聘者的记忆错误、粗心大意或故意欺骗而出现信息的遗漏或失真。诸如此类的主观因素都会使得履历分析的信度和效度大大降低，从而影响整个人员选拔的可信度和有效性。因此，在制定履历分析内容时，要尽量客观地考查应聘者的能力、素质等，避免由于应聘者主观因素造成测评信度和效度的降低。

（三）目的性

履历分析的目的是为企业选拔有用的人员，从而提高企业的整体管理素质和绩效水平。在实际操作过程中，不同行业、不同阶段的公司、不同的工作岗位对应聘者都有不同的要求，因此，履历内容选择需要根据不同工作、不同公司或组织发展而设计不同的维度和题目，使得测评具有一定的针对性。

二、履历分析问卷的主要构成

履历虽然根据不同岗位、不同企业的要求而不同，但大致可以分为以下四类：

（一）个人基本信息

这类信息包括：姓名、性别、出生年月、民族、学历、学位、专业、婚姻状况和本人照片。当应聘者的能力情况相同，并且应聘人数多于招聘计划数时，这些个人基本信息中的某些项目就会成为次级优先录用标准，成为履历评价中的加分项目。不同企业和岗位会根据各自要求设计不同的加分项目。

（二）个人知识和工作能力

这类信息主要是通过个人受教育情况、职业经历、职业培训情况来进行判断。个人知识、能力和技术是决定个人是否符合拟招聘岗位最为重要的指标之一。就不同岗位而言，它对员工的专业知识、技能等要求都是不同的。如果员工无法满足职位要求就可能出现低绩效水平，甚至会影响部门，乃至公司的整体绩效水平。因此，个人知识与工作能力是履历分析法中不可或缺的考查内容。

（三）个人家庭与社会关系

就企业自身而言，某些工作岗位人员的家庭和社会关系对本人，乃至公司的发展都会有一定的影响。因此，家庭和社会关系情况也可以作为评估个人素质特点的参考背景。同时，员工管理工作也需要对其家庭和社会关系背景有所了解。因此，个人家庭和社会关系也是履历分析中考查的一个基本内容，它主要通过个人家庭关系和社会关系体现出来。

（四）个人品质或其他

这类信息主要从过去的工作表现、奖惩情况和离职原因来进行判断。由于履历分析法的目的之一是考查个人隐含的价值观、观念或者人格特点，所以对于个人品质及其相关内容是履历分析的重要组成部分。值得注意的是，对于个人品质及相关内容的考查并不是直接的，毕竟一份履历表不可能完整地显示个人品质等详细情况。所以，在实际操作中，最为有效和可行的方法之一是通过分析个人的工作表现、奖惩情况、离职原因或个人规划等内容，分析其中所隐含的个人人品方面的特质，进而为有效的人员招聘工作提供参考依据。

三、履历分析问卷设计与开发

（一）确立目标工作

这是所有人事选拔工具开发过程中的第一步，但是对履历分析来说有着特殊的意义。在一般情况下，任何工作的任职者都可以进行履历分析，但在管理实践过程中，人们通常只是对具有重要职责的岗位（如高层管理者）进行履历分析，主要原因是考虑到履历分析的成本问题。由于实施履历分析，需要一系列复杂的步骤，因此从投入和产出出发，需要考虑时间、成本的花费和可能得到的收益状况。所以，履历分析通常只是针对具有重要管理职能的岗位。

（二）进行初步的工作分析

进行初步的工作分析，确定区分员工优劣的指标。这个步骤与加权申请表非常相似。主要是通过工作分析，找出工作相关的生活工作经历和事件，这些都可以作为履历分析的内容。同时，还应确定一些指标，用来区分不同表现的员工。

（三）编制初步的履历分析题目

通过工作分析，我们初步可以了解哪些生活工作经历或者事件可能和工作表现相关。因此，我们可以根据工作分析的记录编制初步的试题。根据现有的研究结果，履历分析条目的编制大概可以从以下一些方面考虑：（1）习惯和态度；（2）健康状况；（3）人际关系；（4）经济状况；（5）父母家庭状况、配偶状况、子女状况；（6）兴趣、爱好、娱乐；（7）教育状况；（8）个人价值观、观念；（9）工作状况。

（四）题目的初步筛选和检验

前面提到过，与申请表中收集的信息相比，履历分析收集的信息可能会比较主观。因此，当题目初次编制完毕后，我们应该邀请一些专家对题目的合适程度进行评价，对题目进行修改和测试。经过专家评定这个步骤后，确定的题目就可以用于实际中进行检验了。一般来说，对于这些题目的检验需要相当大的有代表性的样本。通常在这个阶段至少需要 300 的样本来检验题目。经过检验后，对于不合适的题目，进行修改和删除。

（五）对履历分析表进行计分

计分完毕后，需要对履历分析的结果用不同的样本进行交叉验证，同时计算履历分析问卷题目的信度和效度。

表 4.1　　　　　　　　　　　　传记式履历分析项目检核记录表

- **婚姻状况**

目前婚姻状况如何？

1. 未婚
2. 结婚，无子女
3. 结婚，有子女
4. 寡居
5. 分居或离婚

- **健康情况**

你曾患过什么病吗？

1. 强烈过敏
2. 哮喘
3. 高血压
4. 胃病
5. 头痛
6. 以上疾病皆未曾患过

- **嗜好及态度**

你常说笑吗？

1. 极常
2. 常常
3. 偶尔
4. 很少
5. 根本不说

● **人际关系**

你对你邻居的感觉：

1. 不感兴趣

2. 很喜欢他们，但不常见

3. 常互相访问

4. 很多时间一同相处

● **经济**

在正常情况下，你作为户主每年打算储蓄年收入的百分之几？

1. 5%以下

2. 6%至10%

3. 11%至15%

4. 16%至20%

5. 21%以上

● **个人特点**

你认为你的创造性如何？

1. 富有创造性

2. 比自己所在领域中的大多数人更富有创造性

3. 创造性一般

4. 比自己所在领域中的大多数人创造性差一些

5. 没有创造性

● **学校和教育**

你中学毕业时几岁？

1. 小于15岁

2. 15至16岁

3. 17至18岁

4. 19岁以上

5. 中学没毕业

● **价值观、观点**

下面这些东西哪一样对你来说最重要？

1. 舒适的家和家庭生活

2. 需要才干，令人兴奋地工作

3. 在社会上出人头地

4. 在社团事务中积极活跃、得到承认

5. 尽量发挥自己的一技之长

● **个人贡献**

你觉得自己贡献了多少

1. 贡献很大

2. 比同地位者贡献多些

3. 有一定的贡献

4. 比同地位的人贡献少些

● **早期的家庭、童年和少年**

18岁之前，你大部分时间是和谁在一起度过的？

1. 双亲

2. 单亲

3. 亲戚

4. 养父母或者非亲戚

5. 一个家庭或者一个公共机构

● **业余爱好**

去年一年你读了多少本书？

1. 一本也没有

2. 一二本

3. 三四本

4. 五至九本

5. 十本以上

● **自我印象**

通常情况下你尽力于去干：

1. 每种工作

2. 只是自己喜欢的工作

3. 要求自己干的工作

● **工作**

你通常工作多快

1. 比大多数人快得多

2. 比大多数人快一些

3. 和大多数人差不多

4. 比大多数人慢一些

5. 说不好

第四节　履历分析存在的问题

随着履历分析法愈来愈多地被用于人才招聘与选拔的重要方法，其在应用中的缺陷与问题也逐渐显现出来。

（一）真实性

美国研究者对于履历真实性的研究结果表明，履历填写内容与已证实的情况的一致性为 0.9，但是也有研究者得出了相反的结论。由于履历所填写的个人经历建立在应聘者的自我报告的基础上，不可避免地会出现应聘者为了提高自己入围的可能性而弄虚作假，或者填写不真实信息，或者编造经历，或者填写社会期许的答案。要解决履历内容的真实性问题，首先，可以在履历表中设置一些真实性检测项目，通过检测题目对应聘者填写内容的真实性进行检测。如果发现在检测题目中出现作假的情况，则给予应聘者一定的惩罚，甚至取消应聘者的资格。其次，可以通过控制履历内容来避免应聘者作假，即尽量减少主观性项目，增加客观性项目。与主观性题目相比，客观性题目更容易考查与核实，可以增强对履历填写内容的真实性核查，从而减少应聘者作假的情况。最后，可以通过增加核查应聘者的背景情况进行控制。

（二）题目设计

Mitchell（1982）研究表明，通过统计检验的履历项目要比按照原理设计的项目（在直觉判断基础上通过因素分析处理）要好（杨鹏、胡月星，2006）。这说明，履历内容的编制会对履历分析的结果产生影响。在题目设计过程中，可能出现的问题主要有：题目内容是否符合胜任力模型要求，题目内容是否具有逻辑性，题目内容是否有歧义，题目内容是否合理等。解决履历题目设计问题的可能办法是实证与理论分析多方面结合，选择和设计符合胜任力模型的题目，尽量客观、全面、深入地考查应聘者的能力和素质，从而提高履历分析的有效性。

（三）稳定性

有研究表明，履历分析研究最初效率系数为 0.74，两年后降为 0.61，三年后只有 0.38。这说明，履历分析结果的有效性会随着时间的增加而减弱，即履历分析结果的稳定性会改变。由于企业战略、工作任务与工作内容、应聘者能力等众多影响履历分析结果的因素会随着时间的变化而变化，履历分析的结果必然会受到时间的影响。解决履历分析稳定性的方法是对履历进行再评价与再检查。在一定时间段后，重新检测履历分析结果的有效性和可信性，根据实际情况对履历表结构、内容等进行调整，从而增强履历分析的稳定性。

（四）间接性

虽然履历分析法被广泛地应用于企业人力资源管理的实际操作中，但是履历分析的方法主要是应用于对应聘人员的初步筛选中。总结其原因主要在于：履历分析是对应聘者自我报告的信息进行分析，找出其中隐含的能力、观念等方面的特征，并不是直接地考查应聘者的素质、技能、人格等。要解决这一问题，主要是将履历分析法与其他招聘选拔方法相结合，取长补短，进而提高企业人力资源管理的综合水平。

本章关键词汇

履历分析概念　　履历分析特点　　履历分析发展　　履历分析步骤　　履历分析问卷

本章小结

1. 履历分析又称资历评价技术，是通过对评价者的个人背景、工作与生活经历等进行分析，判断其对未来岗位适应性的一种人才评估方法，是相对独立于心理测试技术、评价中心技术的一种独立的人才评估技术。

2. 履历分析具有普遍性、客观性、多维性以及低成本四个方面的特点。

3. 履历分析的一般经历分析对象，建立胜任力模型、确定要素和权重、编制和设计履历问卷、预测、修改和测量以及信度和效度检验五个步骤。

4. 履历分析问卷编制必须遵循公平性原则、客观性原则以及目的性原则。

5. 履历分析问卷主要由个人基本信息、个人知识和工作能力、个人家庭与社会关系以及个人品质或其他等四个方面组成。

6. 履历分析问卷设计与开发需要经历确立目标工作、进行初步的工作分析、编制初步的履历分析题目、题目的初步筛选和检验以及对履历分析表进行计分等五个步骤。

复习思考题

1. 简述履历分析的概念及特点。

2. 简述履历分析的一般步骤及注意事项。

3. 试述履历分析问卷的主要组成。

4. 如何编制一份高质量的履历分析问卷？

【案例分析】

干 部 履 历 表

现所在单位：
现 任 职 务：
姓　　　名：
填 表 日 期：

表 A.1

姓　名		性　别		民　族		
曾用名		出生日期		出生地		照
健康水平		最高学历		学　位		
政治面貌		婚姻状况		血　型		片
身份证号码				宗教信仰		
何年何月加入中国共产主义青年团						
何年何月加入中国共产党，何时转正						
何年何月何人介绍加入何民主党派						
何年何月出国及参加重大国际性活动的情况						
何时何处参加何社会团体，任何职务						
历史上参加何种反动组织，任何职务，有何结论						
何时经何机关审批何专业技术职务或任职资格						
掌握何种外语或少数民族语言，程度如何						
何年何月至何年何月参加何单位举办的政治理论或业务培训						

表 A.2

一般背景

18岁之前	家庭结构							
	收入水平							
	家庭生活稳定性							
	个人与家庭成员的亲疏关系							
	本人在家庭中的责任							

18岁以后	**家庭主要成员情况**	**配偶**	姓名		出生日期		民族
			工龄		政治面貌		出生地
			学历			工资情况	
			专业技术职务				
			毕业院校及专业				
			工作单位及职务				

其他成员

父亲

姓名		出生日期		政治面貌	
目前职业	工作单位	职业变化情况		职业成就	
	职务				

母亲

姓名		出生日期		政治面貌	
目前职业	工作单位	职业变化情况		职业成就	
	职务				

兄弟姐妹

关系	姓名	政治面貌	目前职业	
			工作	职务

国内外主要社会关系情况	

表 A. 3

教育背景

父母对自己在读书期间的资助情况					
中小学期间成绩优异的课程					

	学校名称	学校类型和规模	最喜欢的课程	在班级的学习成绩和排名	参加各种活动的名称
初中阶段					
高中阶段					

	学校名称	学校类型	所学专业	最喜欢的课程	担任的其他角色	奖学金情况
大学阶段						

	自修方向	已达到的水平	学习时间	就读学校	
参加非学历教育情况					

表 A.4

就业经历

第一次就业经历	单位		职务		就业途径	
	就业时间		职业与所修专业是否一致		职业与个人兴趣是否一致	
	工作成绩					

	次数	变更时间	变更理由	就业途径	单位	职务	职业与所修专业是否一致	职业与个人兴趣是否一致	工作成绩
职业变更情况									

	时间	就业途径	单位	职务	职业与所修专业是否一致	职业与个人兴趣是否一致	工作成绩
特殊工作经历							

表 A. 5

当选人民代表大会、政治协商会议、中国共产党及民主党派、群众团体代表大会代表、委员等情况

何年何月	会议名称	身份及职务

表 A. 6

<u>其他需要说明的情况</u>

填表人签名或盖章
年　　月　　日

审查机关盖章
年　　月　　日

资料来源：刘文丽. 履历分析法在新式干部履历表设计中的应用［L］. 东北大学硕士学位论文，2004.

◎ **思考题**

　　1. 根据以上履历分析表设计出一份人力资源经理的履历分析表。

　　2. 思考履历分析在实际应用中的优点和缺点。

第五章 心理测验

【学习目标】
1. 掌握心理测验的概念、心理测验的种类与形式及常用的心理测验的方法
2. 理解能力测验的相关概念，熟悉智力测验量表、能力倾向测验的类型及行政职业能力倾向测验
3. 熟悉人格测验的相关概念，掌握常用的几种人格测验方法
4. 了解气质测评及价值观测评等其他心理测验方法

【引导案例】

钢铁企业的员工职业生涯规划

某世界 500 强钢铁企业，注册资本 458 亿元，截至 2006 年年底，拥有全资子公司 22 家(其中境外子公司 9 家)，控股子公司 14 家(其中境外子公司 2 家)，参股子公司 24 家。全资子公司和控股子公司中，钢铁业子公司 11 家，金融业子公司 2 家，贸易业子公司 8 家。由于该公司实施钢铁精品战略、适度相关多元化战略、国际化经营战略，2007 年实现了快速增长：2007 年年产钢 2141 万吨，同比增长 7.8%；实现合并销售收入 1618 亿元人民币，同比增长 34.4%；实现合并利润 219 亿元人民币，同比增长 66.3%。

在如此快速的发展阶段，公司需要把一批有潜力的中层干部提升到高层管理岗位，而怎样确定哪些人比其他人更有潜力？对于这些为公司发展立下汗马功劳的中层干部，公司应怎样给他们提供一个更适合个人特点的发展空间和发展通道？这些都是公司最为关心的。公司最后决定引入人才测评，针对中层干部的个人特点为他们设计不同的职业发展通道，为中层干部做一次职业生涯规划。中智人力资源管理咨询公司人才评荐中心在充分了解了该公司的需求后，设计了多重职业能力倾向测验、人格测验、职业兴趣测验加上面谈的方式，了解各中层干部的认知潜能特点、人格特点和职业兴趣倾向，并通过面谈反馈心理测验的结果，根据其过去的工作行为表现确定其能力特点，从而为该公司中层干部的职业生涯指导工作提供参考依据。那么该怎样根据不同的用途选择合适的心理测验呢？本章将会介绍心理测验的一些常用方法。

资料来源：张明. 钢铁冶炼企业员工职业生涯规划[M]. 合肥：安徽音像出版社，2004.

第一节　心理测验的概述

一、心理测验的概念

心理测验产生于对个别差异鉴别的需要，广泛应用于企事业单位人员的挑选与评价。在这一过程中，人们编制了许多的心理测验，其中比较有影响的心理测验有比奈—西蒙智力测验、斯坦福—比奈儿童智力测验、罗夏墨迹测验、默里与摩根的主题统觉测验(TAT)、明尼苏达多相个性测验(MMPI)、艾森克人格测验(EPQ)、卡特尔16种人格因素测验(16PF)等。

从以上较为典型的心理测验形式出发，我们觉得阿纳斯塔西(Anastasi)所下的定义比较确切："心理测验实质上是行为样组的客观的和标准化的测量。"

这个定义告诉我们心理测验具有如下特点：

1. 心理测验是对行为的测量

这些行为主要是心理的而不是反射性的生理行为(如打喷嚏、打呼噜等)，是外显行为而不是内部心理活动，是一组行为而不是单个行为。

2. 心理测验是对一组行为样本的测量

心理测验所测量的行为组是有代表性的一组行为。任何个体在不同时间、空间与条件下的行为表现是不尽相同的，如果我们所测评的行为抽样不同，则所得到的结果就会不同。

3. 心理测验的行为样组不一定是真实行为

心理测验所测验的行为往往是概括化了的模拟行为。例如，投射(墨迹)测验，答题行为均不是真实的行为，而是一种间接的行为反应。

4. 心理测验是一种标准化的测验

所谓标准化，在这里指测验的编制、实施、计分以及测验分数解释程序的一致性。这是测验的内在要求，因为要使测验的最后结果具有可比性，那么测验的条件必须具有等同性或统一性。

5. 心理测验是一种力求客观化的测量

从上述所有测验都可以看出，这些测验所采用的各种技术，例如，机器评分、简答、填空、选择等客观性试题，都要尽可能排除主观影响。然而值得注意的是，心理测验不可能完全客观化。

二、心理测验的种类与形式

心理测验依据不同的标准，可以划分出不同的类型。

根据测验的具体对象，可以将心理测验划分为认知测验与人格测验。认知测验测评的是人的认知行为，而人格测验测评的是人的社会行为。认知测验又可按其具体的测验对象分为成就测验、智力测验与能力倾向测验。成就测验主要测评人的知识与技能，是对认知活动结果的测评；智力测验主要测评认知活动中较为稳定的行为特征，是对认知过程或认知活动的整体测评；能力倾向测验是对人的认知潜在能力的测评，是对认知活动的深层次测评。人格测验按其具体的对象亦可以分成态度、兴趣、品德和性格测验。

根据测验的目的，可以将心理测验划分为描述性、预测性、诊断咨询性、挑选性等形式。

根据测验的材料特点，可以将心理测验划分成文字测验与非文字测验。

根据测验的实施对象，可以将心理测验划分为个别测验与团体测验。

根据测验应用的具体领域，可以将心理测验划分为教育测验、职业测验、临床测验等。

较为通用的分类是将心理测验按测验对象划分为认知测验与人格测验，具体结构见图 5.1。

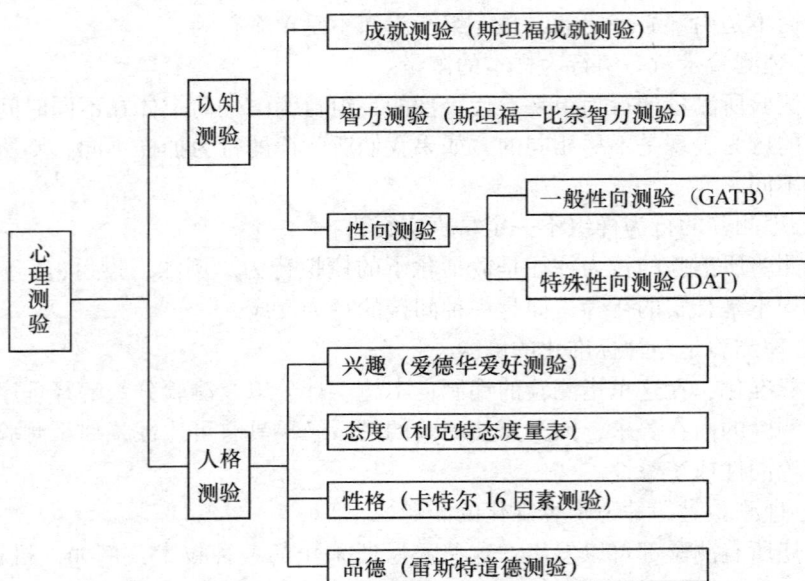

```
                                   ┌─ 成就测验（斯坦福成就测验）
                      ┌─ 认知 ─────┼─ 智力测验（斯坦福—比奈智力测验）
                      │   测验      │                  ┌─ 一般性向测验（GATB）
                      │            └─ 性向测验 ───────┤
  心理 ───────────────┤                              └─ 特殊性向测验(DAT)
  测验                │            ┌─ 兴趣（爱德华爱好测验）
                      │            ├─ 态度（利克特态度量表）
                      └─ 人格 ─────┤
                          测验      ├─ 性格（卡特尔 16 因素测验）
                                   └─ 品德（雷斯特道德测验）
```

图 5.1　心理测验的类型

三、常用的心理测验方法

在人员素质测评中，常用的心理测验方法有以下三种：量表法、投射测验法和行为观察法。

（一）量表法

量表法多以自我报告的形式出现，所以又称问卷法或自陈量表法，即对想要测量的被试者的特征编制成若干个测验题目，被试者逐项给出书面答案，依据其答案来衡量评价某项个性特征，是心理测试中最常用的一种自我评定问卷方法。

人员测评中有关性格测验的自陈量表有很多，如明尼苏达多相人格问卷（MM-PI）、卡特尔16种人格因素测验（16PF）、麦尔—布瑞格斯类型人格测验（MBTI）、大五人格测验及艾森克人格问卷等。人员测评中有关能力测验的量表，目前国际上比较流行的有韦氏智力测验量表、比纳—西蒙智力测验量表、考夫曼智力量表等。

量表法具有可操作性强、标准化形式、客观全面等优点，但同时也存在大多数问卷调查表容易被钻空子、容易被测试者弄虚作假等缺点。

（二）投射测验法

投射测验法是一种特殊的人格测评技术。通俗地说，投射技术是向被测评者提供一些未经组织的刺激情景，让被测评者在不受限制的情景下，自由表现他的反应。测评者通过分析被测评者的反应来推断其人格特征。

投射技术最初是按照弗洛伊德的深层心理学原理发展而来的。这种理论认为，一个人的个性结构的主要部分和真实特征都存在于人的潜能意识中，如果问题是非常明确且能够意识到的，被测评者就会隐藏内心的问题。而当个人面对一种不明确的刺激情景时，却常常无意识地把隐藏在潜意识中的欲望、动机、观念等泄露出来。

基于心理学假设，心理学家们发展了各种投射测验，包括墨迹测验、主题统觉测验、句子完成测验以及绘画测验等。

投射技术最大的局限性是由于它的非结构化和反应的自由性，给计分者带来了相当大的困难。投射测评往往都缺乏可靠的信度和效度资料。目前，人们力图从两个方面改进投射技术：一是尽可能将测评结果予以量化；二是加强测评者的训练工作。

（三）行为观察法

行为观察法也叫情景测验，是将被测评者置于选定的情景中，由测评者观察其在此情景下的行为反应，从而判断其个性特点。

行为观察法适用于对被试者工作技能和工作表现的考核，也可用行为观察法对员工进行选拔。行为观察法中包含成功地完成某个特定工作所需要的一系列合乎希望的行为。我们在使用行为观察法时，不能预先确定被试者的行为表现处于哪一个水平或者说做得好不好，否则会因为主观的判断而造成考核或选拔的偏差，比如说不能仅仅因为他某方面行为非常出色就过高评价，因为很可能被试者其他的大部分行为都不能达到要求。正确的做法是先确定被试者某一组关键行为（即保证该工作成功的关键行为）各自出现的频率，然后通过给这些行为出现的频率分别赋值，从而计算出总分。

行为观察法其实很早就在人员选拔中使用了，如在第二次世界大战时，美国战略情报局为了选拔景派往海外的间谍，多采用情景测验。其中，最常用的是"无领导小组情境"，在情景中安置数人，彼此互不相识，受命完成一项任务，必须数人通力合作，并限于规定时间完成。否则，将会受到惩罚。能自动出面担任领导并能赢得他人支持的人证明具有领导能力。

四、心理测验在人员素质测评中的应用

不同组织在性质、结构、规模上是有差异的，因而对职位和工作的要求不同，其对人心理特征的要求也就不一样。对人的心理特性的测量主要体现在两个方面：一是一般心理品质的测量，主要指智力、个性等；二是专业知识和特殊能力的测量。这两个方面的测量在人员素质测评中都有重要的应用。

（一）智力测验

较好的智力水平是胜任高级工作的一个重要条件，所以智力测验的分数在高级职员的选拔和招聘中，常被看做一个重要的参考指标。

（二）人格测验

不同工作对人格的要求是不同的，例如，有的工作单调、重复，需要有忍耐力；有的工作需要与外界有较多的接触，需要人际交往能力较强的人来胜任；有的工作要求严格、压力大，在组织中起着关键作用，要求有决断力、能忍受压力的人来承担；还有的工作有很大的风险，要求有冒险精神。在这种情况下，使用人格测验，如利用 MBTI、16PF 等人格问卷，是比较好的方法。

（三）特殊能力测验

在一些专门化程度较高的职业中，它也许对一般能力的要求并不高，但特殊能力却必须达到较高要求，此时就需要使用特殊能力测验。由于要求的特殊能力不同，所以测验的选取也有所不同。测评人员要根据不同的目的来选取适合的测验。常用的几种特殊能力测验有音乐能力测验、美术能力测验、文书能力测验、机械能力测验、管理能力测量等。

第二节　能　力　测　验

一、能力测验相关概念

（一）能力的定义

能力是直接影响活动效率，使活动、任务得以完成的个性心理特征。例如，我们通常所说的一个人解决问题速度快、任务完成质量高，都是指这个人的能力强。

能力总是和人的活动联系在一起，并在具体活动中体现出来的。

我们可以从两个层次理解能力，实际的能力和潜在的能力，即"所能为者"和"可能为者"。"所能为者"就是指一个人在实际中所能做的，如说英语、骑车等，是在遗传和后天学习的基础上获得的知识和技能。这种能力也叫成就。"可能为者"指的是在将来有机会学习时可能达到的水平，也就是所谓的"潜力"。潜力也叫性向，它是一种能力倾向。

能力与智力这两个概念非常接近，但它们是两个不同的概念。简单而言，能力是一个更大的范畴，智力包含在能力的概念中。如果将能力分为一般能力和特殊能力两种，智力就是一般能力的范畴。我们一般用智商（IQ）表示一个人智力的高低，但对于能力我们目前还没有一般意义上的、定量的衡量指标。

在现实生活中，人们也常常把知识、技能与能力相混淆。比如，人们常认为一个学历高的人有丰富的知识和熟练的技能，因而能力就强。但实际上，知识丰富全面却缺乏思想深度、技能熟练却不会灵活迁移的人常常在面临新任务时手足无措。因此，知识、技能不同于能力。知识是人们在头脑中储存的信息，技能是人们掌握的动作方式，而能力则是人们在活动中体现出来的内在心理品质。知识、技能相对外显，而能力则相对抽象、核心。另外，知识与技能的掌握必须以一定的能力为前提，能力也是在学习知识与技能、利用知识与技能解决问题的过程中发展出来的。所以素质测评中，不能把学历文凭和能力画等号，否则就混淆了知识和能力的界限。

（二）能力测验

能力测验又称认知测验，是对一个人或某一个团体的某种能力作出评价。这种能力可以是当前所具有的实际能力，也可以是将来可能有的潜在能力；可以是一般普通能力，也可以是某种特殊能力。能力测验一般包括一般能力测验、能力倾向测验、特殊能力测验及创造力测验。

一般能力测验也就是我们通常所说的智力测验，智力测验是通过测验的方法来衡量人的智力水平高低的一种科学方法。智力被看做人的各种基本能力的综合，因此智力测验又称为普通能力测验。智力测验是最早运用于人员的测评与选拔的，尽管今天人员选拔和测评有了越来越多的工具可供选用，但招聘工作者仍将智力测验作为测评一个人的工具。

能力倾向测验是我们在招聘选拔中通常使用的一种能力测验。能力倾向是一种潜在的、特殊的能力，是一些对于不同职业的成功，在不同程度上有所表现的心理因素，它具有潜在性而非现实性、相对稳定性、相对广泛性等特点。能力倾向测验强调的是对能力的各个方面的测量，有些能力倾向是各种不同种类的工作都需要的，有些能力倾向只在一些特定的工作中才需要。值得注意的是各种工作都需要一定的能力组合，例如，一个电脑操作员需要有手指灵巧的能力、手眼协调的能力；

一个会计人员需要有较好的数量关系能力、分析综合能力等。能力倾向测验得到的不是一个 IQ 分数，而是被测者分别在各种不同能力上的得分。因此通过能力倾向测验可以看出一个人在哪些能力上比较强，在哪些能力上比较弱，可以清楚地了解一个人在职位所需要的关键能力上的水平。

特殊能力测验，实际上也是能力倾向测验，只不过这些能力是在一些特定的职业群中所需要的，也可称之为特殊能力倾向测验。比如，美术能力测验，是一种特殊能力测验，它所测的并不是一个人目前是否具有美术水平，而是想测量该个体在未来有没有潜在的美术能力。目前世界上比较著名的特殊能力倾向测验有飞行能力测验、音乐能力测验、美术能力测验、机械能力测验、操作能力测验和多重能力倾向测验等。

创造力测验是用来测量人们的创造性思维水平的高低，创造力是一种特殊的能力，是人的一种高级能力，创造一般是指产生新的想法、发现和创造新的事物的能力或能力倾向。现在愈来愈多的工作强调要有创新能力，因此创造力测验也在人员招聘选拔中得到较多的应用。

在以上几种能力测验中，我们将主要介绍智力测验和能力倾向测验两种测验。

二、智力测验

(一)智力的定义与结构

不同学者对什么是智力有不同的界定，韦克斯认为："智力是个人有目的地行动、理智地思考以及有效地应付环境的整体的或综合的能力。"一般来说，智力就是指人认识世界并运用知识解决实际问题的起基础作用或保障作用的能力总和，包括观察能力、记忆能力、注意能力、思维能力等各个方面。

从理论上对智力结构进行研究已有很久的历史，有英国心理学家斯皮尔曼的二因素论，他认为智力由普通因素和特殊因素组成，人与人之间智力的差异主要取决于每个人拥有的普通因素的多寡。

桑代克认为一个人的智力结构并不是由二因素组成的，他提出智力的结构包括抽象的智力、具体的智力和社会的智力。抽象智力主要指概念的运用，具体智力主要指实物的操作，社会智力主要指人际关系的协调。桑代克同时认为智力层次包括高度、广度和速度三个维度。

瑟斯顿对桑代克的观点提出挑战，提出了智力的群因素论，他认为智力的核心不是单一的一般因素，而是许多主要的、彼此相关的能力因素群。并经过研究提出智力是由言语理解、言语流畅性、推理、空间表象、数字、记忆和知觉速度七种能力组成的。

美国心理学家吉尔福特受桑代克智力多因素的影响，于 1967 年创立了智力的三维结构模型，他认为智力包括了三个维度：

第一个维度为内容，是指智力活动对象或材料，包括听觉、视觉、符号、语义、行为五种；

第二个维度为操作，指由各种对象或材料所引起的智力活动过程，包括认知、记忆、发散思维、会聚思维、评价等五种；

第三个维度为结果，指运用各种智力活动对各类问题处理的结果，包括单位、类别、关系、系统、转化和应用等六种。

这样，吉尔福特认为，至少从理论上来讲，人的智力有 $5 \times 5 \times 6 = 150$ 种，这些不同的智力可以通过不同测验来检验。

(二)智力的计量

心理学中用智商(IQ)来衡量人的智力的高低。为了更好地理解智力测验的结果，有必要了解什么是"智商"。智商一般有两种表达方式：一种是比率智商；另一种是离差智商。不过要了解比率智商，我们先要知道什么是心理年龄。

心理年龄是由比奈首先提出的，根据比奈的观点，智力是随年龄而发展的，基于此，80%～90%的同龄人通过的题目数就可以作为达到这一年龄的儿童的智力水平的标准，这一水平即智力年龄或心理年龄。如果一个人通过了8岁组的测验而不能通过9岁组的测验，那么不论这个人的实际年龄是多大，他的心理年龄都为8岁。

比率智商由特曼提出，智商(IQ) = 心理年龄/实际年龄 × 100，它为不同年龄的人的智力之间的比较提供了方便。例如，有两个心理年龄均为10岁的儿童，那么实际年龄为8岁的儿童的智商是125，而10岁儿童的智商为100。

离差智商由韦克斯勒提出的，他认为，如果从人类总体来看，人的智力的测验分数是按正态分布的，且平均数为100，标准差为15。某一人的离差智商为：

$$智商(IQ) = 100 + 15 \times (X - M)/S$$

其中，X 为个体的测验分数，M 为团体的平均分数，S 为团体分数的标准差。

离差智商将个体的智力放在其同龄人中的相对位置来度量，这就解决了比率智商中个体的智商受年龄增长的影响这个问题。

(三)智力测验量表

目前国际上常用的智力测验量表主要有：斯坦福—比奈智力测验量表、韦克斯勒智力测验量表、瑞文标准推理测验量表。

1. 斯坦福—比奈智力测验

斯坦福—比奈智力测验的来源是1905年的比奈—西蒙量表。比奈—西蒙量表于1905年首次提出，并于1908年和1911年两次修订，题目由原来的30个题目增加到59个，按年龄分组(由3岁到15岁)，每个年龄组的问题各不相同。

1916年，美国斯坦福大学学者特曼对比奈—西蒙量表进行修订，制定了斯坦福—比奈量表，并第一次提出了比率智商的概念，强调用人的智力年龄与实际年龄的比值来度量人的智力水平的高低。该量表共有 90 个题目，其中 51 个为原来比奈—西蒙量表所有，有 39 个为新增加的，使用年龄范围为 3～13 岁，并附有普通成人和优秀成人两组测验题。该量表首次采用了智商的概念来表示智力水平。

1937 年，斯坦福—比奈量表作第二次修订，使用年龄范围扩展到 2～18 岁，并编制了测验复本，分别为 L 型和 M 型。1960 年该量表完成第三次修订，量表共有 100 多个项目，划分为 20 个年龄组。

1986 年，斯坦福—比奈量表作了第四次修订，把智力分为三个层次：一般智力因素层次；分析能力和短时记忆层次；语言理解、数量关系和抽象/视觉推理层次。共分为 15 个分测验，用以评估 4 个领域的认知技能：① 语言推理；② 数量推理；③ 抽象—视觉推理；④ 短时记忆。

我国心理学家陆志伟在 1924 年就发表了他所修订的《中国比奈—西蒙智力测验》，1937 年作第二次修订，1982 年出版了第三次修订的《中国比奈测验》，测试对象为 2～18 岁，每岁 3 个项目，共 51 个项目，并采用了将个人成绩与同龄平均成绩相比较的离差智商法。

2. 韦克斯勒智力测验

韦氏智力量表是由美国心理学家韦克斯勒编制的一组成套智力量表。该量表有三种：韦克斯勒学前和初小儿童智力量表（WPPSI）；韦克斯勒儿童智力量表（WISC）；韦克斯勒成人智力量表（WAIS）。

韦氏智力量表正式发表于 1955 年，适用于 17～74 岁的成人。它是针对前人的大量量表只适用于儿童的弱点而编制的。整个量表由语文量表和操作量表两部分组成。前者包括知识、理解、计算、相似性、记数广度、词汇六个分测验；后者包括数字符号、完善图片、积木设计、图片排列、物体装置五个分测验。因此，实际测验后便可以得到三种智商，即语文智商、作业智商和平均智商。韦氏成人智力量表的内容与结构见表 5.1。

表 5.1　　　　　　　　　　　韦氏成人智力量表的内容与结构

分测验的名称		所欲测的内容
言语量表	常识	知识的广度、一般学习能力及对日常事物的认识能力
	背数	注意力和短时记忆能力
	词汇	言语理解能力
	算术	数学推理能力、计算和解决问题的能力
	理解	判断能力和理解能力
	类同	逻辑思维和抽象概括能力

续表

分测验的名称		所欲测的内容
操作量表	填图	视觉记忆、辨认能力、有视觉理解能力
	图片排列	知觉组织能力和对社会情境的理解能力
	积木图	分析综合能力、知觉组织及视动协调能力
	图形拼凑	概括思维能力与知觉组织能力
	数字符号	知觉辨别速度下组织能力

在韦氏测验中，每个分测验均可单独计分。所有分测验的原始分都要转化成平均数为10，标准差为3的标准分数。将标准分数相加，便可得到言语量表、操作量表的分数和总分数。再将这些分数转化为离差分数，从而便可得到言语智商、操作智商和总智商三个分数。

同时，韦克斯勒在1949年也出版了关于儿童的智力量表(6~16岁)，1967年又提供了适用于4~6岁半儿童的智力量表，1974年修订再版。

目前，国外流行的是斯坦福—比奈量表和韦克斯勒量表。这些量表的不断使用和修订，已经取得了以下四个方面的研究成果：

一是初步确定了不同智力水平的智商区域的人数占总人口的百分比；

二是证明了智力商数与受教育程序之间呈现出高度的正相关。这说明，人的智力并非完全取决于先天的遗传素质，也取决于后天的智力投资，智力投资是智力开发的有效手段；

三是证明从事不同复杂程度职业的人们存在着群体的智力差异。这说明不同性质的职务对人智力发展有不同促进作用；

四是基本上确定了智力发展速度。一个人的一生中，20岁之前是智力发展最快的时期，20~30岁是智力发展缓慢上升并达到高峰的时期，30~60岁一般处于稳定状态，其中操作测验中偏重于动作反应和时间反应的项目，智商略有降低。但对偏重心智活动方面的测验项目，智商不仅没有降低，甚至有某种程度的上升。60岁以后开始下降，70岁以后急剧下降。

3. 瑞文标准推理测验

瑞文标准推理测验是由英国心理学家瑞文(J. C. Raven)于1938年设计的一套非文字智力测验。该测验编制的理论根据是斯皮尔曼的智力双因素论，是测量特殊智力因素的有效工具，尤其是能很好地测量一个人解决问题的能力、知觉能力、思考能力、发现和利用自己所需要信息的能力、社会适应能力等。

瑞文标准推理测验一共由60题组成，分为A、B、C、D、E共5组，每组12题，每组题目的难度是逐步增加的，每组内部题目也是由易到难排列的。A组题主要测查知觉辨别能力、图形比较能力、图形想象能力等；B 组题主要测查类同、比较、图形组合能力等；C 组题主要测查比较、推理、图形组合能力等；D 组题主要测查系列组合能力、图形套合能力等；E 组题主要测查套合、互换抽象推理能力等。

瑞文标准推理测验的优点是适用的年龄范围宽，测验对象不受文化、种族和语言限制；可以个别施测，也可以团体施测，还可以测验生理有缺陷者，使用方便，省时省力；对结果的解释直观简单，测验具有很高的信度和效度。

三、能力倾向测验

(一) 能力倾向的定义

能力倾向是指经过适当训练或被置于适当的环境下完成某项任务的可能性，而不是当时就已经具备现实条件。换言之，能力倾向是指一个人能学会做什么，即一个人获得新的知识、技能和能力的潜力如何。能力倾向具有以下特点：

1. 相对广泛性

与专业知识技能仅仅影响某一有限或具体的活动相比，能力倾向影响到一个人在某一职业领域中多种活动的效率。如人的手指灵巧性这一能力倾向，它有利于从事手活动的一系列职业活动，如计算机录入、打字、制版、描图、舞蹈等。

2. 相对稳定性

它不同于人的智力水平，能力倾向几乎很难改变；它又不同于具体的专业知识与技能那样容易通过强化训练在短期内提高或由于遗忘而丧失。

3. 潜在而非现实性

能力倾向表现为成功的可能性，而不是已有的水平和现实性。例如，一个人的空间想象力强，我们可以预期他在许多与空间关系密切的活动领域中有取得成功的可能，但这仅是可能而已，这个人也许并没有机会实现他的优势。

(二) 能力倾向测验的类型

能力倾向测验可以分为一般能力倾向测验、特殊能力倾向测验、职业能力倾向测验等。

1. 一般能力倾向测验

一般能力倾向测验主要是指 GATB(general attitude test battery)这套测验。它是 1934 年美国劳动部就业服务处研制出的一套测验。这套测验用 12 个分测验，从 9 个不同方面测量了个人的能力倾向。GATB 可测的 9 种不同能力倾向分别为：G—智能，指一般的学习能力；N—数理能力；R—语言能力；Q—书写知觉；S—空间判断能力；P—形状知觉；F—手指灵巧度量；M—手腕灵巧度；K—动作协调度。

其中测试项目共有 15 项，分别是：A —工具匹配测验；B—名词比较测验；

C—画线测验；D—计算测验；E—平面图判断测验；F—打点速度测验；G—立体图判断测验；H—算术应用测验；I—语文；J—打记号；K—形状匹配测验；M—插入；N—调换；Q—组织；P—分解；其中 A—K 是纸笔测试项目，M—P 是操作测验。

这是一套较为全面、有效的能力倾向测验，它可以根据测验分数绘制个人的能力剖面图，从而全面了解受测者在各种能力倾向上的水平。该测验中所测量的能力倾向与各种不同的职业类型之间有密切的关系。表 5.2 显示了各种不同职业类型所需能力的组合。

表 5.2　　　　　　　　　　　GATB 能力倾向与职业的关系

能力倾向组合	职　　业
G—V-N	人文系统的专业职业
G—V-Q	特别需要言语能力的事务职业
G—N-Q	自然科学系统的专门职业
G—N-Q	需要数的能力的一般事务职业
G—Q-K	机械事务的职业
G—Q-M	机械装置的操纵、运转及警备、保安职业
G—Q	需要一般性判断、注意力的职业
G—S-P	美术作业的职业
N—S-M	设计、制图作业及电气职业
Q—P-F	制版、描图的职业
Q—P	检查分类职业
S—P-F	造型、手指作业的职业
S—P-M	造型、手臂作业的职业
P—M	手臂作业的职业
K—F-M	看视作业、身体性作业的职业

2. 特殊能力倾向测验

特殊能力又称专门能力，指从事某项专门活动所必须具备的能力，只不过这些能力是在一些特定的职业群中所需要的。下面我们主要介绍几种特殊能力倾向测验。

（1）音乐能力测验。美国心理学家、衣阿华大学西肖尔（C. E. Seashore）编制了最早的音乐能力测验，主要用来测量听觉辨别力的六个方面：音高、响度、节拍、音色、节奏和音调记忆。后来戈登（E. Gordon）等人编制的音乐能力倾向，测量三种基本音乐因素：音乐表达、听知觉和音乐情感动觉。

（2）美术能力测验。美术能力测验可以分为美术欣赏能力测验和美术创作能力测验。美术欣赏能力测验一般要求被试比较两幅图画，从中指出哪一幅更美些。如梅尔（N. C. Meler）美术测验中有 100 对著名的艺术图片，每对中有一张是原作，另一张是经过改动的作品，要求被试判断哪一张更好。美术创作能力测验一般要求被试对所提供的线索性轮廓加以补充，使之成为图画。

（3）机械能力测验。机械能力包括：空间知觉、机械理解和动作敏捷性等多种成分。机械能力测验主要有：明尼苏达空间关系测验和贝内特机械理解测验。在机械能力测验时，男性在空间知觉和机械理解上得分高，女性在动作敏捷上得分高。

（4）飞行能力测验。飞行能力与一个人的感知辨别、反应灵活性、注意力分配、手脚动作协调等心理品质有密切关系。研究发现，优秀飞行员在感知觉判断、注意力分配、反应灵活性、记忆、思维灵活性、手足动作协调性、动作量控制、情绪稳定性、意志、飞行兴趣等方面表现都很突出。

3. 职业能力倾向测验

职业能力倾向测验是指经过适当学习或训练后被置于一定条件下，能完成某种职业能力活动的可能性或潜力。

职业能力倾向测验可以有效地测量人的某种潜能，从而预测个人在一定职业领域中成功的可能性，或者筛除在该职业领域中没有成功可能性的个体。人们编制了许多针对不同职业领域的能力倾向测验，用于人员选拔、安置和职业设计。

目前在国内比较流行的职业能力倾向测验就是国家公务员考试中的行政职业能力倾向测验，我们将以此为例加以说明。

《行政职业能力倾向测验》是由人力资源与社会保障部考录司组织心理学、管理学等学科的专家研制而成的，主要用于国家行政机关招考主任科员以下非领导职务公务员。它始于 1988 年。它既不同于一般的智力测验，也不同于行政职业通用基础知识或具体专业知识技能的测验，而是专门用来测量与行政职业上的成功有关的一系列心理潜能的考试，其功能是通过测量一系列心理潜能，进而预测就试者在行政职业领域内的多种职位上取得成功的可能性。

行政职业能力倾向测验基本分为五个部分：数量关系、言语理解、判断推理、常识判断、资料分析。具体见表 5. 3。

表 5.3　　　　　　　　　　行政职业能力倾向测验的内容结构

部分	内容	题数/组	时限/分钟
一	数量关系	15	15
二	言语理解	30	30
三	判断推理	30	30
四	常识判断	40	25
五	资料分析	15	20
合计		130	120

（1）数量关系。考查对数字、字母和汉字等视觉符号快速而准确地觉察、比较、转换和加工的能力，涉及感觉、知觉、短时记忆和识别、判断等心理过程。题型包括：数字推理，数学运算。

（2）言语理解。考查应试者对文字材料的理解、分析与运用的能力。它包括字词理解能力、句段理解能力、语法的运用能力、字词拼写能力等。作为一个公务员需要具备快速、准确地阅读、理解各种形式的文字材料的能力，需要具备灵活、准确、简练地运用文字材料表达信息的能力，基于这种认识，行政职业能力测验将对言语理解能力的考查作为重要组成部分。题型包括：词语替换，造词填空，语句表达，阅读理解。

（3）判断推理。考查应试者逻辑推理能力，涉及对数字、图形、词语概念、事件关系和文字资料的认知理解、比较、组合、演绎、归纳、分析综合判断等能力。测验材料主要是文字和图形，测验特点是从已知的零碎、细微的材料中，整理、推断出完整的结论，或得出正确的判断。题型包括：事件排序，定义判断，演绎推理，图形推理，机械推理。

（4）常识判断。主要考查应试者的知识面，试题取材广泛，从古至今，从无机物到人类，从自然到社会，因此不存在专业歧视。大致范围涉及政治、经济、法律、管理、科学技术、历史、国情、国力及公文写作处理等多方面的内容。考生要在短时间内提高常识判断能力的水平是很难的，主要在于平时的观察、思考和积累。

常识判断类试题一般为单选题和多选题，或者两种题型的组合。它要求考生对一些事物间的联系依据常识作出判断，主要考查对常见现象或事物产生的原因以及某一现象发生、引起后果进行分析、归纳、推理的能力。

（5）资料分析。主要考查考生对各种资料（主要是统计资料，包括图表和文字资料）进行准确理解和分析综合的能力。测验方式是：首先提供一组资料，这组资料或是一个统计表，或是一个统计图，或是一段文字。在资料之后有几个问题，要求考生根据资料中所提供的信息，进行分析、比较、计算、处理，然后从问题后面的备选答案中选出一个符合题意的答案。试题难度一般分为三个等级：第一级是容易题，可以在资料中直接找到答案；第二级是中等难度的题，往往要经过一定的运算或对资料进行一定的分析综合之后，才能得出答案；第三级是较难的题，这类题往往是给出一组判断，要求考生判断其正误。这样的问题往往具有一定的综合性，要对资料进行比较复杂的分析和综合，甚至要用到资料上没有直接给出的相关资料才能得出正确的答案。基本题型有：统计表，统计图，文字资料。

【专栏1】

行政职业能力倾向测试典型题目

(1) 15   18   14   20   13   22   (？)   24

A. 12   B. 11   C. 10   D. 9

(2) 做一面国旗要三种颜色的布，问做三面国旗要用几种颜色的布？

A. 9   B. 7   C. 5   D. 3

(3) 哥白尼地动学说（   ）人类意识之深，自古以来任何一种学说都不可以与它比拟。

A. 震撼   B. 冲击   C. 震动   D. 撼击

(4) 选出没有语病的一句：

A. 尽管前几天遇到了许多挫折，但是他一点也不灰心；

B. 前几年他不管遇到了许多挫折，但是一点儿也不灰心；

C. 前几年他进化论遇到了困难和挫折，他也不灰心；

D. 他尽管前几年遇到了许多困难和挫折，但是他一点儿也不灰心。

(5) 事件排序   ①受到嘉奖   ②技术革新   ③捐献灾区   ④受到好评   ⑤节约资金

A. 2-1-5-3-4   B. 2-5-1-3-4   C. 2-4-5-3-1   D. 3-4-2-5-1

(6) 人的体温为什么总是维持在36℃左右，最可能的原因是：

A. 36 是一个吉利的数字

B. 36℃最适宜人体内酶的生存

C. 高于 36℃ 人维持体热会消耗更多的热量

D. 36℃有利于体温恒定。

(7) 图形推理

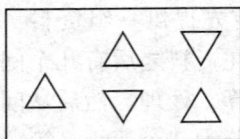
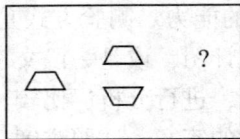
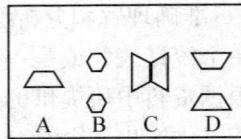

（8）自然界是人的生命发展和延续的环境。同时，作为人与自然物质交换过程中介的生产劳动，是人类社会关系形成和发展的起点；人们在加工自然的劳动中，才结成了人与人的关系——生产关系，并由此形成民族的、阶级的、家庭的等复杂的社会关系。可见：

A．人在自然面前只有被动地适应，才能生存和发展。

B．人与人、人与社会的关系，是建立在人与自然的关系基础之上的。

C．人的社会关系具有其内在的发展规律，可以独立地存在和发展。

D．人是自然界的一部分，因为人是动物。

答案：1．A 2．D 3．A 4．A 5．B 6．B 7．D 8．B

资料来源：赵琛徽．员工素质测评[M]．深圳：海天出版社，2003．

第三节 人格测验

一、人格概述

（一）人格的定义

人生的较量分为三个层次，最低层次是技巧的较量，其次是智慧的较量，而最高层次的竞争则是人格即个性的竞争。

人格，也称为个性，目前心理学家还没有一个统一的定义。我们可以简单理解为个体所具有的与他人相区别的、稳定和独特的思维方式和行为风格，它贯穿于人的整个心理活动，是人的独特性的整体写照。人格会影响人在工作中对事物的理解，影响人处理事物的方法，影响人在工作中与他人相互沟通的方式，影响人独特的表现方式。

人格有两层意思：一是指外在的自我、公开的自我，即每个人在人生的舞台上所表现出来的种种行为，每个人所扮演的不同的社会角色；二是指真实的、内在的、内隐的自我，这往往是人们由于某种原因而不愿展示出来的、内隐的自我。

在这里我们要区分人格或个性的一些近义词性格和气质。性格一词不是一个心理学的概念，而是一个更为大众化的词汇，在日常生活中，我们经常说一个人的性格怎样。性格基本上指的是一个人的性情、脾气、禀性等。与人格相关的另一个概念是气质。气质通俗的含义是指人整体表现出来的心理特征，如"某某人很有气质"、"贵族气质"等。在心理学中，气质则是指与人的先天神经特点有关的心理特征，是指人的神经反应速度、强弱、平衡性、灵活性等高级神经活动的特征。

（二）人格的主要特征

了解人格这种心理现象的特征，我们才能更好地了解每个人的个性特点，才能更好地将其应用到人员的招聘与选拔之中。人格具有以下几种主要特征：

1. 整体性

人格是由多种成分构成的一个有机整体，具有内在一致性，受自我意识的调控。比如，一个人在工作中比较粗线条，不太注意细节，他在朋友交往当中很可能也是比较粗犷，不斤斤计较的那种类型。

2. 相对稳定性

一个人在不同的时间和场合常常表现出一些一致性和持久性的个性特征。个性的这种稳定性的特征为我们从一个人目前的行为表现推论其未来可能的行为表现提供了可能性。

3. 独特性

人格既包含人类共同的心理特点，又包含民族、地方的心理特点，每个人又都具有自己独特的个性特点。例如，北方人的群体有一些共同的个性特征，南方人的群体可能具有另一些不同于北方人群体的个性特征。我们知道某个人处于某个特定的群体，就可以推论他可能具有某些特定的个性特征。

4. 倾向性

人格反映个体行为动力方面的内容，人格决定了一个人行为模式或惯用方式的方向。它是由在社会生活经历中所形成的价值观、需要和动机等决定的。

二、几种常用的人格测验工具

（一）明尼苏达多相个性问卷测验（MMPI）

明尼苏达多相个性问卷（Minnesota mutiphasic personality inventory，MMPI）是美国明尼苏达大学 Hahaway 和 Mckinley 在 20 世纪 40 年代编制的。它是人格测评中采用自陈量表法的典范，被翻译成多种文字，广泛地用于人格鉴定、心理疾病的诊断治疗、心理咨询等领域。20 世纪 80 年代初，MMPI 开始被引入我国。

该量表有 566 个项目，其中有 16 个是重复项目（用于测查被试反应的一致性）。这些项目的内容涉及很广，包括身体体验、精神状态以及对家庭、社会、婚姻、宗教、政治、法律的态度等 26 类题目。

在结构上 MMPI 由 14 个分量表组成，其中效度量表有 4 个，临床量表有 10 个。10 个临床量表可以得到 10 个分数，代表 10 个人格特质，分别为疑病症、抑郁症、癔病、精神病态、男子气—女子气、妄想症、精神衰弱、精神分裂、轻躁性、社会内向。4 个与效度有关的量表（疑问量表、说谎量表、效度量表、校正量表）考察被测评者作答的态度。如果被测评者在这 4 个量表中得分特别高，表明他没有诚实、认真地作答。MMPI 的项目内容和项目详见表 5.4。

项目分类	项目数	项目分数	项目数
1. 一般健康	9	14. 关于性的态度	16
2. 一般神经症状	19	15. 关于宗教态度	19
3. 脑神经	11	16. 政治态度—法律和秩序	46
4. 运动与协调动作	6	17. 关于社会的态度	72
5. 敏感性	5	18. 抑郁感情	32
6. 血管运动、营养、盲语、分泌腺	10	19. 狂躁感情	24
7. 呼吸循环系统	5	20. 强迫状态	15
8. 消化系统	11	21. 妄想、幻想、错觉、关系疑虑	31
9. 生殖泌尿系统	5	22. 恐慌症	29
10. 习惯	19	23. 施虐症、受虐狂	7
11. 家庭	26	24. 志气	33
12. 职业关系	25	25. 男女性度	55
13. 教育关系	12	26. 想把自己表现得好些的态度	15

表5.4　　　　　　　　　　　MMPI 的项目内容和项目表

　　MMPI 适用于 16 岁以上的成人，被试者必须具备小学以上的文化水平且没有影响测验结果的生理测验，测验必须由受过专业训练的主试者承担。MMPI 测验无时间限制，正常人一般在 45 分钟左右就可以完成。

　　由于明尼苏达多项人格调查表题目众多，实行起来太费时，在企业一般的人员素质测评中使用不太广泛。完成这样长的测验要求被试者具有高水平的动机，只有在物色高级管理人选时才使用这么费时的工具。不过，这个测验最大的优点是它使用 4 级效度量表来确定测试对象是弄虚作假、粗枝大叶还是理解错题目。

　　（二）卡特尔 16 种人格因素测验（16PF）

　　卡特尔 16 种人格因素测验是按照因素分析法编制的一个著名的测验，与个性的特质理论直接相关。该量表由美国伊利诺伊州立大学个性与能力测验研究所的卡特尔（R. B. Catell）教授编制，共有 187 道题目，题目的形式为"折中是非型"，分为 16 个分量表，分别测量卡特尔提出的 16 种根源特质。16 个分量表所测量的特质名称和高、低分者特征见表5.5。

表 5.5 16PF 人格因素的定义

因素符号	因素名称	定　义	高　分　特　征	低　分　特　征
A	乐群性	热情对待他人的水平	关注他人，易与人交往，对人热情	关心工作任务客观事物胜于对他人的关心
B	敏锐性	对外界反应的迅速性与表达的自发性	自发表达水平高、思维迅速、但在言行前不深思熟虑	在决策前会三思而后行，思考全面深刻
C	稳定性	应付日常生活要求的知觉水平	能控制现实的需求并能沉着、冷静地应付这些要求	觉得自己受生活的影响大，难以沉着应对
E	影响性	力图影响他人的倾向性水平	喜欢去影响他人	不经常表达自己的观点，倾向让他人领导
F	活泼性	寻找娱乐的倾向和表达的自发性水平	较活泼和任性，具有高水平的自发性	严肃认真，喜欢全面地思考问题
G	规范性	崇尚并遵从社会化的行为标准和外在的强制性规则	崇尚并遵从社会标准和外在强制规则	不喜欢严格的规则和强制指导及书本规则
H	交际性	在社会情境中感觉轻松的程度	在社会情境中表现自如，很少感觉至来自他人的威胁	对外界感到不舒服和害羞，不喜欢被关注
I	情感性	个体的主观情感对事物判断的影响程度	对事物的判断较易受到自己的情感和价值观的影响	决策和判断时倾向于注重逻辑和客观性
L	怀疑性	探究他人言行举止背后的动机的倾向水平	不按言行的表面去理解，喜欢探究他人言行背后的动机	乐于相信他人言行是真诚的
M	想象性	在外在环境因素与内在思维过程两者之间寻求平衡的水平	勤于思考，不拘事件的细节信息，思索有限事实之外的东西	是现实主义者和脚踏实地的人，直接地去做
N	隐秘性	将个人信息私人化的倾向	爱保守个人秘密	喜欢待人公开、直率
O	自虑性	自我批评的倾向	自我批评意识强，倾向于承担责任，觉得自己活得较他人艰难	很少自我怀疑
Q₁	变革性	对新观念和新事物的开放程度	对新观念与经验有浓厚的兴趣	按既定方法行事
Q₂	独立性	融合于群体及参与集体活动的倾向	倾向于独立解决问题和作出自己的决策	希望成为组织的一员并热爱组织

续表

因素符号	因素名称	定 义	高分特征	低分特征
Q_3	自律性	以明确的个人标准及严格的组织纪律性对自己行为进行控制的倾向	有清晰的个人标准并以此来规划自己的行为	事先不计划和控制，可容忍无组织性
Q_4	紧张性	与他人交往中的不稳定性、不耐心以及由此所表现的躯体紧张水平	体验高度的紧张，经常感受到不满和不耐烦	很少感到不满和不耐烦

卡特尔认为：人的行为之所以具有一致性和规律性就是因为每一个人都具有根源特质。他认为这16种特质代表着人格基本构成。该测验是自陈量表，其优点是测验高度结构化，实施简便，计分、解释都比较客观、容易。其缺点是受测人常因情境的改变而作出不同的反应，测验的信度不高；受测人对问卷的回答不一定能反映其真实情况，测验的效度受到影响；个体的反应定势和反应风格常影响测验的结果；由于人格特质难以定义，个体行为总是受到情境与人格的交互作用的影响。

该测验适用于16岁以上的青年和成年人，对被试者的职业、级别、年龄、性别、文化等方面均无限制。该测验在学业预测、职业预测和心理健康预测方面得到了广泛的应用。在人事管理中，16PF能够预测被试者的工作稳定性、工作效率和压力承受能力等。

(三)霍兰德职业兴趣测验

职业兴趣的基本原理是具有一定兴趣模式的人更倾向于寻找特定的职业类型，并且一旦从事这种职业，便会比其他人适应得更好。在招聘选拔中，招聘者应该考虑候选人的职业兴趣与所招聘的职业类型是否匹配。比如，一个人的职业兴趣是研究型的，如果让他从事行政事务性的工作，则他会因为对工作内容不感兴趣而降低工作动机。

职业兴趣测验类型很多，其中最有名、最常用的是霍兰德职业兴趣测验。霍兰德于20世纪50年代开始职业兴趣研究，在1959年提出了他的职业兴趣理论，将职业环境与人格以同样的维度分为六个类型，即现实型(R)、研究型(I)、艺术型(A)、社会型(S)、企业型(E)、常规型(C)。一个人的职业是否成功，是否稳定，是否顺心如意，在很大程度上取决于其人格类型与职业类型之间的匹配情况。霍兰德兴趣理论的六个类型见表5.6。

表 5.6　　　　　　　　　　　　　霍兰德兴趣理论的六个类型

类型	喜欢的活动	重视	职业环境要求	典型职业
现实型 R	用手、工具、机器制造或修理东西。愿意从事实务性的工作、体力活动,喜欢户外活动或操作机器,而不喜欢在办公室工作	具体实际的事物,诚实,有常识	使用手或机械技能对物体、工具、机器、动物等进行操作,与"事物"工作的能力比与"人"打交道的能力更为重要	园艺师、木匠、汽车修理工、工程师、军官、兽医、足球教练员
研究型 I	喜欢探索和理解事物,学习研究那些需要分析、思考的抽象问题,喜欢阅读和讨论有关科学性的论题,喜欢独立工作,对未知问题充满兴趣	知识,学习,成就,独立	分析研究问题、运用复杂和抽象的思考创造性地解决问题的能力,谨慎缜密,能运用智慧独立地工作,一定的写作能力	实验室工作人员、生物学家、化学家、心理学家、工程设计师、大学教授
艺术型 A	喜欢自我表达、喜欢文学、音乐、艺术和表演等具有创造性、变化性的工作,重视作品的原创性和创意	有创意的想法,自我表达	创造力,对情感的表达能力,以非传统的方式来表现自己;相当自由、开放	作家、编辑、音乐家、摄影师、厨师、漫画家、导演、室内装潢设计师
社会型 S	喜欢与人合作,热情,关心他人的幸福,愿意帮助别人成长或解决困难、为他人提供服务	服务社会与他人,公正,理解,平等,理想	人际交往能力,教导、医治、帮助他人等方面的技能,对他人表现出精神上的关爱,愿意担负社会责任	教师、社会工作者、牧师、心理咨询师、护士
企业型 E	喜欢领导和支配别人,通过领导、劝说他人或推销自己的观念、产品而达到个人或组织的目标,希望成就一番事业	经济和社会地位上的成功、忠诚,冒险精神,责任	说服他人或支配他人的能力,敢于承担风险,目标导向	律师、社会工作者、牧师、心理咨询师、护士
常规型 C	喜欢固定的、有秩序的工作或活动,希望确切地知道工作的要求和标准,愿意在一个重要的机构中处于从属地位,对文字、数据和事物进行细致有序的系统处理以达到特定的标准	准确、有条理、节俭、盈利	文书技巧,组织能力,听取并遵从指示的能力,能够按时完成工作并达到严格的标准,有组织有计划	文字编辑、会计师、银行家、簿记员、办事员、税务员和计算机操作员

1969 年，霍兰德等提出了关于兴趣类型的六边形模型，反映了六种人格/职业环境类型之间的关系。

在六边形模型中，六种类型的职业兴趣位于正六边形的六个顶点上，按照 RIASEC 依次排列。在六边形上任何两种类型之间的距离越近，其职业环境及人格特质的相似程度就越高。例如，企业型和社会型在六边形模型上的距离最近，它们的相似性也最高，如企业型和社会型的人都比其他类型的人喜欢与人打交道；企业型和研究型在模型上正好相对，这就意味着它们的相似性程度最低；企业型和常规型则具有中等程度的相似性。六边形模型可以帮助我们对人格特质类型与职业环境类型之间的适配性进行评估。

霍兰德认为，个人的职业兴趣往往是多方面的，很少只是集中在某一种类型上，每个人都是这六种类型的不同组合，只是占主导地位的类型不同。因此，为了比较全面地描述个人的职业兴趣，通常用三个字母的代码来表示一个人的职业兴趣，这个代码就称为"霍兰德代码"。霍兰德关于兴趣类型的六边形模型见图 5.2。

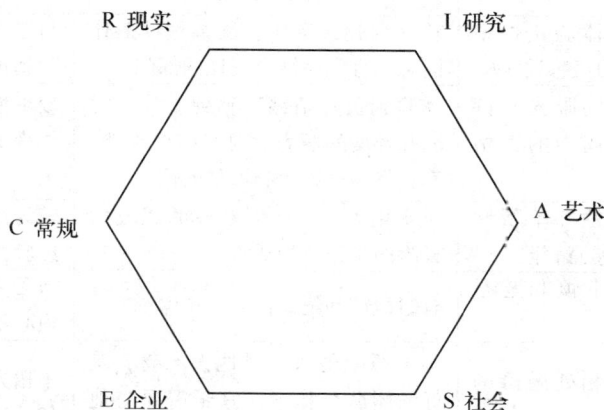

图 5.2　霍兰德关于兴趣类型的六边形模型

如 SAI 和 ASI 的人具有相似的兴趣，只是他们对同一事务的兴趣强弱程度不同罢了。SAI 的人对社会型事务兴趣最大，其次是艺术型；而 ASI 的人对艺术型事务兴趣最大，其次是社会型。

霍兰德的理论自提出以后，在职业生涯咨询、职业生涯发展、组织行为学等领域得到了广泛的应用。有许多使用频率很高的测量工具都是依据霍兰德关于兴趣类型的六边形模型编制而成的，如霍兰德本人的"自我探索量表"、国内的"北森职业兴趣测验"以及 SDS 的本土化版本等。

（四）管理人员人格测验

人格与管理活动的关系十分密切。人格特性在一定程度上决定了个体适合什么样的工作及可能取得的绩效，可以通过诊断一个人的人格特征或类型，来确定其管理的成功与否。不同的人格类型的个体对团体的贡献不同，所适宜的管理环境也不同。针对与管理绩效密切相关的维度，对管理者或应聘人员的人格类型进行诊断，可以为人力资源的选用和配置提供参考性建议。

该测验从正性情绪倾向、负性情绪倾向、广纳性、责任心、乐群性、内控性、自控性、自信心、A 型人格、成就动机、权力动机、面子倾向这 12 个与管理绩效有关的人格特点对人进行描绘，了解应试者在行为风格、思维和处事方式方面的特点，并能预测应试者的组织管理能力，对其适宜的发展方向和组织环境提出建议。管理人员 12 种人格维度定义见表 5.7。

表 5.7   **管理人员 12 种人格维度定义**

因素名称	定　义	高 分 特 征	低 分 特 征
正性情绪倾向	倾向于体验正性情绪，对自己感觉良好	较社会化，亲切、友善，对工作满意，宜在高社会交往的部门	与他人交往少，较少体验到正性倾向
负性情绪倾向	用负性的眼光看待自我和周围的人格特质	体验到负性情绪，感到工作、时间和环境的压力，对自己要求严，宜在批判性思考和评估的位置	较少感到环境的压力，能承担风险和易受挫的工作
广纳性	有独创性和革新性行为，愿意冒险	对变化大、需要创新性的或较为冒险的工作较为适宜	较为保守和谨慎，依赖经验，不愿创新
责任心	认真、审慎和坚忍的倾向	有组织性和纪律性	缺乏方向性和自律性，耐心不足
乐群性	与他人相处融洽的倾向	善于照顾他人，对他人亲善，是好的团队合作者，宜于需要与他人发展良好关系的岗位	不招人喜欢，对人不信任，没有同情心
内控性	反映自己对周围控制力的看法	相信能控制和影响自己的生活和经历，易激励	对环境影响很少，相信外部力量控制命运
自控性	试图控制自己在他人面前的行为方式的倾向	善于根据环境调整自己的行为，善于处理他人对自己的印象，调识自己以适合群体	倾向于认为他们所想的是真实和正确的
自信心	为自己和自己的能力感到自豪的倾向	能应付大多数情境的人，倾向于挑战性的工作和职业	往往对自我价值提出置疑
A 型人格	竞争性人格	有强烈的成就动机和竞争意识，并有强烈的紧迫感，较难相处，适于单独工作	温和、宽容、慢节奏，适合随意性大的工作

续表

因素名称	定　义	高分特征	低分特征
成就动机	喜欢接受挑战性任务，希望达到个人的高目标	喜欢将个人的目标定得较高，对所发生的事情负责，有很强的目标方向性	追求个人高目标的愿望不强，能容忍失败
权力动机	希望控制或影响他人的行为和情绪的倾向	有想对他人进行情绪、行为上的控制和影响的强烈愿望	对他人的依赖性较强，希望别人指导工作
面子倾向	看重面子，也维持他人的面子	力求受到他人的重视、赞赏、推崇，希望能在别人心中占有重要地位及留下美好印象	不在意他人对自己的评价

　　该人格测验根据"大五"人格模型中五种人格维度即正性情绪倾向、负性情绪倾向、广纳性、责任心、乐群性，并结合经大量研究证明与管理绩效有关的七项人格维度(内控性、自控性、自信心、A型人格、成就动机、权力动机、面子倾向)，从而构成一项个性测验。

　　测验是自陈量表，优点是高度结构化，实施简便，计分、解释都有比较客观、容易。但也有以下缺点：一是被试者常因情境的改变而作出不同的反应，测验的信度不如智力测验等认知性测验；二是由于人格难以下定义，个体行为意识受到情境与人格的交互作用影响；三是被试者对问卷的回答不一定能反映其真实情况；四是反应定势和反应风格影响测验结果。

　　下面是一份管理人员人格报告样例：

　　该应试者正性情绪明显，对生活乐观，对竞争和压力有一定的心理适应性，能保持平和稳定的心态；自信心较强，相信自己的能力；自控性较强，能较好地处理自己在他人面前的印象；有很高的成就动机，希望能做出卓越的成就，对职业的专注程度较高，积极进取，不断提高对自我的要求；有很强的责任心，办事认真、审慎，对有组织性的原则性的事务管理能力较强，善于处理琐碎繁杂的事务或关系，能够做到有条不紊的、细致的安排，适于从事需要耐心和审慎的工作；广纳性较强，有较强的开创精神，容易接受新事物，有一定的创造能力，可以从事需要发挥个人自主性的工作，如研究工作、设计策划、编辑等工作。

附：管理人员人格测验测量结果

姓名：＊＊＊　　性别：男　　年龄：27　　测验日期：2007年12月1日
各人格维度所得标准分及高低分区域

人格维度	标准分	高分区域	低分区域
正性情绪	85.50	*	
负性情绪	13.00		*
广纳性	88.20	*	
责任心	96.10	*	
乐群性	76.10		
内控性	55.60		
自控性	80.40	*	
自信心	89.30	*	
A 型人格	59.40		
成就动机	98.10	*	
权力动机	36.50		
面子倾向	30.00		

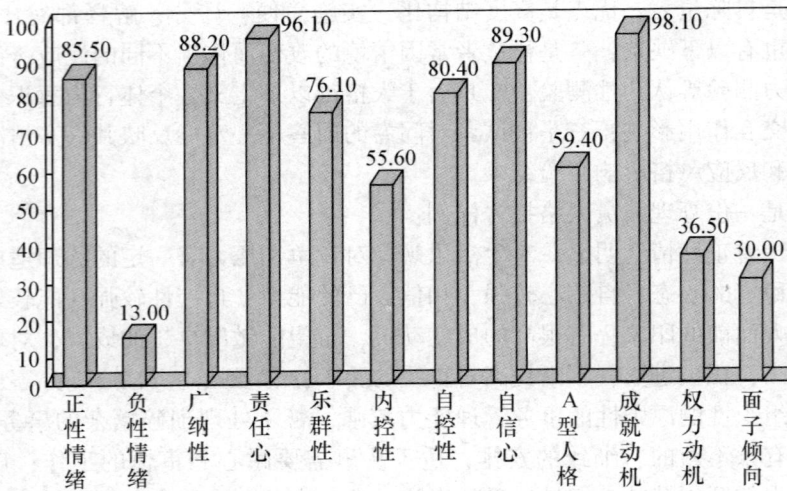

第四节　其他心理测验方法

除了上述所论及的能力测验、人格测验外，人员素质测评还有气质测评、价值观测评、态度测评等方法，这里我们主要介绍气质测评和价值观测评两种形式。

一、气质测评

气质是个体中那些与神经过程的特性相联系的行为特征，是个体心理活动和外显动作中所表现的某些关于强度、灵活性、稳定性与敏捷性等方面的心理特征的综合。它表现在情绪和情感的发生速度、向外表现的强度以及动作的速度与稳定性方面。

希波克拉特认为，人体内有四种体液：血液、黏液、黄胆汁、黑胆汁。血液比例占优势的人为多血质，黄胆汁占优势的人为胆汁质，黏液占优势的人为黏液质，黑胆汁占优势的人为抑郁质。实际上这种划分并不科学，生理学家与心理学家提出过许多更为合理的划分依据，其中以巴甫洛夫的高级神经活动类型的划分依据较为科学。

神经活动类型学说认为，人的神经活动有兴奋与抑制两种过程（方向）。两种活动过程具有三种特征：活动强度、均衡性与灵活性。所谓活动强度指大脑细胞的工作忍耐力；所谓均衡性是指兴奋与抑制之间的强度关系是否均衡；所谓灵活性指兴奋与抑制之间的转换速度的快慢。根据以上神经活动的两个方向与三种特征，人的气质划分为活泼型（多血质）、兴奋型（胆汁质）、安静型（黏液质）和抑制型（抑郁质）。各种气质类型及其特征见表5.8。

表5.8　　　　　　　　　　　气质类型及其特征

气　质　类　型	特　　征
多血质	活泼、好动、敏感、反应迅速、喜欢与人交往、注意力容易转移、兴趣容易变换，具有外倾性
胆汁质	直率、热情、精力旺盛、情绪易于冲动、心境变化剧烈，具有外倾性
黏液质	安静、稳重、反应缓慢、沉默寡言、情绪不易外露、注意力集中稳定难以转移、善于忍耐，具有内倾性
抑郁质	孤僻、行动迟缓、善于观察细小事物、情感发生较慢但持续很久体验深刻，具有内倾性

由于气质所包含的心理活动特征的复杂性，我们不能仅凭对个体某一方面的特征的观察来确定个体气质类型。因此，对气质测评应该综合运用观察、实验、测评、个案研究等方法，多方面收集资料，然后从中概括出一个人的气质。常用方法有观察法、自陈量表法和实验法等。

观察法是指根据不同气质类型观察指标，然后通过观察个体活动，确定气质类型。一般来说，观察法比较适用于具有典型气质类型的人，但不能准确评定不太典型或混合型个体的气质类型。

自陈量表法是测定气质类型较为方便的方法，主要有波兰心理学家斯特里劳编制的《斯特里劳气质调查表（STI）》、美国心理学家瑟斯顿编制的《瑟斯顿气质量表》等。我国研究者根据多血质、胆汁质、黏液质、抑郁质等四种气质类型编制了《气质类型调查表》，每种基本气质类型各 15 题，按随机顺序排列。该量表简便易行，信度和效度均较高，在我国广泛使用。

实验法是指在标准化的实验条件下，对个体的气质特点进行观察和评价。前苏联学者阿良克瑞斯通过对儿童的言语活动特性的实验研究来确定个体神经过程的特点和气质类型。在实验时，研究员要求被测评者大声朗读普希金的《上尉的女儿》中的三句诗，并用言语电波描记法记录他们的朗读分数，分析每一个词的发音长度、间隔和发音强度，从而确定个体的神经过程的特点和气质类型。

二、价值观测评

价值观是个人对客观事物的意义与重要性的总评价，它使人的行为带有个人的某种稳定的倾向性。人们对各种事物的评价，在心目中有轻重主次之分，这种主次的排列，就构成了一个人的"价值体系"。价值观及其体系是决定个人行为与态度的基础。在相同的条件下，不同的价值观的人会有不同的行为与态度。价值观不仅影响个人行为，而且还影响整个组织的行为，进而影响企事业单位的效益与社会效益。因此在人员录用时，也必须考虑价值观的测评。

对价值观的类型有不同的划分，斯普兰格认为，人的价值观有六种类型，即理论型、经济型、审美型、社会型、政治型和宗教型。格雷夫斯把人的价值观划分为七种类型，即反应型、宗法式忠诚型、自我中心型、顺从型、权术型、社交中心型和价值主义型。

价值观是一种高级的认知形式，问卷测验是常用的一种测评方法。这方面国外较为推崇的是阿尔波特、韦农和林达塞所编制的"价值观研究（study of value）量表"。此量表是以德国哲学家斯普兰格的六类型理论为依据编制的，一共 45 题，前 30 题每题两个选项，后 15 题每题四个选项。下面是该量表中的两道题。

第一部分例题：
当你在报纸上看到同样大小标题的新闻时，你倾向于先读哪一条？
A. 反对派领导人协商解决双方冲突
B. 世界投资环境有明显改善
第二部分例题：
A. 读一些严肃的书籍
B. 参加体育比赛
C. 听一场交响音乐会

D.　听一次好的布道

所有的题目均由自己填写，不受时间限制，允许但不希望被测评者有不回答的题目。对于第一部分试题的计分方法是，对于 A、B 两个选项，若肯定一个而否定另一个，则分别赋予"3"分和"0"分；若只是稍微偏向一个而并不否定另一个，则分别赋予"2"分和"1"分。

对于第二部分题的计分方法是，给最赞同的选项"4"分，最不赞同的选项"1"分，中间依此类推。

总共 120 个选项，其中对应每种类型（六种类型）的选项各 20 个，经过相加、校正，获得 6 个总分。被测评者在哪个类型上的总分最高，则他就必须倾向于哪一种价值观类型。所有的结果与比较可以综合表现在一个剖面图上。

现在很多企业引用了"价值观测评系统"（SYMLOG），即 a system for the multi-ple level observation of groups 的缩写，也被称为"多层面观测系统"。该系统由美国哈佛大学社会关系学系的终身荣誉教授、著名社会心理学家罗伯特·F. 贝尔斯（Robert Freed Belles）教授创立。它以"社会人际交往动力场"的理论为基础，认为在任何形态的组织中，人与人之间存在的相互关联是人与人相互交往的本质，而价值观作为这一动力过程中最基本的决定因素，决定了个人、群体和组织工作的有效性。因此，针对人们的价值观，对个人、团队和组织进行多层面的检验和评价，能够增强组织凝聚力，改善和提高工作效率。

价值观测评系统首先根据组织行为科学的原理，基于个人差异、团队动向、组织程序、个人/职位的适合度以及组织文化等重要因素及其关联，选取代表人们价值观和行为导向的，并对人们的工作效率起直接影响作用的 26 个关键描述因子。接下来，在专家主导下进行问卷调查与互动、建立价值观等级划分和评分标准并设定理想价值观等级、多层面测评及将数据使用高精度计算机软件处理等环节后，得出反馈报告。反馈报告会对当前价值观导向作出综合评价，准确诊断组织存在的问题，指明改进方向，并提出改进的意见和未来的努力方向。一旦建立了某一案例的基本数据库，便可以对该组织进行反复评估，根据各组织的要求，进行一次或多次跟踪检测。

SYMLOG 能够以科学的方式诊断个人和组织肌体内部的"疾病"，使生活在社会中的个人、群体和组织，通过自省以及团体内部的互助和制约，认知和改进自身不足。价值观测评系统的优势在于它的科学性、准确性和实用性，可以用于对个人的指导、领导的培训、团队和组织的管理发展、项目评价和精选、市场调研和客户关系、企业战略计划、组织文化和价值观纠偏、全球多元文化劳动力以及家庭的发展等。此外，SYMLOG 也适用于不同语言、不同民族和不同职业的多元文化背景条件，不仅可用于科学的企业人力资源管理，而且也能用于不同类型的团体和组织。半个多世纪以来，SYMLOG 体系已在世界上 17 种语言文化背景的 60 个国家和地区得到了广泛应用，并在包括各大型国际商业组织（世界 500 强企业）、政府、军队和医院等追求高效管理的组织机构中积累了 100 多万个测评和咨询案例。

本章关键词汇

心理测验　能力　一般能力测验　能力倾向　能力倾向测验　人格　人格测验　职业兴趣测验　气质测评　价值观测评系统

本章小结

1. 心理测验实质上是行为样组的客观的和标准化的测量。

2. 据测验的具体对象，可以将心理测验划分为认知测验与人格测验。认知测验又可按其具体的测验对象分为成就测验、智力测验与能力倾向测验；人格测验按其具体的对象可以分为态度、兴趣与品德和性格测验。

3. 常用的心理测验方法有量表法、投射测验法和行为观察法。

4. 能力是直接影响活动效率，使活动、任务得以完成的个性心理特征，它可分为实际的能力和潜在的能力，即"所能为者"和"可能为者"。

5. 能力与智力是两个不同的概念。能力是一个更大的范畴，智力包含在能力的概念中；知识、技能也不同于能力，知识是人们在头脑中储存的信息，技能是人们掌握的动作方式，而能力则是人们在活动中体现出来的内在心理品质。

6. 能力测验又称认知测验，是对一个或某一个团体的某种能力作出评价。能力测验一般包括一般能力测验、能力倾向测验、特殊能力测验及创造力测验。

7. 目前国际上常用的智力测验量表主要有斯坦福—比奈智力测验量表、韦克斯勒智力测验量表和瑞文标准推理测验量表。

8. 能力倾向是指经过适当训练或被置于适当的环境下完成某项任务的可能性。它具有相对广泛性、相对稳定性及潜在而非现实性等特点。

9. 能力倾向测验可以分为一般能力倾向测验、特殊能力倾向测验、职业能力倾向测验等。

10. 人格是个体所具有的与他人相区别的、稳定和独特的思维方式和行为风格，它贯穿于人的整个心理，是人的独特性的整体写照。它具有整合性、稳定性、功能性等特点。

11. 常用的人格测验工具有明尼苏达多相个性问卷测验、卡特尔 16 种人格因素测验、霍兰德职业兴趣测验、管理人员人格测验等。

12. 气质是个体中那些与神经过程的特性相联系的行为特征，是个体心理活动和外显动作中所表现的某些关于强度、灵活性、稳定性与敏捷性等方面的心理特征的综合。常用气质测评方法有观察法、自陈量表法和实验法等。

13. 价值观是个人对客观事物的意义与重要性的总评价，它使人的行为带有个人的某种稳定的倾向性。常用的一种测评方法是问卷测验法，经常使用的是阿尔波特、韦农和林达塞所编制的"价值观研究（Study of Value）量表"。

14. 价值观测评系统（SYMLOG）是以社会人际交往动力场理论为基础，建立的一整套行之有效的科学方法，能够增强组织凝聚力，改善和提高工作效率。

复习思考题

1. 常用的心理测验方法有哪些？
2. 心理测验在人员素质测评中的应用是如何体现的？
3. 能力测验可以分为哪些类型？
4. 能力倾向对工作会有哪些方面的影响？试举例说明。
5. 行政职业能力倾向测验中包括哪几个方面？
6. 比较明尼苏达多相个性问卷测验、卡特尔16种人格因素测验的异同？
7. 霍兰德职业兴趣测验在工作中会有哪些方面的影响？试举例说明。

【案例分析】

航空集团公司招聘应届毕业生

某航空集团公司是中国三大国有大型骨干航空企业集团之一，拥有贯通中国东西部，连接亚洲、欧洲、澳洲和美洲的庞大航线网络。集团注册资本为人民币25.58亿元，总资产约为516.99亿元，员工达35 000人，拥有168架大中型现代化运输飞机，22架通用航空飞机，经营着450条国际、国内航线。集团还广泛涉及进出口、金融、航空食品、房产、广告传媒、机械制造等行业，集团拥有20多家分公司和子公司。该集团的××航空股份有限公司是集团的核心企业，是中国第一家在香港、纽约和上海上市的航空公司，注册资本为人民币48.7亿元，其品牌在海内享有广泛声誉，创造过全国民航服务质量评比唯一"五连冠"纪录，还荣获国际航空业界的"五星钻石奖"。以创新促发展，迅速形成企业核心竞争力，锻造世界性航空企业品牌，实现快速、稳健、持续发展是该集团发展战略的核心目标。根据该目标，公司采购了用于营销分析的收益管理系统，以实现"在最恰当的时机，以最恰当的价位，将最恰当的座位销售给最恰当的旅客，且航班收入最大化"。公司希望招聘较有潜力的应届毕业生作为这一决策支持系统的主要分析人员。该公司的招聘信息一经公布，就吸引了成百上千的大批应届毕业生投递简历。该公司全权委托之通人才测评中心为其设计测评方案并实施测评选拔过程。

资料来源：佚名. 航空集团公司招聘应届毕业生［OL］. http://finance. jrj. com. cn/biz/company/companyMain249. shtml. 2009-02-12.

◎ **思考题**

假设你现在是之通人才测评中心测评技术部经理，请尝试设计一个测评方案。方案中你会选用哪些心理测评工具？并说明选用的理由。

第六章 纸笔测验

【学习目标】

【学习目标】
1. 掌握纸笔测验的基本概念、类型和特点
2. 熟悉纸笔测验的内容和组成部分
3. 熟悉纸笔测验的编制流程
4. 掌握纸笔测验常见题型的特点和应用领域
5. 掌握纸笔测验的实施与计分以及误差控制

【引导案例】

A 银行是一家著名的国有商业银行，为了满足公司发展对人才的需求，人力资源部每年招聘近百名应届毕业生，并不定期面向社会招聘人才。2008 年 12 月 10 日，公司委托中华英才网，发布公司 2009 年高校招聘的相关招聘信息，并在武汉、西安、北京、上海、成都等高校云集的城市设立专门的招聘小组。

由于全世界正遭受金融危机的影响，2009 年到高校招聘的企业和岗位大大减少，这些都加剧了应届毕业生就业竞争的激烈程度。公司招聘信息发布不到两天的时间，公司人力资源部总共收到电子简历 27 万份，纸质简历 30 多万份，大大超过了公司预期的应聘人数。公司人力资源部原本制定的招聘流程工作，即简历筛选、两轮面试加总经理面试三个步骤，在面对如此庞大的简历筛选工作下，公司原本制定的招聘流程工作不仅在时间上不能如期完成，在招聘成本上也将大幅度增加。

面对如此庞大的应聘人员，公司人力资源部决定改变招聘流程：

（1）简历筛选；

（2）纸笔测验；

（3）第一轮面试：由人力资源招聘人员面试；

（4）第二轮面试：由相关部门经理面试；

（5）第三轮面试：由总经理面试。

修改过的招聘流程在进行面试之前添加了纸笔测验。2008 年 12 月 17 日上午 8：30，公司同时、统一在高校密集城市进行为时一个小时的纸笔测验。

2008 年 12 月 19 日上午网上发布通过纸笔测验的应聘者的名单。通过纸笔测验，公司淘汰了将近 2/3 的应聘者，全国范围内剩下 10000 多人参加第一轮面试。

　　A 银行为什么要改变招聘流程？为什么要在面试之前添加纸笔测验？通过纸笔测验淘汰将近 2/3 的应聘者的做法科学、合理吗？在什么样的招聘情况下才适合使用纸笔测验？这些问题需要我们详细地了解纸笔测验才能得以解答。

第一节　纸笔测验的概述

一、纸笔测验的定义

　　纸笔测验是人才测评中常见的考核方法，它是用人单位通过书面的形式对求职者的知识广度、深度和知识结构进行考查和评估的一种方法。

　　纸笔测验的试题一般是根据不同行业和不同岗位的求职者将要从事的工作性质、条件要求及层级职(岗)位职责所必须具备的专业理论知识和实践操作知识等设计的，由主考人根据求职者解答的正确程度予以评定成绩，并根据评定成绩所处的等级范围来对求职者进行筛选。

　　通过纸笔测验，可以测评求职者的基础知识、专业知识、相关知识及综合分析能力、文字表达能力、思维敏捷程度等素质能力的差异。纸笔测验对所有应聘者来说是相对公平的一种测试方式，因而被越来越多的用人单位所采用。

二、纸笔测验的类型

　　根据纸笔测验的性质、目的、题目的难易程度以及参加测验的人数可以将纸笔测验分为多种不同的类型。根据测验的性质分，可分为认知测验、人格测验；根据测验试题的难易程度分，可以分为速度测验、难度测验；根据被试者的人数来分，可以分为团体测验和个体测验。但通常我们是根据测验的目的来进行分类的。

　　纸笔测验的目的是通过测验，对被试者的知识水平和能力水平进行划分，在知识方面我们可以将纸笔测验分为基础知识测验、专业知识测验、相关知识测验；在能力方面主要有行政职业能力测试和申论两种测验。

　　(一)知识方面的纸笔测验类型

　　1. 基础知识测验

　　基础知识测验，又称为广度测验或综合测验。其测验内容很广泛，可以包括天文地理、自然常识、数理化、体育、文艺、外语，等等。

　　基础知识测验的目的主要是了解被试者对基础知识的了解和掌握程度。除此以外，基础知识测验还可以考查被试者的知识领域的广度，通过其基础知识水平的测验可以了解被试者是否具有广阔的知识层面；通过其对基础知识的掌握情况，也可以看出被试者对于基础知识的学习能力。

基础知识测验要求被试者具有丰富的知识积累，对于知识的了解与掌握不能仅仅局限于自己的专业领域，而是尽量拓展自己的知识领域。

2. 专业知识测验

专业知识测验，又称为深度测验。主要测验的内容是与被试者应聘的行业、企业或职位有直接关系的专业理论知识和实践操作知识。例如，银行在进行高校招聘或社会招聘时，通常会公布所需应聘者的专业要求，但不论应聘者的主修专业是不是金融，银行都会在专业测试的试题中涉及金融方面的知识。这就是银行这个行业对于金融知识的基本要求。再例如，被试者的职位是人力资源管理方面的专员，专业知识考试内容可以包括人员素质测评、劳动关系学、薪酬管理、绩效管理、劳动经济学、社会保障学等，以了解应聘者对人力资源管理知识掌握的广度、深度及水平等。显然，专业知识测验是根据不同的测验目的以及不同行业、不同企业和不同职位的要求来进行的直接相关知识的测试。

3. 相关知识测验

相关知识测验，又称为结构性测验。主要是了解被试者对于与其专业相关，或者与其即将担任职位的相关知识的测验。如被试者即将担任的职位是公共关系人员，相关知识测验的内容可以有社会学知识、心理学知识、管理学知识、人文与历史以及公共关系的各个方面的相关知识。

相关知识测验的内容主要是根据纸笔测验的目的来划定的。纸笔测验的目的决定对被试者的基础知识和专业知识水平的要求，相关知识即是围绕基础知识和专业知识对被试者的知识结构的一个必要的补充，其测验的内容与被试者的专业知识和任职条件必然有着紧密的联系。

(二) 能力方面的纸笔测验类型

1. 行政职业能力测试

行政职业能力测试是我们常见的一项纸笔测验类型。它主要是我国中央、地方政府进行选拔优秀公务员而进行的一项测验，主要测验被试者的行政能力倾向。

行政职业能力测试的主要测试内容包括数字推理、数学运算、图形推理、逻辑判断、定义判断、类比判断、常识、言语理解与表达以及资料分析。行政职业能力测验主要是测试被试者的基础行政能力水平，通过行政职业能力测试的结果来判断被试者具有行政能力倾向的程度。

2. 申论

申论是公务员考试中一种特殊的纸笔测验形式，它和行政职业能力测试一起构成了完整的公务员考试。申论与行政职业能力测试的本质区别在于：申论测验的是被试者具有公务员素质的潜在条件，而行政职业能力测试只能测试被试者的表面素质。

申论测验主要测验的是被试者对于所学知识、技能的理解水平和运用能力，它要求被试者对给定的材料、事件、案例或热点问题进行分析、整理、说明，进而表达自己的看法和解决建议，并论证自己的观点。通过被试者的答题可以分辨被试者对问题的理解程度，掌握知识的水平以及运用知识的能力。

三、纸笔测验的优缺点

纸笔测验作为招聘员工和衡量员工知识水平最为经常使用的一种方法，相比其他方法而言有许多优势，但同时也存在一定的不足。

（一）纸笔测验的优点

1. 公平性

纸笔测验为所有求职者提供一个均等的公开竞争机会，这是其他测验方法所难以替代的。

2. 经济性

纸笔测验可以同时对大批处于不同时间、不同空间的被试者进行施测，出题阅卷都比较迅速，因此所花时间相对较少，效率高，成本低。

3. 客观性

纸笔测验的考卷要求密封，主考官与被试者不必直接接触，评卷又有可记录的客观标准或等级，而且可以保存被试者回答问题的真实材料。

4. 广博性

纸笔测验包含的信息容量大，一份试卷可包容大量不同类型的命题，同时考查不同方面的知识广度和深度。

5. 简便性

纸笔测验一般不需要特殊的仪器、特殊的专业人才，因此测试的时候比较简便，试卷的评阅在计算机的使用下也显得尤为简便，任何一个组织（企业）在需要招聘员工或测试员工的知识水平时都可以运用纸笔测验。

另外，笔试中被试者的心理压力相对较小，容易正常发挥水平，一定程度上提高了笔试的可信度。

（二）纸笔测验的缺点

1. 难以测出被试者的实际操作能力

纸笔测验的测验内容易误导被试者偏重于机械记忆，不能很好地反映个人的创造性和推理能力，同时出现猜测机会也较多，会在一定程度上影响个人的真实水平的发挥。

2. 试题可能出现不够科学的现象

编制测验试题的过程中可能会编进一些不够科学的试题，例如，试卷中出现偏题、怪题，这些对被试者来讲可能是毫无意义的题目，这样即使被试者的考试成绩优异，也不能说明他掌握了必要的知识，而被试者的考试成绩比较差，也不能说明他必要的知识水平低，因此这本身就违背了笔试的最初目的。

3．阅卷可能不够客观

对试卷中主观题的批阅，可能由于阅卷人员素质高低不同或者评卷标准不一致，测验的结果也会变得不够客观、准确。

4．没有可比性

纸笔测验的试卷都是针对某一项内容设计的，而不同的内容也是无法进行比较的，常模也很难建立。所以两次考试的结果是无法进行比较的。

第二节　纸笔测验的编制及步骤

在这一节中我们主要讲解纸笔测验的编制步骤以及编制过程中应注意的原则和注意事项。在这个过程中难度最大、最关键的就是题目的编写和收集。一套科学的、符合纸笔测验需求的试题要经历编写、集编、预试、修改这样一个不断重复的过程。

纸笔测验的编制过程主要是首先确定纸笔测验的最终目的，然后根据测验的目的构建测验的指标。测验指标体系可以看成测验目的的具体化，选取关键的指标体系之后便围绕指标体系进行试题的编制。纸笔测验的试题编写即是将笔试的目标和指标的具体化，编写或收集相关试题来与每一项指标进行匹配，并根据指标的权重、试卷的难度和区分度、测试的时间和成本来选择相宜的试题命题类型和试题数量。

一、确定纸笔测验的目的

运用纸笔测验的目的有很多种，不同机构、不同领域、不同行业以及不同的部门运用纸笔测验的目的都不尽相同。纸笔测验可以是用来进行人员招聘的工具之一；也可以用来考查员工的知识水平；还可以用于培训的考核以及晋升、绩效考核，等等。不同的目的所选择的纸笔测验的试题命题类型、试题的难度区分度、试题的来源以及试题的数量和试题的编排等都不一样。因此，在进行纸笔测验的编制时，首先要明确选择测验的目的，其次要分析测验目的的科学性、可操作性和难度适宜性，最后要确定测验的最终目的。

纸笔测验的目的种类繁多，但其目的总的归纳为招聘录用、晋升和绩效考核。

1．纸笔测验运用于人员招聘

人员招聘根据招聘的对象可以分为内部招聘和外部招聘两种。内部招聘与晋升大同小异，这里我们所讨论的人员招聘是外部招聘。外部招聘又分为社会招聘和校园招聘。社会招聘一般是面向已有工作经验的人员的招聘，主要考查应聘人员的工作经验的丰富程度和实际工作能力，对理论知识的要求不高。社会招聘具有招聘区域广泛、应聘人员分散且数量小等特点，这些特点不利于进行大规模、规范化的纸笔测验，因此纸笔测验在社会招聘中运用得不如校园招聘广泛。

校园招聘主要是面向应届毕业生的招聘，因为应届毕业生大部分是没有工作经验的，对于其理论知识、逻辑思维、创新思维、语言表达等基本素质和综合素质方面的考查尤为重要。多数企业在进行高校招聘时都会进行纸笔测验，而且一般情况下纸笔测验会在面试之前。这是因为高校招聘具有集中、应聘人员基数大的特点，适合进行大规模、规范化的纸笔测验，而且运用纸笔测验进行初步筛选具有高效和低成本的效用。

纸笔测验在招聘中的作用直接决定了进行笔试测验的目的：高效、低成本地筛选出适合组织所需的人才。面向应届毕业生的纸笔测验主要是为了测试应聘者的基本素质和能力以及与企业的匹配度。这里的基本素质和能力通常是指基本理论知识、专业知识、语言表达能力、信息提取能力以及逻辑思维能力等；与企业的匹配度主要是考查应聘人员在专业、性格、处事方式等方面与企业文化和工作性质是否匹配，其契合的程度有多大等。以上是大部分企业在高校招聘中运用纸笔测验的目的，这里我们只是作为一个参考模板来进行介绍，不同性质、不同规模、不同领域的企业应根据自身的实际情况确定笔试测验的最终目标。除此以外，公务员考试也是运用纸笔测验进行招聘的一种形式，不同于企业招聘的是，公务员考试的招聘组织是国家政府部门，因此其更加注重行政思维能力的测试。

2. 纸笔测验运用于晋升

晋升又称为提拔，主要是对于符合晋升要求的员工进行职位升级。这里不同组织有不同的晋升制度和不同的晋升条件限制。纸笔测验在晋升中的应用通常是在员工已经符合晋升条件的基础上进行的。晋升对于员工来讲是一种激励或奖励，是员工职业生涯中必不可少且又至关重要的一个环节，因此企业必须认真对待晋升。晋升其实是一种变相的招聘，但其又不同于招聘，主要表现在以下几点：

（1）候选人均是本企业内部员工，对本企业的企业文化、工作性质和工作环境等都有一定的了解；

（2）候选人都具有相应职位的工作经验，且工作表现优异；

（3）管理人员对候选人的工作状况有一定的了解，而不像招聘中对应聘人员是完全不了解的。

这样看来，组织在晋升中运用纸笔测验的目的就不只是为了测验被试者的知识和能力水平，而更重要的是测验被试者是否能胜任其即将就任职位的工作和责任。

根据晋升的对象以及晋升的特点，纸笔测验应更加侧重于对被试者潜在的素质水平、工作能力进行测试，即应选择能力层面上的纸笔测试。

运用于晋升中的纸笔测验的目的主要是根据被试者已有的工作水平来测试其潜在的工作能力以及工作态度。这里的纸笔测验的内容应比较多地涉及实际的工作技能和方法，以及被试者的工作态度和责任感的测验。

3. 纸笔测验运用于绩效考核

绩效考核主要是考核被试者当前的工作绩效，具有时效性。纸笔测验可以应用于培训的绩效考核和学习型组织中的绩效考核。

培训的绩效考核主要是对学员的学习成果的考核。它主要考查学员对于已学知识的掌握程度，通常是结合纸笔测验和行为测验来进行考核的。纸笔测验在培训的绩效考核中主要用来考查学员对于知识部分的了解和掌握程度，因此其试题内容更多偏向于培训过程中教授的知识和技能。

学习型组织中的绩效考核，主要是指学习型组织的建立对于员工和企业双方带来的效用的评估和反馈。纸笔测验在绩效考核中的应用主要在测验员工知识、技能的更新和掌握程度。例如，医生是一个需要一直学习的职业，医院其实也就是一个学习型组织。医院会在一个固定周期内对医生、护士的工作能力和知识水平进行考核，对于知识技能部分通常都是通过纸笔测验来进行考核，这样既方便又高效。企业也可以效仿医院的绩效考核方法，一方面，可以激励员工不断学习；另一方面，也可以记录员工在不同时期的知识技能水平并存档，便于以后其他考核的需要，如晋升。最重要的是可以在整个组织之间构建一种学习氛围，有利于信息交流和知识共享，促进学习型组织的建立。

在绩效考核中运用纸笔测验的目的主要是测试被试者在已建立的学习型组织中对于共享的新知识和工作技能的掌握情况。可以固定周期进行测验，也可以不定期地进行抽查，但最终的目标都是测验员工的知识技能水平的更新和掌握程度。

二、构建测验指标

构建测验指标的方法与前面章节所讲的指标体系设计方法是一致的。具体的方法有工作分析法、素质结构分析法、榜样分析法、培训目标概括分析法、价值分析法、历史概括法、文献查阅法等，这里就不再赘述。不管采用何种构建方法，我们构建出来的指标体系基本相同。纸笔测验指标体系通常由测评五个指标构成：基本知识、专业知识、文字表达能力、逻辑思维能力、工作经验。可以根据实际的目的以及客观条件进行重新组合、筛选和添加。这里我们只介绍常见的五个指标。

(一)基本知识

基本知识也可以称为常识，即我们日常生活中熟知的一些知识。基本知识考查的范围较广，涉及的领域广，但对于知识的深度要求不高。基本知识主要考查被试者掌握知识的广度，也可以看出被试者学习的能力和效率。如果一个学理科专业的学生对于文科类的知识一点也不了解，我们就可以说这个人的知识面不够广。

基本知识作为纸笔测验的指标主要是测验被试者知识的广度，因此其涉及的知识领域和信息量非常大。作为纸笔测验的考查指标，基础知识只是用来树立一个标杆或划定一定的区域，以便在进行试题编制的时候方便寻找适合该指标的试题。

(二)专业知识

专业知识主要是指某一学科或工作领域所涉及的专业程度强的理论知识。例如，人力资源管理的专业知识有绩效考核、人员素质测评、培训与开发等方面的理论知识。专业知识相比基本知识而言，它涉及的知识面只是一个领域，但是其对于知识的深度有严格的要求，不像基本知识只要基本掌握即可。

专业知识作为笔试测验的指标之一，主要用来考查被试对于某一学科或工作领域涉及的专业知识的掌握程度以及运用专业知识的水平。这一指标涉及的内容主要是专业的知识、理论以及对专业知识运用的能力。在考查专业知识的同时要注意将理论与实际结合起来进行测验，以淘汰那些知其然，而不知其所以然或只会背不会用的被试者。

(三)文字表达能力

文字表达能力主要是指通过文字来清晰、准确表达被试者的观念和想法，这里的文字也是语言的一种形式。一方面，要求言简意赅地准确地表达自己的观念和想法；另一方面，对于文采也有一定的要求。

文字表达是我们学习、工作和生活中必不可少的一种交流方式、表达方式。因此作为纸笔测验指标之一，文字表达能力主要用来测验被试者通过文字这种语言形式来陈述自己观念、想法等能力水平。它主要是通过主观题、开放题等来进行考查。

(四)逻辑思维能力

逻辑思维能力是人们进行分析和理解的一种基本能力，它也是智力的一个重要组成部分。通常逻辑思维能力是采用一些有关数学方面的试题来进行测验的。这里我们可以借鉴智力测验中进行逻辑思维能力测验的试题，以及公务员进行行政能力测验的数学部分的试题。

逻辑思维能力作为人们正常生活、工作的基本能力，在纸笔测验中也至关重要，它主要是为了测验被试者的推理能力、空间思维能力以及发现规律等能力水平，作为工作、学习的基础。

(五)工作经验

工作经验顾名思义即是工作的相关经验。这里把工作经验作为纸笔测验的指标之一主要是为了填补传统笔试对工作经验测验的空缺，并辅助面试对工作经验的测评。

工作经验作为纸笔测验的指标之一，其目的相当明确，即测验被试者的工作经验。对工作经验的测验可以借鉴评价中心的一些手法。例如，将文件筐、管理游戏、情景模拟等案例的形式引入纸笔试题当中，同样可以用来测试被试者的工作经验和处事方式以及工作态度，等等。

三、纸笔测验的编制

纸笔测验的编写不仅仅是试题的编制过程。纸笔测验由指导语、试题、试题答案和评分标准四个部分构成，其中试题属于纸笔测验的正文部分，而指导语、试题答案以及评分标准属于纸笔测验的附加部分，纸笔测验的编制主要是对此两大部分的编制过程。

（一）试题的编制

1. 试题的来源

纸笔测验试题的编写与收集必须根据测验的目标和指标体系来进行。当人力资源部确定纸笔测验的目的、建立纸笔测验的指标体系之后，就可以根据相应的要求来进行试题的设计和编制了。

收集纸笔测验试题的方法有很多，最常见的有从现成的题库中选取和请专家设计两种。

从已有的试题题库中选取适合本次纸笔测验需要的试题是最简便和最直接的方法，使用这种方法虽然简便、直接，但要注意尊重原作者的知识产权，注意试题的时效性，保证试题贴合时代特点和社会热点，注意试题所考查的知识点与测验目标和指标体系的相匹配等。另外，为了防止求职者背诵试题库，最好能转换出题角度或者对试题进行修改后再采用。

请专家设计纸笔测验试题也是可行性较高的一种方法。在实际操作中，既可以直接请专家出场设计题目，也可以参考专家的有关经验、建议或以往的工作。

2. 试题编制的原则

试题编制的一般原则有以下几点：

（1）试题的采样应有代表性。

在匹配指标体系进行选题的时候，我们希望能对每一指标的所有知识点进行考查，即对知识的总体进行全面调查，但是限于时间、成本等其他方面的考虑，我们只能采集部分具有代表性或者关键性的知识点作为样本来推测其整体知识水平。在命题中，坚持考试采样具有代表性原则，是考试分数具有正态分布性规律、考试具有多项检查性等规律的客观要求。实现试题具有代表性的条件是：

① 依据纸笔测验的指标体系命题，确保采集的试题与每一指标相匹配；

② 命题者要对知识总体有明确的认识。这是试题抽样具有代表性的前提；

③ 抽取的试题应该达到足够的数量。无论采用何种抽样方法都可能存在误差，但一般来讲，样本越大，误差越小，样本所能代表总体的真实性越大。

（2）题目的难度要有一定的分布范围，坚持难度适宜性原则。

纸笔测验的试题内容不要超过被试者的知识和能力范围，不要为求创新而选择生僻、冷门的怪题和难题。测验的难度要根据测验的录取率来确定，同时也要能客观反映被试者的真实水平，应做到以下几点：

① 一个测验应包括各种不同难度的试题，合理地安排不同难易程度的试题比例，特别是能力测验；

② 试题的排列应遵循由易到难的原则，安排好试题的难度梯度。

（3）试题的文字要力求简明扼要。

测验成绩是通过评判试题答案的正确程度来计分的，因此试题表述明确，不仅有利于被试者准确地理解题意，节省审题时间，把主要时间和精力用在回答问题上，而且对客观地确定评分标准也有着重要的实际意义。这就要求命题者必须具备高度的概括能力、措辞技巧和准确使用词语的能力。要力求做到既排除与解题无关的陈述，又不会漏掉必要的信息，最好一句话说明一个概念，意义必须明确，尽量少用双重否定句，使用准确的当代语言，不要使用孤僻艰深的词句。

（4）各个试题必须彼此独立。

试题之间不可相互重复或者牵连，切忌在试题中出现暗含本题或者其他试题的正确答案的线索，这样才能较准确地测出被试者真正的知识水平。坚持试题独立性原则的具体要求如下：

① 每道题的考点含量不宜过大。大题化小，每道题只侧重一个问题，明确限定各题的内涵与外延。

② 在命题的同时，一并做出试题答案。这样可以通过标准答案来检测各题之间是否存在重叠或牵连。

③ 做好试题试测。对初步筛选出来的试题进行试测，以保证试题的质量。通过考试实践，来了解命题是否严密，试题之间是否具有较强的独立性。

④ 对多人编制的试卷要逐题审定。加强这一环节，可以大大减少避免重叠、牵连等现象出现，以保证试题之间的相互独立。

（5）试题有确切的答案。

试题的答案不应具有引起争议的可能。因此制订的答案不可模棱两可，评价标准必须客观、统一，使得结果不会因人而异，不因时间、地点的更改而发生改变。对于主观题要分步定分，对客观题中选项多的选择题以及多项填空题应慎重确定给分标准。对于有多种选择答案的试题，则要一一给出所有答案。

（6）其他原则。

试题的表达尽量避免主观性和情绪化的字句，避免涉及社会禁忌或隐私以及令被试者羞于启齿的问题。

试题应注重原理的应用，一个问题不能仅仅是知识点的简单重现，要适当转换角度或重新组织进行提问。

试题的数量要充足，试题的数目至少要比最后所需要的数目多一倍，以备日后筛选和修改，如果试题较多，每种测验最好编制一个复本，以便交替使用。

3. 试题的筛选

试题的筛选即是根据纸笔测验的目的，围绕测验的指标体系，依据试题编制的原则来进行试题的初步筛选过程。纸笔测验的试题的种类繁多，大致分为以下几类：

（1）从题型来分有选择题、填空题、判断题、计算题、简答题、论述题和案例题等；

（2）从内容来分主要有理论题、原理题、技巧题等；

（3）从难易程度来分主要有基础题、综合题、拔高题、创新思维题等。

试题的筛选要综合纸笔测验的目的、要求、难易程度、时间限制等需求来进行。初步筛选试题的方法主要是围绕已建立的指标体系来寻找合适的试题。一般是在每个指标的所属领域进行寻找。其具体围绕指标筛选的方法如下：

（1）基本知识的筛选。基本知识涉及的领域非常广泛，但是考查基础知识的纸笔测验也颇多，因此，可以在已有的纸笔测验中进行寻找，同时还可以在智力测试以及行政职业能力测试的试题中进行寻找。

（2）专业知识的筛选。专业知识涉及的领域比较单一和狭窄，其对试题的专业性和准确性要求较高。因此我们可以从学科知识、高校考试试卷中进行选择，同时还可以请专家出题等多种方式来进行试题编制。

（3）书面表达能力筛选。书面表达能力主要是通过开放题来进行测验的，因此可以选择的范围比较狭窄，但是试题的模式比较固定。因此，可以借鉴已有的开放题，也可以根据文字表达能力的要求来自行编制。

（4）逻辑思维能力筛选。逻辑思维能力的试题编制可以借鉴智力测验和公务员考试中的行政职业能力测试的试题来进行。因为测试逻辑思维能力的试题要求精确、专业，偏向于智力方面的专业试题，自行编制的难度较大，准确度不高，同时成本也很高。

（5）工作经验的筛选。工作经验的试题编制主要是来源于工作经验，不同行业、不同职位的工作经验大不相同。对于工作经验试题的编制可以搜集在职工作人员的工作经验，也可以请专家编制试题或者借鉴相同行业相同职位的纸笔测验试题。

试题的筛选只是初步筛选，因此可以尽量多地选择合适的试题，试题筛选的数目保持在最终所需数目的 2～3 倍之间，以便后期精确筛选。

4. 试题的编排与格式

编写完具体的测验试题之后，就要对这些试题进行选择与编排，起初的试题编写仅仅要求试题在内容上达到初步要求，并与每个指标契合。接下来还应该根据测验的具体要求、测验的性质和功能进行重新筛选和编排。

（1）题目的选择。

在每个指标下对已经编写完的试题进行进一步的挑选，按照试题的难易、重要程度以及试题的类型进行选择。筛选要依据考试目的、具体的工作分析以及难度区分度来进行。最后要注意题目数量的控制，试卷的题量和难易程度要与测验的时限保持一致。

（2）试题的编排。

在完成了试题的筛选之后，接下来就要决定如何对所选试题进行最佳编排，下面给出试题编排的一般原则。

① 将同一类型的试题组合在一起，这样既方便被试者答题，也方便评卷和计分。

② 难度测验的试题应由易到难排列。这样的安排可以缓解被试者的紧张情绪，发挥其正常的水平。

（3）题目编制的格式。

题目编制的格式可以理解成我们熟悉的论文格式，其规范性可以便于读者阅读，题目编制的格式也具有此作用。题目的格式（或称形式）在测验中占有很重要的地位。不恰当的格式会影响测验的时间、信度和效度，因此在编制测验的时候要慎重选择适宜的格式。不同性质的测验适用的格式也不尽相同，但一般都遵循以下几个原则：

① 所选的格式必须恰当，使被试者明了测验的做法；

② 格式必须选择妥当，减少被试者在做题时出现不必要的错误；

③ 选择的格式必须使题目简单明了，减少审题时间；

④ 选择的格式务必使校阅省时省力；

⑤ 选择的格式必须考虑考试的经济性原则，减少不必要的开支。

（二）附加部分的编制

1．指导语的编制

指导语是在纸笔测验实施时说明测验进行方式以及如何回答问题的指导性语言，它通常分为对主考官（主试者）的，以及对考生（被试者）的。在这里我们说的是后者，即是对被试者的指导语。

指导语的编制总体要求是清晰和简单，向被试者传达其应该做什么的信息，即如何对试题作出反应。一般来说，指导语印在试卷的开头部分，由被试者自行阅读并了解测验要求。指导语一般包括以下几点：

（1）被试者应当选择的反应形式，例如，画圈、画钩、填数字、口答、书写等；

（2）如何记录这些回答，例如，回答在答题纸上、录音、录像等；

（3）测验的时间限制；

（4）可以告知被试者试题计分的方法；

（5）当试题形式比较生疏时，可以给出附有正确答案的例题；

（6）可以选择告诉被试者测验的目的。

下面给出一个指导语的例子：

"答题前请在答题卷的右上角写上您的姓名。请将您的答案填写在答题卷上，在您认为正确的选项上画圈，例如，10 题：1 ② 3 4，表示您的答案是'2'。不要在试卷上做任何记号。测验时间为 60 分钟。如果测验过程中有什么问题，则可以举手，询问主考人员。完成测验后请将答题纸和试卷一起交给主考人员，之后离开考场。"

2. 答案的编制

答案的编制主要是编制所有试题的答案，仅供评卷人员进行评分。答案的编制主要是编制标准答案和参考答案两大类。对于纸笔测验的客观题，通常情况下应编制标准答案，而对于主观题而言，几乎不能编制标准答案，而只能给出参考答案仅供评卷人参考。

对于参考答案的编制主要是给出试题涉及的相关的关键知识点，然后为每一个知识点赋予计分权重。而对于标准答案的编制则应遵循以下几点要求：

（1）答案的准确性。标准答案顾名思义是试题答案的标准和标杆，因此其准确性应是毋庸置疑的。答案的准确性是保证整个纸笔测验的基本条件，一方面，只有拥有准确答案的试题才能被应用到测验；另一方面，答案的准确性也保证了计分的准确。

（2）答案的唯一性。标准答案的唯一性首先保证了试题的严谨性。如果同一道试题有多种不同的标准答案，则说明试题本身是不科学的、不合理的，同时也难以计分，对于整个纸笔测验的计分标准和成绩等级的划分都会有影响，从而影响到纸笔测验的效度。

（3）答案的无争议性。标准答案的无争议性其实最能体现标准答案的标准性。答案的编制不可能汇集所有专家、学者的意见，因此会出现不同的人对于同一道试题有着不同的理解和答案，对于这种试题我们在编制试题的时候要尽量避免，以免造成不必要的麻烦。

（4）答案的对应性。答案的编制顺序要对应试题的编非顺序，这样一方面便于查找以及审核相关知识点是否交叉，另一方面方便评卷人进行试卷评阅。

3. 评分标准的编制

评分标准的编制主要是指确定测验的总分值以及每道试题的分值和计分标准的一个过程。具体的操作过程如下：

（1）确定测验的总分值。测验的总分值与试题的数量、试题的难易程度、测验的时限以及测验的录取率密不可分。

（2）根据指标体系的权重赋分值。已建立的指标体系中，不同的指标被赋予了不同的权重，根据总分值和权重比例，对每一个指标赋予相应的分数值。

（3）对每一种题型进行赋分值。一份纸笔测验所涵盖的试题类型有多种，每一种题型的数量、涉及的指标以及答题所花的时限均不相同，综合这些因素对每一种题型进行赋分值。

（4）制定计分标准。计分标准即得分标准，客观题的计分标准比较单一，主要是正确答案得全分，错误答案扣分或者不得分，例如，不定项选择题计分：全部选择正确得满分，多选、错选、漏选均不给分。主观题的计分标准相对比较复杂，主要是根据提供的参考答案中不同知识点的权重来给予相应的分数值。一个主观试题的答案中不同程度地涉及相应的知识点所得的分数值是不尽相同的，因此这里的计分标准实际上是等级计分。

第三节 常见题型及编制应注意的问题

纸笔测验的目的、被试者以及其侧重的方面不同，就需要不同题型的综合才能达到纸笔测验的要求。常见的纸笔测验的试题题型有：选择题、填空题、计算题、简答题、论述题、案例分析。下面我们分别简单地介绍每种常见题型及编制应注意的问题。

一、选择题

选择题是主考官在向考生提出一个问题的同时，提供若干个答案供考生选择的试题，包括单项选择题（即在选项中只有一个正确答案）、多项选择题（即在选项中至少有两个正确答案）、不定项选择题（即在选项中有一个或多个正确答案）等。

选择题在结构上分为两个部分：一是题干，可由问句或不完全的叙述句组成；二是选项，包括正确答案和错误答案（又称诱答）。

例如，

问句式的题干：

陶渊明是哪个朝代的诗人？它的选项是：

A. 晋朝　　　　　B. 宋朝　　　　　C. 唐朝　　　　　D. 汉朝

不完全的叙述句的题干：

建设资源节约型、环境友好型社会要注意_____，目前要着重解决影响社会经济发展，特别是严重危害人民群众健康的水污染、空气污染加剧问题。

填入画横线部分最恰当的一项是：

　A. 可持续性

　B. 轻重缓急

　C. 孰轻孰重

　D. 先后次序

选择题是 20 世纪 50 年代以后迅速发展起来的一种试题类型，它的广泛应用标志着考试科学化、标准化程度日益提高。因为选择题评分客观，测量结果的信度、效度高，又便于计算机评卷，所以选择题是标准化考试采用的主要试题类型。随着标准化考试的迅速发展，选择题必将在考试实践中更加广泛地应用与不断改进。选择题之所以成为颇受欢迎的试题类型，不仅在于这种试题评分客观，而且这种试题类型对于社会科学和自然科学的各种学科的考试都具有普遍适用性，同时也适用于文字、数字和图形等不同性质的材料，在考查和了解被试者各种知识及分析判断能力、鉴别能力、推理能力以及解决问题的能力都有着不可低估的作用。

　1．选择题的优点

　（1）普遍的适用性。

选择题对于各门学科、各个层次、各种知识和能力测量，具有普遍的适用性，从它的整体作用来看，是任何一种题型都无法比拟的。

　（2）客观的评分标准。

选择题答案简便，阅卷可以一目了然，对错分明，无须加以主观判断，评分标准统一、客观、准确，只要阅卷者不错批或漏批，其评分结果与机器评分一致，不会受到主观因素的影响。

　（3）选择题的题量可以较大，考查的范围更广，采样代表性更高。

由于被试者回答每道题的方法简便（只要做记号表示即可），所花费的时间非常少，一个小时可以答上百道题。这样就为增加试卷的容量提供了条件，因而可增加或扩大试题的覆盖面，使采样比较合理，减少机遇，有利于提高考试信度和效度。

　（4）有利于实现标准化测验。

标准化测验的基本要点是：考试过程的系统化和程序化，评分标准的统一化和对考试结果误差控制的最优化。选择题在这方面优于其他任何一种题型。

正因为选择题的优点比较突出，并且这些优点越来越被人们所认识，选择题的应用才会如此普遍，我们可以把选择题的广泛应用视为考试走向标准化的开始。

　2．选择题的缺点

　（1）试题较难编制，特别是诱答的编制。

选择题必须同时配有 3～4 个迷惑性的答案，难点在于这些迷惑性答案中，既要肯定是错误的，又要与正确答案有一定的联系或似是而非，这就需要有较高的命题技巧。在一张考卷上需要编制上百道甚至更多的试题，所花费的时间和精力都是相当大的，而且题与题之间又要彼此无联系，这些都存在一定的难度。

（2）难以避免猜测答案。

选择题不能反映被试者的思维过程，它主要是一种对知识的再现过程，评分也只看答案结果，而不看过程，这就给被试者猜测答题以可乘之机。

例如，四选一的选择题有25%的命中率。克服猜测答题的主要办法是在每一题干后面适当增加选项，这样可以相应降低猜中的几率。

3. 选择题编制的注意事项

（1）题干后的选项或待选答案数越多，被试者越不容易猜对。在实践中普遍采用4～6个选项，这样可以降低猜测的命中率。同时也要保证同一个测验中每个题干后的待选答案数目相同。

（2）待选答案的字数应该相当，并应该都是简单表述的，或者都是详细表述的，务必一致，不要在简单表述的答案中掺杂一两个详细的答案。

（3）错误答案不能错误得过于明显，要与题干有相应的逻辑联系或似真性。

（4）答案之间应该避免重叠现象，少用"以上皆是"或"以上皆非"作为待选答案。

4. 选择题的计分公式

选择题在进行计分时，可以用下列公式降低被试者猜测作答对测验结果的影响。

$$实得分数 = （答对题数 - 1/2\ 答错题数）× 每题所占分值$$

假设每题的分值是1分，上述括号内的式子换写成一般公式：

$$S = R - W/(K - 1)$$

其中，S 为实得分数；

R 为答对的题数；

W 为答错的题数；

K 为待选答案的个数。

以选择题总数为100题为例，当 K=3 时，如果被试者不知道答案且猜测作答，则得到正确答案的概率是1/3，即有33道题被猜对，66道题未被猜对。这样 R=33，W=66，K=3，代入公式计算 S 为0。以上公式本质上是矫正公式，矫正因被试者猜测作答而对测验结果造成的误差。

二、填空题

填空题属于提供型的试题。它要求被试者用一个正确的句子来完成或填充一个未完成句子的空白处，或者是提供一个正确的答案。

填空题是变相的选择题，但是其测试的内容相对狭窄，答案客观标准，容易命题。但填空题容易鼓励被试者进行机械记忆，不能检测更为复杂的知识和能力。

例：企业外部环境发生了改变，企业随之需要作出相应的调整，制定生产部门目标最重要的依据是_____。

填空题的主要作用是测试被试者的基础知识是否学得扎实，关键词是否掌握，所学知识是否连贯、系统，以及对事物理解、分析和判断的能力。填空题在诊断性的测验中特别有用，而且学生猜测因素比选择题要小得多。

1. 填空题的优点

（1）具有较广泛的适用性。

填空题可以用来考查被试者的理论知识，也可以用来考查被试者的计算能力及思维能力。填空题可以由多种其他题型进行变换而来，如选择题、计算题。且填空题的答案标准、答题简便，因此具有较广泛的适用性。

（2）容易发现被试者在学习过程中存在的具体问题。

填空题一般需要用简短的文字来作答，不同于选择题只用做记号表示即可，因此可以从被试者简短的文字作答中大致看出被试者的思维过程，以及在作答过程中遇到的难点等。有助于被试者具体地了解自己的知识水平。

（3）不易受评卷人的主观、偏见等因素的影响。

填空题的命题要求答案具有唯一性、标准化的特点，评分标准统一、客观、准确，因而有利于客观评分，而且评分过程也简便易行。

2. 填空题的缺点

（1）被试者易误解试题的意图。

填空题的空白处所要填写的一般是关键词，因而容易造成被试者对试题含义理解上的错误，影响测验的信度和效度。

（2）容易鼓励被试者进行机械记忆。

由于填空题不太需要对知识的综合运用、总结和系统地表达，所以很容易导致被试者对教材或指定考试范围的内容的字句进行死记硬背，不注意消化理解，有时候体现不出被试者的真实水平。

（3）不能检测被试者更为复杂的知识和能力。

填空题一般用来测验被试者对于基本概念、原则等机械知识的记忆，也可以用来对一些简单公式的考查。填空题的难度一般与选择题的难度保持一致，不宜太难，且其题型的作答方式也有局限性。因此填空题不能用来检测被试者较为复杂的知识和能力。

3. 填空题的编制应注意的事项

（1）一般采用陈述句的形式，使用未完成句式，但需要填充处应尽量放在句子末尾。

（2）需要填充的字句，一定是关键字句，而且要和上下文有密切的联系，使被试者在填充答案时不会感到困惑。

(3)需要填充的内容不宜太多，否则被试者不易理解题意，在计分时也不易客观评分。

(4)作为试题的句子不能从教科书上直接摘抄下来，以免被试者只是记忆课本而不求理解。

(5)每道题最好只有一个答案，并且简单具体，有利于评分。

三、计算题

计算题顾名思义就是以计算为作答方式的试题。数理化相关的学科经常会采用求解、求证等计算题，但在其他学科领域也会需要计算题进行辅助测验。例如，经济、管理、会计、税务等相关的非数理化相关专业，计算题也是不可或缺的测验试题类型。

计算题对于测验被试者的基础知识、运算能力、逻辑思维能力和空间想象能力、分析判断能力等具有重要作用。计算题考查知识的综合水平，可以避免猜测因素影响测验结果的效度，并且评分可观性高。同时这也让试题的命题变得比较困难。计算题的命题要求难度深浅得当，侧重教材关键知识点，但不能与原题重复或直接考查教材知识点，要进行修改或变换角度，且答案要确定合理。

例："为了把 2008 年北京奥运会办成绿色奥运，全国各地都在加强环保，植树造林。某单位计划在通往两个比赛场馆的两条路的(不相交)两旁栽上树，现运回一批树苗，已知一路的长度是另一条路长度的两倍还多 6000 米，若每隔 4 米栽一棵，则少 2754 棵；若每隔 5 米栽一棵，则多 396 棵。请问共有多少棵树苗？"

"某员工月度标准工资为 2400 元，五月份的加班为：五一劳动节期间加班 1.5 天，休息日加班 1 天，其他时间加班 2 天。那么，如果考虑个人所得税和各项保险，则他的五月份实发工资是多少？"

1. 计算题的优点

(1)避免被试者猜测作答。

计算题题型多样，每道题都有它的特殊要求，被试者必须精心审题、仔细计算，并且要求呈现比较详细的答题步骤。这在很大程度上避免了被试者进行猜测作答。除此以外，计算题也促使被试者在掌握基础知识的同时，还要经过反复练习，不断提高熟练运算的技能技巧。

(2)评分客观性高。

计算题只要做到命题要求明确，答案确定合理，在正常情况下是可以做到客观评分的。

从考试实践来看，虽然在评分中也出现过较大的差异，主要是由题意不明、答案不清楚或者不明确以及评卷人的素质等因素造成的，这些方面的因素经过主观努力是能够避免的。

2. 计算题的缺点

（1）试题的编制困难。

计算题的命题要求不偏不怪，又不落俗套，深浅得当。因此这对命题人员的要求比较高，需要命题人员有丰富的相关经验。

（2）题量不宜过大，局限考查范围。

计算题的题量占整份试卷的比重很小，但是分值不少。一般而言，一份试卷中只有 2~3 道计算题。鉴于计算题测验被试者的能力素质指标固定且较少，适合采用计算题来进行测试的知识范围自然变得狭窄。

（3）容易导致"题海战术"。

正因为计算题的题型变化多样，命题又不能照搬教材中原有的题目，考试又要考查被试者的运算技能技巧，所以很容易导致被试者运用"题海战术"，产生不必要的紧张与压力。

3. 计算题的编制应注意的事项

（1）题意明确。

计算题的题意一定要明确，避免被试者对题意的理解模棱两可。因为被试者误解题意会影响测验的效度。

（2）答案的编制要明确、清晰。

计算题的答案首先要保证准确、唯一，另外还要有清晰的标准解答过程，以供阅卷人员进行客观的评阅。

（3）命题的内容圈定关键知识。

计算题作为分值比较高的试题，考查被试者对于知识的理解水平和运用能力。因此其知识点应该是关键知识点，对于整个测验来说是比较重要的考查内容，不能是琐碎知识点的延伸。

四、简答题

简答题是要求被试者主动提出答案，并用简短的语言或文字对主考官提出的问题作简要的解释、说明和论述的题型。主要包括直接回答题、列举题、简要说明和简要叙述题等。

简答题考查的内容可以涉及概念、原理、区别和联系等方面的提问，其主要是了解被试者对基本概念和基本原理掌握的程度，以及对一个事物或事件简明扼要的叙述和概括能力。

简答题主要用于解答概念，简述事物发展过程、历史事件、基本原理、问题要点等内容的考试。其试题题型可以与填空题进行互换。

例："假如你所在的企业面临激烈的市场竞争，销售下降、市场萎缩、订单大幅减少。为了改善企业的目前状况，企业总经理召开会议，要求各部门群策群力，帮助企业渡过难关。你作为人力资源部门经理，可以制定什么措施来帮助企业扭转局面？"

"现代全面质量管理中很重要的一个方面是全程质量控制，从产品和服务质量形成过程来说，全程质量管理包括哪几个方面？"

1. 简答题的优点

(1)降低被试者猜测的成功率。

简答题要求简略回答，这样被试者必须经过主动思考、计算和回忆，仅靠猜测是不可能把试题回答完整的。

(2)适用范围广。

简答题可以适用于各种知识层次的学习结果的测量，既可以在低层次考试中使用，也可以在高层次考试中使用；既可以用来测量知识，又可以用来测量能力，而且便于掌握和运用。

(3)比较容易编制。

简答题以简明为主要特征，要求被试者回答问题的目标也比较单一，因此命题也比较容易。

2. 简答题的缺点

(1)简答题容易鼓励被试者机械记忆。

简答题容易导致被试者偏重于具体的、琐碎的知识，也容易鼓励被试者在学习中死记硬背。简答题的作答只需进行简单、单一的思维记忆，基本上按书上的原话回答，不利于培养被试者的积极思维能力。

(2)简答题的评分标准较难客观掌握。

简答题的评分不及固定反应型(如选择题)客观，其评分标准较难掌握。一般来说，在简答题评分中，只要回答了问题的基本要点就不能不给分，决定给多少分具有很大的灵活性，简答题和论述题的通病都是答案缺乏唯一性。因此在编制简答题时，最重要的就是要给出具体、明确的评分标准。

3. 简答题的编制应注意的事项

(1)问题范围一定要叙述明确，使被试者能用简单的话来回答。

(2)应把问题与实际情景结合起来，强调知识的实际应用，避免强调知识的机械记忆。例如，"写出千瓦的定义"，这个问题就偏重对知识的机械记忆，如改成"一盏25瓦的电灯，点多长时间消耗1 000瓦？"就是强调知识的应用了。

(3)应把答案数目限制在5~6个以内，答案数目太多会误导被试者，使他们只注重无系统的知识。

(4)问句不要用"是不是"、"对不对"等判断式叙述形式，以降低猜测的因素。

(5)避免不必要的复杂性。例如，在数学公式的应用中，不要给出复杂的数字，不要在偏离测验目的的地方浪费被试者的时间。

五、论述题

论述题是要求被试者对一些问句或一些叙述句，用自己的语言写成比较长的答案，它要求以论述的作答方式来回答问题，其对答题字数也有一定的要求。

论述题可以通过被试者的答案比较全面、深入地考查被试者的知识掌握和理解程度、逻辑思维能力、系统分析能力、论述能力以及运用原理的能力等。论述题在试卷中的比例一般是最小的，因此会影响试题采样的代表性。同时论述题没有标准答案，被试者答案的长度、书面整洁度等无关因素都会给评分带来影响。因此试题的数量和包含的信息量都不宜过大，设置理想答案以及答题标准也可以降低以上因素对测验的影响。

例："个性化管理是现代公司管理中一个较突出的特色。个性化管理是要求在管理活动中积极体现管理者和被管理者的个性特征与人格力量，充分发挥和利用被管理者自身的心理目标在工作中的积极影响，从而为顺利实现组织目标提供动力和智慧。你怎样看待这一问题，并怎样认识管理中人的因素？"

"员工工作绩效的高低可以从两个方面来看：一个是工作效果（Effectiveness）；另一个是工作效率（Efficiency）。作为人力资源职能经理，关注员工绩效，光注重效果是不够的。在保证工作效果达到的前提下，你可以采取哪些方式来提高工作绩效？"

1. 论述题的优点

（1）全面、深入地考查被试者的知识水平和能力。

论述题可以较全面、深入地考查被试者的知识水平和能力。论述题的答案一般只要求观点正确、要点全面、说理透彻，而文字上不拘一格，这就给被试者充分发挥自己的知识和智慧提供了有利条件。通过被试者综合运用各方面的知识和多种方法论述问题的过程，可以从中了解他们的理解能力、分析能力、论证能力和表述能力等。

（2）降低被试者猜测的成功率。

论述题可以避免被试者猜测得分，因为它需要对一个问题进行明确而深刻地论述。一般来说，从论述题的回答中能够反映被试者的思维过程，通过这个过程可以准确地了解被试者对该问题是深刻理解还是不求其解。

（3）较容易命题。

论述题比较容易命题。采用论述题考试，题量较少，命题的准备过程和花费的时间也少，运用起来比较方便。

2. 论述题的缺点

（1）试题采样代表性差，影响测验的效度。

　　论述题的含量较大，在有限的时间内，不可能完成大量的考题，这就决定了每次考试的试题必须是少量的，在少量的试题里无法代表学科的全部内容。每个被试者掌握知识总体的点和面都不相同，因此如果有一名被试者偶尔对某个论题碰巧很熟悉，得到"虚假的高分"，而另外的被试者碰巧不熟悉，而得到了低分，在这种情况下他们得到的分数都不是真实的成绩，因而不具有代表性，影响了测验的信度和效度。

　　(2)评分不易标准化。

　　在论述题中，同一个论点可以采用不同的论述和论证方法，论据可以讲两点，也可以分为三点或者更多，而答案的确定由于命题者和评分者的水平不同，对标准掌握的宽严不一，因而带有很大的主观随意性。除此之外，还可以因为评分者对语言表达风格喜恶不同，或产生不同的心理情绪等，直接影响论述题的客观评分。已有研究发现，不同评分者对同一答案的评分一致性相关系数仅在 0.62 ~ 0.72 之间。同一评分者对两份等值的答案的评分信度更低，仅在 0.42 ~ 0.43 之间。即使同一评分者在隔一段时间后再评价同样的测验，也会前后评分不一致。

　　另一个关于论述题测验评分客观性的研究是 D. Starach 和 E. G. Elliott 所做的，他们把一份英文试卷请 142 名英文教师评阅，最低的分数为 50 分，最高的分数为 99 分。人文学科可能不易精确测量，造成这样的结果是可以理解的。至于数学学科对问题的回答应该是对就是对、错就是错，评分应该是一致的。然而 D. Starach 和 E. G. Elliott 的研究结果却不是这样的。他们把一份几何试卷交给 115 名中学数学教师评分，评分结果是从 29 分到 92 分，差异很大。

　　(3)评分易受到无关因素的影响。

　　论述题的评分很容易受到书写的整洁程度、个人成见等无关因素的影响。这可能是评分者非客观性的主要来源之一。一方面，卷面形象可能会给评分者形成印象分，影响最终评价；另一方面，论述题的阅卷比较花时间，对评卷者的耐心和仔细程度是个挑战。

　　3. 论述题的编制应注意的事项

　　(1)避免出现含糊的一般性问题。例如，"在篮球比赛中，哪种防卫方法是最常见的?"这种试题就不好。首先是未说明作答的长度；其次是未指出预期答案的内容说明。如改成："用200 ~ 300 个字，比较篮球运动中区域防卫与人盯人防卫两种防卫方式。解释它们在以下两个方面有何不同：① 所用的基本技术；② 它们在各种不同的典型场合下如何适当应用。"

　　(2)试题的数量不要太大，以免变成速度测验。

　　(3)要将一个大题目细分成几个小题目。

　　(4)在编制试题时，应该有一个理想答案或一系列答题标准，同时对另外一些可接受的答案应有所规定和说明。

六、案例分析题

案例分析题要求被试者对所给案例或材料有所分析和说明，针对案例中出现的问题发表自己的见解，并进行论证。案例分析与论述题相似，但与论述题在本质上的区别表现在案例分析要求试题与实事和热点问题等联系起来，要求被试者围绕案例运用自己所掌握的知识进行分析问题、解决问题。因此案例分析题在编制过程中应注意的是将背景材料与知识点和时代热点问题联系起来，试题要与时俱进。

例：药材批发公司在总经理的成功领导下，已迅速发展成为同行业中最大的公司之一。由于许多行业类似而规模较小的企业都在使用计算机来保存记录和处理数据，在较大的压力下，总经理也决定引入计算机控制系统，用于追踪记录分布于全国约 20 个分销中心的经营状况。

在使用计算机控制系统之前，公司是利用比较简单的分类账报表和日记账报表来记录各项费用和收入。这种手工记账方法容易比较各中心的营业情况，需要用相同的方法处理工资单，而且要求在 24 小时内进行检查。在这一时期，会计部门共聘用了 5 名工作人员和 2 名监督员。

为引入计算机控制系统，首先邀请了几家计算机公司分析现有的记账系统，他们的分析表明，现有的方式是很难做到节约成本的。为此，他们推荐了一个计算机处理系统，它具有以下几种特点：

（1）加速了信息的处理；

（2）能提供有关经营活动较详尽的信息；

（3）可降低成本。

总经理虽然同意使用新的计算机控制系统，但随后的两年，他还是有些不满意，他认为："在使用计算机之前，我们会计部门有 7 个人，现在我们却增加到 9 个人，还要再加上数据处理中心的 7 个人。虽然仅需要几分钟就能从计算机中得到输出数据，但在最终的分销中心未提供数据之前，我们的计划是根本无法实施的。并且尽管从现有系统中可得到更详尽的信息，可我却不知道是否有人注意了这个问题。而且我们从计算机的打印计算结果中找到合适的信息并正确地解释，需要浪费我们大量的时间。我真希望能恢复老办法来工作，可我们已经投入了这么多资金，我们真是没有退路可走了。"

思考问题：

1. 为什么这个计算机系统不能实现它的预期目标？

2. 总经理现在应做怎样的处理？

3. 如果你来设计该计算机控制系统，那么你将考虑哪些因素？"

这样的案例分析题是我们常见的，对于运用所掌握知识来解决实际工作中出现的问题要求很高，需要被试者对知识点的深入理解和学习。

1．案例题的优点

（1）考查被试者的综合知识水平和能力。

案例分析题可以较全面、深入地考查被试者的知识水平和其运用所学知识的能力。案例分析题的答案一般要求观点正确、要点全面、说理透彻，说理、论证紧跟案例，这就给被试者充分发挥自己的聪明才智提供了有利条件。通过被试者综合运用各方面的知识和多种方法来解决案例中出现的种种问题，可以测评他们的理解能力、分析能力、论证能力和表述能力等。

（2）降低被试者猜测的成功率。

案例分析题可以避免被试者猜测得分，因为它需要被试者通过阅读案例之后自行归纳，对所出现的问题寻找解决方法，并且要说明和解释方法的可行性，这些被试者都无法通过猜测得到答案。一般来说，从案例分析题的回答中能够反映被试者的思维过程，通过这个过程可以准确地了解被试者对该问题是深刻理解还是不求甚解。

（3）较容易命题。

案例分析题比较容易命题，其题量较少，命题的准备过程和花费的时间也少，运用起来比较方便，但要注意案例与知识点以及实际情况的贴合。

2．案例分析题的缺点

（1）试题编制灵活，采样代表性差，影响测验的效度。

案例分析题的信息含量很大，被试者无法在有限的时间内完成大量的考题，这就决定了每次考试的试题必须是少量的，一般而言，一份试卷只有一道案例分析题，在这一道试题里无法代表学科的全部内容。

每个被试者掌握知识总体的点和面都不相同，因此被试者对知识的理解深度以及运用都各不相同，相同的问题，不同的被试者给予的解决方案大不相同。这样就容易造成被试者惯于运用自己理解深刻或熟悉的知识点进行作答，得分易出现不真实性，因而不具有代表性，影响了测验的信度和效度。

（2）评分不易标准化、客观化。

在案例分析题中，同一个问题的解决方案可以采用不同的方法和原理，方案可以有两种，也可以分为三种或者更多，而答案的确定也具有抽象性，仅提供参考答案。由于评分者素质高低不一致，对标准掌握的宽严不一，因而带有很大的主观随意性。除此之外，还可以因为评分者对语言表达风格喜恶不同、知识点的理解不一致，或产生不同的心理情绪等，直接影响论述题的客观评分。

（3）评分易受到无关因素的影响。

案例分析题的评分很容易受到书写的整洁程度、排版是否便于评阅等无关因素的影响。这可能是评分者非客观性的主要来源之一。主要因为评阅案例分析题需要花费较长的时间，对评卷者的耐心和细心是个挑战，如果被试者的卷面不整洁、字迹不清晰、排版不合理，则很容易给评卷者不好的印象，影响最终评分。

3．案例分析题的编制应注意的事项

（1）试题的数量不宜过多，一般一份试卷只能有一道案例分析题。

（2）所给案例或材料应紧扣相关知识点，案例要有仿真性以及与时俱进。

（3）需要被试者回答的问题一般设置 2～4 个为宜。思考题之间最好不要交叉知识点，即不要考查重复的知识点，同时每个思考题的信息含量不宜过多。

第四节　纸笔测验的实施与计分

测验试题的编制完成以后，就要进行测验的实施和计分环节了。纸笔测验的实施与计分是保证测评准确、公平的重要环节，因为准确性和公平性的前提条件是控制误差，这就要求在进行测验的实施与计分时能排除无关因素对测验的干扰。这一节我们将重点介绍在纸笔测验的实施和计分环节，怎样避免和减少各种偶然因素以及工作过失，以此来保证测验过程的客观性、可靠性。

一、准备阶段

(一)采用标准化的指导语

指导语是在测试实施时说明测试进行方式以及如何回答问题的指导性语言，它通常分为对主试者和对被试者的。在这里我们重点说的是后者，即对被试者的指导语。同一测验内容的实施过程中应使用统一的指导语，指导语可以放在试卷开头由被试者自行阅读，也可由考官口头说明，也可播放指导语的录音。保证被试者明确考试的要求。

(二)确定考试时限

纸笔测验中速度是需要考虑的重要因素之一。大多数测验既要考虑反应的速度，也要考查解决有较大难度试题的能力。一般来说，考试时限为大约 90% 的被试者能完成答题的时间。如果题目从易到难排列，则力求使大多数被试者能在规定时间内完成会答的试题。确定测验时限的方法一般采用尝试法，即通过预测来确定。

(三)考场设置和编排

考场的设置和编排涉及测试的环境问题，环境条件也是影响测验结果的因素之一。考场的设置和编排既要有利于维持考场秩序和考试纪律，同时也要有利于被试者答卷和考官监考。

一般来讲，考场应设在交通便利且安静、设备齐全、光线充足的地方，每个考场的被试者不宜过多，要单人单桌、单行，前后左右距离为一米左右，防止偷看、传递纸条等舞弊现象发生。考生的信息要提早公布并通知，每个考场门口应贴有本考场考生的信息，便于考生进行对号入座。同时每个考场要安排2～3名监考人员，负责维护考场秩序、严肃考场纪律，组织考生对号入座，收发试卷等。

二、实施阶段

施测是考试实施过程的核心环节，它不仅关系到测验的质量，而且涉及被试者的直接利益。考试施测要坚持公平竞争的原则，通过有效控制防止舞弊，保证施测的顺利进行和考试结果的客观准确。

（一）组织施测的准备工作

组织施测是纸笔测验实施过程前的准备工作，它包括以下几个部分：

1. 组建临时工作小组制订《组考手册》

在施测前制订《组考手册》，可以明确测验的组织分工、考务安排、监考执行程序等方面的要求。组织分工方面，一般是每个考点配有主考1人，副主考1～2人，监考人员2～3人。考务安排是确定考试日期、时间、总试场数、考生总人数等。监考执行程序就是明确各类考试工作人员报到时间、监考执行程序要求等方面的内容。除以上要求以外，《组考手册》还应明确规定考点主考、考务组、考场安排等具体、细致的要求。

2. 主考对考试工作人员的培训

各考点由主考组织考试工作人员进行培训。学习监考手册和考务的有关程序要求，让每个工作人员都明确自己的职责，学习测验有关纪律规定，掌握试卷整理、装订、密封要求和方法，以及对测验期间可能出现的突发事件的处理方法。

3. 考场的考前检查和落实

测验前，必须对各考场严格按照考场设置的要求进行检查。检查的主要内容有：考场地点的选择是否符合要求；各考点的设置是否齐全等。一旦检查出有不符合要求的应立即进行更换，以确保考试的顺利进行。

4. 巡视队伍的组织与建立

为监督和检查测验实施过程中考试工作人员对测验规章制度的执行情况，在测验期间委派巡视员到各考场巡视，对考场较多或考纪、考务工作较差的考场，要加派巡视员指导和监督。

（二）施测应注意的事项

施测的步骤一般按照以下流程进行，施测的步骤可以根据具体的情景因素进行相应的变化。

（1）施测前20分钟，监考人员领取试卷、答题卡、草稿纸等，然后进入考场；

（2）施测前15分钟，被试者进场，监考人员向被试者宣读有关考试、考场的规定，以及测验的指导语；

（3）施测前10分钟，监考人员拆封试卷袋，逐份核对。测验前5分钟开始分发试卷，要求被试者拿到试卷后，检查试卷有无破损、缺少或打印不清晰等状况，然后要求被试者在试卷规定的地方认真填写姓名、考号等信息；

(4)测验开始时间到，考场铃声响，监考人员宣布考试开始，被试者开始答题；

(5)测验开始后，监考人员应逐个核对被试者信息，如有不符，立即查明，并予处理；

(6)测验时间到，考场铃响，被试者停止答卷，监考人员收卷、清点、按要求整理好试卷，交主考官验收，合格后装订、密封，再交考点办公室。

(三)实施后应注意的事项

考试施测结束后，各考场主考负责对密封试卷袋的检查、清点工作，核对无误后，送往指定的试卷存放地点。

纸笔测验的试卷可以作为档案保存，因其有重要的参考价值。一方面，对企业来讲，测验结果反映了一定阶段人员的知识、能力水平，可以作为员工培训、考评等后续工作的依据，同时还可以为以后的测验提供参考和作为试题来源进行选择；另一方面，对被试者来说，已测试过的试卷可以作为测验复习的"指挥棒"来指导他们复习和练习，因为通常是测验着重考什么，被试者就学什么，测验怎么考，被试者就怎么学。因此我们测试机构除了提高纸笔测验的编制水平，还应当做好每次试题的存档工作，把试卷当做一种历史资料保存下来。

三、计分阶段

试卷的评阅是整个测验最后的一部分，也是十分重要的环节。只有客观公正地评阅试卷，才能保证测验的有效性和可靠性。随着现代科技的发展，纸笔测验阅卷的方式也发生了较大的改变，机器评阅客观题已被广泛应用。

笔试试卷的计分分为客观题计分和主观题计分。

(一)客观题计分

客观题的答案具有唯一性，阅卷计分只与答案有关而与评卷者无关。在本章第二节中所介绍的填空题、选择题等都是属于客观性试题。客观题的计分简单、明确，除填空题以外，其他的评阅均可采用机器阅卷来进行。机器阅卷指的是将考试的客观题打在特制的答卷——信息卡上，然后使用计算机和光电阅读设备对答卷信息进行处理的过程。

客观题使用机器阅卷的特点有以下几点：

1. 节省大量人力、物力、财力

虽然首次使用硬件投入较多，但设备的投入可以多次使用，长期来看在经济上比人工阅卷仍然是节约的。

2. 阅卷结果准确

人工阅卷由于受人的学识水平、阅历、精力、环境等诸多因素的影响，评阅试卷难免会出现一些误差。

使用计算机评阅试卷，就能避免这些因素的影响。除此之外，计算机阅卷有客观、公正、准确的优点。使得考试评卷的错误率大大降低。只要被试者填涂信息卡的方法合乎要求，计算机阅卷的准确率几乎可达100%。

3. 阅卷公正合理

计算机阅卷参与人员少，阅卷过程一经制定就不可随意更改，答案唯一客观，人为干预的可能性小，能在一定程度上减少偏袒、舞弊的现象发生。

4. 提供可靠的反馈信息

评价考试质量所需的原始数据在阅卷时即输入计算机，只要采用科学的计算方法，就可得到一系列的统计表，从而准确评价考试质量，为日后纸笔测验的实施提供可靠的反馈信息。

(二)主观题计分

主观题主要是包括本章第三节所介绍的简答题、论述题等，主观题的评分不够客观，计分过程中经常容易受到评卷者的知识水平、情感、态度等难以控制的因素的影响。主观题计分具有以下特点：

1. 阅卷难以保证客观、公正

主观题的评卷难以保证客观和公正的首要原因是因为主观题没有标准、准确、唯一的答案供评卷人员进行标准化的评阅。评卷人员只能参照参考答案来评分，这里评卷人的灵活性很大，因此评卷结果易受评卷人主观因素的影响。

2. 阅卷易受无关因素的影响

主观题的评卷工作量一般要大于客观题，因为其多以长篇文字作答，对于评卷人的耐心和细心都是一个相当大的挑战。这里阅卷结果可能会受到评卷人疲劳、情绪、喜好等无关因素的影响。

3. 耗费大量人力、物力、财力

主观题无法像客观题那样运用计算机进行评分，它更多是要求专业的评卷人员来进行阅卷。并且一个评卷人员评阅的试卷数量不宜过多，否则评卷的疲劳以及厌倦等会影响评卷的质量。同时，为了尽量做到客观公正，主观题还会要求一份试卷经过两个不同的评阅人员评阅后才定分，这样需要耗费大量的人力、物力和财力。

4. 提供丰富的反馈信息

主观题可以通过被试者的作答了解被试者的思维过程、对知识掌握的水平以及运用知识解决问题能力等。因此，从主观题的评卷过程中可以找到被试者缺乏的知识领域，需要加强的学习部分等。

(三)造成阅卷结果误差的原因

1. 评卷人员主观因素造成的误差

评卷者的责任心、工作态度等对评卷的质量有很大的影响，同时也是造成误差的重要因素；评卷者的业务素质的高低，个人欣赏水平、风格的不同，容易造成评卷标准不同，对评卷的客观性造成影响。

2．评卷流程顺序因素造成的误差

人们处理事物的时候，外界环境在头脑中的反映和信息传入大脑，有一个顺序效应问题。主观题的阅卷中这类问题十分明显。匿名评卷往往有先紧后松的现象，即开始评卷的试卷尺度较严，后来的尺度较宽，存在宽容定势。它是指评卷者的计分过于宽松，即使没有回答题目所要求的答案，也给予较高的分数。

3．理想模式和参照效应造成的误差

理想评分模式即评卷人员设想存在一个理想化的评分对象，评卷时有意无意地提高期待要求和求全心理，造成提高或降低评卷标准。参照效应是指在一份水平较高的试卷出现后，评卷者以其为参照，将其他的答案与之比较，脱离标准答案，降低了评卷的客观性。

4．评卷环境因素造成的误差

评卷是一项要求较高的工作，而评卷又往往处于临时工作环境中，集中、重复、单调的活动常使评卷者出现疲劳现象。处于疲劳状态的工作人员容易产生注意力分散、反应迟钝、情绪波动，甚至有厌倦心态和草率敷衍的行为，造成人为的评卷误差。舒适的环境有利于减轻这方面的影响。

5．评卷中易产生晕轮效应

晕轮效应是指对被试者的一般印象影响到具体某个问题的评价。例如，评分者给予被试者某道题较高分数仅仅是由于他在另外一些题目上获得了高分。又或者是一份试卷有时会因为卷面整洁与否使评卷者产生第一印象，影响标准的掌握。字迹工整、卷面整洁，使评卷者产生好感，而忽视了内容等其他方面。

6．其他因素造成的误差

大型考试的评卷工作十分复杂，如全国公务员考试，参加阅卷的人员水平不一。由于评卷工作人员注意力分散、外界干扰或因疲劳引起视觉因素造成误差，书写过于潦草造成误差，小题分合计时误操作和计算机误差的现象也经常出现。

(四)控制误差的建议

1．提高阅卷人员的素质

在试卷和答题状况一定的情况下，阅卷误差的控制情况主要取决于他们的水平和经验、心理素质和工作态度。因此，建立高水平的相对稳定的阅卷人员队伍是控制误差、确保阅卷质量的基础。

2．确定参考答案和评分标准，阅卷人员认真学习答案和标准

对于主观题可能出现的答案情况和评分细则，阅卷人员必须熟练掌握。如有需要，还需制定参考答案的补充规定，评分细则应该做到具体化，使之便于操作，最

大限度地消除由于个人风格、评判角度和欣赏水平的不一致而造成的偏差。

3. 评卷工作实行岗位责任制

评卷一律使用红色墨水或红色圆珠笔,每题的得分应该写在规定的得分栏中,评卷人员要在所评试卷的规定位置签上自己的姓名。试卷保管部门应对试卷编号、倒装、混装。对答案未写在答卷纸上,姓名考号书写在试卷密封线外等现象进行登记、汇总上报。

4. 建立规范的考核阅卷质量的指标体系,利用抽查和复核降低试卷的误差率

在阅卷过程中经常进行抽查,可以随时纠正阅卷中出现的偏差,平衡阅卷小组中每个人的宽严尺度。阅后复查主要是检查漏评、错评、合分差错等重大偏差。如果再加以阅卷质量指标控制体系,就更加大了监督力度,达到了降低阅卷误差的目的。

本章关键词汇

纸笔测验 测验指标 纸笔测验实施 基础知识测验 专业知识测验 相关知识测验

本章小结

1. 纸笔测验是用人单位通过书面的形式对求职者的知识广度、深度和知识结构进行考察和评估。从测验的目的来分,可以将纸笔测验分为知识测验和能力测验,其中知识测验包括基础知识测验、专业知识测验和相关知识测验;能力测验主要包括行政职业能力测试和申论两个部分。

2. 纸笔测验的编制主要分为三个步骤:确定纸笔测验的目的、构建测验指标、纸笔测验的编制。纸笔测验的目的主要是用于人员招聘、晋升和绩效考核。测验的指标体系通常是由基本知识、专业知识、文字表达能力、逻辑思维能力和工作经验构成。测验的编制主要是在遵循试题编制原则的基础上进行试题的收集和筛选,以及编制测验的指导语、标准答案和计分标准的一个过程。

3. 纸笔测验常见的题型主要有选择题、填空题、计算题、简答题、论述题、案例分析。每种题型都有各自的优缺点和适用于测验指标的领域,根据测验目的和测验指标体系,结合每种题型的特点进行试题的编制。

4. 纸笔测验的实施是整个测验中最重要的部分,测验前的充分准备,公平公正的组织施测以及准确、客观公正地计分,才能保证整个测验的有效度。

复习思考题

1. 纸笔测验可以分为哪几类?

2. 纸笔测验的基本内容包括哪几个部分？

3. 纸笔测验中常见的试题有哪些？各自有何特点？

4. 纸笔测验的编制流程是怎样的？

5. 纸笔测验的计分误差有哪些？如何控制这些误差？

【案例分析】

招兵买马之误

NLC 化学有限公司是一家跨国企业，主要以研制、生产、销售医药、农药为主，耐顿公司是 NLC 化学有限公司在中国的子公司，主要生产、销售医疗药品，随着生产业务的扩大，为了对生产部门的人力资源进行更为有效的管理开发，2000 年初始，分公司总经理把生产部门的经理——于欣和人力资源部门经理——建华叫到办公室，商量在生产部门设立一个处理人事事务的职位。工作主要是生产部与人力资源部的协调工作。最后，总经理说希望通过外部招聘的方式寻找人才。

在走出总经理的办公室后，人力资源部经理建华开始一系列工作，在招聘渠道的选择上，人力资源部经理建华设计了两个方案：在本行业专业媒体中做专业人员招聘，费用为 3 500 元。好处是：对口的人才比例会高些，招聘成本低；不利条件：企业宣传力度小。另一个方案为在大众媒体上做招聘，费用为 8 500 元。好处是：企业影响力度很大；不利条件：非专业人才的比例很高，前期筛选工作量大，招聘成本高。初步选用第一种方案。总经理看过招聘计划后，认为公司在大陆地区处于初期发展阶段，不应放过任何一个宣传企业的机会，于是选择了第二种方案。

其招聘广告刊登的内容如下：

您的就业机会在 NLC 化学有限公司下属的耐顿公司

一个职位：对于希望发展迅速的新行业的生产部人力资源主管

主管生产部和人力资源部两部门协调性工作

抓住机会！充满信心！

请把简历寄到：耐顿公司 人力资源部　收

在一周内的时间里，人力资源部收到了 800 多封简历。建华和人力资源部的人员在 800 份简历中筛出 600 封有效简历，经筛选后，留下 100 人。于是他来到生产部门经理于欣的办公室，将此 100 人的简历交给了于欣，并让于欣直接约见面试。而部门经理于欣经过浏览简历以后，认为采用纸笔测验进行淘汰一半的应聘者会节约招聘成本和提高招聘的质量。但是人力资源部经理建华认为进行现有应聘人员的规模不足以采用纸笔测验，并且相关知识通过面试足以分出伯仲。两人各持己见，互不退让，最后决定一起找总经理商榷并制定方案。

总经理通过生产部门经理于欣对于纸笔测验的概述，了解到当前纸笔测验在企业招聘中颇为流行，并被认为是一种低成本、高效率的招聘工具，于是总经理二话不说，根本不理会建华的建议就同意了于欣的做法，决定采用纸笔测验，并要求于欣全权负责此次纸笔测验。

次日于欣从网上下载并整理了一份纸笔测验试题，随即告知建华通知挑选出的100名应聘人员参加纸笔测验。经过纸笔测验的之后，在100名应聘人员中淘汰了54名应聘者，再对剩下的46名应聘者进行两轮面试。第一轮面试是由于欣和建华主持进行，在面试过程中，于欣和建华都深感参加面试人员的专业知识和综合素质都相对不高。经过挑选，剩下8人进入总经理面试。同样，总经理在进行面试的过程中也深感应聘者的综合素质低下，但最终经过慎重挑选，留下了一名相对出色的应聘者。

资料来源：赵琛徽. 员工素质测评[M]. 深圳：海天出版社，2003.

◎ 思考题

1. 到底是此次参加应聘的人员素质本身不高，还是招聘方法出现失误？

2. 此次招聘应不应该采用纸笔测验？

3. 此次招聘中采用纸笔测验的方法有没有错误？如果有错误，则请指出错误的地方并给予改正的建议。

第七章　面试及其应用

【学习目标】

1. 掌握面试的概念、特点及发展趋势
2. 熟悉面试的原则及作用
3. 掌握面试试题的要求及编制
4. 掌握面试的程序与步骤
5. 熟悉面试的方法与技巧

【引导案例】

　　某公司招聘市场营销职位，以下是公司对其中一位面试者的面试过程：

　　面试时间安排：30 分钟

　　主考官(以下简称问)：你好，请坐。

　　应聘者(以下简称答)：你好，谢谢。

　　问：投递简历有多久了？

　　答：大约两天。

　　问：对我们公司了解吗(了解应聘者应聘意愿)？

　　答：时间比较短，没太多了解(两天时间短吗？向朋友了解、网络查询、实地考察……怎么可以这样回答呢？不了解就是不了解，何必找借口，而且，好像主动性不佳啊)。

　　问：目前所在的这家公司，你的职责是什么？(了解相关工作经历)

　　答：从 2 月 1 日至今(1 个月有余)，主要是做专案策划、营销方面的工作(说得很大气嘛，怎么会这么短的时间内就做专案)。大约花了 10 天左右在公司学习和了解业务，之后，到地区做市场。

　　问：这是一家很有实力的公司，你是通过什么方式得到招聘信息？和你一起进去的有多少人(是正规渠道进入的吗？是运气还是实力)？

　　答：当时是他们(他们？好像还没有转变观念，开始对你的团队精神产生怀疑啦)在公开发布招聘信息，我就去应聘，当时一共录用了 120 人，仅我一人是应届毕业生(哦，突然开始笑啦，这样的表情在暗示你很自豪？话说回来，也很正常啦，值得自豪啊)。

问：当时为什么要选择这个企业？又为什么现在要离开（看看你在追求什么）？

答：我选择企业看中两点：品牌好，待遇好（这样的企业当然是人才容易趋之若鹜）。他们具备这样的条件，所以我去了。离开是因为：感觉越来越迷茫，无法调整自己的心态（是啊，人才济济，容易被忽视的）。他们的培训确实做得很好，但是我发现，人际环境不好。周围的人好像不理解我，我问他们一些问题，或者得到什么指导总是很困难，觉得受不到重视（拜托！别人一定有时间、精力、义务来指导你吗？再说，言传身教不比言语指导更有效？在这样的环境已经不错了，怎么不会学习呢？刚进去的一个毕业生，还没有为企业作出什么贡献，也没证明自己的实力，别人为什么要重视你呢？不要总强调自己得到什么，学会换位思考，先看：你，能给出什么）。

问：父母谁对你的影响比较大？在成长的过程中，和他之间有哪件事情让你至今印象深刻（从与父母的关系了解个人的行为风格和责任意识）？

答：父亲。他没有能够读到大学，所以对我的学业特别重视。家里经济条件不很好，几次差点儿休学，母亲也同意休学（隐含有对母亲的不满，从心理学角度考虑，个性发展往往不健全），最后都因为父亲的坚持才能够继续学业（终于保住了求学机会）。印象比较深刻的一件事：在八几年的时候，当时生活还很紧张的情况下，父亲给自己买了一盏台灯（别人的给予，而不是互动）。

问：你目前的目标或理想是什么（善于思考吗，有合理的可执行的目标吗）？

答：我也一直在思考这个问题。初步的打算是在大的公司做两三年，然后成立工作室，做一些代理，逐步树立自己的品牌（比较有抱负，但理想化色彩较重）。

问：好，谢谢你的配合。我们会在今天下午通知你是否参加复试。

答：好，谢谢。再见（把椅子挪向一边，未归位，离开）。

面试的综合评价：

1. 追求成功，积极热情，有股闯劲儿；

2. 个性欠成熟，单向思维，浮躁，缺乏耐心，关注短期利益和信息反馈；

3. 逻辑思维能力一般，表述缺乏系统性；

4. 乐群，但自我中心色彩较重，换位思考能力有限，人际沟通及协作能力较弱；

5. 整体定位：机会主义＋目标主义；

6. 建议目标岗位：公关接待人员、零售经理、新闻媒体类、社会工作者、旅游公司经理、融资人员、保险代理/经纪人。

这是一次比较有效的面试，那么，怎么样进行面试才能提高面试的效率呢？在面试中应该如何提问呢？如何把握住面试中的关键信息呢？这就是本章所要解决的。

资料来源：越琛徽. 员工素质测评[M]. 深圳：海天出版社，2003.

http://www.foodmate.net/cgi-bin/topic.cgi? forum=17&topic=469

第一节　面试的概述

面试在中国有着悠久的历史，时至今日，面试已经成为各级各类组织人才招聘、录用以及干部选拔、任用过程中十分常见的素质测评方法之一，面试的结果在聘用决定中具有相当重要的作用，因此，正确认识面试的作用与地位，科学设计面试的程序与步骤，熟练掌握面试的技巧与策略等，对提高人才选拔质量，充分发挥人力资源的效用，具有十分重要的意义。

一、面试的概念

面试的历史虽然源远流长，但人们至今对面试未能形成一个统一的看法，有人认为面试就是口试，就是与考生交谈，以口头答询问题的考试形式；有人认为面试是通过对外部行为(语言的与非语言的)的观察和评价，来实现对人员内在心理素质测评的目的；有人认为面试包括笔试、口试形式，口试包括抽签问答、随机问答、模拟测验等形式。目前，国内最普遍认可的面试定义是：面试是一种经过精心设计，在特定场景下，以面对面的交谈与观察为主要手段，由表及里测评应试者有关素质的一种方式。

"精心设计"的特点使它与一般性的面谈、交谈、谈话相区别，后者强调的只是面对面的直接接触的形式与情感沟通的效果，它并非经过精心设计。

"在特定场景下"的特点使它与日常的观察、考察测评方式相区别，后者是在自然情景下进行的。

"以面对面交谈与观察为主要手段，由表及里"的特点，突出了面试中"问"、"察"、"觉"、"析"、"判"的综合性特色，使面试与一般的口试、笔试、操作演示、情景模拟、访问调查等人员素质测评的形式区别开来。口试强调的只是口头语言的测评方式及特点，而面试还包括对非口头语言行为的综合分析、推理与直觉判断。

"有关素质"说明了面试的功能并非是万能的，在一次面试中，不要面面俱到，包罗万象地去测评人的一切素质，要有选择地针对其中一些必要的素质进行测评。

二、面试的特点与趋势

(一)面试的特点

1. 对象的单一性

测评的内容应主要侧重于个别特征，因人而异。

2. 内容的灵活性

问题可多可少，可深可浅，视应试者情况和面试要求而定。一般情况下，面试时间大约 30 分钟，所提问题以 10 个左右为宜。

3. 信息的复合性

既注意收集它的语言形式信息，又注意收集非语言形式的信息。

4. 交流的直接互动性

面试中被试者的回答行为表现与主试人的评判是直接相连的，没有任何中介转换形式，二者的接触、交谈、观察是相互的，是面对面进行的，二者的信息交流与反馈也是相互作用的。

5. 判断的直觉性

它不是仅仅依赖于主试者严谨的逻辑推理与辩证思维，而往往包括很大的印象性、情感性与第六感觉特点。

(二) 面试的趋势

1. 形式多样化

传统的面试是面对面进行一问一答的模式，形式呆板、单调、测评水平低、测评效果差，而现代的面试则从单独面试到集体面试，从一次性面试到分阶段面试，从非结构化面试到结构化面试，从常规面试到引入情景模拟面试、角色扮演面试等，已呈现出多样化的特点。可以预见，未来面试必然会随着人们实践经验的丰富而不断创新并突破原有形式，使面试这种测评人才的方法最大限度地扬长避短、科学合理。

2. 内容全面化

传统的面试仅限于对举止、仪表、知识面等的考查，而现代面试则是对知识素质、智能素质、品德素质与气质、兴趣爱好、愿望理想与动机需要的全面测评，由一般素质测评发展到以拟录用职位要求为依据，包括一般素质与特殊素质在内的综合测评。

3. 试题顺应化

现代面试问题的提出是参考事先设计的思路与范围，顺应测评目的需要而自然提出的，问题是围绕测评目的而随机地出现的。充分体现了因人施测与发挥考官主观能动性的特点。

4. 程序规范化

传统的面试是一种随意性和随机性的行为，虽然方便，但测评效果难以得到保证，容易受主试者主观好恶、心理情绪及个体素质的影响。而现代面试则日趋结构化，面试前一般要对面试的各阶段进行预估并提出草案，考官在面试过程中基本会按照草案中所设定的流程和注意事项进行操作，这样对面试的过程和结果都具有了一定的可控性。而对于被试者来讲，也可以通过前人的例证进行分析、预测，并作出相应准备，变纯粹盲目为有备而来。

5. 考官内行化

传统面试考官主要由用人单位的组织部门负责人或指定的人员担任，对于面试技巧、面试专业知识的掌握缺乏系统性、科学性；而现代面试则实行组织人事部门、具体用人部门和人事测评专家共同组成面试考评小组参加面试。许多单位对用人部门人员培训面试测评技术，对人事部门人员培训业务知识，从而使得面试考官的素质有了很大提高。这种变化极大地提高了面试的有效性和面试的质量，能够从更为专业的角度为用人单位选择合适的人才。参加面试的被试者也可以通过了解这种变化来增加对面试过程的信心和理解度。

6. 结果标准化

传统面试对评判方式和评判结果无具体要求，使面试成绩水分较大，评判盲目性的制约也影响着成绩的公正，而现代面试对于面试结果的处理则逐渐标准化、规范化，在主观评判的基础上加入客观的量化标准，将在很大程度上减轻人为因素的影响，使评判结果真实、高效。

三、面试的种类

面试的种类依据不同的标准可以划分为：

（一）系列性面试和序列性面试

1. 系列性面试

候选人依次经过一系列的面试，每次面试都对应着不同的主考官，他们可能分别是用人部门经理、未来的同事和人力资源部招聘主管或顾问。最后汇总各个面试的结果，一般是按一定权重来汇总不同面试考官的面试结果。

2. 序列性面试

也叫渐进式面试，这是一种多轮面试方法。每一轮面试都将不合格人员加以淘汰，同时进入面试的轮次越多，说明面试等级也越高，相应的主考官的级别也就越高。

（二）一对一面试和主试团面试

1. 一对一面试

顾名思义，面试时只有一位主考官，多用于小规模招聘以及较低职位员工的招聘。

2. 主试团面试

由多位主考官组成，以便从不同角度对应征者进行观察，对被试者作出全面正确的评价。

（三）个人面试和小组面试

1. 个人面试

每次只面试一个候选人。多数情况下公司采用的都是这种方式。每个候选人的面试可以是一对一的或主试团的，也可以是系列性面试或序列性面试。

2. 小组面试

当应征者较多时，可将其分为若干小组，就一些问题展开讨论。主考官可在一旁就应征者的领导能力、逻辑思维能力、口才、处理人际关系能力和环境控制能力等进行观察评价，加以甄选。这实际上和情景模拟状况下的小组讨论没有严格的界限。

（四）结构化面试与非结构化面试

按面试的标准化程度，将面试分为非结构化面试、结构化面试与半结构化面试。

1. 非结构化面试

它是指在面试中事先没有固定框架结构（指没有预先确定测评要素等），也不对被试者使用有确定答案的固定问题的一种面试。在非结构化面试当中，面试的组织非常随意。关于面试过程的把握、面试中所要提出的问题、面试的评分角度与面试结果的处理办法等，主试者事先都没有系统的设计，主试者可以根据被试者的具体情况以及面试的需要随机提出问题，并且可以根据被试者的回答的某一方面进行深入、彻底的多层次的了解。

2. 结构化面试

它又叫模式化面试。在这种面试中，事先准备好一份问题的清单，这些问题系统全面地概括了所要了解的情况，面试严格按该清单上所列的问题按部就班地发问，然后按标准格式记下应聘者的回答。与一般面试相比，结构化面试对面试的考官构成、考查要素、面试题目、评分标准、具体操作步骤等进一步规范化、结构化和精细化，并且统一培训面试考官，提高评价的公平性，从而使面试结果更为客观、可靠，使同一职位的不同受测者的评估结果具有可比性。结构化面试可综合考查被试者的各个方面，检查纸笔测验的结果，为组织高效地选择合适的人才提供充分的根据。

（五）压力面试与非压力面试

1. 压力面试

压力面试是指在面试中始终都给被试者造成一种紧张、焦虑、不安的氛围，以此来测评被试者的应变能力、心理承受能力、自我控制能力、机智程度和情绪稳定性等素质。压力面试不仅面试氛围紧张，而且测评者所提的问题也相当刁钻，加之连珠炮似的发问，穷追不舍，刨根问底，使被试者进退两难、无法作答。

2. 非压力面试

非压力面试则相反，测评者力图制造一种平和、友好的氛围，以利于被测者客观、全面地反映真实素质。

四、面试考核要素

(一)综合能力部分

1. 举止仪表

举止仪表是面试最容易观察到的要求，从被试者的体型、穿着举止、精神状态等方面都可以感知到其仪表的优劣。

2. 言语表达

言语表达的考查贯穿面试的整个过程，测评要点包括受测者言语表达的流畅性、清晰性、组织性、逻辑性和说服性等。

3. 综合分析能力

主要考查受测者能否对所提出的问题抓住其本质和要点，并且充分、全面、透彻而有条理地加以分析。

4. 动机与岗位的匹配性

主要考查被试者对职位的选择是否源于对事业的追求，是否有奋斗目标，积极努力，兢兢业业，尽职尽责。

5. 人际协调能力

主要考查被试者是否有人际交往方面的倾向与技巧，善于处理复杂人际关系，调和各种利益冲突。

6. 计划、组织、协调能力

主要考查被试者能否合理制定和安排完成工作的步骤和程序，妥善处理工作中各方面的关系，协调工作中各方面的力量。

7. 应变能力

主要考查被试者能否妥当地解决各种突发性事件，能否快速、妥当地解决棘手问题。

8. 情绪的稳定性

主要考查被试者能否自我控制情绪、语速和语调，能否有理智和节制地表达自己的不满和愤怒，是否有耐心和韧性，以及是否对压力、挫折和批评有承受能力。

(二)专业知识和技能部分

1. 专业性知识水平和培训经历

被试者的教育背景和学历水平，以及曾参加过的进修、培训的时间和水平。

2. 实践经验

查询被试者的相关背景以及过去的工作情况，以考查证实其所具有的实践经验。如是否具有相似的工作环境或相等的工作级别等。

3. 专业应用水平和操作技能

如对专业化仪器的功能和使用的了解和掌握程度，或对相关专业项目的程序设计、组织和监控等方面的经验和技术熟练度。

4. 一般性技术能力

在工作中可能用到的一些最常用的技术能力，如写作能力、计算机应用水平等。

5. 外语水平

所掌握的外语语种和数量，在听、说、读、写方面可达到的熟练水平，以及已获得的有关等级证书等。

五、面试的原则

（一）平等原则

面试一方面是你在测评对方水平，另一方面对方也在通过测评来评估公司的水平、发展前景和自己在企业中的前途，这对招聘者和应聘者来说是平等的，在测评中，招聘者的表现比应聘者的表现更重要，招聘者的表现优劣决定了你招聘到的人员水平的优劣，招聘者应该在测评中展示招聘方的实力，让对方感到："这家公司前途一定光明。"

（二）权变原则

权变原则强调情景因素对面试效果的影响。人与人之间的差别用一种面试模式评价是行不通的。招聘职位的性质对面试方法效果的影响最大，不考虑情景因素对面试效果的影响也是行不通的。所以，没有放置在任何情景都好的面试内容，只有与情景相匹配的面试内容；没有放置在任何情景都是高效的面试方法，只有与情景相适宜的面试方法。

（三）人本原则

人本原则强调员工能力和价值的展现，组织目标和个人目标的协调统一，尊重个人的选择和权利。人的潜力很大，同时又是有差别的，面试是为了合理地配置人才，力图挖掘人的潜能。

（四）科学原则

所谓科学原则，指严格的逻辑推理和概率计算的原则。科学原则强调面试程序、内容、方法的科学与规范。人员素质的内涵是一个系统，必须用一种系统工程的观点来考查和评估，面试的程序和方法是严格的，是一种相对规范化地了解人的行为特点的程序，其结果是可以量化且优化的。在面试中，很多主考官往往根据个人的喜好、个人直觉来评测挑选人员。但实际上，这些主考官的评判标准是很主观的，并无科学性可言。这样，录用的人员很可能达不到岗位所需的素质和技能。其实在很多需要测评的方面，都有科学的工具可以利用。例如，心理素质，可以用相应的专业软件来测试；文字技能、知识面，可以通过设计笔试试卷来测试。这些方法是比较客观的，摒除了个人的主观随意性，能准确测出应聘者的水平。

第二节　面试试题的编制

一次面试是否成功取决于三大要素：试题质量、测试者水平、培训指导，而面试试题的质量更是起着基础性的作用，只有提高面试试题的质量，才能给高质量的面试提供最基础的保证，帮助组织招聘到高质量的人才。

一、面试试题编制原则

(一)思想性原则

面试试题应具有一定的思想性，即题目内容应选取现实生活、工作中富有教育意义的热点问题，避免低级、庸俗、无意义的不健康内容。

(二)针对性原则

面试试题应具有一定的针对性，一方面要针对岗位特点，反映出拟任岗位所要求的典型性、经常性和稳定性的内容；另一方面要针对考生的来源和背景情况，选择考生熟悉的话题。

(三)延伸性原则

面试试题的形式和内容都具有一定的灵活性，一方面，为面试顺应性提问留有余地，也给考生的思维留有空间，调动考生的积极性；另一方面，试题的灵活性也有利于形成面试所需要的融洽气氛，使试题间相互联系，形成面试的有机整体。

(四)确定性原则

要求所出试题应针对一项或几项测评要素，同时还要附有明确的出题思路和评分标准。

(五)鉴别性原则

鉴别性原则要求面试试题既要有一定的难度，又要具备一定的鉴别力，即题目的难易适中，能将在同一要素上处于不同水平的考生区分开来。

二、面试试题编制的步骤

(一)确定与要测评能力素质相关的因素

在开始编制试题之前，首先要做一些基础性的工作，这一阶段整理出的信息是后续工作的基础。针对要测评的能力素质，须考虑以下问题：

这项能力素质的外在表现是什么？是如何证明出来的？这项表现强的人是怎么做的？表现弱的人又是怎么做的？

在什么样的情境中这种能力会表现出来？这些情境中的哪些方面与这种能力表现相关？

不同的行为方向会有什么样的不同结果？使一个行动或反应有效的原因是什么，无效的原因是什么？

以"计划能力"为例，首先要明确计划意味着什么，一个计划能力强的人会做什么。然后，要明确计划有哪些活动，了解计划过程中通常会遇到的障碍和挑战。最后，还要了解不同的计划或行为会产生什么样的结果或影响。

（二）编写能反映相关因素的面试试题

在完成第一步的工作后，就可以开始编写能够抽取有关这些行为、反应和行为方式的信息的问题。在编写面试试题时，要从能力要素出发，最好抓住一项能力进行。在后面的部分结合面试试题的类型，具体介绍各类面试试题的编写。

（三）测试面试试题并制定评价参考标准

编制好的面试试题，由于对其测评效度和信度的不了解，并不能马上用于实际操作，必须经过检测。具体方法是：将编制好的面试试题向本组织的各岗位在职者进行测试，收集受测者的意见及典型的回答，并制定出评价参考标准。同时，对其中不合理的部分要及时更改，并重新测试。

三、面试试题的编制

目前，国内采用的面试方法多为结构化面试，辅助的还有非结构化面试和情景模拟、无领导小组讨论等方法。在结构化面试中，通常采用背景性问题和智能性问题的综合试题。在非结构化面试中，测评者会根据招聘职位的需要，对被测者提出意愿性问题，有时混杂着行为性问题。而情景性问题适用于情景面试，行为性问题大多出自行为面试中。

（一）背景型问题

背景型问题就是通过设计与面试对象的学历、工作、家庭及成长背景等相关的问题来了解面试对象的求职动机、成熟度和专业技术背景等要素的面试题型。主要用于了解面试对象的个人基本情况，可以使面试对象自然地进入面试，消除其紧张心理。背景型面试题侧重考查面试对象回答的问题内容是否真实，逻辑是否连续和合理。

例如，请你用两三分钟时间简单地介绍一下你自己的基本情况。

（二）智能型问题

智能型问题是通过询问面试对象对一些复杂问题或社会现象等的分析，来考查面试对象的综合分析能力、逻辑思维能力、反应能力和解决问题能力的一种面试题型。运用智能型面试题要求面试官本人具有较高的综合素质，能够借助参考答案来评判处理不同的面试对象。这类试题最容易设计，但答案有时较难统一，在使用时应注重评价面试对象回答问题的形式，对具体内容侧重可以小些。

例如，目前社会上"献爱心，捐助危重病人"的活动很多，你是怎样看待这类活动的？

（三）意愿型问题

意愿型面试题是通过直接征询面试对象对某一问题的意愿来考查面试对象的求职动机、敬业精神、价值观、情绪稳定性等要素的一种题型。面试官在使用这类题目时，应注意不要误导面试对象，同时避免出现冷场的尴尬局面。

例如，你为何想离开原来的工作单位，选择来我单位工作？

（四）情景型问题

情景型问题是通过向面试对象展示一个假设的情景，来让其解决情景中出现的问题，从而考查面试对象的综合分析能力、解决问题能力、应变能力、人际交往意识和技巧等素质的一种题型。情景型问题比较容易设计，且可以满足多种测评要素的考查需要。其缺点在于它本身的情景假设性对面试对象的回答是否真实有效难以作出评判。

例如，假如你按主管的意思办了一件事，给单位造成了较大损失，可主管把责任全推到你身上，同事也纷纷指责你，此时你怎么办？

（五）作业型问题

作业型问题是通过面试对象现场完成一项任务来考查面试对象综合素质的一种题型。这种题型在某一特定的场所，通过让面试对象在特定的限制条件下从事某项具体的操作活动，来考查面试对象的动手能力、应变能力等，这种题型的优点是能真实地了解到面试对象的相关能力，答案相对比较统一，结果比较客观。缺点是可替代性较差，耗时且操作成本相对较高。

例如，根据所提供的材料，在四个小时内完成对本公司某产品的市场需求潜力调查，并写出一份市场调查报告。

（六）行为型问题

行为型面试题是通过要求面试对象描述其过去的某个工作或生活经历的具体情况来了解面试对象各方面素质特征的一种题型。行为型试题受面试对象个人情况的局限，替代性相对较小。行为型面试问题要求面试官有很丰富的经验，能识别面试对象回答的真伪，有办法和技巧追问、发掘面试对象进一步的表现是否一致，并判断其真实性和合理性。

例如，最近三年中，由你负责或参与的，最令自己满意的事情是什么？请你具体谈一个事例。

追问1：当时的具体情况是怎么样的？

追问2：你的具体角色和任务是什么？

追问3：你是怎么完成的？采取了哪些措施？

追问 4：别人对这件事怎么评价？

除了上述六种题型外，也可以编制其他类型的题型，但根本原则是这些题型能有效地揭示出被测者的某些能力素质。

第三节　面试的规范化流程

面试过程是在连续的提问对话中完成的，但其具有阶段性，一般面试分为五个基本阶段：

一、面试预备阶段

这个阶段多以社交话题为主，主要是为了帮助应聘人消除紧张戒备心理，建立起面试阶段所需的和谐、宽松、友善的气氛，当应聘人情绪平稳下来后，就可以进入第二阶段。

这个阶段要注意的事项有：

（一）给予面试对象适当的接待

面试对象前来面试，多少带有一些忐忑不安的心理，或担心面试过不了关，或对主考官有一种莫名其妙的怯意。这时作为主考官，应理解面试对象的心理，设法缓和其紧张情绪，使其水平能够正常发挥。作为主考人不妨"屈驾"，亲自前往面试对象等候面试的接待室，将面试对象接引进来，握手欢迎。切忌板着面孔推开候考室的门，大声点面试对象的名，然后扭头一声不响走在前面，带面试对象进考场。

（二）避免环境使面试对象分心

环境可以影响人的情绪，在一间整洁大方的考场进行面试，会使面试对象紧张的心情得以平静，反之若考场凌乱不堪，则往往会使面试对象坐立不安、心烦意乱。因此，面试组织者在安排考场时要注意：

（1）面试要有一个相对安静隔离的环境。

（2）考场内不设电话，考官尽量不受他事打扰，以免使面试对象分心。

（3）考场内光线要明亮，布置要朴素大方。

（4）考场布置应活泼一些，放些盆景、洒点香水。

（5）在安排座位时，应注意，主试者不要坐在背对光源处，这样会使考官形象放大，对考生产生不利影响。考生不宜坐在中央，离主试者太远，这样也会使其产生一种孤零不安的感觉，但也不宜太近。一般相互距离在两米左右为宜。

有以下六种座位设置方式可供选择（以下数字代表考官位置，字母代表考生位置）。

图 1～2 代表审讯式。这种形式突出了考官的地位，居高临下，适合于答辩与

问答式面试；

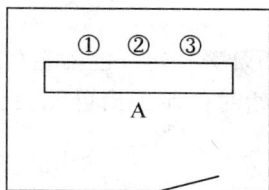

图 1　多对一审讯式

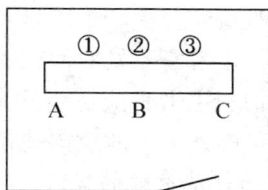

图 2　多对多审讯式

　　图 3 代表座谈式。这种形式强调主试者与被试者之间的平等关系，适合于交谈问答式面试；

　　图 4 代表会客式。半圆形，像家常会客，比较亲切；

　　图 5 代表公堂式，比较庄严，适合于辩论式、答辩式面试；

　　图 6 代表舞台式，考生在台上，考官和观众在台下，适合于演讲、答辩、辩论及其他表演性面试。

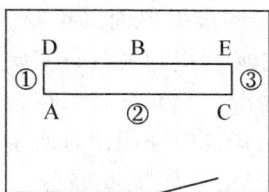

图 3　座谈式

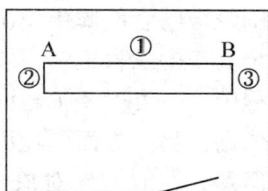

图 4　会客式

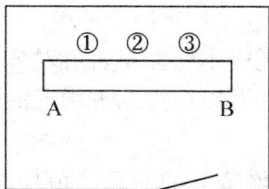

图 5　公堂式

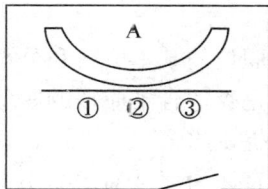

图 6　舞台式

　　如果是一个考官对一个考生，则有并排、斜对、正对、倚角等四种形式。所谓倚角，即两个人各坐在直角的两个边上。

　　(三)消除面试对象的紧张心情

　　有的面试对象在进入面试室时，频频点头，搓搓双手，或将眼镜取下来，不久又戴上去，这表明他心情紧张。主考官这时不宜立刻开始提问，可找一些轻松的话题作为开场白，使面试对象平静下来。

比如，问："你是骑车还是坐公共汽车来的？""你是某某大学毕业的，某某教授上过你的课没有？"

除此之外，主考官不妨对面试对象某些方面赞美几句，也可能有助于缓解面试对象紧张的心情。主考官应尽量避免在面试开始时，便提出可能会让对方难以回答，甚至对方可能认为是故意向他挑战的问题。

（四）良好而简洁有效的交流

面试中的交流不仅指主考官对面试对象直接提问，面试对象当面回答，而且更重要的是精神上的互相感染。而要做到这一点，主考官要尽量创造轻松、愉快的面试气氛，这就需要主考官在面试中以平等、尊重面试对象的态度，诚恳地与面试对象对话，尊重其个性与人格，使面试对象对主考官产生信任感，这样面试对象才能畅所欲言。切忌在面试中对面试对象故意刁难，当其回答有误时，采取讽刺挖苦的态度。同时在面试中，主考官发言要简洁，应尽量避免发表个人的观点，这样往往会引导面试对象投其所好，转向主考官所期望的观点。

二、面试引入阶段

这个阶段围绕应聘者的履历情况提出问题，逐步引出面试正题。在这个阶段，要给应聘者一个真正的发言机会，同时主考官开始对应聘者进行实质性评价。

在面试过程中，一方面要了解面试对象的情况，判断其是否符合公司需要，作为录用与否的依据；另一方面要让面试对象对公司及应征职位有所了解，作为是否应征的参考。但是，在向面试对象介绍公司情况时，要把握好分寸，不要操之过急，一开始就毫无保留地将公司情况及职位要求全部介绍给面试对象，这样会使面试对象根据这些情况投主考官所好，片面夸大自己在某方面的经验和背景，背离了面试的原意。

当然关于职位的基本资料和公司的一般情况则不妨提早告诉对方，以便应征者尽早衡量自己是否适合于应征的职位，而主考官可以根据双方沟通的情形，再将详细的情况陆续提供出来。

如果主考官认为面试对象十分理想，是值得争取的对象，就应该向其"推销"本公司。但要注意"推销"中要实事求是，据实相告，若过分"推销"，给候选人一些夸大不实的承诺，则反而会引起候选人的怀疑，产生反效果，一些原本有意应征的人没准转而投向别家公司的怀抱。同时公司本身若有什么缺点，则也不宜相瞒，因为候选人如果有意的话，则迟早会发现公司的问题，到头来，会引起他们的失望和不满，甚至会拒绝公司的录用，即使已成为公司一员，不满情绪可能也会日益增加。因此，当公司的确有困难时，主考官最好事先说明，并表示不久将克服这些困难，对公司运转会有一切如常的信心。

三、面试正题阶段

这是面试的实质性阶段，是面试过程中最重要的一环。主考官通过广泛的话题从不同侧面了解应聘者的心理特点、工作动机、能力、素质等，评价内容基本上是"面试评价表"中所列各项要素。在这个阶段，需要注意的是面试提问技巧。

面试是要根据组织的人员需求，选拔录用适合组织不同岗位需要的各类人员。不同类型的人员其录用要求不同，相应的面试内容也有所不同。一般会从以下几个方面对面试对象进行考查：

（一）确认面试对象的背景资料

如对方过去曾担任过什么工作，肩负过什么职责之类。这些虽然可以通过应聘人员登记表了解一些，但为了更全面、深入地了解面试对象的背景情况，还需在面试过程中作适当的提问。

（二）评估面试对象的教育专长和工作成就

这主要是为了做出应征者是否满足征聘岗位要求的判断。在询问面试对象这方面情况时，最好是通过提出所谓"5W"的问题：什么（what）、何时（when）、何处（where）、何人（who）和为什么（why）。此外，还另加一个 h——如何（how）。以下是问题的示例：

◆你认为要承担那样的任务，需要具备"什么"技能（what）？
◆你说的这项工作，是在"什么时候"完成的（when）？
◆你指出的这层道理，能应用在"什么地方呢"（where）？
◆那应该由"谁"负责呢（who）？
◆你"为什么"会那样决定（why）？
◆你后来"怎样"解决那项困难（how）？

在询问面试对象的教育背景时，如果他已经离开学校很久，就没有必要花太多时间来详细询问教育情况，一般只要问清取得什么学位，主修什么课程便可以了。但对于刚刚从学校毕业的应征者，主考官不妨多问一些学校教育的情形，了解应征者掌握专业知识的深度和广度，判断其专业知识和特长是否符合所要录用职位的专业要求，作为对专业知识笔试的补充。面试中对专业知识考查更具灵活性和深度，所提问题也更符合岗位对专业知识的需求。

面试对象的工作经验是面试过程中所要考察的重点内容，可以通过了解应征者的工作经历来查询其过去工作的有关情况，以考查其所具有的实践经验和程度。同时通过考查工作经验，还可以考查出面试对象的责任感、主动精神、思维能力以及遇到紧急情况的理智状况。面试中所提的问题主要是根据面试对象填写的报名表和自传提出，或是从有关职位的各项书面资料中找材料，也可以从主考官本身对该项职位的了解中找材料。

（三）考查面试对象的个性行为特征

每个人都有自己的个性，而每个职位对应征者的个性要求是不同的，因此在面试中，主考官应该注意发掘面试对象的个性。

在面试中，对面试对象的非言语行为的观察与分析，主要包括以下两个方面的内容：

1. 首先是面部表情的观察

人的面部表情是最为丰富的，主考官通过观察表情的变化，来判断应征者的情绪、态度、自信心、性格等素质特征。比如，若应征者自信心不足，心情紧张，则往往会脸孔涨得通红，鼻尖出汗，目光不敢与主考官对视等。因此，通过观察应征者的面部表情，可判断其心理特征。

2. 其次是身体动作的观察

具有不同心理素质的人，其身体动作的表现形式是不同的，而身体姿势的改变也是体态语言中最有用的一种形式，在面试中可以通过观察应聘者身体动作的改变得到从对方言语中得不到的东西。比如，在面试时，应聘者开始时可能以某种自然姿势坐在椅子上，但没有任何明显原因就改变了姿势，或双手交叉在腋下，或翘起一条腿等，这些貌似无关的变动，有时可能反映了应聘者内心的冲突和斗争，这时应聘者嘴上说的和心里想的可能就不是一回事了。

（四）推断面试对象与职位的符合程度

在面试过程中，主考官应设法推断面试对象能否适合本公司，能否适应某一职位。如果面试对象本身的要求和本公司以及某一职位的要求能一致，当然是最理想的，但如果不同，则今后难免会使候选人产生失望、不满情绪，甚至辞职，这对于双方都是损失。为此，在面试中，主考官可以提出诸如以下的一些问题来询问面试对象：

◆请问你是否有什么要求在目前的工作中不能得到满足，而希望在应聘这一职位后得到满足？

◆请问你在目前的工作中有什么难以避免的困扰，希望能在换一个新环境后得以避免？

如果面试对象在目前工作中感到不满足的因素，或避免不了的困扰，在其应聘的职位中仍然存在，那么他对于所应聘的职位，也将是难以适应的。

比如，面试对象不愿经常出差，而所应聘的职位正好需要他经常出差，那么他一定难以适应新的职位。

在面试中，主考官也许会提出这样的问题："目前你的职业还不错，为什么要应聘本公司这一职位呢？"

最经常得到的回答是："我目前的职业没有发展前途。"这种回答表面上显示候选人是一个有理想、有抱负的人，但实际却并不一定，还要作进一步的询问才能确定。因为这样的回答一方面固然可以表示面试对象有志上进，但另一方面也许说明面试对象是一位没有耐性、不切实际的人，特别是如果他只在目前的职位上干了很短的一段时间，则足以说明他的见异思迁。

如果应聘的职位相当重要，并且可能升至公司的高层，那么在面试中，主考官要格外留意观察面试对象是否踏实肯干，有上进心。为此，主考官不妨提出以下一些问题：

◆请问你对自己的职业目标是怎样的？

◆你认为应如何达到你的目标？

◆你认为距离自己的目标有多远？

◆为什么你对本公司这一职位感兴趣？

如果面试对象对自己一生事业已制定了目标，那么他就应该很明确地说出来，也应说明自己如何努力，不然的话，他可能就是根本没有目标。

四、面试结束阶段

这是面试的尾声阶段，这时面试的主要问题已谈过了，主考官可以提一些更尖锐、更敏感的问题，以便能更深入地了解应聘者，但要注意尊重应聘者的人格和隐私权。

在面试进入最后阶段，双方可以进行职位本身问题的讨论，这时主考官可以给面试对象一份该职位的职位说明，并回答面试对象的疑问，这些问题包括该职位的职能，有关组织隶属关系，上班工作的时间，是否需要加班，有何责任等。如果这个职位是通往公司高层职位的一个重要阶梯，则主考官应明确指出。

有时候选人可能表示没什么问题，那么主考人应设法鼓励他们提问题，比如，主考官可以说：

◆关于你的情况我们已讨论了很久，现在我要问你对于公司的情况，如公司目标、立场等，有没有什么不明白的地方？

◆假如我们录用你，那么你对于你的职位还有什么不明白的地方吗？

在必要时，和应聘者讨论有关工资、福利和待遇方面的问题。

如果双方在某一点如工资等谈不拢时，则主考官可以运用应聘职位的其他层面加以劝说。比如，有时面试对象要求的工资过高，非公司所能接受，这时主考官可以开导面试对象：这是一个极具前途的职位，能有机会升迁到较高阶层，因此即使目前工资低一些，也不妨考虑一下。当然，有许多人对于工资问题的讨论，往往感到难以启齿，但若在面试时不谈，等录用后再来争工资高低，就有伤和气了。因此，若主考官发觉对方很重视工资待遇，就应在正式录用前讨论清楚。若谈不拢，则宁可决定不录用。

五、面试评价阶段

正式面试结束后，面试应立即进入评价环节，强调立即进入本阶段的一个重要理由是，较长时间的间隔会造成面试信息的遗失，从而降低面试效率。

面试的评价，是主考官根据应聘者的面试表现，运用独立的评价标准，在评价表中对应征者的素质特征、工作动机及工作经验等进行评判的过程。每位主考官的评价结果是独立完成的。

主考官必须在此阶段作出三种判断：

（1）对应聘者特定方面的判断，如他们的能力、个性素质、工作经验及工作动机等（一般要求在评价表中对这些因素作出正式的评价和评论）。

（2）录用建议。

（3）录用决策。在面试过程中，对于每一位应聘者，主考官面前均有一份面试评价表，主考官根据应聘者在面试中的表现在各项内容的得分栏中各自独立打分，并写出简短评语或录用建议。

在面试评价表中，主考官和面试小组分别要写面试评语，主考官要对应聘者总体情况作出简明扼要的评价，如突出的特点、明显不足以及评定意见等。而面试小组根据各位主考官的评定意见，概括形成综合评语。评语是对面试分数的一种补充，对于面试后应聘者的考核及录用，具有重要的参考价值。

【专栏 7.1】

外企的招聘程序究竟如何

日本花王公司的招聘程序：

（1）需要填补或额外增聘人手，部门主管需先填写员工招聘表格及提交人力资源部经理。

（2）获得董事总经理的批准后，人力资源部将开始招聘。

（3）求职者需填写职位申请表格，在要求下须提供有关文件及个人资料。

（4）人力资源部员工会主持第一次面试。某类职位的求职者需接受笔试、工作取向测试等。花王公司不做 IQ 测试。挑选的准则是求职者的态度、性格、语言能力、教育背景、工作经验、支持、接受的培训等。最后，根据所有有关资料综合衡量，决定是否给予第二次面试。

（5）第二次面试。不同职位由不同人士主持。例如，一般员工由人力资源经理负责，个别部门员工由部门主管负责。主管级或以上的员工由副总经理负责。经理级或以上的员工由董事总经理负责。

（6）通过第二次面试仍未能作出最后决定，求职者必须接受第三次面试。

（7）公司要求拟雇用的员工接受指定的身体检查。如求职者拒绝接受，将不符合雇用的资格。如身体检查结果符合工作要求，可获得雇用。

（8）获聘后，员工需签署"查核工作证明授权书"，容许公司向其前任雇主查询及校对个人资料。

奥美广告公司的招聘方式（以招聘创意部职员为例）：

（1）筛选简历。由人事部门负责，选中的参加笔试。

（2）笔试。笔试的目的是测试思维灵活度和广度，以及对广告的感受是否灵敏。

例如，A. 你如何评价一个广告的好坏，试举例说明。B. 最近看过的好广告有哪些。C. 在三则广告中挑一个你认为可以做得更好的，并修改好它。

（3）第一次面试。由创意总监主持。面试目的是为了解立聘者的工作热情有多大；事业心是否强；对自己的要求是否高；对广告的感受力如何。

（4）第二次面试。由总经理主持。面试目的是为了解应聘者的为人和对公司的要求（如工资、福利等），以及应聘者的发展目标。

日本银行广州分行招聘程序：

（1）第一次面试，由行长助理主持，主要考查应聘者的工作态度。比如，问应聘者"愿不愿意加班"。如果应聘者不愿意加班，则不予考虑。

（2）第二次面试，由部门经理主持，主要考专业知识。笔试，由部门经理主持，主要考专业知识和外语水平。时间约为 20 分钟。

（3）第三次面试，由副行长主持，主要问有关专业问题，考查应聘者的专业基础、思维能力、知识广度、分析判断能力等。

第四节　面试的方法与技巧

面试的方法与技巧，是指在面试实践中解决某些主要问题与难点问题的技术与方法。它是面试操作经验的累积。显然每个人所累积与掌握的技巧不尽相同，但在众多的主试个体中，必然有一些共同的与基本的技巧，它们是面试中经常运用且被大家所公认的技巧与操作方式。

一、"问"的技巧

（一）自然、亲切、渐进、聊天式地导入

无论哪种面试，都有导入过程，在导入阶段中的提问应自然、亲切、渐进，以

聊天方式进行。

要使面试的导入自然些、宽松些，不那么紧张，就应该根据被试者刚遇到、刚完成的事情来提问，例如，"什么时候到的？家离这儿远吗？是怎么来的？"

若要想面试的导入亲切些，则应向被试者提最熟悉的问题，要从关心被试者的角度提问；若要想使面试导入渐进，则应该从提最容易回答的问题开始，然后步步加深；

若要使面试像聊天式，则提问方式应和蔼、随便。下面是两个案例：

案例一：

"请坐，不要紧张！"

对方坐定后，考官接着说："好啦！让我们开始面试吧！我要问的第一个问题是……"

案例二：

考官一边给考生指引座位，一边说："请坐，你是怎么来的？家远吗？"

待考生回答完毕，再问："到这里来工作有什么困难吗？"

考生表示没有。考官又接着说："那好，你能谈谈……"

比较上面两个案例，不难发现案例二的导入比案例一要自然、亲切、渐进得多。案例一中考官虽说别紧张是出于好意，但实际作用却适得其反。

(二)通俗、简明、有力

面试主考官的提问与谈话，应力求使用标准性以及不会给被试者带来误解的语言，不要用生僻字，尽量少用专业性太强的词汇。提问的内容、方式与词语，要适合于被试者的接受水平。

除特殊要求，如压力面试外，一般不要提那些使考生难堪的问题。也不要就某个问题，特别是枝节性问题(如对某个概念的理解，或对某个观点、学派之争)纠缠。

提问应简明扼要。据研究表明，一个问题描述的时间最好在45秒钟以下，半分钟左右为宜，不能超过1分半钟。超过这个限度，不论是被试者，还是其他主试者，都会感到不好理解。

(三)注意选择适当的提问方式

面试中的提问大致有以下几种：

(1)收口式。这是一种只要求被试者做"是"、"否"一个词或一个简单句的回答。

例如，你是什么时候参加工作的？

你大学学的是管理专业吗？

(2)开口型。所谓开口型提问，是指所提出的问题被试者不能只用简单的一个词或一句话来回答，而必须另加解释、论述，才能圆满回答问题。面试中的提问一般都应该用"开口型"问题，以启发被试者的思路，激发其沉睡的潜能与素质，从大量输出的信息中进行测评，以真实地考查其素质水平。

例如，下面是一个开口型问题：你在原单位的工作，经常要求与哪些部门的人打交道？有些什么体会？

（3）假设式。虚拟式的提问一般用于了解应聘者的反应能力与应变能力。有时为了委婉的表达某种意思，也采用此提问方式。

例如，假如我现在告诉你因为某种原因，你可能难以被录用，你如何看待呢？

（4）连串式。这种提问一般用于压力面试中。但也可以用于考查被试者的注意力、瞬时记忆力、情绪稳定性、分析判断力、综合概括能力等。

例如，我想问三个问题：第一，你为什么想到我们单位来？第二，到我们单位后有何打算？第三，你报到工作几天后，发现实际情况与你原来的想象不一致怎么办？

（5）压迫式。这种提问方式带有某种挑战性，其目的在于创造情景压力，以此考查被试者的应变力与忍耐性。一般用于压力面试中。这种提问多是"踏被试者的痛处"或从应聘者的矛盾谈话中引出。

例如，一方面，应聘者表示若被录用，则愿服务一辈子；另一方面，我却知道他工作五年已换了四个单位的情况，此时可向他提问："据说你工作不到五年已换了四个单位，有什么可以证明你能在我们公司服务一辈子呢？"

（6）引导式。这类提问主要用于征询应聘者的某些意向，需求或获得一些较为肯定的回答。如涉及薪资、福利、待遇、工作安排等问题，宜采取此类提问方式。

例如，到公司两年以后才能定职称，你觉得怎么样？

（四）问题安排要先易后难循序渐进

面试的问题，一般都会事先准备一些，尤其是一些基本问题与重点问题，事先都要拟定安排好，问题与问题之间的提出，要遵循先熟悉后生疏，先具体后抽象，先微观后宏观的原则，这有利于考生逐渐适应、展开思路、进入角色。特别对一开始就有些紧张、拘谨的考生，要先给他们几个"暖身"的问题。

【专栏 7.2】

外企招聘员工面试怪题实例

外商投资企业为了招聘到适合本企业需要的有一定素质的员工，不仅要看应聘者的文凭、职业资格证书和工作经验，进行必要的笔试，而且还要出一些怪题对应聘者进行面试，以便掌握应聘者某些方面的素质情况。这里举一些实例供应聘者参考，以便在到外企面试遇到类似怪题时，能胸有成竹，应对自如，免得因摸不清意图，措手不及而被淘汰。

（1）分拣跳棋子。

有的外企在招收员工时，为测试应聘者的手脚灵活程度，给每个应聘者放一堆跳棋子，要求其在一分钟内挑出混杂在一起的五种颜色的跳棋子，并按各色分别排列好，如在规定的时间内没有按要求完成，即被淘汰。

（2）看图说话。

外企招聘员工，需测试应聘者的反应能力，有的外企在转动的机器上装上彩色图画，画面上有动物、植物、建筑物、交通工具、家用电器等，在应聘者面前按一定的速度移过，要求应聘者在规定的时间内说出自己所看到的内容。

（3）分蛋糕。

有一家外企在招聘员工面试时。出了这样一道题，要求应聘者把一盒蛋糕切成八份，分给八个人，但蛋糕盒里还必须留有一份。面对这样的怪题，有些应聘者绞尽脑汁也无法分成；而有些应聘者却感到此题实际很简单，把切成的八份蛋糕先拿出七份分给七人，剩下的一份连蛋糕盒一起分给第八个人。应聘者的创造性思维能力这就显而易见了。

（4）冒着烈日长跑。

考试应聘者意志、吃苦耐劳精神，常是外企招聘面试要出的题。有一家外企从应届技校毕业生中招一批员工，在面试时，要求应聘者冒着烈日，跑到近郊的一座山再返回。测试结果，有的应聘者投机取巧，未跑到目的地就返回；有的应聘者虽跑到目的地，但在返回途中搭乘出租车；也有的应聘者按规定跑到目的地后再跑回。外企在公布录取名单时，前两种人榜上无名，后一种人被录用为员工。

（5）雨中打伞。

作为外企的员工，要求具有团结协作精神。因此，一家外企在招聘员工时，要求应聘者冒雨到附近指定地点然后返回，但只有一半的应聘者发到伞。应聘者在这场面试中出现这样的情况：有的发到伞应聘者主动与无伞的应聘者搭档，风雨同伞；有的无伞的应聘者则与有伞的应聘者协商合用一把伞；还有的有伞的应聘者只顾自己不顾别人，独自撑一把伞。结果，独自撑一把伞者被淘汰，而风雨同伞者则被录用。

（6）谈观后感。

有的外企在招聘员工时，组织应聘者先参观本企业。然后，要求应聘者谈观后感。测试中，有的应聘者谈不出什么感想，或只讲本企业的好话；而有的应聘者，则能对本企业不足之处提出意见，并提出改进的建议，如何加强安全防护措施等；显然，后一种应聘者更关心企业的发展，具有较强的事业心和责任感，因而受到外企的欢迎。

（五）善于恰到好处地转换、收缩、结束与扩展

所谓转换，是指主试者在问题与问题内容方式上的衔接处理得比较灵活、巧妙，不拘泥于事先所规定的问题，而是针对特定的面试目标．在面试目标范围内，根据被试者前面回答中所反映出的有追踪价值的信息，串联转换出即兴问题。成功转换的关键是要能够敏感地察觉出考生的回答中、离开考官原预想答案思路的那部分回答中以及那种画蛇添足性的回答中所具有的可以深层挖掘的线索，从常规回答中发现意外的信息，从而跳出常规问题进行追踪性的发问。

所谓收缩与结束，指的是当被试者滔滔不绝，而且离题很远时制止的一种方式。直接打断当然是一种方式，然而采取下列方式进行收缩与结束，效果会更好些。

例如，先可以假装无意之中掉下一枚硬币、钥匙、烟卷、打火机、笔记本、钢笔等东西，利用声音打断被试者的思考及话头，然后再抓住机会说："说得不错？让我们谈下个题目吧！"

或者说："刚才说到哪里啦？我特别想听听你对……问题的看法。"

或者说"我特别想知道你对……是怎么看的？"

显然，被试者会在你这种诱导下结束正在说的话题而进入另一个话题。还可以利用定时闹钟、电话铃响等干扰技术。

当你觉察到被试者对某一问题的回答只是其中一部分时，还有出于某种原因不愿说出来时，你可追问一句："还有吗？"虽然只是三个字的问话，却可以对被试者的心理产生足够的刺激力，由此也许能让被试者马上说出一些真实的想法来，这就是所谓的扩展。

（六）必要时可以声东击西

当你觉察被试者不太愿意回答某个问题而你又想有所了解时，可以采取声东击西的策略。例如，对于"政治问题"，许多人不愿真正表白自己的观点，此时可以转问："你的伙伴们对这个问题或这件事是怎么看的？"被试者因此会认为说的不是自己的意见，说出来不会暴露自己的观点，因而心情放松地说了一大通，其实其中许多都是他自己的观点。

（七）坚持问准问实原则

上述六条大多数是告诉主试者如何问"好"问"巧"，要提高面试的效度与信度，还要问"准"问"实"。面试提问的目的，是通过被试者对问题的回答，进一步考查其思想水平和能力素质，以实现面试的目标。因而主试者通过提问要探"准"探"实"被试者的素质及其优势与差异，而不是去问"难"问"倒"（压力面试除外）被试者。提问必须有利于挖掘被试者的品德与能力素质，有利于被试者经验、潜能与特长的充分展现，有利于被试者真实水平的比较。

二、"听"的技巧

(一)要善于发挥目光、点头的作用

人的眼睛不仅仅有观察的功能，而且还有表达的功能。面试中，主试者的目光要恰到好处，轻松自如。俯视、斜视、直视着被试者回答问题，都将使被试者感到不平等、紧张，从而会产生一种压力，并使身心处于一种不自在、不舒服的状态中。

一般来说，在室内，两人的目光距离一般应为 1～1.5 米。

主试者的目光大体要在被试者的嘴、头顶和脸颊两侧这个范围活动，给对方一种你对他感兴趣、在很认真地听他回答的感觉，同时伴以和蔼的表情与柔和的目光和微笑。

在听被试者回答问题时，还应伴以适应的点头，因为点头是一种双方沟通的信号。点头意味着你注意听而且听懂了他的回答，或者表示你与他有同感，从而给对方造成一种心情愉快的气氛。但是点头要选择在无关紧要处点头，这与在听演讲报告讲课时的点头不同，否则容易泄露答案。

(二)要善于把握与调节被试者的情绪

在倾听被试者回答问题的过程中，主试者要善于把握与调节被试者的情绪，使之处于良好的状态，正常发挥。

当被试者回答问题过程突然出现紧张、激动状态时，主试者可以通过陈述对方的话、抽烟或慢慢记录等方式，先稳定被试者的情绪，待其冷静后再进入正题。

当发现被试者一见面就处于紧张状态时，可以采取前面提过的"暖身"题的办法，给被试者一种"温暖"感。也可以采取"示弱"术、亲切称呼与"请教悦心"等技巧。

所谓示弱，即在被试者面前装着不懂。比如说："你是这方面的高材生(专家)，我是门外汉……不太懂。"

所谓"亲切称呼"，即指称呼"小李"、"老张"之类的简称，或直呼名不称姓。这种称呼被试者听起来比正正规规的全称呼，亲切多了，正常情况下心里会感到比较愉快。

所谓请教悦心术，是指在面试时，主试者可以适时地以请教的口气同被试者交谈，这有利于唤起被试者的优势感，使其戒心松弛。既便于被试者正常发挥又便于主试者了解。

例如："据说你非常擅长于……能否谈谈……""我曾经遇到过这么一个问题：……你专门学过，我想请教一下你……"

当被试者情绪过于低沉时，可以采取"夸奖"、"鼓励"、"刺激"等方法。

当被试者因刚回答的一个问题回答不好而情绪低落时，可以采取鼓励支持术。你可以说，"我觉得你的实力可能不止如此，要争取把潜力发挥出来"，或者说，"下个题对于你来说，可能难了些，但好好努力，能答好的"。如果说，"别失败，要小心点"，则反而会适得其反。例如，罚点球，很多运动员都告诫自己，不要放高射炮，结果反而射高了。

当被试者处于高度警戒而紧张时，主试者可以采用夸奖技巧。因为某方面的夸奖尤其当被试者自己感到名副其实时，会产生一种兴奋感，随之警惕的心理便会逐渐放松下来，并和夸奖者容易产生一种亲和感。比如说："你口音不错，一点也听不出你是……人。"

（三）要注意从言辞、音色、音质、音量、音调等方面区别被试者的内在素质水平

研究表明一个人说话快慢、用词风格、音量大小、音色柔和等都能反映其内在素质。例如，说话快且平直的人心情急躁缺乏耐心，动作较为迅速。

三、"观"的技巧

（一）警防误入歧途以貌取人

容貌本来与人的内在素质没有必然的联系，但是由于日常生活中的心理定势，小说、电影、电视艺术造型的影响，我们在面试时难免先入为主，未见面前就会想象该人应该如何如何，什么样的人有什么样的素质特点。因此，以貌取人的现象经常发生，古今中外都有。孔子因貌取人失之子羽就是一个教训，圣人既如此，我们凡人更应小心。

（二）坚持目的性、客观性、全面性与典型性原则

所谓目的性原则，就是主试者事先要明确面试的目的、面试的项目以及观察的标志与评价的标准，面试中要使自己的面试活动紧紧围绕面试目的进行。只有这样，面试中主试者才能从被试者诸多的行为反应中，迅速而准确地捕捉到具有揭示内在素质和评价意义的信息。

所谓客观性，就是主试者在面试中不要带着任何主观意志，一切本着实事求是，从被试者实际表现出发进行测评。要提高面试的客观性、要注意选择一些显性的外观标志作为评判指标。

所谓全面性原则，就是主试者应该从多方面去把握被试者的内在素质，应从整个的行为反应中系统地、完整地测评某种素质，而不能仅凭某一个行为反应就下断言。不但要从一般的问题中考查被试者的素质，而且还应该创造条件在激发、扰动的状态下考查被试者的素质。

所谓典型性原则，就是要求主试者在面试中要抓准那些带有典型意义的行为反

应。面试中考生面对主试者的提问会作出许许多多的行为反应，实际上其中真正能够从本质上揭示素质的行为反应非常少，我们把这部分行为反应叫做典型行为反应。面试中的主试者，就要注意捕捉这种典型行为反应。

（三）充分发挥感官的综合效应与直觉效应

笔试的判断是依靠大脑的思维分析与综合，而观察评定主要是靠视觉与大脑推断的共同作用，面试则因为集问答、面视、耳闻与分析于一体，因此各感觉有一种共鸣同感的综合效应，其中直觉效应尤为明显。这是其他测评形式所没有的。因此，对于那些有丰富面试经验的主试者来说，要充分发挥其直觉性的作用。然而直觉不一定是绝对可靠的，直觉的结果应该尽可能获得"证据"上的支持，应该通过具体的观察去验证、去说明。

四、"评"的技巧

面试经过"问"、"听"、"看"，最后都必须归结到"评"上来。为了提高"评"的效率与效果，可以采取以下方法：

（一）选择适当的标准形式

面试测评的标准，是一个体系，它一般由项目、标志与标度共同构成。规定所测素质的性质、内容与范围；指标揭示所测素质的形式、特征与标志；标度规定所测素质的级别、差异与水平。

测评标志有三种形态：

第一种是被试者行为反应中具有典型意义与客观识别的行为，例如，"出汗"、"眼睛不敢正视主试者"、"回答拖泥带水"，等等；

第二种是从测评项目演绎出的"要素"或"着眼点"，例如，"态度"项目的三个"着眼点"：① 回答问题是否认真；② 表情与动作是否自然；③ 是否沉着。

第三种指标形态是现象描述语，例如，"语言表达力"这一项的测评指标要考查被试者表达是否简明、措辞是否恰当，讲话是否逻辑通顺，内容是否正确；而"分析能力"这项测评指标指要考查被试者对问题认识的深度、综合分析的全面性、对概念阐述是否清楚。

（二）分项测评与综合印象测评相结合

面试时测评的内容与感觉到的信息比较多，为了提高评判的准确性，进行分项评判是必要的，但是由于对象的整体性与行为反应展示信息的辐射性，因此还应该设计一个综合印象评判项目，对被试者进行整体性的评判。这不但发挥了感官直觉的作用，而且也突出了各种感官综合共鸣的特点，有利于面试效果的提高。表 7.1 是一个结构化面试个人评分表的实例。

表 7.1　　　　　　　　　　　**结构化面试个人评分表**

编号：<u>22</u>　　姓名：<u>×××</u>　　性别：<u>男</u>　　年龄：<u>32</u>　　学历：<u>本科</u>
专业：<u>无线电工程</u>　　　　现任职务：<u>副经理</u>　　　　应式职位：<u>市场开发类</u>

面试要素	观 察 要 点	极差	较差	中等	较好	极好
举止仪表	衣着打扮得体；言行举止随和；有一般的礼节；无多余的动作					
言语理解与表达	理解他人意思，口齿清晰、流畅、内容有条理、富逻辑性；有一定说服力，用词准确、恰当、有分寸					
综合分析能力	对事物既能从宏观总体考虑，又能从微观方面考虑其各个组成部分，能注意整体与部分间的关系和各个部分间的协调					
动机匹配性	兴趣与岗位情况匹配；成就动机与岗位情况匹配；认同组织文化					
人际协调能力	合作主动，理解组织中权属关系，有效沟通，处理人际关系原则性与灵活性结合					
计划组织能力	依据部门目标预见未来的要求、机会和不利因素并作出计划，看清冲突各方的关系，根据现实需要和长远效益作适当选择，及时作决策、调配、安置					
应变能力	在压力状况下，思维反应敏捷，情绪稳定，考虑问题周到					
面试要素	观 察 要 点	极差	较差	中等	较好	极好
情绪稳定性	在较强刺激情境中表情和言语自然，受到有意挑战甚至有意羞辱的场合，能保持冷静，在长远和更高目标上能抑制自己当前的欲望					
专业知识和技能	针对不同职务考查专业知识，考查一般性技能，计算机水平、英语水平					
个人考查要点	① 离开原公司的原因，个人目标如何；本公司职位的吸引力何在；② 具体谈对销售、市场方面工作的想法，有何业绩，是否适应经常出差；③ 优势何在，是否有市场部工作经验且职位较高，熟悉市场开发过程，有经验，外表成熟	记录：				
考官评语		考官签字： 　　年　　月　　日				

（三）横观纵察比较评判

面试中有些素质本身模糊不清，难以揭示与把握，此时我们应采取横纵比较的方式，使几个被试者同时位于考场，进行集体面试，通过被试者与被试者之间的比较进行评判。

横观即指不同被试者在同一项目上的行为反应比较；

纵察即指同一被试者前后不同问题上行为反应的比较。常言道：不怕不识货，就怕货比货。

（四）注意反应过程与结果的观察

面试与笔试的不同在于它要既注意行为反应的结果又要注意反应的过程，而且更重要的在于过程。主试者提问之后，不要仅仅注意被试者最后回答是对还是错，而要特别注意他是怎么回答的，思路是什么，回答过程表情如何，表现如何。许多有价值的信息是在回答过程本身而不是回答的结果。

【专栏 7.3】

诸葛亮知人识人七观法

俗话说"世有伯乐，然后有千里马；千里马常有，而伯乐不常有"。识人用人是一个成功的领导者最重要的能力之一。关于如何知人识人，诸葛亮有著名的七观法供我们参考：

（1）"问之以是非而观其志"。

即通过问答来观察其对事物的判断力，来观察其志向。如周恩来在小的时候，老师问同学们为什么要读书，有的说为了光宗耀祖，有的为了荣华富贵，而周恩来在当时就立下"为中华之崛起而读书"的誓言，让老师为之震惊。另有一种解释就是通过刻意的搬弄是非，来试探、刺激、诱导，并观察其品性气质。

（2）"穷之以辞辩而观其变"。

就是通过出其不意的问答来观察其应对突然问题或事件的应变能力。有一个很好的例子是纪晓岚等大臣在朝房等候乾隆帝来议事，久等不来，他就对同僚说："老头子怎么迟迟不到？"这话正好被走来的乾隆帝听到，便厉声问什么是"老头子"。在众人吓得战栗之际，纪晓岚却从容不迫地回答："万寿无疆之谓老，顶天立地之谓头，父天母地之谓子。"乾隆帝听后转怒为喜。

（3）"咨之以计谋而观其识"。

就是指通过询问计谋来了解其学识的真伪、广窄等。有一个例子，1941 年，日本偷袭珍珠港一周后，艾森豪威尔给马歇尔参谋长叫去，在概括介绍了太平洋战争的基本形势后突然问道："我们的行动方针是什么？"马歇尔是想亲自考查艾森豪威尔在战争压力下如何出谋划策。在当时混乱和不利的情况下，马歇尔急需要一位有胆识的军官做他的助手，虽然他也已从其他途径听到对艾森豪维尔能力和胆识的称赞和肯定，但他还是要亲自测试一番，果然艾森豪维尔没有辜负他的希望，在几个小时后即提出了一系列很有价值的建议和计划，很对马歇尔的胃口。艾森豪维尔后来也步步高升，成为第二次世界大战美军最著名的高级将领。

（4）"告之以祸难而观其勇"。

这种方法是突然告诉一个人说大难降至，通过观察他的表现是否勇敢。当然最好的办法还是让他亲自经历灾难，只有在这个过程中的表现才是最真实的。勇就是忠诚、勇敢、刚强与坚贞等优秀品质，也是铮铮铁骨的血性男儿。在第一次世界大战时，美军高级将领麦克阿瑟将军身经百战、出生入死，经常与死神捉迷藏。一次，德军的炮弹落在了他指挥所的近旁，他却镇定地对部下说："放心，整个德国也还造不出一颗能打死麦克阿瑟的炮弹。"

（5）"醉之以酒而观其性"。

俗话说，"酒后吐真言"，也说"酒能乱性"，通过一起喝酒来观察其酒后的言论及真性情。人喝醉后，他大脑的意识部分被酒精麻醉了，所以他就会在无意识中把清醒时不肯暴露的秘密说出来。酒后的酒品就像赌桌上输钱后的表现一般真实。有这么一种说法，酒后喜欢唱歌的人：生活起居较具规律性，也是乐观进取之人，虽会酒醉，但心不会醉；喝醉酒就胡言乱语、信口开河地乱开承诺支票：是怯懦型，有消极的倾向，常感到怀才不遇或不满的现状；醉后会哭的人：个性消极，自卑感重，在日常生活上曾遭受严重的鄙视或有许多委屈，在平常即会常抱怨或发牢骚之人；醉后就睡的人：是属于理智型之人，平常不喝酒时颇懂得自我约束，言行也少逾矩；醉后爱笑之人：个性乐观、随和、不拘小节，也是颇具幽默感之人；酒后喜欢唠叨、争吵，甚至会动手打架之人：平常情绪不稳，是处在长期的时运不济，或屡遭挫折、不顺的际遇下，属于怀才不遇的典型，其目前之运势则是处在塞滞阻塞难通的情况下；喜欢独自一人默默喝酒之人：落寞寡欢型之人，拙于交际与词令的表达，个性孤独，为人拘谨，但其人富理智，能明辨是非，心性上却怯懦及消极；没有"粉味"就喝不痛快的人：是属于寂寞型的男人，平常少有可以倾谈的对象，也经不起别人的批评，少能忍受被人忽视的感觉；喜欢交友及展示酒量或财富之人：不喜占人便宜，所以也会争取付账的机会，以避免亏欠人或被戏谑为小气；喝酒喜欢划拳助兴之人：是孤独寂寞型的人，常会有情绪性的孤寂感，所以用划拳酒令等肢体语言排遣寂寞感，这样的人也会用忙碌的工作来忘却烦恼与寂寥。

（6）"临之以利而观其廉"。

人性本有贪欲，但"君子爱财，取之有道"，自古以来，用金钱来考验人，使其面临财富，来有效观察其是否清正廉洁。杨震，汉代人，曾经推荐王密为邑令，王密晚上带着金子赠给他，说："黑夜无人知道。"杨震说："天知地知，你知我知，何谓无知。"

(7)"期之以事而观其信"。

信任是识人用人中最重要也是最难的一件事，古时敌军来降，便命其去"取某某人首级前来"，就是要让其表忠心诚信。诸葛亮的"期之以事而观其信"，就是说交代给他一件事情，让他去完成，通过他对这件事情的处理来观察其诚信和忠心。孙策收服太史慈之后，太史慈约定第二日正午前来投降，也正是要看孙策能否能够用人不疑。信用是用人者取得下属忠心拥戴的重要条件，也是用人者对其下属最基本的需求，期之以事观其信，然后用人不疑，这是成功用人者的共性。

资料来源：中国人力资源开发网(简称中人网，www.ChinaHRD.net).

本章关键词汇

面试 面试特点 面试趋势 面试种类 面试原则 面试试题编制 面试阶段面试方法

本章小结

1. 面试是一种经过精心设计，在特定场景下以面对面地交谈与观察为主要手段，由表及里测评应聘者有关素质的一种方式。

2. 面试具有五个特点：对象的单一性；内容的灵活性；信息的复合性；交流的直接互动性；判断的直觉性。

3. 面试发展的趋势如下：形式的多样化；内容的全面化；试题的顺应化；程序的规范化；考官的内行化；结果的标准化。

4. 面试的种类根据不同的划分标准，可以有多种划分方式：系列性面试和序列性面试；一对一面试和主试团面试；个人面试和小组面试；结构化面试与非结构化面试；压力面试与非压力面试。

5. 面试考核要素涉及综合能力以及专业知识和技能两部分。

6. 面试应坚持以下四个原则：(1)平等原则；(2)权变原则；(3)人本原则；(4)科学原则。

7. 面试试题编制应遵循以下原则：(1)思想性原则；(2)针对性原则；(3)延伸性原则；(4)确定性原则；(5)鉴别性原则。

8. 面试试题编制一般有三个步骤：第一步确定与要测评能力素质相关的因素；第二步编写能反映相关因素的面试试题；第三步测试面试试题并制定评价参考标准。

9. 面试试题主要有以下几种类型：(1)背景型问题；(2)智能型问题；(3)意愿型问题；(4)情景型问题；(5)作业型问题；(6)行为型问题。

10. 面试一般经过面试预备、面试引入、面试正题、面试结束以及面试评价五个阶段。

11. 面试过程中要正确地使用"问"、"听"、"观"的技巧，以提高面试的效率。

复习思考题

1. 简述面试的概念、特点以及发展趋势。
2. 如何选取有效的面试方式？
3. 如何编制高质量的面试试题？
4. 面试中如何有效地运用"问"、"听"、"观"的技巧？

【案例分析】

面试是一种双向考核

说起当时选择加盟雅诗兰黛的原因时，朱晓洁说这完全是一种"机缘巧合"。"我和很多老板打过交道，完全分辨得出来哪些老板是在敷衍我，哪些老板是在真诚回答我的问题。"她认为面试也是一个面试官和被试者双向考核的过程。

她笑称自己当年"不像是参加面试，倒像是在面试领导"。她问的几个问题包括雅诗兰黛的"投资计划"，以及"如果开始投资遇到亏空，则公司会如何看待"，等等。

沈祥梅的回答没有让她失望，她断定这个老板很"实在"，是一个值得跟随的领导。

朱晓洁喜欢从人力资源的角度来思考公司管理的问题。

她的推算逻辑很简单：只有一个致力于"长跑"的公司，才可能给员工创造最大的发展机遇。人力资源管理要同时对公司和员工的未来负责，这是从事人力资源的人最基本的责任心。

在雅诗兰黛最初的时间里，朱晓洁的办公桌在一个几平方米见方的小角落里，连插脚的地方都全是货。为了通风，朱晓洁买了个电扇。就在这里招来了雅诗兰黛（中国）的第一批30余名员工。

最初的工作通过猎头公司展开。被雅诗兰黛相中的人，大多是已经在各大化妆品集团做到经理层的人员。

"当年，就连前台接待员都是我亲自面试。"朱晓洁说。

按照1:6的比例，第一轮，她还要为雅诗兰黛寻找近200名美容顾问。这个队伍相当庞大。

此后四年，最初的200名美容顾问快速膨胀到4200人，而全国的办公人员也接近730人。

朱晓洁的办公室里还摆着 2004 年集团在三亚培训时的集体照。朱晓洁笑言那时候只有 400 多人，现在再照，照片都未必装得下了。

接下来，经过第一轮发展浪潮，雅诗兰黛仍以每年 60% 的速度扩张。

"温和主义"招聘政策

朱晓洁的个性或多或少地会影响到整个雅诗兰黛(中国)的人力资源政策。

例如，她本人喜欢淡妆示人，即使是稳重色调的衣着，也最好带有漂亮的点缀。她说话条缕清晰，但总是不紧不慢，甚至少有肢体动作。

她的招聘也相对温和，不喜欢用"刁钻"的问题来形成自己的判断，但是一定要寻找到个性最匹配的人。

如果说宝洁公司更有大丈夫的张扬气概，那么由一位女性创立起来的雅诗兰黛则更加内敛。

"一些大企业的招聘'怪招'在网上并不少见。网上铺天盖地都是古怪的测试题。我相信，一个聪明的人，只要多看看这些资料，就基本掌握规律了。"朱晓洁说。

她的做法是用简单的问题，帮助自己形成判断。这就如同之前她在自己的面试中"考问"老板一样。

她会设计很多问题。

例如，她一直认为一个爱美的人应该是喜欢健康的活动，类似于远足或者拍照。如果对美的东西都无法激动，那很难相信这个人能胜任一份美的事业。

她还会问今年彩妆的流行色。对她来说，这个答案不应该是"黄色"或者"蓝色"那么简单。朱晓洁会仔细观察被试者的眼神，甚至肢体语言。

她甚至会问到被试者是否使用过雅诗兰黛的产品，留意过哪个柜台，对美容顾问的评价，甚至细化到某个柜台的产品拜访。

"如果真的有兴趣，则他们连说话的时候眼睛都是放光的！"

"就如同你和我谈论人力资源管理，我也会和你滔滔不绝。这是人之常情，谈到自己喜爱的事务，总会打开话匣子。"这时候，她的眼睛开始放光。

朱晓洁甚至将旗下品牌和人的个性相联系。

她说，即使是被招入雅诗兰黛，可能两个人的个性也完全不同。例如，同属雅诗兰黛的 M. A. C 和 Bobbi Brown 彩妆品牌，前者的美容顾问可能就十分有个性，可能喜欢戴一个耳钉，还喜欢化一个"烟熏妆"；而后者没准就是透明妆容，显得十分自然。

即使是在雅诗兰黛集团的办公室，也会用蓝色和绿色来区分雅诗兰黛和倩碧的办公区。

总之，朱晓洁一定要挑选到最合适的"personality"做最合适的工作。

"后来者"的人力资源政策

可能和"后来者"的身份有关，雅诗兰黛在人力资源政策上比其他一些知名的化妆品公司更为迫切。

短短四年时间，雅诗兰黛在中国的办公人员已经从最初的30人发展到730人，美容顾问更是从200人发展到4200人。雅诗兰黛开始意识到快速培育自己的人才的重要性。

雅诗兰黛对于应届毕业生的挑选甚至有些苛刻，她们在进入雅诗兰黛之前必须经过历练。朱晓洁希望员工能够较快地适应工作，而不是在入职之后再经历相当长的孵化期。

"起码应该有实习经历，或者在大学里参加过志愿者活动。"她说，只有这样才可能获得雅诗兰黛的实习资格，以获取进入公司的通行证。

在雅诗兰黛，普通大学毕业生的底薪一定是低于名牌大学毕业生。朱晓洁对此的解释是"这是为职位，甚至为人付钱"。

从2002年至今，通过上述种种条件，而且工作满一年的大学毕业生仅有一个人。那是雅诗兰黛招进来的第一个"最新鲜的人"。这个非名校毕业的大学生在一年之内，从培训助理到培训员，最后升级到培训主任。

对于"后备军"的严格筛选，朱晓洁十分"现实主义"。

除此之外，雅诗兰黛和大多数公司一样，也贯彻着"员工内部推荐"制度。为了完善这种在内部网络上开展的"自荐"，以及"他荐"的体系，雅诗兰黛愿意为不同的岗位支付"推荐奖金"。

这几天，朱晓洁正在忙于招聘财务、物流供应以及实习生。她坦言，雅诗兰黛的美容顾问流动比例每年达到30%左右，按照全行业平均35%~40%的流动比例，雅诗兰黛算是中等。

她依然未得喘息之空。因为她必须确保雅诗兰黛（中国）这块海绵，能够以最快的速度、最大容量地吸纳更多的人才，来为这一国际最大高档化妆品品牌在中国的发展提供"加速度"。

资料来源：佚名. 面试是一种双向考核. 温和主义招聘政策［OL］. http://www. wangchao. net. cn/bbsdetail_718010. html. 2007-01-03.

◎ **思考题**

1. 阅读案例，分析雅诗兰黛的面试发展历程，并根据你的理解试描述雅诗兰黛面试的发展趋势。

2. 如何通过面试"挑选到最合适的人做最合适的工作"？

3. 结合本案例，谈谈你对面试方式的选择是如何认识的。

4. 如何理解面试是一种双向考核？

第八章 评价中心

【学习目标】
1. 掌握评价中心的概念、特点、评价维度和优缺点
2. 掌握常用的评价中心技术相关内容
3. 掌握情景设计中的要点
4. 理解评价中心技术实施失败的原因
5. 熟悉有效实施评价中心的四个关键环节

【引导案例】

　　评价中心是近几十年来西方企业中流行的一种选拔和评估管理人员，尤其是中高层管理人员的一种人事测评方法。

　　现代人员素质测评理论认为，人的工作绩效是在一定的环境中产生和形成的，对人的行为、能力等素质特征的观察和评价，不能脱离一定的环境，所以要想准确地测试一个人的素质，应将其纳入一定的环境系统中，观察分析、评定被试者在该环境下的行为表现以及工作绩效，从而考查被试者的全面素质。基于这种理论，人们逐渐形成和发展了评价中心这种现代人员素质测评新方法。然而什么是评价中心？如何应用评价中心对人员的素质进行测评呢？

第一节　评价中心概述

一、评价中心的概念

　　评价中心诞生于第一次世界大战时期的德国。当时，德国心理学家首先利用行为观察的方法来选拔军官，并将此方法称为"assessment center"，即评价中心，又译成评鉴中心。后来，英美等国也相继采用评价中心的方法来选拔军事人员和文职人员，直至企业的中高级管理人员，从而使评价中心广为运用。随着评价中心的发展，评价中心的测评方法不断完善，评价中心的内涵也相应扩大。与此同时，学者们从不同的角度对评价中心进行了界定。关于评价中心的定义可以归纳为以下

几种:

其一, 方法说: 评价中心是一种较好的适用于管理人员、尤其是中高级管理人员选拔的测评方法。评价中心是通过多种情景模拟方法观察被试者特定行为的方法。

其二, 活动说: 评价中心是以测评被试者管理素质为中心的、标准化的一组评价活动。几乎所有关于评价中心的研究文献都认为评价中心是一种活动。

其三, 过程说: 评价中心是有机地利用多种测评技术, 定性、定量地判断测评对象特定资质的过程。

其四, 程序说: 评价中心方法是人力资源管理者用来评估与组织效能相关的员工个人特性或能力的一系列程序。

综上所述, 本书给出的评价中心的定义是:

评价中心测评法是将各种不同的素质测评方法相互结合在一起的一种新型人员素质测评技术。它是通过创设一种逼真的模拟管理系统或工作场景, 将被试者纳入该环境系统中, 使其完成系统环境下对应的各种工作, 如主持会议、处理公文、进行决策、处理各种日常事务和突发事件等。

评价中心是一种程序而不是一种具体的方法, 即评价中心是以测评管理素质为中心的、标准化的一组活动, 它是一种测评的方式, 不是一个单位, 也不是一个地方。在这组活动中, 包括多个主试者采取多种测评方法对素质测评的努力, 所有这些努力与活动都围绕着一个中心, 这就是管理素质的测评。

在这个过程中, 主试者采用多种测评技术和方法, 观察和分析被试者在模拟的各种情境压力下的心理、行为、表现以及工作绩效, 以测量评价被试者的管理能力和管理潜能等素质。

显然, 评价中心是以测评被试者管理素质为中心所进行的一系列标准化活动程序, 是一种比较全面的测评方式和技术, 以下几种单一的活动不能构成一个评价中心:

(1) 以小组谈话或一系列连续的谈话作为唯一的技术。

(2) 依靠一项特殊的技术如情景模拟练习作为评价的唯一基础。

(3) 仅仅使用由纸笔测验所组成的测量试题, 而不考虑统计或整体评价。

(4) 仅有一位评估人员使用多种评价技术, 单独对被评价人员进行评价。

(5) 几个评价人员都各自准备一份评价结果, 但没有将这些结果综合起来作为该评价中心的最终结果。

二、评价中心的特点

评价中心具有如下显著特点:

（一）情景模拟性

完全模拟现实中的经营、管理情境，对实际操作具有高度仿真性。这些情景模拟包括写市场问题分析报告，发表口头演说，处理信件与公文，处理用户产品质量投诉问题等。它如实地模拟特定的工作条件和环境，并在特定的工作情景和压力下实施测评。测得的结果不仅有一般的心理素质，而且有作为管理人员解决问题的实际动手能力。

（二）综合性

评价中心综合运用了心理测验、笔试、面试、公文处理、小组讨论、管理游戏、角色扮演等测评技术，取长补短，互相补充，使测评的效度与信度大大提高。有关研究表明，其预测效度系数时常在 0. 6 以上。美国学者赫克作了一项对比，凡任意选拔经理的，其正确率仅为 15%，经过管理部门提名的正确率可达 35%，而经过经理部门推荐并结合评价中心评测的其正确率则达 76%。

（三）全面性

评价中心的测验材料涉及市场、财务、人事、客户、公共关系、政策法规等，考查计划、授权、预测、决策、沟通等方面的能力，从而能够对高层管理者进行全面的评价，所以它在测评内容上，不仅能够很好地测评被试者的实际工作能力，而且还可以测评其他方面的各种素质和能力。

【专栏 8.1】

美国贝尔电话电报公司评价中心采用的评价指标

(1) 组织和计划能力

(2) 决策能力

(3) 创造力

(4) 人际关系技能

(5) 行为的灵活性

(6) 个人活力

(7) 对不确定性和事物变化的容忍性

(8) 应变能力和对压力的承受力

(9) 学习能力

(10) 目标的灵活性

(11) 兴趣的广泛性

(12) 内在的工作标准

(13) 工作绩效

(14) 语言表达能力

(15) 社会角色知觉能力

(16) 自我努力达成目标的能力

(17) 精力

(18) 期望的现实性

(19) 遵守贝尔公司价值观的能力

(20) 社会目标

(21) 成长提高的需要

(22) 忍受延迟报酬的能力

(23) 受到上级称赞的需要

(24) 受到同事赞许的需要

(25) 安全的需要

资料来源：赵琛徽. 员工素质测评［M］. 北京：海天出版社，2003.

（四）整体互动性

评价中心的测评大多数是在群体互动之中进行的，对于每项素质的测评，不是进行抽象的分析，而是将测评对象置于动态的观察之中，通过不断地对被试者发出该环境下各种变化的信息，要求其在一定的时间内和一定的情景压力下作出决策，在动态的环境中充分展示自己的能力和素质。

（五）预测性

评价中心在功能上，主要是对管理人员进行管理能力与绩效观测。因此，它的测评内容主要是管理人员的管理素质与潜能。它通过模拟更高层次的工作环境，从而为尚未进入这一层次的人员提供了一个发挥其才能与潜力的机会，为将来选拔和使用人才提供重要的参考依据。评价中心的预测结果与事实的吻合程度远远高于其他测评方法。

据研究，用评价中心选拔出来的经理，工作出色的人数比用一般标准选拔方法挑选的经理中的出色者多出50%。例如，美国电话电报公司在对一批经理候选人进行评价后，把结果保留下来，8年后，把结果与实际情况进行核对，发现以前预测会升迁的候选人中已经有64%上升为中级主管职位。

（六）标准化

评价中心方法蕴涵的操作步骤、核心要素使其成为一种标准化的程序。其内容具体，过程清晰，有助于克服人才招聘与晋升中的随意性。标准化操作步骤的优点在于，只要按程序进行操作，其结果将是比较确定的。评价中心正是拥有这样标准化的程序，评价中心对测评者的选择和培训、对测评情景的限制以及对行为与判断的区分都保证了其结果不会因测评者的不同而出现巨大的差异，从而显示出某种必然性。相比而言，传统测评方法往往因测评者的不同而使得测评结果差距甚远。

三、评价中心的评价维度

评价中心的评价维度要针对不同的职位、制定不同的评价维度和标准。

对于一个中高级管理人员的评价，有下列一些参考指标：

（1）系统性：能从全局出发去考虑问题，对事物的轻重缓急有很好的知觉，能统摄全局。

（2）独立性：在各种事务面前能够不依赖于外界，有自己独立的判断，并且能独立地处理事务。

（3）决策能力：善于从已有的信息中作出结论，得出充分的、深思熟虑的判断。

（4）风险精神：敢于迎接挑战，对自己有足够的自信，有勇气去面对变化和风险。

（5）处理冲突的能力：当团体中出现不同的意见和看法时，能够从矛盾中寻求到一致性，并能巧妙的化解矛盾。

（6）民主性：在作出决策前，能主动听取来自下属和其他各方面的意见，广泛收集来自不同方面的信息。

（7）说服能力：用具有说服力的证据清晰地阐述自己的观点，力求让别人接受，以便达成共识。

四、评价中心的优缺点

许多研究者和实际应用工作者都认为评价中心具有其他测评方法难以比拟的一些优点，但同时也具有一定的局限性。在本书中，我们将评价中心的优缺点归纳为以下几个方面：

（一）评价中心的优点

（1）评价中心综合使用了多种测评技术，各测评技术之间互相弥补，取长补短，并由多个评价者进行评价。因此，它从不同角度对被试者的目标行为进行观察和测评，能够得到大量的信息，从而对被试者进行较为客观和有效的观察与评价。

（2）评价中心多采用的情景性测评方法是一种动态的测评方法，在被试者与其他人交往和解决问题的过程中，我们可以对其较复杂的行为进行评价。对实际行动的观察往往比被试者的自陈更为准确有效。而且，在这些动态的测评当中，被试者之间可以进行相互作用，在这种相互作用之中，被试者的某些特征会得到更加清晰的展现，更有利于对其进行评价。

（3）评价中心所采用的测评手段很多是对真实情景的模拟，而且很多情景是与拟任工作相关的。在这种情况下，被试者的表现比较接近真实的情况，并且在复杂的任务之下，被试者也不易作出伪装。因而被试者在情景性测验中的表现在实际工作中有较大的可迁移性，对被试者未来的表现有较好的预测效果。评价中心更多测评了被试者实际解决问题的能力，而不是他们的观念和知识。

（4）评价中心不仅是选拔管理人员的一种强有力手段，同时也是一种很有价值的培训方法。一方面，被试者可以从评价结果得到有关自身优点和不足的反馈信息；另一方面，主试者可以从评价过程中认识到什么是管理行为中的重要因素。

（二）评价中心的缺点

（1）在评价中心技术采用的情景性测验中，评价的主观性程度较高，制定统一的标准化的评价标准比较困难。这种测验形式由于其任务的复杂程度较高，任务的设计和实施中的控制也比较困难，一般人不易掌握，需要依赖测评专家，从评价中心的设计到实施都需要专家投入大量的精力。

（2）评价中心的评价时间较长。情景模拟的设计工作一般在一个月以上的时间，主试者的培训也需要较长的时间，一般情景模拟的实施也需要 2～3 天。

（3）费用较高。情景模拟的工作量比较大，需要专门的设施、设备和道具，因此测评成本费用与其他测评方法相比较高。

第二节　评价中心测评技术

从测评的主要方式来看，有投射测验、面谈、情景模拟、能力测验等。但从评价中心活动来看，主要有公文处理、无角色小组讨论、管理游戏、有角色小组讨论、演讲、案例分析、事实判断等形式。各个测评形式的使用频率见表8.1。

表8.1　　　　　　　　　　各种评价中心形式使用频率

复杂程度	评价中心形式名称	实际运用频率（%）
更复杂 ↑	管理游戏	25
	公文处理	81
	角色扮演	没有调查
	有角色小组讨论	44
	无角色小组讨论	59
	演说	46
	案例分析	73
	事实判断	38
更简单	模拟面试	47

资料来源：陆红军. 人才评价中心. 北京：清华大学出版社，2005.

一、公文筐测验

（一）测验原理

公文筐测验（In-Basket）是将被试者置于特定职位或管理岗位的模拟环境中，由主试者提供该岗位经常需要处理的一批随机排列的、杂乱的文件，包括电话记录、请示报告、上级主管的指示、待审批签发的文件、统计资料和报表、备忘录、各种函件、建议、抱怨、投诉等与工作有关的各种资料，它们是该岗位经常会遇到的，分别来自上级和下级，组织内部和组织外部的各种典型问题，包括日常琐事和重要大事的处理。

所有这些文件，都要求在2~3个小时内完成（美国贝尔电话电报公司要求在3小时内处理25个公文）。处理完后，还要求被试者填写行为理由问卷，说明自己为什么这样处理的理由。

主试人根据被试者公文处理的质量、效率、轻重缓急的判断，以及工作中的表现等对被试者的分析判断能力、组织与计划能力、决策能力、心理承受能力和自控力等管理才能进行评价。

（二）测验目的

公文筐测验是对实际工作中管理人员掌握和分析资料、处理各种信息以及作出决策的工作活动的抽象和集中。该测验模拟一个公司所发生的实际业务和管理环境，并提供给受测人员一些必要的工作信息，包括财务、人事、市场、政府公文、客户关系等材料。这些材料通常是放在公文筐中的，公文筐测验因此而得名。它为中高层管理人员的选拔、考核、培训提供了一个具有较高信度和效度的测评手段，为企业的高层人力资源计划和组织设计提供了科学可靠的信息。

（三）适用对象

该测验主要考查管理者从事管理活动时正确地处理普遍性的管理问题、有效地履行主要管理职能所具备的能力，其适用对象为具有较高学历的人或企业的中高层管理者。

（四）测验的维度

1. 工作条理性

考查被试者在一定的管理情境下，判断所给公文材料的轻重缓急并能有条有理地进行处理的能力。得分高的被试者能有条不紊地处理各种公文和信息材料，能根据信息的性质和轻重缓急对信息进行准确的分类，能注意到不同信息间的关系，有效地利用人、财、物、信息资源，并有计划地安排工作。

2. 计划能力

考查被试者根据信息的不同性质，提出解决问题的方案和事先安排、分配工作的能力。得分高的被试者能在充分考虑时间、成本、顾客关系等条件下，根据问题的性质对工作的细节、策略、方法作出合理的规划，提出切实可行的方案以解决问题，并能事先安排和分配好下属员工的工作。

3. 预测能力

该维度包括考查三个部分的内容：预测的质量、所依据的因素、可行性分析。得分高的被试者能全面系统地考虑和分析环境中各种相关因素，进行合乎逻辑的预测，并就预测提出行之有效的实施方案。

4. 决策能力

该维度包括考查三个部分的内容：决策的质量、实施的方案、影响因素。

得分高的被试者对复杂的问题能进行审慎的剖析，能灵活地搜索各种解决问题的途径，并作出合理的评估，对各种方案的结果有着清醒的判断，从而提出高质量的决策意见。

在评价决策时，要考查决策背后的理性成分，考查被试者是否考虑了短期和长期的后果，是否考虑了各种备选方案的优缺点。

5. 沟通能力

要求被试者设计公文、撰写文件或报告，用书面形式有效地表达自己的思想和意见。根据评估内容，考查被试者的思路清晰度、意见连贯性、措辞恰当性及文体适应性。

得分高者要求语言非常流畅，文体风格与情境相适应，能根据不同信息的重要性进行分析处理，结构性较强，考虑问题较全面，能提出有针对性的论点，熟悉业务的各个领域。

(五)测验的形式

公文筐测验根据具体的内容，可以分为三种形式：背景模拟、公文类别处理模拟、处理过程模拟。

(1)背景模拟。这种形式在正式开始之前，便告知被试者所处的工作环境，在组织中的地位，所要扮演的角色，上级主管的领导方式、行为风格，情境中各种角色人物的互相需求等信息，用以评价被试者的准备与反应的恰当性。

(2)公文类别处理模拟。在这种形式中，所要处理的文件有三类：第一类是已有正确结论的，并已经处理完毕归档的材料。因为这类文件已有结论，容易对被试者处理的有效性作出判断。第二类是处理条件已经具备，要求被测试者在综合分析基础上进行决策。第三类是尚缺少某些条件和信息，观察被试者是否具备善于提出问题并获得进一步的信息的能力。

(3)处理过程模拟。这种形式要求被试者以某一领导角色的身份参与公文处理活动，并尽量使自己的行为符合角色规范。当被试者在规定的时间内读完背景材料后，主试者就即宣布测评活动开始，并告知被试者递交处理报告的时间，递交报告后即进行讨论。主试者可参与讨论或引导讨论。讨论中被试者可以自由发表观点，并为自己的决策辩护。在讨论中不仅要得出答案，而且主试者要让被试者预测自己的想法可能带来的后果，并自我纠正错误的观点和决策，以激发其潜在的智能。

(六)观察要点

(1)是否每份材料都已经看过，并作出了答复？

(2)在压力下，被试者是否能够分清轻重缓急、有条不紊地处理这些公文？

(3)是否将每一份文件按照其重要性进行分类并作出了答复？

(4)是否恰当地授权于下属？

(5)是否过分拘泥于细节？

(6)解决问题的方法是否巧妙而且有效率？

(7)作出每一项决策的理由是否充分合理？

二、无领导小组讨论

(一)测验原理

无领导小组讨论(Leaderless Group Discussion，简称 LGD)又称为无主持人讨论，是评价中心常用的一种无角色群体自由讨论的测评形式。它是把被试者按一定的人数编为一个小组，不确定会议主持人，不指定重点发言，不布置会议议程，不提出具体要求，要求被试者根据主试者提出的真实或假设的材料，如有关文件、资料、会议记录、统计报表等资料，就某一指定题目进行自由讨论，如业务问题、财务问题或人事安排问题，或社会热点问题等，要求小组能形成一致意见，并以书面形式汇报。

在测评过程中，被试者不但要迅速了解掌握工作的背景、资料、熟悉工作本身的内容，并且要分析、讨论、综合他人意见，引导小组形成统一认识。这种讨论通常在特定会议室中进行，室内有会议圆桌一张，椅子数把，房间中一面墙上装有单向透光的玻璃镜子，有时还在室内暗处安装监视系统。主试者在隔壁房间中，透过玻璃或通过闭路监视系统在电视屏幕上观察被试者的表现，看谁具有组织领导能力，谁驾驭或实际主持了整个会议，控制了会场，谁提出、集中了正确的意见，并说服他人达成一致决议。

为了增加情景压力，考查被试者思维敏捷性、应变和适应能力、心理承受能力，主试者还每隔一段时间，给讨论小组发布一些有关的各种变化的信息，甚至宣布刚刚作出的决策或决定已不适用，要求改变，从而迫使小组不断重新讨论改变方案，尽快作出新的决策。主试者根据自己观察的每个被试者在讨论中的表现，依据一定的标准，分别对他们的组织能力、决策能力、控制能力、分析判断能力、个人影响能力、口头表达能力和说服力、人际交往能力、反应和应变能力等素质进行评价。然后，各主试者之间进一步交流意见，对被试者各方面的素质作出客观全面的评价，并预测被试者的发展潜力。

（二）测验的目的

无领导小组讨论是安排一组互不相识的被试者（通常为 6~8 人）组成一个临时任务小组，但并不指定任务负责人，请大家就给定的任务（讨论题）进行一定时间的自由讨论，并拿出小组意见。其目的在于通过模拟团队环境，考查被试者的个人品质、社交能力、团队合作能力、领导能力和领导意识，尤其是看谁会脱颖而出，成为自发的领导者，从而确认被试者是否胜任某一管理职位。

（三）适用对象

无领导小组讨论常用于选择管理人员，它的适用对象为具有领导潜质的人或某些特殊类型的人群（如营销人员），可以从中择优选拔企业所需的优秀人才。

（四）测验维度

1. 组织行为

主要考查被试者在小组讨论中是否主动发言，阐述自己的观点，以及能否顾全大局，积极主动地请他人发言，并向他人提出疑问，及时纠正问题使讨论继续进行下去，针对大家的观点适时概括、总结，并拿出一致性的意见。

2. 洞察力

又称智慧能力。主要考查被试者在讨论中是否能针对题目，提出新颖、独到的观点或见解，在阐述自己观点时是否能旁征博引、引经据典，对题目分析透彻，并搜集证据来支持自己的观点。洞察力还体现在及时洞察他人谈话的漏洞，并加以补充和注释。

3. 倾听

主要考查被试者是否专心聆听他人的见解，并及时与他人进行沟通，如面部表情、点头、摇头等）。倾听是小组讨论中一个很重要的测量维度。好的领导者（管理者）能很好地倾听下属或他人的谈话。

4. 说服力

主要考查被试者表述论点的口才和逻辑性。口才指的是发言的流畅性，语调、语速适宜，有婉转性及抑扬顿挫感等；逻辑性是发言不跑题，有针对性，论点与论据间推理严密。小组讨论不但要求被试者发言，提出自己的观点，最后还要拿出一致性的结论，这说明了说服力的重要性。

5. 感染力

主要考查被试者通过语言或行为引起他人相同的思想感情的能力，对于一名领导（管理者）来说，感染力是很重要的。在小组讨论中，这个维度能淋漓尽致地表现出来。它包括很多方面，如语调、体态、手势等。

6. 团队意识

主要考查被试者与人合作的能力及其集体荣誉感的大小，小组讨论要求被试者密切合作，拿出一致性的意见。因此，被试者要注意角色定位，不能在讨论中以自我为中心，忽视整个团队。

7. 成熟度

它是对被试者的总体把握。如在讨论中，与他人交谈时所显示出的成熟风度，一般与工龄、工作经验成正比。

（五）测验的构成

本测验选取组织行为、洞察力、倾听、说服力、感染力、团队意识、成熟度七个测量维度进行测评。整个讨论可分三个阶段：

第一阶段，由考官宣读试题，被试者了解试题，独立思考，列出发言提纲；

第二阶段，由被试者轮流发言阐述自己的观点；

第三阶段，被试者交叉辩论，不但继续阐明自己的观点，而且要对别人的观点提出不同的意见，最后达成协议。

无领导小组讨论的讨论题一般都是智能性的题目，从形式上来看，可以分为五种：

（1）开放式问题。它主要用于考查被试者思考问题是否全面，是否有针对性，思路是否清晰，它的答案范围可以很广。例如，你认为什么样的领导是好领导？

（2）两难问题。它是让被试者在互有利弊的答案中选择其中一种，主要考查被试者的分析能力、语言表达能力以及说服力。例如，你认为是以工作为取向的领导是好领导，还是以人为取向的领导是好领导？

（3）多项选择问题。它是让被试者从多种备选答案中选择其中有效的几种或对备选答案的重要性进行排序。主要考查被试者分析问题实质、抓住问题本质方面的能力。

（4）操作性问题。它是给被试者一些材料工具或道具，让他们利用这些材料按考官的要求制作出某种物体来，主要考查被试者的主动性、合作能力以及实际操作能力。

（5）资源争夺问题。它是让处于同等地位的被试者就有限的资源进行分配，从而考查被试者的语言表达能力、分析问题能力、发言的积极性和反应的灵敏性等。例如，让被试者分别担任各个部门的经理，并就有限数量的资金进行分配。

（六）观察要点

在这种测评形式中，主试者评价的一般标准是：

（1）发言次数的多少，发言质量的高低，说理能否抓住问题的关键并提出合理的见解和方案。

（2）是否敢于坚持自己的正确意见，是否敢于发表不同意见，是否支持或肯定别人的合理意见。

（3）能否倾听别人的意见，尊重他人的不同看法，是否注意语言表达的技巧，特别是批驳的技巧。

（4）是否能够并且善于控制全局，消除紧张气氛，是否善于调解争议问题，并说服他人，创造积极融洽的气氛，使每一个会议参加人都能积极思考，畅所欲言，是否能以良好的个人影响力赢得大多数人的欢迎与支持，把众人的意见引向一致。

（5）是否具有良好的语言表达能力，分析判断能力，反应能力，自控能力等才能及宽容、真诚等良好品质。

对于每个主试者来说，重要的是善于观察。观察可以从以下方面进行：

（1）每个被试者提出了哪些观点。

（2）当别人的观点与自己的观点不符时是怎样处理的。

（3）被试者提出的观点是否有新意。

（4）被试者是否坚持自己认为正确的提议。

（5）被试者是怎样说服别人接受自己的观点的。

（6）被试者是怎样处理与他人的关系的，是否善于赢得他人的支持。

（7）是否善于倾听别人的意见，是否一味只顾自己讲或常常打断别人的讲话。

（8）是否尊重别人，是否侵犯别人的发言权。

（9）当个人的利益与小组的利益发生冲突时，被试者是如何处理的。

（10）是谁在引导着讨论的进程。

（11）是谁在进行阶段性的总结。

（12）每个人在陈述自己的观点时，语言组织得如何，语调、语速及手势是否得体。

三、角色扮演

（一）测验原理

主要用以测评人际关系处理能力的情景模拟活动。在这种活动中，主试者设置了一系列尖锐的人际矛盾与人际冲突，要求被试者扮演某一角色并进入角色情景去处理各种问题和矛盾。这种评价方法通常采用一些非结构化的情景，使被试者之间进行相互作用。一般来说，标准化的社会技能角色扮演测试工具编制要经过六步：选择角色扮演情景、确定评定的行为标准、确定可靠的评分方法、信度检验、效度检验和常模确定。主试者通过对被试者在不同角色情景中表现出来的行为进行观察和指导，测评其素质潜能。

（二）测验特点

（1）处在特定环境中，扮演某个角色。

（2）可以多人同时施测，也可以单个人施测。

（3）情景模拟类测试，可以对个体行为直接观察。

（4）灵活性强，根据不同的工作特性和待测素质设计题目。

（5）适合测试中、高层管理者。

（三）评价的内容

主试者对角色扮演中各种角色的评价，应事先设计好表格。评价内容一般分为四个部分：

（1）角色的把握性。被试者是否能迅速地判断形势并进入角色情境，按照角色规范的要求去采取相应的对策行为。

（2）角色的行为表现。包括被试者在角色扮演中所表现出的行为风格、价值观、人际倾向、口头表达能力、思维敏捷性、对突发事件的应变性等。

（3）角色的衣着、仪表与言谈举止是否符合角色及当时的情境要求。

（4）其他内容。包括缓和气氛化解矛盾的技巧、达到目的的程度、行为策略的正确性、行为优化程度、情绪控制能力、人际关系技能等。

（四）测验功能

基于角色扮演的理论内容，我们可以了解到角色扮演的两大主要功能——测评功能和培训功能。

（1）测评功能。通过角色扮演可以在情景模拟中，对被试者的行为进行评价，测评其心理素质以及各种潜在能力。可以测出被试者的性格、气质、兴趣爱好等心理素质，也可测出其社会判断力、决策能力、领导能力等各种潜在能力。

（2）培训功能。在日常工作中，每个人都有其特定的工作角色，但是从培养管理者的角度来看，需要人适应角色的多样化，而又不可能满足角色实践的要求。因此，在培训条件下进行角色实践同样可以达到较好的效果。通过角色培训可以发现受训者行为上存在的问题，及时对行为作出有效的修正。换句话说，角色扮演是在培训情境下给予受训者角色实践的机会，使受训者在真实的模拟情景中体验某种行为的具体实践，帮助他们了解自己，改进提高。

（五）适应范围

通常角色扮演法适用于领导行为、会议主持、沟通协作、冲突管理等方面的培训。此外，还可应用于培训某些可操作的能力素质，如推销员业务培训、谈判技巧培训等。

（六）角色扮演的影响因素

因为角色扮演行为的影响变量太多，严格地加以控制是困难的。已有研究表明，影响角色扮演行为的主要有测试指示语、测试环境以及助手行为三个变量。

（1）测试语指示。测试语是任何角色扮演所必需的。大量文献表明不同的指示语模式可以产生不同的测试结果。Frisch 等总结了有关角色扮演指示语的研究，将指示语划分为三类：第一类讲明了有效行为反应的标准，这种指示语将操纵行为反应，使被试者表现出的行为水平与指示语的要求一致；第二类讲明行为评估的侧重点，事实上也改善了角色扮演行为；第三类指示语则操纵被试者的"期望"，即通过指明被试者交往对象特点的方法影响角色扮演行为。

（2）测试环境。测试环境也是影响角色扮演的一个主要变量，角色扮演的较大不足之处是角色扮演与现实刺激有很大的不同。在研究中多采用刺激控制方法，即通过创设不同的关键刺激，使测试情景接近现实，以取得客观的行为结果。这一变量又分为三个方面：辨别刺激（如演讲时观众的多寡）、外在刺激（如测试房间的大小）、强化程式（如助手的行为是否自然）。总的来看，有关测试环境的文献很少，只有 Meriuzzi 和 Biever 发现助手的外表吸引力这一环境变量对被试者的行为反应有一定的影响。

（3）助手行为。角色扮演至少需要一名助手参与，与被试者交互作用。许多研究发现，若助手言语较少，则被试者表现较差，若助手反应积极，则被试者表现较好。Bellack 等提出助手在与被试者交互作用中，不断作出行为反应，虽然比仅仅开始作出一次反应效果要好，但助手的语言应答反应对被试者来说未必恰当。有人提出，角色扮演中的助手与测试中的被试者的现实作用对象应该是同一个人，或者至少将两人相匹配，以控制被试者的反应性。

下面是一个 10 分钟的角色扮演实例:

指示语:你将与其他两个人共同合作,而且你们三个角色的行为是相互影响的。请快速阅读关于你所扮演角色的描述,然后认真考虑怎样去扮演那个角色。进行角色前,请不要和其他两个被试者讨论即席表演的事情。请运用想象使表演持续10 分钟。

图书直销员(角色一):你是一名大三的学生,你想多赚点钱自己养活自己,一直不让家里寄钱。这个月内你要尽可能多地售出手头的图书,否则你将发生经济危机。你刚在党委办公室推销。办公室主任任凭你怎样介绍书的内容,他都不肯买。现在你恰好走进了人力资源部。

人力资源部经理(角色二):你是人力资源部经理,刚才你已注意到一位年轻人似乎正在隔壁党委办公室推销书,你现在正急于拟订一个绩效考评计划,需要参考有关资料,你想买一些参考资料。但又怕上当受骗,你知道党办主任走过来的目的。你一直忌讳别人觉得你没有主见。

党办主任(角色三):你认为推销书的大学生不安心读书,想利用推销书的办法多赚一点钱,以使自己的生活过得好一点。推销书的人总是想说服别人买他的书,而根本不考虑买书人的意愿与实际用途,因此你对大学生的推销行为感到很恼火。你现在注意到这位大学生走进了人力资源部的办公室,你意识到这位大学生马上会利用你的同事想买书的心理。你决定去人力资源部阻挠那个推销员,但你又意识到你的行为过于明显会使人力资源部的经理不高兴,认为你的好意是多余的,并产生他无能的感觉。

角色扮演要点参考(仅供评分人参考)

角色一应尽量:(1)避免党办情形的再度出现,注意强求意识不能太浓。(2)对人力资源部主管尽量诚恳有礼貌。(3)防止党办主任的不良干扰(党办主任一旦过来,即解释说该书对党委办公室的人可能有点不适合,但对人力资源部的职员则不然)。

角色二应把握的要点是:(1)应尽量检查鉴别书的内容与适合性。(2)尽量在党办主任说话劝阻前作出决定。(3)党办主任一旦开口,你又想买则应表明你的观点,说该书不适合党办是正确的,但对你还是有用的。

角色三应把握的要点:(1)装着不是故意来捣乱为难大学生的。(2)委婉表明你的意见。(3)注意不要恼怒大学生与人力资源部经理。

四、其他测评技术

(一)管理游戏

管理游戏也是评价中心常用的方法之一。

在这种活动中,小组成员各被分配一定的任务,必须合作才能较好地完成。在这种测评中，主试者使被试者置身于一个模拟的环境中，面临一些管理中常常遇到的现实问题，要求他们想方法去解决。

例如，以总经理的身份去处理经营中的难题，进行人事安排，或是作为谈判代表与别人进行商业谈判的模拟练习。通过被试者在完成任务的过程中所表现出来的行为来测评被试者的素质，有时还伴以小组讨论。

由此看来，管理游戏是一种以完成某种"实际工作任务"为基础的标准化模拟活动，通过活动观察被试者实际的管理能力。

其优点在于：首先，它能够突破实际工作情境时间与空间的限制；其次，它具有趣味性；再次，它具有认知社会关系的功能。

其缺点在于：被试者专心于战胜对方从而忽略了对所应掌握的一些管理原理的学习；压抑了被试者的开创性，因为富有开创性精神的经理，会在游戏中遭受经济上的惩罚或亏本；操作不便于观察，花费时间。

【专栏 8.2】

管理人员的选拔标准

日本大企业选拔管理人才一般遵循的 14 条标准：

(1) 有众望、能合群、能起榜样模范带头作用。

(2) 品德高尚、见识广博、工作勤奋。

(3) 头脑灵活、有预见性、有洞察力。

(4) 有人情味，能吸引人，有领导才能。

(5) 既能把上面的意见向下面传达，又能充分了解、反映职工的要求，并提出解决建议。

(6) 严守信誉，恪守职业道德，不贪恋浮利。

(7) 具有把企业与全体职工融为一体的能力。

(8) 具有果断、勇于实践和坚韧不拔的毅力。

(9) 独创精神、进取精神。

(10) 敢于面对困难，并善于迎接挑战。

(11) 对上级不阿谀奉承。

(12) 不文过饰非。

(13) 先公后私。

(14) 排斥他人，用虚伪手段向上爬者是不合格的。

美国企业选拔管理者的 10 条标准：

(1) 合作精神，善于说服感化人，而不是压服人。

(2) 决策才能，站得高，看得远。

（3）组织能力，善于发掘下属的才能。

（4）善于授权，合理权限。

（5）勇于负责，高度责任心。

（6）善于应变。

（7）求实创新能力。

（8）敢担风险、善于开拓局面。

（9）尊重他人、重视他人、采纳他人的合理建议。

（10）品德超人，具有人所敬仰的品德。

（二）模拟面谈

模拟面谈是角色扮演的一种形式。一般是由主试者的助手扮演某一角色，与被试人谈话。主试者的助手可以扮演被试者拟任职位的下属、客户或其他可能与被试者在工作中发生关系的角色，甚至可以充当对被试者进行采访的电视台记者。

按照具体情境的要求，主试者的助手可以向被试者提出问题、建议或反驳被试者的意见，拒绝被试者的要求，等等。被试者必须与主试者的助手进行交谈以解决他所要解决的问题，由主试者对面谈的过程进行观察和评价。这个项目主要考查候选人的说服能力、表达能力及其灵活性和敏捷性，等等。

这一方法的优点是费时较少，一般给被试者 10～15 分钟的准备时间，然后利用 15～30 分钟的时间进行正式的谈话。用这种方法对缺乏经验的管理人员进行培训也是一种很好的方法。当然，这种方法也有其不足之处：一是它需要一个人来扮演某一角色与被试者进行交谈，增加了人员的需要；二是扮演者与不同的被试者交谈时可能会有不同的表现。

【专栏 8.3】

模拟面谈的典型案例

（1）让被试者扮演某公司部门经理的角色，在他所分管的部门中，有一名以前表现较好的员工最近总是上班迟到，同事常常抱怨他总是与他人发生争执，现在被试者的任务就是找这名员工谈话，扮演这名员工的是主试者的助手。主试者将给被试者提供一些较为具体的材料，被试者用 15 分钟的时间准备，正式谈话的时间为 30 分钟。在这 30 分钟里，"员工"将尽量给主试者设置各种各样的障碍，包括竭力的辩解，等等。

（2）要求被试者处理"顾客的抱怨"。假如你是安舒家居装修公司的总经理，有一天早晨，你正忙着准备一些会议的资料，并且一位对公司利益有重要影响的来访者将会在半个小时之后光临。这时，一个愤怒的年轻人冲进你的办公室，他大声嚷道"你就是王经理吗？前一段时间我刚刚买的新房子，就是请你公司帮我装修的，而现在卫生间漏水，地板也开始变形，更可气的是昨天吊灯居然掉下来，险些砸到我儿子，要是我儿子有个三长两短，我不会饶过你们的，我要上告……"然后他会有一大段抱怨，并提出巨额赔款，等等。由主试者的助手扮演顾客，被试者扮演王经理处理顾客的抱怨。时间为 20 分钟，因为绝对不能让那位重要的来访者看到这种情景。

(三) 演讲

在该测评方法中，被试者按照给定的材料组织自己的观点，并且向主试者阐述自己的观点和理由。有时，在被试者演讲之后，主试者要向被试者提问。这种测评方法可以考查被试者的分析推理能力、语言表达能力以及在压力下的反应能力。

通常，被试者拿到一个演讲题目之后准备 5 分钟即开始演讲，正式演讲的时间大约为 5 分钟。这种评价方法操作比较简便，并且节省时间。但是在这种方法中无法看到被试者与他人交往的过程，因此得到的信息比较有限。在很多评价中心中，演讲的方法都是与其他评价方法结合起来使用的。例如，演讲与小组讨论的结合，先由小组共同讨论一个问题，再派一个代表作演讲；或者，将演讲与公文处理和资料分析结合在一起，让被试者根据对文件中所提供的信息的分析进行演讲，这样既可以考查被试者的分析能力，又可以考查被试者的表达能力。

比较常见的演讲题目有以下几种情况：

(1) 竞选演说：让被试者竞争某个职位，各自发表自己的"施政纲领"。

(2) 就某个问题发表自己的观点：这种情况通常会提供给被试者一些文字材料，让他对材料中提供的问题发表自己的看法，这些问题有管理问题，也有社会问题，通常是大家比较关注的一些热点问题。

(3) 辩论式的演讲：就某个有不同意见的问题，让两组被试者各执一方，进行辩论维护己方观点。

主试者可以从以下几个方面对被试者的表现作出评价：

(1) 语言表达：声音是否洪亮，清晰；语音、语调的运用如何，是否抑扬顿挫；语言的感染力怎么样。

(2) 仪态举止：举止是否自然、平静放松；目光是与观众进行交流还是望着天花板或低着头；手势运用是否得当。

(3) 内容组织：逻辑是否清晰；对观点的论述是否有说服力；意思表达的层次如何，是否有条理性；内容引人入胜的程度如何；是否能用具体可信的实例说服人。

(四) 书面案例分析

在书面案例分析中，被试者被要求先阅读一些有关某个组织中存在的管理问题的材料，然后向高层领导提出分析报告和建议计划。案例中的问题一般是资金问题、制度改革或项目分析。这种测评形式可以考查被试者的综合分析能力和判断决策能力，它既可以考查一般技能，也可以考查一些特殊技能。

当主试者看到被试者撰写的报告时，可以同时对这个报告的内容及形式进行多方位的评价。如果主试者对报告的内容进行标准化的分析后发现，被试者对所给的材料分析不恰当或缺乏对各种解决方案的系统性评价，那么该被试者在决策能力这个指标上将得到较低的分数，并会影响到最后的评价。

同时，从报告的形式和规范化方面考虑，如果被试者在写作的形式或书面表达方面存在较大问题，那么即使他最终被录用或晋升，也必须接受有关商务文件和商业报告书写方面的专业培训。

【专栏 8.4】

评价中心技术实际应用

由中国联通冠名播出的 CCTV-2 联通"世界风""赢在中国"创业大赛中的 12 强进 5 强的分组商业实战，就是很好地运用了评价中心技术来选拔企业高层管理者。

商业实战通过考查团队营销理念、销售量及销售额和经费的使用效率，来决定团队和个人的成败。通过商业实战来考查选手的素质，即作为一个高层管理者应具备的一些素质，比如，沟通能力、领导能力、表达能力、逻辑思维能力、组织计划能力和判断能力等。

首先，12 强进入者通过抽签进行分组，分为两组参加 7 个商业实战。组员先接受具体商业实战的培训，规定实战的时间期限。之后各小组分别就给定的问题来讨论自己团队的计划，并到指定的场所进行运作。要求选手不能利用原有的资源，完全是靠自己来开拓市场。

选手到指定的场所，如大卖场或者批发市场，按照之前自己团队制订的计划进行运作。能否取得好的销售业绩，就能够很好的验证队员个人自身的能力素质。这个过程之中，选手向客户介绍自己的产品时，选手个人的能力就会体现出来，比如，赢在中国第三赛季—商业实战—01 中，选手推销阿里巴巴诚信通，通过让这种电子商务模式被茶叶批发商快速接受并获得订单，就能够考查选手个人的表达能力、沟通能力和逻辑思维能力。在这个过程中，对被选为队长的人还间接地考查了他的领导、组织、计划和协调队员工作的能力。

比赛过程中出现的异常情况，比如，实际情况与事先计划的出入比较大的团队成员该怎么？像赢在中国第三赛季—商业实战—01 中红队想在商场出口设置一个宣讲场所，结果被商场负责人拒绝，影响了他们自己的计划，就只能去铺位一个个地问，红队之前的订单户被蓝队给"抢"走了。这些都考查了作为管理者在这种情况下的应变能力。

最后，比赛结束后。由蒙牛集团总裁牛根生、汇源集团总裁朱新礼和阿里巴巴总裁马云就每个队员的表现作出点评。失败的一队成员还要对其他成员作点评并找出失败原因。

第三节　评价中心设计和实施中在注意的问题

一、评价中心设计注意的问题

评价中心设计实际上就是模拟实际情形，使其达到逼真的效果，从而达到既定的测评目的。因此，在进行情景设计时应注意以下问题：

（一）相似性

它是要求所设计的情景要与拟聘职位的工作实际具有相似性，具体表现为在素质、内容与条件三个方面的相似上。素质相似是指情景模拟中所测的素质要与实际工作中经常需要的工作素质相一致；内容相似是指情景模拟中被试者所要完成的活动与实际工作的内容相一致；条件相似是指情景模拟中被试者所拥有的工作条件与实际工作中人们所拥有的工作条件相一致。如调研模拟，只给被试者一个调研任务，而对于调研途径、方法及调研对象不予给定，这与实际工作中调研情形是一致的，使被试者有一种"现实感"。

（二）典型性

一是指所模拟的情景是被试者未来任职中最主要、最关键的内容，而不是那些次要的、偶然的事情；二是所设计的情景，不是原原本本地从实际工作中节选的一段，而是把实际工作情形中多种主要的与关键的——最具代表性的情形，归纳、概括、集中在一起，使本来在不同时间、不同情形下发生的事情集中在一起出现。

（三）逼真性

它是指所设计的情境，在环境布置、气氛渲染与评价要求等方面都必须与实际相仿，否则情景模拟就失去了它的测评价值。逼真与真实还是有一段距离的，这是指所设计的情景是根据一定工作原型与生活规律经过加工创造的"情景"。它们来源于工作实践，受实践的规律制约，是一种相对的"真实"，而非绝对上的真实，是现实的写照而非现实的摄照。

（四）主题突出

虽然所模拟的情景一般包括多种活动，要测评被试者的多种素质，但这并非是所有这些活动主次不分，杂乱无章，整个情景设计应该使被试者的行为活动围绕一根"主线"进行，突出表现所测评的素质，不要让一些不相干或相干不大的细节浪费了宝贵的测评时间。

（五）立意高、开口小、挖掘深、难度适当

即要求所设计的情景立意要从大处着眼，从素质的宏观结构与深层次内涵出发，根基要深，使整个情景模拟的每一步都有根有据，可以考查较复杂的素质。

留给被试者问题的入口要具体一些、小一些，使被试者可以从小处着手，不会感到漫无边际而无从下手；问题的开口要小一些，在要求上有一定的弹性，水平高的被试者可以深挖，水平低的被试者则点到为止。

问题不是所有的被试者都一下子就能回答的，而是"仁者显仁、智者显智、能者显能、劣者显劣"。情景设计要看似容易深入难，不同水平的被试者都能有所领悟，有所表现，而优秀的被试者也能脱颖而出。

二、评价中心技术实施中注意的问题

（一）评价中心技术实施失败的原因

研究认为，许多评价中心陷入失败困境，原因大致有以下几个方面：

（1）没有充分的准备与计划，或者准备工作过于累赘。有时初期的讨论会没有请到合适的人参加；有时评价中心没有得到高层管理人员足够的关心和重视；有时原来倡导评价中心的人离职，而这部分工作没有人接手；有时是因为评价中心解决不了人力资源管理中的问题，而被人丢弃。同时，在准备阶段，必须进行工作分析、情景模拟调试与编制和被试者训练，这些工作是相当耗时的，可能会超出企业的忍受程度。

（2）测评结果被误用或根本得不到利用。比如，诊断或发展项目中的测评结果常常会被错误地用于晋升决策，辛苦建立起来的效度水平就此毁于一旦。有时候测评结果根本得不到任何利用，有的企业建立了评价中心，并运用这种方法找到了有能力的人选，也诊断出相应的培训发展需求，但是事情就到此为止了，这些结论一点用处也没有。通常参加评价中心都会让测评对象产生某种期望，但企业完全无视他们的感受，于是员工的不满情绪滋生起来。

（3）评价结果缺乏预测效度。评价结果与后来工作的实际绩效之间缺乏一致性。这意味着评价结果是错误的，或者说对后来工作绩效的评价是不准确的。在这种情况下，评价中心得不到公司的支持和信任，因为有些在测评中得分低的人实际工作相当出色，公司因此会失去许多优秀的人才。

（4）得不到高层主管的支持与帮助。任何评价中心的实施都离不开上级领导在人力、财力、物力与时间上的支持与帮助。

（二）成功实施评价中心的关键环节

1. 明确目标岗位的素质要求

所谓"目标岗位"，是指对于将要招聘和选拔的人才，他们将被安置的位置。

所谓"素质"，是指与有效的绩效或优秀的绩效有因果关联的个体的潜在特征，即能够将某一个工作中表现优秀者和表现一般者区别开来的个体潜在的深层次特征。哈佛大学麦克利兰教授把素质划分为五个层次：知识、技能、自我概念、态度及价值观和自我形象等特质。

从素质的含义可以看出，素质是直接与个体的工作绩效表现紧密相关的内在因素，因而是预测个体工作绩效的有效的评价指标，评价中心应以此作为测评工作的基准。如果忽略这一环节，那么即使在测评上投入再多的精力也是无的放矢，甚至是南辕北辙。所以，测评之前要针对企业具体目标岗位进行工作分析，确定该岗位对员工的能力、知识和动机等素质要求(胜任力)，并界定素质维度定义，作为测评的标准。比如，销售人员的素质要求(胜任力)可以是人际敏感性、说服力、客户服务意识、分析能力和成就动机，等等。

2．精心设计测试方案

首先，选择和完善测试方案及工具。针对目标岗位的素质维度(胜任力)，选择合适的测试方案及工具。选择测试方案及工具的原则：① 每个方案必须与测评的素质维度(胜任力)标准直接相关；② 每个方案的难度适中、内容丰富，具备与岗位相关的情境，并且整个测试联系和工具经过专家的精心设计，具有合理的信度和效度；③ 针对客户的组织特点和时间、费用要求，对测试工具进行修正。

其次，设计素质评价矩阵。评价矩阵包括测试工具和素质维度(胜任力)两部分内容，每个素质维度必须通过多个测试手段进行观察，以保证测试的效度。比如"影响力"，该素质可通过无领导小组讨论、面试和演讲三种不同的测试工具进行评估。

最后，制订评价行动计划，包括确认评价目标、设计测评流程和测试的时间进度表，并将测试时间表提供给每位测评师。测试应按时间进度进行，确保每位候选人在公平、公正、公开的条件下进行测试。

3．测评师培训

测试效果的好坏在一定程度上依赖于测评师的技术水平，测评师要在专业人员中挑选，具有丰富的测评实践经验。即使是最优秀的测评专家，在测试前也要接受具有针对性的培训，包括：① 熟悉测评的素质维度(胜任力)和测试工具，了解特殊测验的一些细节内容；② 测试过程中行为观察、归类和行为评估技巧；③ 统一评价的标准和尺度，提高测评师的评价的一致性。

4．测试评估

测试结束后，每位测评师要将观察记录进行归类、评估，写出评语，然后一起对每位候选人在不同测试练习中的表现进行分析整合，逐一对每一项素质维度(胜任力)出具分数，并按照严格的格式撰写测评报告。即对候选人的以下几个方面作出评价：候选人的管理能力和素质，有何劣势；候选人的潜在能力和发展趋势；候选人还需要什么样的能力和经验才能满足既选岗位所明确的条件；要采取何种培训，来弥补候选人经验和能力的不足等。

只有做到以上几点，才能使评价中心成为一种科学有效的人才选拔和评估工具。

本章关键词汇

评价中心　公文筐测验　无领导小组讨论　角色扮演　情境设计

本章小结

1. 评价中心测评法是将各种不同的素质测评方法相互结合在一起的一种新型人员素质测评技术。它是通过创设一种逼真的模拟管理系统或工作场景，将被试者纳入该环境系统中，使其完成系统环境下对应的各种工作，如主持会议、处理公文、进行决策、处理各种日常事务和突发事件等。

2. 评价中心的特点：情景模拟性、综合性、全面性、整体互动性、预测性、标准化。

3. 评价中心的测评维度有以下几个方面：系统性、独立性、决策能力、风险精神、处理冲突的能力、民主性、说服能力。

4. 评价中心的优缺点：

（1）评价中心的优点

① 评价中心综合使用了多种测评技术，各测评技术之间互相弥补，扬长避短，并由多个评价者进行评价。

② 评价中心多采用的情景性测评方法是一种动态的测评方法。

③ 评价中心所采用的测评手段很多是对真实情景的模拟，而且很多情景是与拟任工作相关的情景。

④ 评价中心不仅是选拔管理人员的一种强有力的手段，同时也是一种很有价值的培训方法。

（2）评价中心的缺点

① 在评价中心技术所采用的情景性测验中，评价的主观性程度较高，制定统一的标准化的评价标准比较困难。

② 评价中心的评价时间较长。

③ 需要的费用较高。

5. 评价中心常用的几种测评技术：公文筐测验、无领导小组讨论和角色扮演。

6. 情境设计时应注意的问题：相似性，典型性，逼真性，主题突出和立意高、开口小、挖掘深、难度适当。

7. 评价中心技术实施失败的原因大致有四个：没有充分的准备与计划，或者准备工作过于累赘、测评结果被误用或根本得不到利用、评价结果缺乏预测效度、得不到高层主管的支持与帮助。

8. 成功实施评价中心的关键环节共有四个：明确目标岗位的素质要求、精心设计测试方案、测评师培训、测试评估。

复习思考题

1. 试述评价中心的概念。
2. 评价中心的特点和评价维度是什么？
3. 如何正确地认识评价中心？
4. 简述几种常用评价中心技术。
5. 评价中心技术设计中要注意哪些问题？
6. 概述评价中心技术实施失败的原因。
7. 简要阐述评价中心技术成功实施的关键环节。

【案例分析】

中东化工的无领导小组讨论案例流程

一、准备阶段

1. 被试者抽签编组，每组5~7人；

2. 会议室按照要求事先布置好，为便于被试者交流讨论，成半椭圆形摆放坐椅，评委相对落座；

3. 在每位被试者桌前摆放有"1、2、3、4、5、6、7"等数字序号的席牌(在观察评价过程中评委只关心被试者的数字代号，而不需要关注其姓名等。)

4. 考虑到被试者在讨论过程中可能需要随时记录，可在每位被试者桌上放置纸和笔，保证测评环境的公平性。

5. 给每位评委发放测评所需材料(实施流程、讨论背景材料、测评指标评分等级表、行为记录及评分表、白纸、笔等)。

二、实施阶段

(一)测评对象进入测评室，抽号入座，填报到表，助理人员要求他们将皮包等物品放到一边桌上，并关闭手机。

(二)主考官入场，宣读指示语

指示语：现在各位要接受的是一项能力测评活动。在这项活动中，要求大家以小组为单位就所给的材料及所提出的问题进行充分、自由的讨论。评委会根据大家在讨论中的表现进行评分。

材料介绍：

国源集团是某市国资委所属大型国有企业，前身为亏损旳国有企业。在国资委的领导下，以产权制度改革为核心，以结构调整为主线，以产业发展、国有资本保值增值为目标，已经全面完成了企业的改制任务。

近几年，国源集团全面落实科学发展观，积极拓宽经营思路，坚持全方位发展。在完成企业改制的基础上，国源集团积极拓宽经营思路，坚持全方位发展，注重多种经营并举，不断走出一条自我发展之路。目前集团已初步形成为一个集研发、生产、销售于一体的综合性大型现代化工集团。

在对集团资源和市场发展全面分析的基础上，集团制定了未来发展战略思路：主营业务收入突破 20 亿元，在所在区域成为现代化工行业的"领头羊"。

随着集团的高速发展，集团未来发展战略的制定，集团的管理层也意识到管理和运营方面存在一些问题，主要体现在以下几个方面：

（1）集团各个公司的业务发展在物力和人力的分配和支持上，没有全面的系统的战略方案。

（2）集团内部的企业之间资源完全没有相互利用，二级企业之间比较独立。

（3）企业在集团原有的资源基础上新业务进展缓慢，集团人员的知识和经验储备在新业务模式和市场运营方面经验不足。

（4）集团内部管理比较混乱，信息流通不够通畅。

为此，该集团的董事会多次开会研究领导班子的配备问题，但终究因意见不一致而未能作出决定。最终，他们决定在全国范围内公开招聘执行总裁，并请某管理顾问公司运用科学的人才测评方法帮助选拔总经理。

在接受委托之后咨询公司首先考虑了这样一个问题：在目前情况下，该公司最需要什么样的执行总裁？经过深入的调查分析，得到的结论是：尽管企业面临的环境比较复杂，但其中最核心的问题是内部的管理问题，有效解决内部管理问题是解决其他问题的前提条件。根据这一思路，确立了如下选人标准：

（1）有很强的战略管理能力，能很好地为企业发展做好战略管理工作。

（2）有很强的内部组织管理控制能力，注重运用企业制度与规则进行管理，规范企业行为。

（3）能够敏锐而准确地发现企业现存问题，思路开阔，考虑问题深刻而务实。

（4）有较强的处理人际关系的能力，善于驾驭复杂的内部关系和人际冲突。

（5）经营意识较强，经营观念与经营策略正确，准确把握市场方向。

（6）有较强的社会责任感和大局观。

经过初步筛选，并综合考虑候选人的素质特征，咨询公司推荐了四名候选人，交由公司董事会决策最合适人选，这四位候选人的基本情况如下：

1. 李强先生：36 岁，博士学位。6 年前毕业后一直在本集团从事产品相关的管理工作，主持过集团多次的产品研发。现任公司副总经理，主管企业研发工作。李先生细致、沉稳，办事注重条理，认真负责。有良好的经营管理意识和能力。分析判断问题视野较宽，关注工作任务的完成，原则性较强。对企业组织管理有一定的认识，但深度不够，基本停留在经验水平上。言语表达和沟通说服能力较弱，人际关系处理技能稍有欠缺，经营决策能力与职位要求尚有距离。

2. 王丽女士：35 岁，市场营销专业本科学历，现为深圳某大型电子有限公司的营销总监。思路开阔、自信敢为。热情进取，善于交流沟通。有较强的市场经营意识，分析判断问题视野较宽，不受条条框框的约束，关注各种机会和可能，有较强的成就动力。但思考问题不够专注和严谨，在人际方面分散精力过多，而在具体事务的处理方面持久性不够。对基础性工作重视不足。战略管理和决策能力与岗位要求有距离。

3. 吴忠浩先生：38 岁，名牌大学企业管理硕士毕业。1998 年至今在一家国有药业公司担任总经理，业绩优良，使得该药业公司蒸蒸日上。但他从未深入接触过化工行业，对化工行业的运作也不熟悉。吴先生待人谦和，彬彬有礼，说话办事通情达理，在群体中威望很高。在理顺企业内部关系、制定规章制度、企业文化建设等方面有丰富的经验；重视企业内部人才培养，上下关系都能搞好，但创新能力有所欠缺。

4. 李冰女士：39 岁，工商管理本科毕业。毕业后在一中型国有电子企业工作 10 年，在此工作期间获得 MBA 学位。1999 年至今在一家美国独资企业办事处担任首席代表，全面主持工作，业绩优良。她注重企业管理，注重组织结构的合理设置，处理人际矛盾能力非常强，思维灵活，沟通能力强，善于在群体中树立威望，有责任感。但开拓进取精神不是很强。

本次讨论大家要解决的任务是：代表该公司董事会作出最终的用人决策，从上述 4 位候选人中选出最适合的总经理人选，并给予详细的理由说明。

讨论中，请大家遵守以下规则：

(1) 在座的各位同属董事会成员，要求大家通过小组内充分、自由、深入的讨论来完成任务，总的讨论时间为 60 分钟。

(2) 讨论开始后，首先要求每个人轮流阐述自己的观点，时间不得超过 3 分钟；所有人阐述完毕后进行自由讨论，每人发言的次数不作限制。

(3) 讨论过程中欢迎大家积极发表自己的见解，但小组最后必须就主题达成一致意见，即一个小组成员共同认可的结论，并能给予充分的理由解释。

(4) 讨论结束后必须选派一名代表汇报你们的讨论结果和最终意见。

(三) 被试者讨论阶段

1. 测评开始前 2 分钟，由工作人员带领被试者进入会议室，随机就座；考官宣读指示语，介绍测评活动的性质；

2. 工作人员给被试者发放讨论背景材料，主考官指示被试者阅读思考材料(6分钟)；

3. 主考官宣读讨论规则，被试者开始讨论，评委观察、记录行为(60分钟)；

4. 被试者代表汇报讨论结论，其他被试者补充发言(5分钟)。

(四)评委评价阶段

1. 被试者离开会议室后，在主考官的引导下，将观察记录的行为进行汇总；

2. 对照"测评指标评分等级表"进行打分评价，主考官记录评委的评价意见(30分钟)。

三、评委评价注意事项

1. 被试者在测试过程中主考官和评委一般不干预他们的活动；

2. 被试者在讨论时，评委要集中精力进行观察，并把观察到的典型行为记录在"行为记录及评分表"对应的典型行为栏内；

3. 讨论开始20分钟后，评委也可以就部分指标进行打分评价，之后可根据情况进行修改；

4. 讨论结束后，评委应在主考官的组织下进行行为汇总，对照"测评指标评分等级表"进行独立打分评价；但对分歧较大的个案要多讨论，尽量回忆、结合被试者的表现，求得基本一致的评价；

5. 评分采用 10 分制，8~10 代表优秀，5~7 代表中等，1~4 代表有差距，具体标准参照"测评指标评分等级表"，分数评价尽量以 1 分为间距，不要出现小数点；

6. 评分应尽量客观，紧扣标准，要拉开差距，敢于打出高分或低分，避免居中倾向等常见评价误差。

◎ 思考题

结合本章所学知识，分组讨论，并陈述小组观点。

第九章 人员素质测评的实施

【学习目标】

1. 要求掌握人员素质测评实施要素构成、基本程序与步骤
2. 熟悉实施素质测评的基本原则与要领
3. 理解测评工具与方法的设计
4. 了解测评方法选择时应注意的问题

【引导案例】

　　某大型保健品公司是一家集现代生物和医药制品研制、生产、营销于一体的高科技股份制企业，在国内保健品行业具有很高的知名度，随着业务的发展，该公司希望在未来的时间里抓住机遇，加快实现超常规发展，在产品系列化、产业多元化、经营规模化、市场国际化的基础上，使 R 公司的品牌真正成为国内、国际知名的一流品牌。一流的品牌必须要有一流的人才来支持。为了创建一流的品牌精英团队，该公司决定对其所有的 30 余名品牌经理进行全面的测评，以此全面了解这类人员的岗位胜任能力和潜在素质。

　　该公司委托了专业测评公司实施测评。其步骤为：第一步：前期沟通与访谈。其一，了解和收集有关品牌经理工作职责和任职资格要求等方面的基本信息。其二，通过与总裁、副总、人力资源部经理等高管人员沟通确定公司的企业文化、发展战略、品牌经理胜任能力、工作业绩现状和高层对品牌经理的期望与要求等。其三，对品牌经理岗位上绩效良好和绩效较差的经理人员就相关岗位的工作职责、工作内容、工作流程、工作障碍和面临的挑战等方面进行关键行为事件访谈，同时与他们的上司、助理、业务相关部门的同事进行了 360度的访谈。第二步：建立胜任能力模型。在整合专家意见的基础上，建立胜任能力模型的要求，对能力维度的名称、定义、权重和标准等进行了分析和整理，形成了该公司品牌经理岗位的胜任能力模型草案。经高层修订后，最终达成了各方认可的胜任能力模型。

　　该公司的素质测评步骤是完善的吗？其在操作上是否做到了详细化与可行化？一个完善的人员素质测评具体包括哪些详细的步骤呢？其测评工具与方法应如何选择？对这些问题的回答，需要我们全面了解人员素质测评的实施。

人员素质测评的实施是一个极其复杂的过程，必须根据测评要领的要求，遵守科学的测评程序，确保测评过程中各环节相互协调、相互衔接，从而使测评结果准确、客观、公正。本章主要讨论素质测评组织与实施的基本构成要素和一般程序、测评工具与方法的选择以及具体的素质测评实施过程。

资料来源：佚名. 企业中高层营销管理人员评价与选拔测评实例［OL］. http：//www.job128. com/html/news/18/93597. html. 2008-08-12

第一节　素质测评实施方案的构成

一、测评方法的组合和设计论证

测评方法的组合设计一般包括七个步骤：确定测评目的、需求分析、确定测量手段、预期结果、实施过程的设计、测评时间、费用预算或报价。具体来说，是需要针对组织的需求，适应个人、组织和职位的特点，通过测评专家对各种测评技术的熟练把握和灵活运用，选择最全面、最有效的测验结合。

（一）确定测评目的

确立测评目的是人员素质测评的开端。明确设定的测评目的不仅为具体方案的设计指明了方向，而且为后期对测量目标及其效果进行评估监控确定了依据，这不仅仅是测评活动实施的目的所在，而且是从思想认识上统一企业上下对测评工作价值认同的过程。测评目的的确定，从大处讲要结合社会、市场、经济区域的发展状况，结合企业的长远发展战略、企业的文化追求。从小处讲，测评目的的确立要结合企业的经营策划、组织策划、变革策划。具体来说，要结合具体的人事管理目的和人力资源开发需要，来确定人员素质测评的目标和方向。

（二）需求分析

需求分析建立在对准备进行人员素质测评的企业有全面、深入的认识的基础上，从而大体上把握符合企业形象追求的人员素质的结构和水平。这需要人员素质测评专业人士与企业双方面的广泛深入地沟通来达成共识，从而甄别出人员素质测评要素的过程。人员素质测评要素是整个测评的技术性测评目标，测评要素是否全面、敏感、有效，决定了整体测评工作的质量和可实现价值，所以要求人员素质的测评要素必须反映：

（1）企业文化和理念的要求。

（2）岗位工作的要求。

（3）岗位职责的要求。

（4）个人可发展的要求。

（5）适应性的要求。

从内容上看，测评要素包括如下几个方面：

(1) 个性品质。

(2) 职业适应性(如兴趣取向、价值取向、需求与动机水平)。

(3) 技能与能力：资格认证水平、基本能力、职业能力、管理技能。

在具体操作中，首先要在细致全面的工作分析之上，具体确定每一职位所要求的能力、个性品质(性向、情绪、风格)以及职业适应性和匹配度这三个方面的要点，并且构建各个要点之间的整合关系，据此作为测评要素，它也是下一步组织测评方案的评价目标，同时也是做评价结果报告时对各项测验进行综合评估和评定优劣的参照依据。

(三) 确定测量手段

有了详细的需求分析，就可以选择具体的测验工具，在每选择一个具体的工具时，要说明这个测量工具的功能、采用的理由。在选择测量工具时，必须考虑企业特色与文化。见表9.1。

表9.1 **人员素质测评系统工具汇总表**

测验类别		主要测评工具	测 量 维 度
基本测验	个人品质测验	卡特尔16因素人格测验	乐群性；敏锐性；稳定性；影响性；活泼性；规范性；交际性；情感性；怀疑性；想象性；隐秘性；自虑性；变革性；独立性；自律性；紧张性
		DISC个性测验	支配性；影响性；稳定性；服从性
		管理人员个性测验	正性情绪倾向；负性情绪倾向；乐群；责任心；广纳性；内控性；自控性；自信心；A型价格；成就动机；权力动机；面子倾向
	职业适应性测验	生活特征问卷	风险动机；权力动机；亲和动机；成就动机
		需求测试	生理需要；安全需要；归属和爱的需要；自尊需要；自我实现需要
		职业兴趣测验	经营取向；社交取向；艺术取向；研究取向；技能取向；事务取向
	能力测验	多项能力、职业意向测验	语言能力；概念类比；数学能力；抽象推理；空间推理；机械推理
		数量分析能力测验	数量及数量关系的识别和分析能力
		逻辑推理能力测验	思维能力测验，评估思维的；逻辑性、灵活性和发散性
		敏感性与沟通能力测	一般人员的人际敏感性；营销意识；沟通行为倾向；营销常识

续表

测验类别	主要测评工具		测量维度
基本调查	个体行为	工作感觉评定	工作满意度
		价值取向评估	理论取向；经济—政治取向；唯美取向；社交取向
	领导行为	沟通方式评估	测查上下沟通的知识和技能掌握情况
		冲突应付方式评定	非抗争型；退避与顺应；解决问题型；统合与妥协；抗争型；竞争型
		工作习惯评定	测查科层意识
		变革意识评估	测查对事物的灵活性和创新意识
	团体行为	团体健康度评定	共同领导；团队工作技能；团队氛围；团队凝聚力；成员贡献水平
		团体绩效评定	评估团队绩效
基于情境的测验	公文筐测验		工作条理性；计划能力；预测能力；决定能力；沟通能力
	无领导小组讨论		组织行为；洞察力；倾听；说服力；感染力；团队意识；成熟度
	结构化面试		评估综合分析能力；仪表风度；情绪控制能力；应变能力和动机匹配性等
面向高绩效的管理人事测验	人际敏感性测验		对人际事务的敏感力
	管理变革测验		变革意识；创新意识
	团队指导技能测验		团队管理开发技巧
	自我实现测验		寻求自我发展、发挥的动机
	人际关系管理测验		应付人际关系
	沟通技能测验		沟通技巧
	管理方式测验		基本管理理念
	基本管理风格测验		管理风格
	管理情景技巧测验		在各种情景中的行为模式
	组织绩效测验		绩效意识与可能的潜力
	管理者自我开发测验		从事实把握、专业知识、敏感力、分析判断力、社交技巧、情绪灵活性、主动进取、创造性、心智灵活性、学习技巧、自我意识等11方面评价管理素质

（四）预期结果

确定了所有要求的测量工具后，应重新系统地评价这个设计方案，对可能的结果作出预期，这一预期包括几方面的内容：

（1）由具体的分数如何建立综合报告。

（2）测量的结果将如何指导后期的工作。

（3）可能在多大范围内对员工产生影响。

（五）实施过程的设计

在此阶段，要把实施所有测量的具体程序确定下来，包括说明有关时间、地点、辅助材料、现场布置要求、分组、设备、流程等所有细节工作的安排、落实等。由于一般都会有多个测量项目，不同项目的先后顺序也要考虑妥当。一般来说，要遵循以下原则：

（1）简便易行的测量放在前面。

（2）成本低的测量放在前面。

（3）当一个测量的内容可能影响（如暗示、帮助）其他测量时，这个测量应放在后面。

（4）容易产生疲劳的测量放在后面。

（5）测量内容比较敏感，或容易造成较大压力的测验（如能力测验往往会影响人的自信心），放在后面。

（六）测评时间

在测量组合设计时要考虑和说明测量的时间。有时，由于特殊需要，测量项目会比较多，总时间就会很长，有时甚至会需要几天的时间。这时应当有成本—收益分析，在过长测评的疲劳、对正常工作的影响与科学系统的人才诊断之间，找到一个企业放心地把几十亿元的家当交给一个人去运作、管理，花上几天的时间诊断这个候选人是否能胜任，肯定是值得的。但如果过多的测评内容造成疲劳、厌倦，或所增加的信息量增大，出现边际负效应，则多测无益。实际上，许多组织常常是因为对系统的测量的时间不能接受而放弃测量计划的。因此，可行性也是需要考虑的因素。

（七）费用预算或报价

一般而言，在完成一个人员素质测评方案的设计时，要给出它的预算或报价。

在人事测量行业，测量的费用通常按照每个人每项测量内容来计费。同时测量的人越多，单人计费越高。当一个组织同时测量很多人，特别是在整个组织大规模测评时，往往需要对所有被测量人员的综合结果，或是对整个组织的情况作出全面报告。

（八）组合的原则

人员素质测评方法的组合需要遵循一定的规则，具体包括以下几点：

（1）以满足企业/客户双方的要求为目的，充分体现对该需求的呼应。

（2）以工作分析为基础，突出重点，全面测评。

（3）以对企业或职位来说十分关键的素质作为评估重点，考虑经济原则。

（4）以能力、个性、职业适应性（动机、需求、兴趣）三大模块为基本测评内容。

二、人员素质测评的实施程序

人员素质测评程序是实施人力资源测评应遵循的基本步骤，一般情况下，人力资源测评程序见图9.1：

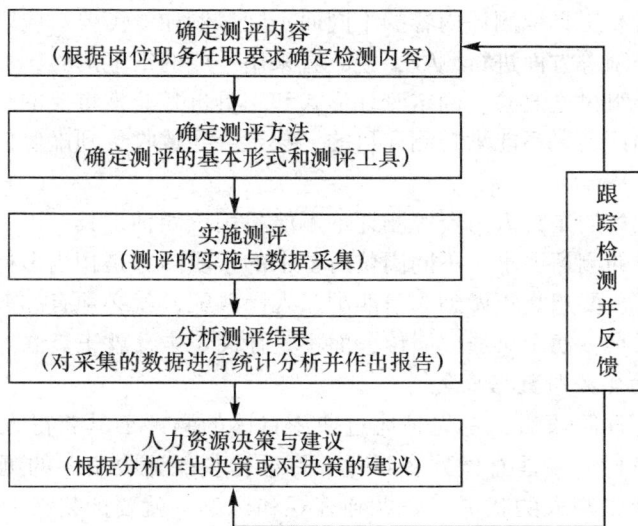

图9.1　人力资源测评流程图

资料来源：肖鸣政. 人员测评理论与方法（第2版）. 北京：中国劳动社会保障出版社，2004.

（一）确定测评内容

对以选拔为目的的人力资源测评，确定测量内容这一步最为关键，错误的测量内容将导致招聘决策的失败。

测量内容应根据所选拔岗位的任职素质要求（通常以工作分析、职务说明为依据），针对不同职务、不同岗位、不同企业特征及某些特殊需要，诊断出工作岗位对各种可能素质的要求，包括质和量两个方面。

在以选拔为目的的人力资源测评中，另有一个重要的程序是确定选拔的标准，即确定什么样的受测人可以被企业录用。这种标准的确定可以分两步进行，首先，在确定测量内容的同时确定大致标准，如选用外向者、职业兴趣为经营取向者等；其次，制定精细的标准，它可以是一个绝对的标准（如某一个分数线），通常这种情况是企业采取了"淘劣"策略，即达不到这一基本标准的人决不录用。它也可以是在测量结果出来后，根据组织所需人数或筛选比例确定具体、细致的标准，这种情况通常是企业采取了"择优"策略，即从应聘者里选拔相对较好的人选。

对以诊断、评价等为目的的人力资源测评，确定测评内容就相对简单。可以根据诊断、评价的内容确定测评内容。例如，要想了解员工偏好哪种工作，可以对员工的职业兴趣进行测评；要想确定是否要对管理人员的沟通技能进行培训，可以测评他们的沟通技能，为培训计划提供依据。

（二）确定测评的基本形式和测评工具

测评的形式和工具依测评内容的不同而不同。例如，需要对应聘营销人员的口头表达、情绪控制等方面进行测查，就不宜采用一般的纸笔测验，而最好采用情景模拟测验，如小组讨论测验。确定测评形式和工具也是非常重要的一步，不恰当的测评方法会使测评结果不能满足测评目的，甚至会导致收集到虚假信息，误导决策的制定。

特别需要注意的是，人力资源测评绝不能只用三四种工具，以不变应万变的方式对付所有岗位的测评要求。不同岗位所要求的素质内容是相当多样化的，它们的组合就更丰富了，要想真正做到人事匹配、人岗匹配，就必须有的放矢地根据岗位需要选择测评工具，使工具适应岗位，而不是让岗位去迁就工具。

（三）测评的实施与数据采集

进入实施测评阶段后，首先是通过使用具体的测评工具获得人力资源的评定数据。在这一阶段，要注意做到客观化、标准化，保证收集到的测评结果能够公平、真实地反映受测人的状况。要做到客观和标准，就要严格按照测验的实施要求进行测评，防止个人情感对测评结果的"污染"。并且，在收集测评资料的同时要注意将实施测评过程中相关的信息及可能对决策产生影响的细节记录下来，作为决策的辅助材料，如在考查范围之外，但有重大意义的受测人的特殊表现（如特殊的个人经历或特长），以及能对测评结果造成影响的特殊因素（如考场的干扰、受测人突然患病）等。与此同时，要保证测评的现场环境空气通畅和新鲜、照明充足、温度和湿度适宜、干净整洁、安静、没有外界干扰，每个受测人的桌椅应尽可能舒适，并有足够的空间，尤其避免多个受测人在同时应试时相互影响、干扰。如果安排的测量内容较多，则不同内容之间应安排适度的休息，条件允许时可提供饮用水。另外，主试态度要温和，施测过程控制要标准化。总之，要尽量排除无关因素的干扰，使受测人在一个比较舒适的环境中接受测量，以保证受测人正常发挥水平。

（四）分析测评结果

对测评结果的分析通常包括对测评结果的计分、统计和解释。对于心理测验来说，它的计分和统计方法往往是预先建立的，使用者只需按照测验说明进行操作即可。对于已经计算机化操作的测量就更为简单了，在测验完成之后，统计结果也即完成，并可打印出报告。

然而，对结果的解释就比较复杂了。对单一测评结果的解释可以参照标准进行解释。但很多情况下，人员素质测评包括多个一同实施的测验，需要结合多个测验的结果作出整体的评价和解释，这需要分析者对各项测验充分了解，并有丰富的经验。

（五）根据分析作出决策或建议

决策与测评目的联系紧密。以选拔为目的的测评，其决策内容为候选人名单；以安置为目的的测评，其决策内容为岗位与应聘者的匹配；以评价为目的测评，其决策内容为受测人素质的评价；以诊断为目的的测评，其决策内容为受测人的问题和特长或应聘团体的状况和管理问题；以预测为目的测评，其决策内容为受测人未来的绩效和工作表现。

在进行决策的过程中要注意：测评结果只是决策信息的一部分，在参考测评结果的同时，也要考虑其他的因素。另外，在进行人事选拔时，测评结果往往只给出参考性建议，决策需要有关部门通盘考虑而作出。

运用人力资源测评，是出于人力资源管理科学化的目的，反过来，对待人力资源测评，也需要抱着科学的态度。既要尊重科学，追求客观性，推动人员素质测评在实际工作中的运用，又要合理地看待人员素质测评的可靠性和有效性，不宜过分夸大它的精度和适用范围。实际上，就像所有物理学的度量衡如秤、尺、量筒等的测量精度有一定限度和误差一样，人员素质测评这种针对人（人的行为及其内在品质）的度量也是有精度上的限制和误差的。拒不采用有效的客观的人员素质测评辅佐人事管理是不科学的，盲目使用甚至滥用人员素质测评，乃至造成对受测人和组织的损害，也是不科学和不道德的。

（六）跟踪检验和反馈

在多数情况下，还需要对测评结果及聘用结果进行跟踪。主要是根据工作绩效对测评结果和聘用进行检验，这就为前面的工作提供了重要的反馈，为测评取得经验性资料，为测评进一步校正以达到更大的精确度提供依据。通常可以通过测评分数和绩效之间的相关性，来判断测评的预测效度，并可据此对测量工具进行校正。可以说，到这一阶段，才真正完成了一个人员素质测评的作业环路。

三、实施测评的基本原则与实施要领

（一）人员素质测评实施的基本原则

人员素质测评不是建立在主观、直觉的基础上的，而是建立在比较客观的、量

化的、科学的测量的基础上的。人员素质测评必须要遵循一定的基本原则，这些原则是理论指导实践的科学总结，因而评定结果会更可靠、更有效。为保证这一目标，我们要注意做到以下几点：

1. 普遍性与特殊性相结合

现代人员素质测评是针对一定岗位或职位的人员进行的，这就要求在设计测评要素和编制测评标准时，一方面要遵循测评工程的技术要求，另一方面也要充分体现工作岗位或职位的特点与要求。认真做好职务分析工作，是合理选择测评要素，保证测评效度的重要基础。

2. 测量与评定相结合

在对测评信息进行统计处理和解释测评结果时，要注意测量与评定相结合。测量是对人员素质或绩效的定量描述，而评定则是超过这一描述权衡其价值大小。在现代人才测评工程中，定量的测量和定性的评定是一个有机的整体，测量是评定的基础，评定是测量的继续和深化。没有准确客观的测量，就不会有科学合理的评定；同样，离开了科学合理的评定，即使有准确客观的测量也难以发挥有效的作用。

3. 科学性与实用性相结合

在进行人员素质测评时，一方面应尽可能提高测评的科学性，另一方面也不能不考虑现有的技术水平和测评条件，注重实用性。在实际测评工作中，应在这两者之间较好地谋求一种协调。那种只追求测评的科学性，而忽视现有的技术水平和应用条件，可能会导致对大量测评工作的抹杀，反而不利于测评的开展和测评的技术水平的进一步提高。

4. 精确与模糊相结合

在人员素质测评中，有些测评要素是可以很精确地进行测评的，如机械推理能力；有些则很难进行精确测评，如口头表达能力和自我认识能力，这时就需要进行模糊测评。模糊测评有两种：一种是损失一定的精确性，寻求实用性；另一种是利用模糊数学原理进行貌似模糊，实则更精确的测评。在人才测评中应该是在模糊之中求精确，在精确之中求模糊。能在精确处求精确，不能精确之处则模糊。精确测评与模糊测评相结合，应体现在测评要素的设计、标准的制定、方法的选择、信度分析、结果评定与解释的全过程。

(二) 实施测评操作的要领

人员素质测评实施的基本要求是使所有的受测人都在相同的条件下表现出自己的真正行为。这就要求测试时使用标准的指示语，制定标准的时间限制，创造合适的测试环境，以及控制施测中可能影响测评结果的任何其他因素。

1. 采用标准化指示语(见表9.2)

在施测过程中应该使用统一的指示语。指示语是在测评过程中说明测评进行方式以及如何回答问题的指示性语言。指示语应力求清晰、简明，使被试者能很快明白应该做什么以及如何对题目作出反应。一般来说，对被试者的指示语应包括：

（1）如何选择反应方式（画圈、打勾、填数字、口答、书写等）。

（2）如何记录这些反应（答卷纸、录音、录像等）。

（3）时间限制。

（4）当不能确定正确反应时，该如何去做（是否允许猜测等），以及计分的方法。

（5）当题目形式比较生疏时，应该给出附有正确答案的例题。

（6）某些情况下告知被试者测验目的。

表9.2　　　　　　　　　　　　**人格测验的标准化指示语**

本测验包括一些有关个人兴趣与态度的问题。每个人对这些问题都会有自己的看法，对问题的回答自然也是不同的，无所谓（正确）或（错误），只是表明你对这些问题的态度。请你要尽量真实地在表达自己的意见，不要有所顾忌。

本测验每一道题都有三个可供选择的答案（A、B、C），答卷纸上相应地附有三个方格，请把你所选择的答案以"X"为符号，填写到相应的方格中，即：你如果选择"A"答案，就在第一个方格内画"X"；选择"B"答案，就在第二个方格内画"X"；选择"C"答案，就在第三个方格内画"X"。按此规则，对答卷纸上方的四个"例题"进行练习。

应当注意的是：

① 每一道题只能选择一个答案；

② 不要漏掉任何一道题；

③ 尽量少选择中性答案，即"不确定"或"介于A、B之间"等答案；

④ 本测验不计时间，但应当凭自己的直觉反应进行作答，不要犹豫不决，拖延时间。一般应在一个小时内完成测验；

⑤ 有些问题你可能从未思考过，或者感到不太容易回答；对于这样的题目，同样要求你作出一种倾向性的选择。

下面是四个例题，请尝试回答这几个问题：

1. 我喜欢看团体球赛：A. 是的　B. 偶然的　C. 不是的

2. 我所喜欢的人大多是：A. 拘谨缄默的　B. 介于A和C之间的　C. 善于交际的

3. 金钱不能给予快乐：A. 是的　B. 介于A和C之间的　C. 不是的

4. "女人"与"儿童"，犹如"猫"与：A. 小猫　B. 狗　C. 男童

第四题的正确答案为"小猫"，不过在本卷中此类问题比较少见。

测验的指示语必须清楚、明确、易懂、有礼貌。有时需要进行必要的演示，并且要注意观察被试者的反应。例如，要求被试者在答卷纸上写上自己的名字时，最好用这样的指示语：

"请拿起测验本"(举起一个样本，检查是否每一个被试者都有了测验本)；"翻开第一页"(演示，等每一位被试者做完)；"在第一行写上你的名字"(显示被试样本，等待被试者完成)。

标准指示语一般要求主试者在念完指示语之后要询问被试者有什么问题，主试者在回答这些问题的时候应该注意不要另外加上自己的想法而使得测验不标准。因为不同的指示语直接影响到被试者的回答态度与回答方式。

2. 确定恰当的测评时限

时限在很多情况下不是受施测条件以及被试者的特点所限制的，但是最主要的是考虑测量目标的要求。大多数测评既要考查被试者反应的速度，也要考查解决有较大难度题目的能力，因此，应确定合适的测评时间。通常，在能力和成就测验中所使用的时限，以大约90%的被试者能在规定的时间内完成测验为标准。如果题目从易到难排列，则可力求使大多数被试者能在规定时间内完成他会答的题目。确定测评的标准时限一般采用尝试法，即通过预测试来确定。

3. 创造适宜的测评环境

测评的环境条件也是影响测评成绩的一个因素。尤其对于操作性的测验，如果环境布置得过于严肃，则易使被试者感到紧张压抑，不能发挥其正常水平。测评场所必须确保具有良好的物理环境，包括安静而宽敞的地点、适当的光线和通风条件、适宜的温度和湿度等。另外，在测试时还要防止其他干扰。

4. 选派经验丰富的主试者

主试者俗称考官或主考人，是控制测评进程的主要人员，主试者的经验和知识如何，对测评结果有相当大的影响。一般来讲，在测评前，主试者应熟悉测评指示语，熟悉测评的具体程序，组织测评工作人员准备好测验材料，并确保测评环境恰当；在测评中，主试者应按测评指示语的要求实施测评，当被试者询问指示语意义时，主试者不能加入自己的主观看法，也不该透露任何可能对测评结果有影响的信息或线索。与此同时，应与被试者建立一种友好合作的、能促使被试者最大限度地做好测试的一种关系，因此无论在个体还是在团体测评中，主试者都应采取热情友好并且客观的态度。

第二节　选择和研制测评工具与方法

一、人员素质测评工具与方法的选择

人员素质测评的工具编制得好不好，不仅要看其在人员素质实际评价中是否有效，还要看它是否达到了几个通用的测量标准。一般来说，在保证实施测量标准化的条件下，对这些测量学的标准的遵循与该测评的有效性是一致的。只有遵循了信度、效度、项目分析和常模这些测量学的标准，才能保证人员素质测评的有效性。此外，测评方法与工具是服务于具体岗位和组织的，用统一的方法与工具去服务所有的岗位和组织是不可取的，违背了人事匹配的基本原则。因此，在选择测评方法时，应该从测评的管理目的、岗位职责的特点以及被测组织的特征这些方面进行选择。

（一）根据不同管理目的测评方法选择

1．用于招聘甄选的方法选择

针对招聘甄选工作的特点应注意如下几个问题：

（1）区分性。应聘者往往数量众多，要有效地将其按照不同的素质水平区分开来。在这里有两种策略，即汰劣与择优。汰劣要求使用成本低、容易实施、标准明确的测验方法，如能力倾向测验、职业能力测验、知识考试等。其往往用于一般人员的选拔或对大批应聘者的初步筛选；择优则要求对被试者进行全面、详细的考查，可以综合采用面试、面向高绩效的管理测验、评价中心等成本高、效度高的方法。择优测验往往用于选拔职位要求高、职责重大的人员。

（2）客观性。在招聘中，为了避免主观因素带来的偏差，要求所采用的方法有较高的客观性，如标准化测验、结构化面试和各种测验方式相互印证比较的评价中心等。

（3）灵活性。为了避免被试伪装和隐瞒信息，所选厇的测验应该是灵活可变的，或者是具有测谎机制，或者是编制上采用了声东击西的策略，或者是各项分数能够相互印证比较。

（4）公平性。招聘过程需要公平、公正、公开，因此所选测验方法也要估计公平程度，避免统计性歧视以及具备较高的表面效度都是必要的。

2．用于晋升选拔的方法选择

晋升是职务工作的一种转换，是不同职务或岗位的调动。它是一种激励的杠杆，对保持组织自身吸引力和加强人员稳定性是有用的。在晋升过程中普遍存在三个问题。首先，从基层到中高层，管理职责差异很大，所需能力不同，在基层干得好的人在更高层的职务上未必干得好；其次，晋升的公平性问题，是应该基于能力、基于资历，还是基于绩效；最后，客观性问题即由谁来选拔的问题，这涉及从直接领导人到各级管理层的复杂关系。要解决这些问题，在建立合理的职位素质模型的基础上，应该采用标准化、客观化、明确、公开的测评方法，且预测效度更高，这样才能保证公平性和晋升工作的信誉。能力倾向测验、人格与个性测验、评价中心方法都是不错的选择。

3．用于培训的方法选择

人员素质测评作为培训需求分析的必要工具和评价培训效果的重要工具，属于开发性的测评，不像选拔性测评那样注重测评结果的区分功能。它需要保证的是测验的信度、效度和可行性，讲究成本适当，操作方便，测评结果准确可信，并有完备的常模标准进行对照。结合培训针对的素质能力，可选择相应的知识考试、职业技能测验、管理认识测验和公文筐等模拟测验等。

4. 用于考核的方法选择

考核包括对工作业绩、工作能力、工作态度的测评。考核与人员素质测评是有区别的，前者是常规性的管理活动，以事实性的工作结果和行为时限为根据具有监督、指导、激励等功能；人员素质测评往往是一种应时性的咨询诊断工作，考查的的行为以及其背后的素质水平，其结果是客观的描述，不会对被测对象的行为产生实质的影响。它们之间的关联之处在于人员考核借鉴了素质测评的方法，两者可以互相补充。在心理测评工具中，能力测验的预测力和诊断力是最为可靠的，可以用做潜能考核的有效手段。

（1）多向能力测验：预测能力结构，依据优劣势分析，进行合理的工作安排和团队组合。

（2）管理数量分析能力测验、管理逻辑推理能力测验：预测管理潜力和创造潜力，判断是否易于实现有效管理。

（3）公文筐测验：适用于高层管理者，预测工商管理素质，评估综合管理技能，鉴别是否有全面系统的经验和独当一面的魄力。

（4）小组讨论：适用于中高层管理者，预测工商管理素质，评估领导意识和素质、表达能力和协调引导能力，预测管理功能和管理风格。

（5）面向高绩效的管理潜能开发测验：适用于中高层管理者，考查管理者的知识、技能水平和管理风格定位，强化管理效能和管理风格。

（二）针对岗位职责的测评方法选择

岗位职责，从纵向的层级划分，可以分为一般员工、中层员工和高层管理人员；从横向的职种划分，可分为生产、营销、财务、行政人事和技术岗位。

1. 用于一般员工的测评方法选择

一般员工从事的工作有自主性低、工作责任和工作内容单一、任务量大、简单重复性高的特点。一般来说，没有必要对其做复杂能力素质的综合考查，一般是从工作要求出发，考查他们是否具有完成岗位任务的基本知识和技能。除了工作任务所要求的基本技能，人员素质测评也有必要调查一般员工的心态，如工作满意度、需求和动机等。值得注意的是，对于某些专业技术人员，也应该首先考查他们与工作有关的专业技术能力，然而，这些人员往往是组织的最大财富，其重要性与普通员工不可同日而语，因此，仔细调查其价值取向、满意度和需求动机，是留住人才的基本要求。

2. 用于中层管理人员的测评方法选择

各部门的主管人或是项目负责人，构成了组织的中层管理阶层。中层管理阶层所肩负的责任是多元化的，所需要的品质也是多种多样的，包括能力、个性和人格倾向等多个方面，在设计中层管理人员的测评方案时，就有必要采用多种多样的测评工具，以全面涵盖待测的素质。然而，过多的测评会占用时间，造成疲劳，因此应该注意在全面的基础上，有重点地组合测评工具。对于关键的素质，采用高效度的小组讨论、情景模拟和结构化面试等；对于与测评的管理目的不那么密切的素质，可以采用心理测量表、问卷调查等较为易行的方法。

3. 用于高层管理人员的测评方法选择

高层管理人员是企业的最高决策层，担任着经营决策、策划、指导与领导的职能。在选择测评方法时，因为被测对象是对企业组织的发展具有决定性影响的重要人员，测评本身受到多方关注，故一定要谨慎选择，保证测评工具的信度、效度和公平性。应该采用比较权威的个性、动机测验和领导行为、管理能力系列测验、公文筐、无领导小组讨论等评价中心方法。

4. 用于不同岗位系列的测评方法选择

一般来说，无论一个企业的组织结构如何，其基本运作都包括生产、营销、财务、行政和技术职能。这些不同岗位系列的性质、难度、作用、技能和价值都存在差异，测评的对象和方法也具有差异。在选择测评方法的时候要考虑两个方面：一是该岗位的基本素质要求侧重哪些方面，从而选择相应的测评工具；二是测评方法是否适合该岗位，比如，对比较善于表达的营销系列人员可以采用更多讨论、面试和情景模拟的方法，而对财务人员则主要采用问卷、测验的方法。

(三)针对被测组织特征的测评方法选择

1. 针对企业行业特征的测评方法选择

各个行业都有自己的规范和特征，对从业人员的能力、个性特征、动机需求等方面都有特别的要求。在测验的设计上应该反映行业的特点，特别是对那些具有突出的行业特征的企业。此外，不同行业的发展水平不同，管理规范不同，也可能影响对从业人员的水平要求。这些行业背景因素都应在测验设计过程中予以考虑，以有针对性地选择难度适宜的测验，或针对性地设定适宜的考查选拔标准。

2. 针对企业文化特征的测评方法选择

企业文化是企业中长期形成的为所有成员共同接受的共同理想、作风、价值观念和行为标准，是一种具有企业个性的信念和行为风格。它有助于将企业目标与个人需要统一起来，提高员工的归属感和责任感。在针对企业进行测验设计时，有必要了解其理念和文化追求，了解企业文化的建设状况，据此有针对性地使用不同内容的测验，使测评的结果更加有实用性和应用价值。

二、人员素质测评工具与方法的设计手段

要建立一套比较完善的人员素质测评工具，首先就是要确定目标，根据目标确

立合适的测评工具，这是决定测量效果的关键因素，根据相应的目标需要进一步选择不同的程序、方法。同时还要对人员素质测评工具的设计和编制的基本原则和技巧有所了解和掌握。一般而言，编制程序包括以下几个步骤：明确测验目的，制订编题计划，编辑题目，题目的试测与分析，组合成测验，将测验标准化，对测验的鉴定，编写测验说明书，等等。

（一）测验目标的分析

在编制测验时，测验编制者首先应明确自己所编制的测验是用来测量什么和所测量的是哪些对象。这就是我们所说的测验目的。测验目的不同，所设计的内容、测量工具的操作形式、所采用题目的形式、题目的范围和难度都会有所不同。

按照测验的目的来分类，测验可以分为显示性测验和预测性测验。当测验的题目和我们想要测评的行为相似时，这个测验就是一种显示；当我们所关心的是预测一些没有受到测评的行为时，这个测验就是一种预测。例如，成就型测验、态度测验就是显示性测验。再例如，各种能力倾向性测验、部分人格测验、角色扮演、公文筐测验都是预测性的测量工具。根据测验目标和所测验量的维度，我们从三个方面进行分析：

1. 具有选拔和预测功能的预测性测验

这种测验的主要任务就是要对预测的行为活动进行具体分析，我们称为任务分析或是工作分析。这种分析包括两个步骤：

（1）要确定使所预测的活动达到成功所需要的心理特质和行为。例如，在职业兴趣测验中，某项工作包括打字，那么测验编制者可以假定手指的灵活性、手眼协调等能力是必需的。这种确定可以通过参阅前人的工作，从理论上分析，也可以通过对某项活动中已经成功的被试者的行为进行分析后得到。当测验编制者确定完成某项工作需要哪些能力、技能或特质后，他就可以编制测评这些能力或特质的题目了。

（2）要建立测评被试者是否成功的标准，这个标准称为效标，它可以作为鉴别测验的预测是否有效的重要指标。

2. 测评一种特殊的心理品质或特质

首先必须给所要测量的心理和行为特质下定义，然后必须发现该维度将通过什么行为表现出来和怎么样测评得到。例如，创造力的测评，有人将创造力定义为发散性思维的能力，即对规定的刺激产生大量的、变化的、独特的反应。根据此操作定义，创造能力则应该从反应的流畅性、灵活性和详尽性三个方面来测评。

3. 描述性显示测验

目标分析的主要任务是确定显示的内容和技能，从中取样。成就测验就是典型的描述性显示测验，它的内容分析过程主要体现在双向细目表的编制过程中。双向细目表是一个由测量的内容材料维度和行为技能维度所构成的表格。如果要检查新员工培训班的培训效果，就需要采用成就测验，双向细目表能够帮助这种测验的编制者决定应该选择哪些方面的题目以及各种题目应占的比例。双向细目表也适用于其他非成就测验。

（二）制订编题计划

编题计划，实际上就是编制测验的蓝图，通常是一张双向细目表，亦即测评指标体系及指标权重表，指出测验所包含的指标范围和内容，以及每个指标在指标体系中的相对重要性（权重）。在确定测验目标后，分析测量目标的结构，确定结构所包含的具体内容，以及各种内容所占的比重，亦即建立测评指标体系。由此，确定测验编制怎么样的题目，编多少题目。表9.3是一个小学自然常识"测验"的编题计划，即双向细目表。由于每一种行为特征的结构往往有其不同的层面或构成因素，因此，一个测验往往包括很多分测验，每个分测验又包括自己的测验内容。制订编题计划要充分考虑这一点。

表9.3　　　　　　　　　　　小学自然常识"测验"的编题计划

教材内容 行为目标	获得基本常识	理解原理原则	应用原理原则	分析因果关系	综合系统见解	建立评价标准	合计
生物世界	3	5	6	3	2	1	20
资源利用	2	3	3	1	1	0	10
动力和机械	2	3	4	2	0	1	12
物质、物性与能量	5	6	8	3	2	1	25
气象	2	4	3	2	2	0	13
宇宙	2	5	4	1	0	0	12
地球	2	2	2	1	1	0	8
合计	18	28	30	13	8	3	100

制订编题计划有两个好处：

（1）在编题阶段，计划可以根据对测验目标、结构及其内容的分析，确定应该写多少和写哪些种类的题目；题目编好后可以将题目的实际分布情况与编题计划对照，以确定测验题目是否恰当地代表了测验目标的结构和内容，核对重要方面的内容是否有遗漏。

（2）在计分时，可以按照每种内容所占的比重初步确定每类题目的分数。

（三）编辑项目或题目

1. 搜集有关材料

测验计划编好后，就要搜集有关资料作为命题取材的依据。一个测验的好坏和测验材料的选择适当与否有密切关系。因此，要注意以下几个问题：材料来源要尽可能的丰富，这样测验便不至于偏颇，而且能提高行为样本的代表性；材料要有普遍性，尤其是成就测验，大家要公平，不要将某些被试者所熟知的题目用于测验一些没有学习过这类内容的被试者，并且要尽量避免文化背景差异的影响。

2. 选择题目形式

测验编制者还必须确定题目的表现方式。在大多数情况下，任何题目都可以用几种形式呈现，应该如何选择最合适的形式呢？在一个测验中，可以采用一种形式，也可以采用几种形式。在选择时，应该考虑以下几点：(1)测验的目的和材料的性质。(2)接受测验的团体的特点。(3)各种实际因素。

3. 编写和修订题目

编写题目的过程包括：写出、编辑、预试和修改等一系列过程。在获得比较满意的题目之前，这些步骤是不断重复进行的。在这个过程中，编制者要对题目进行反复的审查和修订，改正意义不明确的词句，取消一些重复和不适用的问题。在编制过程中编制者要注意以下几个问题：(1)题目的范围要与编题计划中确定的结构以及所包含的具体内容一致，比例恰当，题目要有代表性。(2)题目的数量要比所需的题目多一些，以备筛选和编制副本用。(3)题目的难度要符合测验目的需要，不要超过受测团体的知识或能力范围。(4)题目的说明必须清楚明白，可能引起误解的格式要避免。(5)题目的表述要准确，使用当代语言，不要使用艰深的词句，文字要简明扼要。(6)题目的表述要尽量避免主观性和情绪化的词句，不要出现伤害被试者或难以回答的问题。

(四)题目的试测和项目分析

初步筛选出的题目虽然在内容和形式上符合要求，但是否具有适当的难度与鉴别作用，必须通过实践来检验。也就是要通过试测进行项目分析，为进一步筛选题目提供客观依据。

试测应该注意以下几个问题：(1)试测对象应该取自将来准备正式施测的群体。(2)试测的实施过程与情境应力求与将来正式测验时的情况相似。(3)试测的时限可以稍微放宽一点，最好让每一个被试者都能将题目做完，以搜集较充分的反应资料，使统计结果更为可靠。(4)在试测的过程中，应对被试者的反应情形随时加以记录。比如，在不同时限内一般被试者所完成的题数、题意不清之处以及其他有关问题。

试测完成后，要对测试的结果进行项目分析。项目分析主要从质和量两个方面进行分析，根据分析结果，再选择和编制出比较好的测验。

(五)组合成测验和标准化

经过试测和项目分析，对各个题目的性能已经有可靠的资料作为评价的依据，这一步可以选出性能优良的题目加以适当的编排，组合成测验。

性能优良的题目主要有两个标准：具有良好的鉴别力和具有最适合的难度。鉴别力是指题目能测定所需要的特征；难度则是指构成测验的各个题目，应由较难的和较易的等各个不同程度的题目构成，测验要有一定的平均难度。

题目选出之后，要根据测验的目的与性质，并且考虑被试者在作答时的心理反应，加以合理的安排。一般题目有两种组合方式：并列直进式和混合螺旋式。前者是将整个测验按材料的性质归为若干分测验，依其难度由易到难排列；后者是先将各类试题依照难度分为若干不同的层次，再将不同性质的试题加以组合，作交叉性排列，其难度渐次升进。

然后要编制复本。测验的各个复本必须等值，需要符合下列几个条件：（1）各份测验测量的是同一种心理特性。（2）各份测验具有相同的内容和形式。（3）各份测验的题目不应有重复的地方。（4）各份测验题目数量相等，并且大体相同的难度。

复本编制好后，应该再试测一次，以决定各份是否等值。

至此，测验已经基本成型，可以进行标准化工作。标准化包括：确定实施规则（指导语、时限）及评分方法，更重要的是建立常模。

（六）对测验进行鉴定

测验编制好之后，必须对测验的可靠性和有效性进行考验。因此，要进行测量学方面的分析，搜集信度和效度资料。信度指的是测量的可靠性或一致性，一般采用相关法，以相关系数的大小表示信度的高低。效度指的是测量的有效性或是正确性。

（七）撰写测验说明书

为了使测验能够合理地实施和应用，在正式测验编写完成之后，还要编写一份说明书，即测验指导手册。主要是提供给用户实施的程序，也是用户评价、比较测验优劣的重要依据。测验手册一般包括以下的内容：

（1）标题名称、作者、实施形式、记录形式。

（2）测验的目的和功能，指出测验可以用于何种情境。

（3）测验编制的理论背景和选择题目的依据，一般还有提供选择题目的统计指标。

（4）测验的实施方法、时限和注意事项，包括指导语的充分性和对主试者的训练要求。

（5）测验的标准答案和评分方法。

（6）常模资料，包括常模表、常模适用的团体及对分数如何理解。

（7）测验的信度和效度资料。

结束以上几个步骤之后，一个测验就可以正式交付使用了。具体见图9.2。

```
                          ┌─────────────┐
                          │   确定目的   │
                          └─────────────┘
                    ┌───────────────────────┐
                    │    明确目的的意义与内容    │
                    └───────────────────────┘
┌─────────┐   ┌─────────────┐   ┌─────────────┐
│ 明确测验所 │→ │  明确具体内   │ ←│ 明确结构所包  │
│ 包含的内容 │   │   容的成分    │   │ 含的具体内容  │
└─────────┘   └─────────────┘   └─────────────┘
┌───────────────────────────────────────────────┐
│  编制出反映该结构的项目（即将各成分转换为可操作性语言）   │
└───────────────────────────────────────────────┘
┌───────────────────────────────────────────────┐
│          进行小范围的适用，初步确定此工具是否可用          │
└───────────────────────────────────────────────┘
┌───────────────────────────────────────────────┐
│             对初试中出现的问题进行纠正                │
└───────────────────────────────────────────────┘
            ┌─────────────────────────┐
            │        在实践中试用        │
            └─────────────────────────┘
┌─────────────┐   ┌─────────────┐
│ 进行信度、效度、 │ → │ 将不合适的项  │
│ 项目区分度检验 │   │ 目删除或替换  │
└─────────────┘   └─────────────┘
            ┌─────────────────────────┐
            │        编制成最后的测验       │
            └─────────────────────────┘
            ┌─────────────────────────┐
            │      在较大范围内取样进行测验     │
            └─────────────────────────┘
┌───────────────────────────────────────────────┐
│        对测验结果进行技术分析，明确该测验             │
│        的信度、效度水平，进行标准化工作              │
└───────────────────────────────────────────────┘
            ┌─────────────────────────┐
            │    编制出测验手册，准备使用     │
            └─────────────────────────┘
```

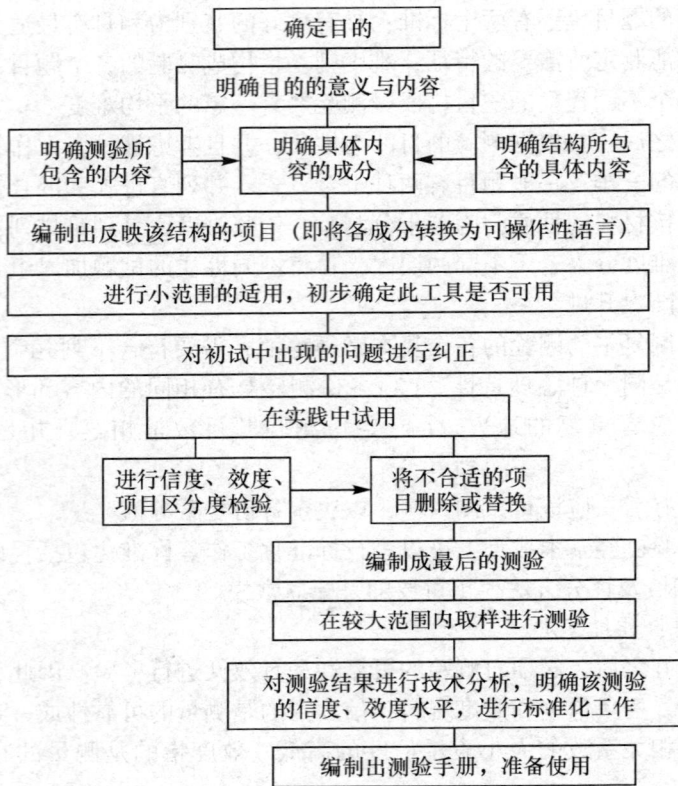

图 9.2　心理测验编制过程

资料来源：肖鸣政. 人员测评理论与方法（第 2 版）. 北京：中国劳动社会保障出版社，2004.

三、测题的设计和测验的编制

编制测验的核心是题目，想要编制出比较好的测验。除了要遵循上面所介绍的一般程序之外，还要掌握编制题目的技术。

（一）命题的一般原则

测题的类型有很多种，它们的性质和功能有不同的地方，我们在编制命题的时候还是应该遵循一定的规则。

（1）试题要符合测验的目的。

（2）内容取样要有代表性。

（3）题目格式不要使被试者产生误会。

（4）文句要简明扼要，避免使用艰深的字句。

（5）应有不致引起争论的确定答案。

（6）各个试题必须是彼此独立的，不可相互牵连，不要使一个题目的回答影响另外一个题目的答案。

（7）题目中不可以含有暗示本题或是其他题目正确答案的线索。

（8）题目内容不要超出受测团体的知识和能力。

（9）所提问题应避免涉及社会禁忌和个人隐私。

（10）实施与评分要省时。

（二）测题的种类及其编制要领

测验题目的种类有很多种，可以根据测验的形式来进行分类。根据被试者所做的要求不同分为提供型和选择型：前者要求被试者提供答案，如论文题、简答题、填充题；后者要求被试者在几个选项中选择正确的答案，如是非题、匹配题、填充题。另一种常见的分类就是论文题和客观题。所有论文的题目都是提供型的，在这类题目中被试者必须以自己的语言或行为作出反应；客观题目则可以是提供型也可以是选择型，这要看被试者是要去建构一个反应还是从选项中选择一个反应而定。一个客观题的关键不在于它的反应形式而在于它的计分客观性如何。对论文题，两个或多个评分者通常不会给某种回答评以相同的等级。但客观题的计分必须在测验实施前做好准备，除施测者疏忽外，不同计分者会给予相同的分数。

第三节　素质测评的组织与实施

企业对人员的素质能力进行测评，必须经过准备、实施、数据调整和处理，以及对测评结果的分析等过程，任何阶段的工作质量均影响着测评的整体效果。

一、准备阶段

（一）收集必要的资料

在实施素质测评之前，必须掌握测试过程中所需的相关资料和数据，不同的方法和不同的对象都应该有相应的资料，再加上素质力的隐蔽性，情况更是如此。否则，有可能导致测评的中断或结果的盲目性。

例如，使用观察判断法对某员工进行测评，事先应对该员工的某一方面情况有所了解，再进行针对性的观察才能取得较好的效果。不然，有可能对其行为感到不解。

（二）组织强有力的测评小组

在测评之前，应设立一个工作小组，具体负责测评过程中的事务性工作，然后选择适当的测评人员，组成强有力的测评小组。

测评人员的质量和数量对整个测评工作起着举足轻重的作用。合理的人员搭配和人数的确定，能使测评的指标体系和参照标准体系发挥预定的效用，甚至可以弥补某些不足之处，最终达到测评的目的。测评人员必须：

（1）坚持原则，公正不移。

（2）有主见，善于独立思考。

（3）有一定的实际工作经验，尤其是在测评方面的工作经验。

（4）具有一定的文化水平。

（5）有事业心，不怕得罪人。

（6）作风正派，办事公道。

（7）了解被测对象的情况。

在测评小组中，人员的知识和素质参差不齐，而且各种素质测评的方法都具有相当的技巧和微妙性，这就要求必须对小组成员加以培训，使之了解熟悉并掌握各种方法和相关的知识，尽量避免个人感情因素对测评工作的干扰。

（三）测评方案的制订

测评方案的内容主要涉及确定被评对象范围和测评目的、素质测评的指标体系和参照标准设计的确立、测评人员的选择以及测评方法的选择。

1. 确定被测评对象范围和测评目的

由于被测评对象和测评目的不同，所采用的指标体系和参照标准也不同。测评结果可以用来提拔干部，也可以用来调整工作。这样，测评工作必须要有先后次序，每一步都要有所侧重。在测评过程中，要明确测评哪一类人员，并且确定各类人员的范围。

2. 设计和审查人员素质能力测评的指标与参照标准

第一次进行人员素质测评，首先要按照测评指标体系的设计程序、设计方法和必须遵循的原则建立指标体系和参照标准。如果不是第一次进行该工作，就要对以前使用过的指标体系进行审查，如是否需要增加新内容，或各项指标是否明确直观，整个体系结构是否合理，有没有重复现象，是否符合少而精的原则，测评的内容是否完整等。

这项工作是减少测评过程中测评误差的一种手段，应引起足够的重视。

3. 编制或修订人员素质能力测评的参照标准

测评的参照标准是测评人员所遵循的客观"尺度"。在编制参照标准时，要严格遵守编制程序、方法和原则。

4. 选择合理的测评方法

评价素质测评方法通常用四个指标，即效度、公平程度、实用性、成本。根据这四个指标，美国两位工业心理学家对当前使用的 11 种方法作了比较评定。每一项各分高、中、低三级。这一比较结果对于实际中使用这些测评方法具有指导意义，比较结果见表 9.4 和表 9.5。

表9.4　　　　　　　　　　　**各类测评方法在四项指标上的评价**

方法	效度	公平程度	可用性	成本
智力测验	中	中	高	低
性向和能力测定	中	高	中	低
个性与兴趣测验	中	高	低	中
面谈	低	中	高	中
工作模拟	高	高	低	高
情景练习	中	未知	低	中
个人资料	高	中	高	低
同行评定	高	中	低	低
自我介绍	低	高	中	低
推荐信	低	－	高	低
评价中心	高	高	低	高

表9.5　　　　　　　　　　　**各类测评方法预测效度的比较结果**

测评方法	预测效度
评价中心	0.43
同行评定	0.49
一般智力测定	0.49
工作样品	0.54
个人材料	0.30
学业成绩	0.14
身体能力	0.30
特殊能力测验	0.27
面谈	0.09
自我介绍	0.15
推荐信	0.23
专家评定	－

二、实施阶段

测评的实施阶段是测评小组对被测评对象进行测评获取素质能力数据的过程，它是整个测评过程的核心。

（一）测评前动员

测评前动员的目的是使参加测评工作的所有人员统一思想，明确测评的意义和目的，要求每个测评人员以主人翁的态度参加测评工作，协助测评小组实施该项工作，从而保证测评工作的顺利开展。

（二）测评时间和环境的选择

选择恰当的时间和空间；对测评工作也有一定的影响。比如，在被测人员心理或情绪不稳定的情况下，对其实施测评，结果一定不能很好地反映客观状况。

1. 测评时间

素质测评各指标的特点不同，测评时间也不同。例如，测评工作成效，由于工作成效是"硬指标"，测评内容变化频率较快，被测评对象只要工作就有一定的工作成效表现，所以两次测评之间的时间就可以安排得短一些；智力和能力却相对要稳定一些，它的变化需要一个较长时间的努力过程，只有在工作成效变化到一定程度的时候，才会引起智力和能力的变化。因此，对智力和能力的测评时间安排间隔可以长一些。

在测评具体操作时，如果选用集中测评方式，即把测评人员都集中在一起，在一定时间内完成对被测对象的测评，那么，测评时间最好不要选在一周开始的第一天或周末，而是选在一周的中间，通常在上午9点左右的时候进行。如果不采用集中测评的方式，那么，测评人员不受具体操作和时间的限制，可以在一定时间范围内，将测评时间选择在他认为最合适的时间里进行；时间确定后，要通知当事人预先将工作安排好，以利于安心配合测评工作。

2. 测评环境

测评中应该提供较好的工作环境，使测评人员注意力集中、思维敏捷，以提高测评的准确性和测评速度。因此，测评环境应尽可能具备如下条件：宽敞、通风；光线充足、明亮；温度适中；安静。

（三）测评操作程序

测评操作包括从测评指导到实际测评，直至回收测评数据的整个过程。

1. 报告测评指示语

测评指示语是在测评具体操作之前，由测评主持人向全体测评人员报告测评目的和填表说明，明确数据保密等事宜，目的是使测评人员能正确地填写人员素质能力测评表，消除顾虑，客观准确地对被测对象进行测评。测评指示语包括以下内容：

（1）人员素质测评的目的。

（2）强调测评与测验考试的不同。

（3）填表前的准备工作和填表要求。

（4）举例说明填写要求。

（5）测评结果保密和处理，测评结果反馈。

报告测评指示语的时间应控制在5分钟以内，时间过长容易引起测评人员的抵触情绪。测评指示语应打印成稿，随同表格一起发给每个测评人员。

2．具体操作

在测评时，测评人员可采用单独操作或对比操作的方式对被测对象进行测评。

（1）单独操作。单独操作是测评人员在对某一被测对象全部测评指标完成以后，再对另一对象进行测评，直到测评完全部被测对象为止。

这种操作可以使测评人员严格依据测评参照标准的内容，对被测对象的素质能力进行测评，但花费时间较多。

（2）对比操作。在对比操作时，首先要把所有被测评对象进行分组，然后把某一组的指标，根据相应的测评参照标准内容，采用对比的方式，对组内每个被测对象进行对比测评，直到所有指标测评完后，才对下一组的被测对象采用相同的操作方法。

这是一种相对测评的方法，容易出现不严格依据测评参照标准内容进行测评的现象，使测评结果无形中增加了不同程度的主观成分。但这种方法可以节省时间，特别是在人数较多的时候，应用此法比较合适。

3．回收测评数据

测评完的数据，要由测评主持人统一进行回收。如果是集中测评，则测评主持人应把收集到的全部数据当众进行封装，减少被测人员的顾虑。如果不是采用集中测评的方式，则在发出测评表格时，发给每位测评人员一个信袋。测评完的数据，由每位测评人员自己装进信袋并进行封装，之后再交给测评主持人，或由测评主持人向各位测评人员索取信袋。回收测评数据一定要按照回收测评数据的程序和规定进行。否则，将影响测评人员的积极性。

三、测评结果调整

（一）引起测评结果误差的原因

（1）测评的指标体系和参照标准不够明确。例如，指标定义不够明确，内容有重复或相近现象，内涵不清晰，参照标准各等级之间的区分不明显等，使测评人员难以判断，不易评价。因此，在测评过程中产生心理作用，以致不能严格依据测评参照标准，而是凭主观理解进行测评。

（2）晕轮效应。心理学家桑戴克根据心理实验证明，发现考核者在对人的各种品质进行考核时，会有一种偏高或偏低的习性，即由于某人某方面的品质和特征特别明显，使观察者容易产生清晰明显的知觉，从而忽略其他的品质和特征，从而作出片面的判断。因此，也称以点概面效应。

（3）近因误差。由于测评人员对被测对象近期印象深刻，记忆清楚，而对远期表现印象模糊，记忆不清。因此，以近期的记忆代替整个测评时期的全部表现，导致产生测评结果误差。

（4）感情效应。测评人员和被测对象之间的关系，也是影响测评结果的重要原因。若两者关系好，则测评结果偏高，否则，结果偏低。这种情况在指标为"软性"时更为明显。

（5）测评人员训练不足。对测评系统的参照标准理解不统一或认识不深，测评方法掌握得不熟练，测评人员之间相互影响等，均会对测评产生影响。

（二）测评结果处理的常用分析方法

人员素质测评结果处理的常用数理统计方法有集中趋势分析、离中趋势分析、相关分析和因素分析等方法。

（1）集中趋势分析是指在大量测评数据分布中，测评数据向某点集中的情况。描述集中趋势的量数，在数理统计学中叫集中量数，其功用有二：① 它是一组数据的代表值，可以用来说明一组数据全貌的一个方面的特征，即它们的典型情况；② 可以用来进行组间比较，以判明一组数据与另一组数据的数值差别。在素质测评中，最常使用的集中趋势量数有算术平均数和中位数。

（2）数列的离中趋势描述数列的分散程度，以差异量数来说明。一个数列只有同时用集中量数和差异量数才能体现数列的整体特征。差异量数越大，集中量数的代表性就越小；差异量数越小，则集中量数的代表性越大。在素质测评中，最常使用的差异量数是标准差。

（3）相关分析法是指求两组测评数据之间的相互关系。根据两组测评数据的变动方向是否相同，相关的情况有三种：正相关、负相关和零相关。相关系数的取值范围限于 $-1.00 \leqslant r \leqslant 1.00$，$r = 1.00$ 表示完全正相关，$r = -1.00$ 表示完全负相关，$r = 0$ 表示零相关。

（4）因素分析法一般应用于分析受多个因素影响的现象，这类现象的量一般表现为若干因素的乘积。其中每一因素发生变化都会使总量发生变化。因素分析的目的就是要确定在受多个因素影响的情况下，各个因素受影响的方向和受影响的程度。

（三）测评数据处理

在对测评数据汇总和分类的基础上，要应用一定的计算方法，对每个被测对象的汇总测评数据进行加工，计算被测对象每个指标的测量结果。然后，根据每个测评指标的结果分值，按一定的组合顺序，绘制素质水平测评曲线图和素质结构测评曲线图。

每张测评曲线图上的测评曲线条数，可根据不同的分析目的进行绘制。例如，如果想了解不同测评人员的测评的差异，则可把不同测评人员的测评结果绘制在同一张坐标图上进行分析。

四、综合分析测评结果

（一）测评结果的描述

1. 数字描述

数字描述是利用测评结果的分值对被测对象的素质情况进行描述的方式。这种描述方式是利用数字可比性的特点，对多个人员进行对比。

2. 文字描述

文字描述形式是在数字描述的基础上，对照各参照标准等级的内容，用文字描述的形式去评价被测对象的素质。比如，对企业科技人员的基本素质、技术水平、业务能力和工作成果可描述如下：

(1)基本素质。具有比大专水平较高的专业理论知识，能够掌握自己感兴趣的新理论，但不全面；本岗位工龄12年，能把实际工作中总结出的经验运用到新的工作中去，身体健康，能坚持正常的工作；绝大多数人喜欢同他一道工作，能够帮助同志，当工作顺利时信心较足，但当遇到困难时有畏难情绪；能遵守各种规章制度和工作程序，组织观念强，有工作和学习热情，有一定的科研能力和进取精神，能经常听取同事的意见和深入基层了解对自己工作的反应，并改进自己的工作，技术上不保守，能同他人合作，热爱本职工作。

(2)技术水平。基本熟悉与本职工作相关的业务和理论知识，工作有见解，不满足现状，敢于面对工作中的困难，工作质量高于一般水平，产品设计合理，能按期完成任务，借助外文词典能看懂一般性专业外文资料。

(3)业务能力。能了解与本职工作有关的国内先进技术，重视与本职工作有关的信息，对分配的工作掌握程度一般，理解基本无差错，工作有一定的计划性和条理性，但归纳能力不强。对工作中出现的问题能进行冷静的思考和分析，对车间反馈上来的和工作中碰到的问题能较快解决，实际动手操作能力强，能独立完成本职工作范围内的一般性设计和工作，处理问题及时。

(4)工作成果。能提合理化建议，具有一定的科研能力，一年内有1~3项工作成绩(技术革新和技术改造)。

人员素质测评分析所需材料见表9.6。

表9.6　　　　　　　　　　　人员素质测评分析所需材料

1. 测评手册	9. 测评人员手册
2. 独立的测评说明	10. 法律支持文件
3. 标准说明	11. 测评示范
4. 有效性研究	12. 测评使用者培训方案
5. 阅读水平文件	13. 测评出版者的资信证明
6. 负面影响分析	14. 支持性服务目录
7. 评分程序	15. 参考资料
8. 推荐使用的使用合格分数	

（二）人员分类

在对测评结果进行分析时，除了要对被测评对象素质进行评价以外，还要对被测评对象进行分类，即根据每一个被测评对象的测评结果，按照一定的分类标准把具有某一方面特性或具备某一素质条件的人员归为一类，便于合理开发和使用。

对人员进行分类的标准有两种：调查分类标准和数学分类标准。

（1）调查分类标准。调查分类标准是以调查方式确定的分类标准。它是在走访有关人员、问卷调查、抽样分析的基础上，根据分类要求，针对各类人员的特点和期望各类人员测评素质应该达到的内容和水平，进行素质分类。因此，它具有一定的普遍性和相对稳定性，调查范围越广就越接近实际。以此种标准区分出的各类被测评对象，还分别代表着各类人员所应达到的素质要求和水平。

（2）数学分类标准。数学分类标准是根据被测评对象的测评结果和测评结果的数学分布，使用数理统计的方法按照测评结果的分析要求对被测评对象进行分类。

（三）测评结果分析方法

（1）要素分析法。要素分析法是根据每个测评指标的测评结果，再依据素质测评参照标准的内容，进行要素分析的一种方法。以要素分析为基础，又可分为结构分析法、归纳分析法和对比分析法。

（2）综合分析法。这是根据模糊数学中综合评判的思想，对测评指标进行加权处理，计算指标的加权平均数，综合分析测评结果的一种方法。这样，可以防止结果分析中的片面性并具有可比性。

（3）曲线分析法。曲线分析法是把各指标的测评结果分值按照一定的要求，在坐标图上用折线依次连接两个相邻指标所对应的测评结果分值点，根据坐标图上曲线的"起伏"情况，对被测评对象素质进行分析的一种方法。它具有直观简便的特点，从曲线图上可以很快了解和掌握被测评对象的素质情况、各种特征和各类人员的某一指标的差异情况。

五、检验与反馈

人员素质测评的检验与反馈是指根据不同的测评目的，对测评结果进行跟踪调查。检验反馈的作用是为已经完成的测评工作积累经验性资料，反思以前工作中的优点与缺点，以进一步完善优化以后的测评工作。通常可以通过分析测评结果分数和后来的工作绩效的相关系数来判断本次测评的效度，同时可以对测评工具进行修改完善。

本章关键词汇

素质测评方法　素质测评工具　需求分析　测评指示语　测评小组

本章小结

1. 测评方法的组合设计包括七个步骤：确定测评目的，需求分析，确定测量手段，预期结果，实施过程的设计，安排测评时间，费用预算或报价。

2. 人员素质测评的实施程序包括六大步骤：确定测评内容，确定测评方法，实施测评，分析测评结果，人力资源决策与建议，跟踪检测并反馈。

3. 实施测评的基本原则包括普遍性与特殊性相结合原则，测量与评定相结合原则，科学性与实用性相结合原则，精确与模糊相结合原则。

4. 在实施测评时要注意一些实施要领，具体有：使用标准的指示语，确定恰当的测评时限，创造合适的测评环境，选派经验丰富的主试者。

5. 人员素质测评工具与方法的选择要注意测评工具的质量检验：效度、信度、项目分析、常模。同时要注意根据不同的测评目的、不同的岗位职责以及被测组织的特征来选择不同的测评方法，以此实现测评结果的正确性。

6. 人员素质测评工具与方法的编制程序包括以下几个步骤：明确测验目的，制订编题计划，编辑题目，题目的试测与分析，组合成测验，将测验标准化，对测验的鉴定，编写测验说明书。

7. 在具体的组织素质测评的实施中，需要经过准备、实施、数据调整和处理、综合分析测评结果以及检验和反馈等阶段，每一过程的实施均影响着测评结果。

复习思考题

1. 如何进行素质测评方法的组合设计？
2. 实施人员素质测评应遵循什么步骤？如何应用于具体的操作过程中？
3. 实施测评的基本原则有哪些？
4. 如何提高测评工具的质量？
5. 如何有效地进行测评工具与方法的设计？
6. 根据所学内容，设计一个完整的人员素质测评过程。

【案例分析】

某市公开选拔厅局级干部实施过程

一、公开选拔 6 个职位的面试地点在卧龙山庄，面试的时间为：

12 月 13 日全天，面试社科院院长、建设局副局长两职位；

12 月 14 日全天，面试技监局副局长、长湖区副区长两职位；

12 月 15 日全天，面试科技局副局长、大岗区副区长两职位。

每一职位总的面试工作时间为 3 小时，日程安排为上午 8 点钟到达考试现场，做好面试的准备工作。

二、各职位考官组的监督官、全体考官、计分员和通讯员须在面试前 1 天晚上 8：00 到卧龙山庄 2 号楼报到。报到责任人：李××，联系电话：×××××××。当晚 8：30 至 10：00 由主考官召集预备会议，熟悉工作规则与程序，研究随机提问的问题要点。当晚 7：30 有专车在市政府办公楼前等候，送往卧龙山庄。

三、各考官组所有人员报到后须将携带的所有通信工具交给本组的监督官保存。由监督官切断工作房间和住房内的通信设施。每组只留下监督官的通信工具供公共使用。工作期间所有人员不许独自离开卧龙山庄，如离开，必须有监督官陪同。

四、当天参加同一职位面试的 6 名应试人员，须在 8：30 到达卧龙山庄大厅报到，进入指定的等候室等候。由工作人员收缴应试人员的所有通信工具，临时保管。由主考官指定专人在 8：45 组织 6 名面试人员抽签，决定面试的先后顺序，按顺序进行面试。8：45 尚未到达的应试人员视为自动弃权，取消其面试资格，不予入场。每位应试人员面试时间为 60 分钟。面试进行期间，其他应试人员须在等候室等候。午餐由服务员送至等候室。等候期间，不得离开等候室。完成面试的应试人员应立即离开卧龙山庄。

五、由考务组的保密员及监督官各 1 名在上午开考前 1.5 小时从市委组织部保密室领取当天面试的两个职位的试卷。保密室文件保管责任人：王×，联系电话：×××××××。开考前 30 分钟内在面试地点由监督官开封，并将试卷交给主考官。

六、考官须在开考前 30 分钟提问，问题应简洁、准确、明了，不得发挥、解释、暗示和诱导。所有问题提完，尚未满 60 分钟的，可以提前结束该应试人员的面试。已满 60 分钟，问题尚未提完或答完的，应结束该应试人员的面试，不得拖延。到时而未结束的，由监督官出面制止。

七、由通讯员按顺序引导应试人员进入考场。入场后，由主考官按照下述顺序和方法主持面试。首先，请应试人员用 10 分钟时间自述与申报职位相关的工作成就（3 分钟左右）及上任后开拓新工作局面的设想（7 分钟左右）。接着，由主考官按照市试点领导小组办公室统一命制的面试标准题逐一提问，时间控制在 20～25 分钟，其他考官在时间允许的情况下可以追问。然后，由主考官根据前一天晚上议定的随机提问要点，针对应试人员的自述，提出 3～5 个随机问题，其他考官可以适当追问。随机提问控制在 20～25 分钟。

八、面试采用综合要素评分法评分。在自述、随机提问和标准提问结束后，由考官在公开选拔面试评分表（见附件一）上对各个要素评分，并直接加出总分。考官在评分时，可分两步完成：第一步用铅笔勾出计分；第二步用钢笔或圆珠笔正式计分，允许对第一步计分作出修改。各考官在评分时，不讨论、不交流，独立完成。

九、由计分员实施统分并登录公开选拔面试成绩统计表（见附件二）。在统分时须由 1 名计分员唱分，2 名计分员用计算器加分，确保无误。可在半天结束时分次统分，也可在 1 天结束时统一统分。然后，将应试人的得分登入公开选拔面试成绩排名表(见附件三)。在统分时由监督官在场监督。

十、统分完成后，须由所有考官、监督官和统分员在面试成绩表的相应栏目中签字，此时面试成绩表生效。

十一、面试成绩表放大复印 2 份，由监督官即时在市政府办公大楼一层大堂橱窗张贴。张贴时间为 10 天。张贴责任人：王××，联系电话：×××××××××。

十二、笔试成绩表原件连同所有面试的过程性文件须全部装入文件袋，在监督官的陪同下送市委组织部保密室存档。

十三、当面试工作中发生疑问时，由主考官与监督官按有关规则商议解决，并将解决过程记录在案，一并存档。商议解决不了的，请示市试点领导小组办公室，按该办公室的答复意见处理。市试点领导小组办公室在场联系人：陈××，联系电话：×××××××××。

十四、在卧龙山庄 2 号楼设公开选拔面试考务组，负责报到、食宿安排、交通、医疗、疑难问题解答等。考务组负责人：王××。

2001 年 12 月 8 日

附件一：
公开选拔面试评分表
应聘岗位：

姓名	职位工作要领把握的准确程度 10分	地区和国际间比较思维的丰富程度 10分	工作思路的清晰程度 10分	工作思路切合实际的程度 10分	语言表达能力和逻辑思维能力 10分	专业知识和经验的丰富程度 10分	管理者综合分析能力 10分	管理者计划与运筹能力 10分	管理者的应变能力 10分	管理者的组织、协调能力 10分	总分

附件二：

公开选拔面试成绩统计表

成　　考 　绩　官 考生姓名									平均得分 　（去掉一个最高分和一个最低分，求平均分）

附件三：

公开选拔面试成绩排名表

名次	姓名	得分	签名
1			监督官签名：
2			
3			监督官签名：
4			
5			监督官签名：
6			

资料来源：赵琛徽．员工素质测评[M]．深圳：海天出版社，2003．

◎**思考题**

1. 本案例中采用了什么样的素质测评方法和工具？

2. 你是否认为本案例的素质测评实施方案科学、合理、有效？如果是，则请说明理由；如果不是，则你认为还有哪些需要改进的地方？

第十章　素质测评的质量管理

【学习目标】

1. 掌握信度的概念，理解信度的类型和估计方法，以及影响信度的因素
2. 掌握效度的概念，理解效度的类型和估计方法，以及影响效度的因素
3. 理解项目分析的概念，掌握项目分析的因素

【引导案例】

小王两次测评的疑惑

近年来，随着各大院校的不断扩招，越来越多的高中毕业生有机会进入高等学府继续他们的学业，但与此同时大学生的就业形势也日益变得严峻起来。每年有大量学生面临求职这一人生的重大选择。如何找到一份适合自己的工作是每一位毕业生首要考虑的问题。而目前，大学生在毕业求职过程中几乎都会遭遇到各种各样的测试，其中以传统的问卷式测试为主，比如，职业倾向测试、职业能力测试、职业生涯测试和 EPQ 个性测试(成人)，等等。这些测试可以帮助大学生充分地了解自己，但是很多学生形容这类测试问卷冗长、题目杂乱，不少题目，他们不是一眼能看穿就是不明就里，有的学生甚至还对测试的准确性和必要性产生了怀疑。

小王是某高校行政管理专业的应届毕业生，即将加入到找工作的队伍中去。小王明白，一个人要想在这个充满激烈竞争的社会中获得成功，除了个人努力和外界机遇等因素外，至关重要的一点，就是我们所学的专业，尤其是我们未来所从事的行业和工作，是否真正地适合我们，是否有利于我们充分发挥自身的优势。如果能准确地对我们自身的兴趣、性格、能力等特征进行分析，发现我们的潜在竞争优势，并找到能充分发挥我们优势的职业，将是我们每个人获得未来职场成功的第一步，也是最重要、最关键的一步。

于是小王在某人才机构自费做了一份个人素质测评，结果报告显示，他的一般认知智慧商数 122(人才群体平均分为 100 分)，处于上等水平；情感和社会交往智慧商数 118(人才群体平均分为 105 分)，与同龄人相比，他的社会成熟程度和心理健康程度处于中等水平；从行为风格测评结果看，小王做事细

致、稳健、认真、精确，善于把复杂的事情条理化，是一个很好的任务执行者。但是，事隔不到一个月，小王在一次应聘工作时招聘方又给他做了智商和情商的测试，而且是用了相同的测评工具，而这次的结果是，他的一般智商95；情商98。这可把小王搞糊涂了，显然，两次测评结果相差太远。那么为什么前后两次测评会产生这么大的差异？什么样的人才测评是可以相信的？

资料来源：冯立平．人才测评方法与应用[M]．上海：立信会计出版社，2006．

人员素质测评是现代人力资源管理中的一种重要的方法和手段，是资源合理配置的基础，其测评结果对于组织的人力资源管理决策和员工个体的前途，都有着重要的影响，因此对于测评要进行质量分析与控制，也就是说必须保障测评过程和结果的科学性。当我们建构和评估素质测评时，我们通常使用信度和效度等技术性指标。

第一节　信度分析

一、信度的概念

不同学者对信度有不同的定义。克林格（F. N. Kerlinger）给出了信度的若干个同义词，它们是：可靠性（dependability）、稳定度（stability）、一致性（consistency）、可预测度（predictability）、准确性（accuracy）等，每一名词都代表着对信度的一种理解或一种研究方法。

我们认为，信度就是指测评结果反映所测素质的一致性，也就是说测评结果的稳定性、可靠性程度，即在相似情境下，用同一测评工具对相同个体重复施测，所得结果的一致性程度。在日常生活中，我们有时会遇到这样的情况：一定量的水果在两个不同地方称出的重量不一样。这说明对这些水果的称重过程中存在着误差，这可能是工具不标准造成的误差，也可能是称重过程中操作者使用不当产生的误差。同样地，在人员素质测评过程中，如果用同一个智力量表对同一批人在相隔一段时间里进行两次测量，结果不一致，则表示测评是不可靠的。测评的可靠与否，可以用信度这一概念来衡量。

由于人的行为，包括在完成测验时的行为，会由于各种原因，在不同时间、不同情景中变动，随时可能产生偶然误差，所得结果是否可靠，与测验结果受误差影响的大小密切相关。误差大，分数的可靠性就降低。这种可靠性或一致性可用信度作指标。它在人员素质测评中的一种意义是被试者的真实分数的可能范围，我们用"测量标准误"（standard error of measurement）来表示；第二种意义是被试者在不同条件下分数的变化情况，我们用"信度系数"（reliability coefficient）来表示。由于系统误差（亦即恒定误差）对测验的影响是恒定的，所以信度主要考虑随机的、偶然的误差影响，如被试样本、实施条件、动机水平和注意力等因素的影响。

1. 信度测量的理论定义

传统的信度理论认为，一个人在测验中获得的分数由其真实分数与非系统测量误差之和组成，即：

$$X = T + E \tag{10.1}$$

其中，X 为实得分数或观察分数；T 为假设的真实分数，E 为测量的非系统误差。

在测量理论中，所谓真实分数可以理解为一个被试者经过无数次测量所得的分数的平均值，这个平均值中假定不包含偶然误差的影响。它的数学根据是统计学中的大数原则——无数次统计的总和，导致偶然倾向的相互抵消，形成总体上必然的较为确定的事物。

公式 10.1 表示被试者的实得分数是真实分数和测量误差的和，这是针对某个被试者而言的。但信度是指一个测验的特性而不是某个人的分数特性，因此测量理论同样假定：对于一组被试者而言，实得分数的方差（S_{obs}^2）等于真实分数的方差（S_{tru}^2）与误差分数的方差（S_{errs}^2）之和，即：

$$S_{obs}^2 = S_{tru}^2 + S_{errs}^2$$

或简化为：

$$S_x^2 = S_T^2 + S_R^2 \tag{10.2}$$

这样，信度就可以定义为：一组测量分数的真实方差与实得方差的比率，或者是总的方差中真实方差的比例：

$$r_{xx} = \frac{S_T^2}{S_X^2} \tag{10.3}$$

其中，r_{xx} 代表测验的信度。

真实分数的方差是无法统计的，因此公式 10.3 还可转化为：

$$r_{xx} = \frac{S_X^2 - S_R^2}{S_X^2} = 1 - \frac{S_R^2}{S_X^2} \tag{10.4}$$

因此，信度也可以看做在总的方差中非测量误差的方差所占的比例。

该定义有两点要注意：（1）信度指的是一组测验分数或一列测量的特性，而不是个人分数的特性。（2）真分数的变异数是不能直接测量的，因此信度是一个理论上构想的概念，只能根据一组实得分数作出估计。

任何测验只能包含特定样本的题目，由特定的施测者，对特定的被试者，在特定的时间、地点施测，情况不同便会得到不同的分数。信度设计所解决的主要问题是对测验分数的意义的概化能力，即从一次测量来推论总体（真实分数）能达到何种正确程度。

2. 信度的其他定义

传统的测验理论的信度定义是以真实分数的理论模式为基点的，还有其他以实得分数的经验模式为基点的理论和观点：

（1）卡特尔根据"一致性"来定义信度。他认为，一致性可包括三个主要方面，每一方面由其所含误差来区分。因此他建议将信度限制为跨时间的一致性；用同质性定义跨题目的一致性；用迁移性定义跨人员的一致性，即要求测验分数在各种不同团体中有同样意义。假如某测验在该团体中测的是阅读理解而在另一团体中测的是记忆的话，分数就无法迁移。

（2）泛化力理论（generalizability theory）。克伦巴赫和他的同事认为，任何观察（加测验分数）只是所有可能观察的总体中的一个样本。因此，一个分数的信度就是对更一般的总体分数估计的准确程度，也就是从该观察对总体作推论的能力，也称为泛化能力。泛化力理论利用统计方法确定分数的泛化能力或可靠性。泛化系数与传统的信度系数相似，其计算是总体中分数的期望方差与样本中分数的期望方差的比率。总体值类似于传统信度理论中的真实分数概念。有人认为泛化力理论在传统的信度和效度概念中起到桥梁的作用。

这一理论还强调，测验的信度是根据不同情况来定的，各种不同的信度可以看做是通过观察泛化能力的各个不同方面来获得，没有泛指的信度。

3. 信度系数 r_{xx}

大部分的信度指标都是用相关系数来表示，即用同一被试样本所得的两组资料的相关作为测量一致性的指标，称做信度系数。

信度究竟要多高才是令人满意的呢？一般来说，最理想情况为 $r_{xx} = 1.00$，但实际上是达不到的。不过我们可以用已有的同类测验作为比较的标准。表 10.1 列出了几种类型的心理测验的信度系数。一般的能力与成就测验的信度系数在 0.90 以上；至于人格、兴趣等测验的信度系数通常在 0.80 到 0.85 之间。当 $r_{xx} < 0.70$ 时，不能用测验对个人作评价，也不能在团体间作比较；当 $r_{xx} \geq 0.70$ 时可用于团体间比较；$r_{xx} \geq 0.85$ 时，可用于鉴别个人。

表 10.1　　　　　　　　　　几种类型的心理测验的信度系数

测验类型	信度		
	低	中	高
成套成就测验	0.66	0.92	0.98
学术能力测验	0.56	0.90	0.97
成套倾向性测验	0.26	0.88	0.96
客观人格测验	0.46	0.85	0.97
兴趣问卷	0.42	0.84	0.93
态度量表	0.47	0.79	0.98

资料来源：艾肯 . 1985：91.

对信度系数也要注意三点：（1）在不同情况下，对不同样本，采用不同方法会得到不同的信度系数，因此一个测验可能会不止有一个信度系数。（2）信度系数只是对测量分数不一致性程度的估计，并没有指出不一致的原因。（3）获得较高的信度系数并不是测量追求的最终目的，它只是迈向目标的一个步骤，是使测验有效的一个必要条件。

二、信度的类型和估计方法

确定信度的方法也不止一种，不同方法是针对不同的误差来源的。选择什么方法、确定何种信度必须根据所研究问题的性质，特别是误差的性质来确定，没有任何一种信度是通用的。

（一）重测信度

重测信度又称稳定性系数，它的计量方法是采用重测法。这种方法是使用同一测验，在不同时间对同一群体施测两次，此两次测验分数的相关系数，即为稳定性系数。从重测相关系数的高低，可以得知测验结果在经过一段时间之后的稳定程度。

这种方法通常是重复同样的测量来检验信度。信度系数可以用相关系数来表示。假如我们在第一次测量时的观测值是 X，第二次的观测值是 Y，那么重测信度就等于 X 与 Y 的相关系数。因为这个系数能表明测评结果经过一段时间后的稳定性，所以一般也称之为稳定系数（coefficient of stability）。

如果测评的稳定性很高，则表示在第一次测评中得到高分的被试者，第二次测评中也将得到高分；在第一次测评中得到低分的被试者，第二次测评中的分数也会比较低。相反，如果测评结果不稳定，则表示测评稳定性低，受到了非系统因素的影响，实际工作中多采用积差相关系数。

对于重测信度系数的计算，可以使用皮尔逊积差相关进行计算。

$$r = \frac{N \sum xy - \sum x \sum y}{\sqrt{\left[N \sum x^2 - \left(\sum x\right)^2\right]\left[N \sum y^2 - \left(\sum y\right)^2\right]}} \tag{10.5}$$

在公式 10.5 中，x, y 分别代表首测和再测分数，N 是两次测评结果的配对数据总数。运用这一公式可以直接根据测验分数求相关。

例如，从某组织一次员工能力测验中，随机抽取了 10 个被试者，记录他们所得的分数如下：

77　　81　　69　　91　　88　　84　　76　　70　　86　　79

再次测评后，10 个被试者的分数分别是：

78　　83　　74　　92　　91　　85　　78　　75　　88　　80

我们先要把这两组分数按照被试者两两配对。本例中假设已配对好了，那么代入公式 10.5 得：$r = 0.98$。

经过统计检验，相关系数非常显著。因此，测评的结果很稳定，可信度高。

人的多数心理特性如智力、性格等，具有相对的稳定性，因此对这些心理特性的测量，应该前后一致。此外，测评者还经常要用测验分数对人作预测，此时测验分数的跨时间的稳定性更为重要。即使是随时间而变的特性，能知道测验分数在短期内的稳定程度也是好的。

重测信度所考虑的误差来源是时间的不同所带来的随机影响。例如，气候、偶然的噪音或其他干扰，以及引起被试者本身身心状态变化的因素，如疾病、疲劳、情绪类型、焦虑等。重测信度代表测验成绩能够应用于不同时间的程度，信度越高，受测验环境中日常的随机因素的影响越小。在解释测验结果的稳定性时，必须说明和注意重测间隔的时间。时间过短，被试者记忆犹新，往往造成假性高相关；间隔过长，测验结果会受被试者身心特质改变的影响，使得相关系数降低。重测间隔时间的长短，必须根据测验的性质和目的来确定。

用重测信度的优点是：首测和再测中使用同一套测评试题，较之编制两套等值测评题目要省时、省力；同一套试题无论施测多少次，所测评的属性是完全相同的；可作为预测被试者将来行为表现的依据，因为该方法提供了有关测评结果是否随着时间而发生变化的资料。

重测信度的缺点是：如果前后两次施测间隔的时间选择不当，则测评易受练习和记忆的影响；同一组被试者对同一个测试先后两次作答相互之间是不独立的；两次施测的环境不同会产生测评误差。

计算重测信度有以下几个假设：

1. 所测量的特性必须是稳定的

计算重测信度的前提是假设所测量的特性是稳定的。这个假设意义不明确，因为如果假设被测的特性是稳定的，但重测信度很低，这时就无法确定是假设错了，还是其他情况影响了信度。相反，如果假定某特性是不稳定的，但两次施测的相关系数很高，也无法知道是假设错了，还是由某些系统误差产生了偏高的信度。因此，只有当我们对所测量的特性充分了解时，才能对稳定性的意义作解释。

2. 遗忘与练习的效果相同

在重复同一个测验时，有些人可能记住自己的反应或从中学到某些技巧。在任何一种情况下，假如遗忘与练习的影响对被试者各不相同，信度就会降低。

3. 在两次施测期间被试者的学习效果没有差别

例如，拿同一测验在课程开始时作为前测验，在课程结束时作为后测验。若学生所学的量不同，则前测验和后测验的相关性将反映出学习效果的差别，从而使信度降低。

由于以上几条假设难以做到，所以有些测验是不宜用重测法估计信度的。一般只有在没有复本可用，而现实条件又允许重复施测的情况下才采用此方法。

（二）复本信度

复本信度又称等值性系数，是指在测评性质、内容、题型、题量、难度等方面均一致的两个测量。其方法是，先精心编制两个相互平行的测验复本，然后用它们测量同一群体，则被试者在这两个测验上的分数的相关系数即为等值性系数。

例如，10个被试者接受了一次技能水平的观察评定，名次分别为：

$$1\quad 2\quad 3\quad 4\quad 5\quad 6\quad 7\quad 8\quad 9\quad 10$$

为了检验上次测评结果的可靠性又同时进行了另一次等值的技能观察评定，10个被试者得到的对应名次分别是：

$$2\quad 3\quad 1\quad 4\quad 7\quad 6\quad 10\quad 9\quad 8\quad 5$$

则可以用下列等级相关公式求出等值系数：

$$r = 1 - \frac{6\sum D^2}{N(N^2 - 1)} \tag{10.6}$$

其中，N表示测评结果的总个数（被试人数）

D表示对应同一被试者两次评定等级（名次）的差，一般以被试者的测评结果为被减数。在本例中10个被试者的等级差分别为：

$$-1\quad -1\quad 2\quad 0\quad -2\quad 0\quad -3\quad -1\quad 1\quad 5$$

代入公式10.6有：

$$r = 1 - \frac{6\times\left[(-1)^2 + (-1)^2 + \cdots + 5^2\right]}{10\times(10^2 - 1)}$$

$$= 1 - \frac{6\times 46}{10\times 99}$$

$$= 0.72$$

经统计检验，相关系数达到显著水平，因此第一次所做的观察评定结果比较可靠。

以复本法估计信度可避免重测法的缺点，但所使用的必须是真正的复本，在题目内容、数量、形式、难度、区分度、指导语、时限以及所用的例题、公式和测验的其他所有方面都应该相同或相似。若不一致，则所得的信度就成了歪曲的估计。

计算复本信度的主要目的，在于考查两个测评复本在题目取样或内容上的一致性程度。在实际应用中，应有一半应试者先做A本再做B本，另一半应试者先做B本再做A本，以抵消施测的顺序效应。

同重测信度相比，复本信度控制了两次施测间的相互影响，因而既适用于难度测试，也适用于速度测试。但完全等值的复本只在理论上存在，实际应用中抽样误差在所难免，而且编制复本也需要很大精力。

　　在有些情况下，可在不同时间施测两个等值的测验复本，这时所求得的信度系数成为等值一致性系数。等值一致性系数既考虑了测评结果跨时间的稳定性，也考虑了不同题目样本的一致性，因而是更为严格的信度考查方法。

　　(三)内部一致性信度

　　重测信度和复本信度分别注重考虑了测验跨时间的一致性(稳定性)和跨形式的一致性(等值性)，而内部一致性信度系数主要反映的是题目之间的关系，表示测验能够测量相同内容或特质的程度。这种内部一致性程度受到两种误差方差的影响：内容取样(与复本信度相同)和所取样的行为变量的异质性(heterogeneity)。针对这两种误差来源，产生了分半信度和同质性信度的概念，以及相应的信度估计方法。

　　1. 分半信度

　　分半信度是指采用分半法估计所得到的信度系数。这种方法估计信度系数只需要一种测验形式，实施一次测验，通常是在测验实施后将测验分为等值的两半，并分别计算每位被试者在两半测验上的得分，求出这两半分数的相关系数。这个相关系数就代表了两半测验内容取样的一致性程度，因而也称为内部一致性信度系数。

　　采用分半法计算分半信度，首先要解决如何将测验分成可比较的两部分的问题。大部分测验的前半部分和后半部分是不可比较的，因为这样两半的题目性质和难度水平不同，而且准备状态、练习、疲劳、厌倦等因素的作用在测验开始部分和结束部分是有所变化的。通常情况下，我们采取奇偶分半的方法，即将测验分成奇数题和偶数题两半。如果测验题目基本上是按难度高低，逐次排列的话，则这种分法就接近分数相近的两半。在实践中，我们还应认真处理那些前后有牵连的题目，如果一组题目都与某段文章或某个图画有关，那么整个这组题目应该分在同一半；若将这组题目分成两半，则有可能提高测验的信度。

　　计算分半信度系数仍然可以采用常用的积差相关方法。但是，这种相关系数实际上只是半个测验的相关系数。例如，100道题的测验，两半的分数实际上只是从50道题得到的。而在重测和复本信度中，分数是从所有100题中得到的。我们已经知道，在其他条件相等的情况下，测验愈长，信度愈高(主要指内容取样的一致性)。因此分半法经常会低估信度，必须修正。其中常用的修正公式就是斯皮尔曼—布朗公式。

　　斯皮尔曼—布朗公式可以估计增长或缩短一个测验对其信度系数的影响。其通用公式如下：

$$r_{nn} = \frac{nr_{tt}}{1 + (n-1)r_{tt}} \tag{10.7}$$

　　其中，r_{nn}为估计或修正后的信度，r_{tt}为实得的相关系数；n代表r_{nn}所对应的测验长度与r_{tt}所对应的测验长度之比，例如，当从25题推测100题的信度时，$n = 4$，当从 60 题推测 30 题的信度时，$n = 1/2$，分半法是类似从 50 题推测 100 题的信度，故 $n = 2$。因此，分半法中的斯皮尔曼—布朗修正公式为：

$$r_{nn} = \frac{2r_{hh}}{1 + r_{hh}}$$ （10.8）

其中，r_{hh} 为两半测验的相关系数，r_{nn} 为测验在原长度时的估计值。

2. 同质性信度

同质性主要代表所有测验题目得分的一致性。当各个测题的得分有正相关时，则测验为同质的；而当各个测题间相关很低时，则测题为异质的。同质性是测量单一特质的必要非充分条件。当测题为同质时，所有题目都测量同一个特质；而当各个测题看起来似乎是测量同一特质但相关不高时，这测验就被认为是异质的。

同质性的测验，其结果的解释较为明确。例如，在一个同质性测验中，被试者得 20 分，则可能就是答对了前 20 道题（如果题目按从易到难的顺序排列的话）；而一个异质性的测验，被试者在不同题目上的得分很不一致，因而无法恰当解释。但对一些复杂的、异质的心理学变量，采用单一的同质性测验是不行的，因而常常采用若干个相对异质的分测验，并使每个分测验内部具有同质性，这样，每个分测验就能用来预测异质效标的某一个方面。同质性分析与项目分析中的内部一致性分析相类似。在某种意义上说，同质性介于信度和效度之间。

采用分半法计算内部一致性，考虑的是两半测验题目之间的关系，但每种分半方法所求得的 r_{hh} 值都不会相同。解决这个问题的一个方法是把所有分半法得到的信度系数加以平均，用这个平均值作为对整个测评信度的估算值。这是一种经验的方法，即使借助于计算机也很费时。例如一个仅有 20 题的测验，就必须计算 92378 个分半信度系数的平均值（$C_{20}^{10} = 92378$）。因此，人们采用由测量所有项目间的一致性导出的方法：

$$r_{xx} = \frac{n\bar{r}_{ij}}{1 + (n-1)\bar{r}_{ij}}$$ （10.9）

其中，n 为题目数目；$\bar{r}_{ij}$ 为所有题目间相关系数的平均数。

但是库德和理查逊于 1937 年发明了一种更加简便的程序。该方法只要求一次测验的结果，而且是根据被试者在每道题目上的得分来进行计算的。库德—理查逊 20 号公式（简称 KR_{20}）和 21 号公式（简称 KR_{21}）更为测验专家所偏爱：

$$r_{KR_{20}} = \frac{n}{n-1}\left(1 - \frac{\sum\limits_{i=1}^{n} p_i q_i}{S_x^2}\right)$$ （10.10）

其中，n 为测验题目数；p_i 为通过 i 题（即对 i 题作出正确反应）的人数比例；q_i 为未通过该题的人数比例，$p_i + q_i = 1$；$\sum\limits_{i=1}^{n} p_i q_i$ 为所有题目答对与答错人数百分比乘积的总和。

由于在进行项目分析时，要求算出各个题目的难度 P，因此使用该公式非常简便。

在各试题难度相同或接近的情况下，还可以采用计算更为简便的 KR_{21} 公式：

$$r_{KR_{21}} = \frac{n}{n-1}\left(1 - \frac{\sum \bar{p}\bar{q}}{S_x^2}\right) = \frac{nS_x^2 - \bar{x}(n-\bar{x})}{(n-1)S_x^2} = \frac{n}{n-1}\left[1 - \frac{\bar{x}(n-\bar{x})}{ns\bar{x}}\right]$$

(10.11)

其中，$\bar{p}$ 为试题平均难度；$\bar{q} = 1 - \bar{p}$；S_x^2 为测验总分的方差；$\bar{x}$ 为测验总分的平均数；n 为测验题目数。

当试题难度相差悬殊时，采用 KR_{21} 公式有低估信度系数的倾向。

如前所述，库德—理查逊信度实际上是所有可能的分半方法所求分半信度的平均数。一般的分半信度建立在等值的两半测验基础之上，而库德—理查逊方法则不然，除非测验题目非常同质。因此，在一般情况下，使用库德—理查逊方法估计的信度比分半信度要低。

3. 克隆巴赫 α 系数法

库德—理查逊方法适用于 0，1 计分的题目，但有许多测试题目采用多重计分，如很多评定量表和态度量表常常将应试者的反应分为 4 级、5 级或 7 级，有的成就测评中则包含更多种类的计分方法。对于这些类型的测评，库德—理查逊公式不再适用。为此，克隆巴赫（Cronbach）提供了更为通用的公式：

$$\alpha = \frac{n}{n-1}\left(1 - \frac{\sum_{i=1}^{n} S_i^2}{S_x^2}\right)$$

(10.12)

其中，S_i^2 代表第 i 个题目的方差；S_x^2 为测验总分方差；n 是测验题目数。

例如，某态度量表共 5 题，被试者在各题上得分的方差分别为：0.80，0.81，0.79，0.78，0.82，测验总分的方差为 15.00，因此测验的 α 系数为：

$$\alpha = \frac{5}{5-1}\left(1 - \frac{0.80 + 0.81 + 0.79 + 0.78 + 0.82}{15}\right) = 0.92$$

（四）评分者信度

测评结果的差异程度来自两个方面：一是被试者本身；二是测评者及其测评过程。信度的度量是以后者作为依据，测评者及其测评的无关差异越小，说明测评结果就越可靠。

然而，测评者及其测评引起的差异又划分为两个方面：一是恒定的系统误差与随机误差；二是测评者个体的主观误差。前面三种信度形式所揭示的主要是恒定的系统误差与随机误差，而评分者信度则主要揭示测评结果中个体的主观误差。这种信度分析主要用于主观测评方法（面试与观察评定等）获得的结果的可靠性分析。

　　最简单的评分者信度估计方法就是随机抽取若干份答卷，由两个独立的评分者打分，再求每份答卷两个分数的相关系数。这种相关系数计算可用积差相关方法，亦可用斯皮尔曼等级相关方法。

　　当评分者在三人以上，而且采用等级计分时，可以采用肯德尔和谐系数来求评分者信度。其公式为：

$$W = \frac{\sum\limits_{i=1}^{N} R_i^2 - \dfrac{\left(\sum\limits_{i=1}^{N} R_i\right)^2}{N}}{\dfrac{1}{12}K^2(N^3 - N)} \qquad (10.13)$$

　　其中，K 为评分者人数，N 是被评定的人数或答卷数；R_i 是第 i 个题目上所有被测者等级之和。

　　例如，有 4 名评分者，对 6 份答卷进行评分，所评等级如下：

评分者	答卷编号					
	一	二	三	四	五	六
甲	4	3	1	2	5	6
乙	5	3	2	1	4	6
丙	4	1	2	3	5	6
丁	6	4	1	2	3	5
R_i	19	11	6	8	17	23

　　可求得：

$$\sum R_i = 19 + 11 + 6 + 8 + 17 + 23 = 84$$

$$\sum R_i^2 = 19^2 + 11^2 + 6^2 + 8^2 + 17^2 + 23^2 = 1400$$

$$W = \frac{1400 - (84^2 \div 6)}{\dfrac{1}{12} \times 4^2 \times (6^3 - 6)}$$

　　这种方法是在测量工具的标准化程度较低的情况下进行的。不同评分者的评分标准也会影响测量的信度，要检验评分者信度，可计算一个评分者的一组评分与另一个评分者的一组评分的相关系数。

三、影响信度的因素

测验的信度会受到各种因素的影响,因此在解释信度系数时要充分考虑这些因素,在编制测验和测验的实施过程中要力图避免由这些因素带来的影响。总的来说,对测验的信度造成影响的因素主要有样本团体的性质、测验的长度、测验的难度。

1. 样本团体的性质

影响信度系数的一个重要因素是所测样本团体的性质。这是因为:

第一,任何相关系数都要受到团体中分数分布的影响,当分布范围增大时,其信度估计就较高;当差异减小时,相关系数随之下降,信度值则下降。可以举个浅显的例子说明。有 A、B 两个测验,被试者的分数分布分别为 20 分到 90 分和 80分到 90 分,显然,在第二次重测时,相同的几分差别在两个测验中的影响作用是不相同的,A 测验中相对地位的变化不大,因此所求得的信度系数必然较高;而 B测验中稍微增加或减少几分,其相对地位就会有很大改变,则所求的信度系数必然较低。从相关系数的统计公式中,也可以看到变异性降低,相关系数降低的关系。

第二,信度系数也受到样本团体异质性的影响。一般而言,若获得信度的取样团体较为异质的话,则往往会高估测验的信度。例如,我们施测两个能力倾向测验、言语理解和数学推理能力测验。如果所取样的团体非常同质,如都是某大学文科一年级的学生,则所得分数分布范围较小,二者的相关性必然很低;但如果研究的团体非常异质,包括从智力落后病人到大学学生,则二者之间必然获得较高的相关性,可以想象,智力落后病人在这两个测验中的得分必然低于大学生,因此可以说,同质团体得分比较接近,分数分布范围小,则信度较低,异质团体反之。

在实际工作中,如果我们受到具体条件的限制,只能以部分较同质的团体来求信度,而我们又希望了解总体的信度值,则可采用公式 10.14 进行估计;反过来,如果建立测验信度的团体较为异质,造成了假性高相关,而我们又希望了解在个别团体施测时的测验信度,则也可以采用公式 10.14 进行修正:

$$r'_{xx} = \frac{r_{xx}\left(\dfrac{S'_x}{S_x}\right)}{\sqrt{1 - r_{xx}^2 + r_{xx}^2\left(\dfrac{S'_x}{S_x}\right)^2}} \tag{10.14}$$

其中,r'_{xx} 是估计的信度;r_{xx} 是取样的信度;S_x 是取样团体的标准差;$S_x{'}$ 是估计团体的标准差。

例如,我们要求某测验在某大学一年级学生样本的重测信度,但因条件和时间的限制,我们只能求得某个系一年级学生的重测信度。假设所有一年级学生某测验分数的标准差是 12,而该系学生分数标准差为 6,重测信度是 0.60,则全部一年级学生的重测信度为:

$$r_{xx}' = \frac{0.60 \times \frac{12}{6}}{\sqrt{1 - 0.60^2 + 0.60^2 \times \left(\frac{12}{6}\right)^2}} = 0.33$$

该修正公式仍属经验公式，在工作中最好求得全体被试者的真正信度。

第三，测验的信度不仅受取样团体中个别差异范围的影响，也会由于不同团体间平均能力水平的不同而有所不同。这种差异很难用一般的统计公式来预测或评估，只能通过对各种年龄及能力水平的团体的检验来确定。例如，在斯坦福—比内量表中，不同年龄和不同难度水平的信度值从 0.83 到 0.98 不等。在这些测验中，对年幼者和能力较低者，其信度值相对较低，因为他们的分数基本上是凭猜测获得的，而在这种情况下，测验是不适用于这种水平的。

显而易见，每个信度系数都要求有对建立信度系数的团体的描述。因而在选择测验时，必须注意取样团体的变异性和能力水平，以及建立信度系数的团体与欲测团体是否一致。目前对编制测验的要求之一，也是实际的趋势是：分别对非常同质的团体建立标准化样本，如考虑年龄、性别、年级水平、职业和相似性等，对这些样本分别报告信度系数，以便测验使用者在比较各个测验的信度时选择符合他所测团体性质的信度系数及测验。

2. 测验的长度

测验长度是指测验题目的数量。一般而言，测验越长，信度值越高。这种影响主要来自两个方面：

第一，测验越长，则试题取样或内容取样越恰当。例如，我们希望测量被试者的词汇量，如果只测一个单词，则测验的结果必然很不可靠；如果选择的词很难，则绝大多数的被试者都无法答对，而获得零分；如果选择的词很容易，绝大多数被试者都答对，而获得满分。很显然，试题取样不恰当，无法评估被试者真正的词汇量。为了要正确而可靠地评估被试者的词汇量，测验必须包括很多词汇，每个词汇难度不同，这样才能反映真正的水平，结果才可能较为可靠。增加测验题目的数量可以提高测量结果的一致性。

第二，较长的测验也不易受到猜测的影响。如果仅有 10 道题，被试者知道其中 7 道题，有 3 题完全凭猜测，则他完全有可能猜对而得满分；也有可能全部猜错而仅得 7 分。可见较少题目的测验受猜测的影响很大。但是如果题目增加，如 100 道题，则同样的猜测数目（3 题）对测验结果的影响就不会很大，而使结果较为可靠。

在实际工作中，有时由于时间的限制或被试者条件的限制（如年幼、多病等）而不得不采用短测验。在这种情况下，最好多实施几次，以便获得较为可靠的结果。在使用某些成套测验时，如果各个分测验的题目很少，又没有足够的信度材料，则只能以总分来作解释。

3. 测验的难度

测验难度与信度没有简单的对应关系。但是，当测验分数分布范围缩小时，测验的信度降低。因此，如果一个测验对某团体而言太容易，会使所得分数都集中在高分端，当题目太困难时，得分会集中在低分端。这两种情形会使测验分数分布范围缩小而使结果变得不够可靠。

显然，只有当测验的难度水平可以使测验分数分布范围最大时，测验的信度才可能最高。这个水平在一般情况下是 0.50，即被试者的平均分数为总分的一半，而且分数分布范围是零分至满分。事实上，平均得分为总分的一半只适合于简答题，对于选择题而言，由于存在着猜测的影响，难度值会提高。例如，是非题，被试者猜对的几率高于 50%，即使是五择一的题目，被试者填对的几率也有 20%。因此这类题目的理想平均难度可用"期望的机遇分数"与"总分"之间的中点作为估计值。例如，在 100 个是非题的测验中，期望的机遇分数为 50，总分是 100，因此理想的平均分数值为 75。同样，100 题的五择一测验，其理想的平均分数为 60。如果所编制的测验能够符合上述的理想难度水准，则全体被试者的得分范围将趋于最大，这样就可提高结果的可靠性。

在实际情况下，如果某个测验适用范围很广，则其难度水平通常适合于中等能力水平的被试者，而对较高水平和较低水平的被试者可能较易或较难，使得分数分布范围缩小。

第二节　效　度　分　析

一、效度的概念

所谓效度，是指测评结果对所测素质反映的真实程度。一个测评工具具有多种效度，这些效度的确定依赖于测评的具体目的和评估效度的方法。所有这些方法都有助于我们了解测评所要测量的究竟是什么，从而明确测评分数的意义，使任何依靠被试分数所作出的决策更为准确。此外，我们也必然希望了解测评对所要测量的变量的测量准确程度如何，对外在标准的预测能力如何，以及测评对理解某种理论构想所提供的信息和把握。归纳来说，效度所考虑的问题主要有两个：一是测评测量什么；二是测量对测评目标的测量精确性和真实性有多大。

一般来说，效度的作用比信度的作用更为重要。一个测评若效度很低，则无论信度有多高，也是无用的。例如，用磅秤测量身高，测量值很一致，也就是说信度很高，但它并不代表身高，也就是说其测量值与身高相关不高，效度很低，则磅秤就不是身高的较好的测量工具。高的效度是一个良好测评最重要的特性，是必要条件，也是选择和评鉴测评的重要依据。

我们可以从以下几个方面来理解测评效度：

1. 效度是针对测评结果的

举个例子来说，当某一员工实施一套智力测验时，他首先可能会提出"这个测验有效吗？"这样的问题。实际上，他是在问"这个测验真的测得出我的智力吗？测验的结果真的代表了我的智力水平吗？"可以看出，测评的有效性是针对测评结果而言的，即测评效度是"测评结果"的有效性程度。

2. 效度是针对某种特定的测评目的的

效度是针对某种特殊用途而言的，不具有普遍性。也就是说，测评都是为了特定的目的而设计的，没有一种对任何测评目的都有效的测评。例如，卡特尔16PF人格测验是测量人格的，它对于智力的测量就缺乏有效性，所以在描述和评价一个测评时，必须考虑到这一测评的特殊用途，指明该测评对测量的哪方面有效。

3. 效度只有程度上的差异

效度只有程度上的差别，而不是"全"或"无"的差别。在对效度进行评价时，我们不能说某个测评结果"有效"或"无效"，而是要在考虑到其用途的基础上，用"高效度"、"中等效度"或"低效度"来对它进行评价。例如，某种技能测验，对于某个工种的员工也许是有效的，但在适用于另一个工种的员工时，或许就不那么有效了。

从上述后两条特点可以看出，效度实际上是相对的概念，即相对于某种特殊用途，具有较高或较低的效度。

在测量理论中，效度被定义为：在一列测量中，与测量目的有关的真实变异数（由所要测量的变因引起的有效变异）与总变异数（实得变异数）的比率，即：

$$效度 = \frac{S_v^2}{S_x^2} = r_{xy}^2$$

其中，r_{xy} 代表测量的效度系数；S_v^2 代表有效变异数；S_x^2 代表总变异数。

一个测验的效度表明，在一组测验分数中，有多大比例的变异数是由测验所要测量的变因引起的。同信度一样，效度也是指的一列测量的特性，也是一个构想的概念。

二、效度的种类和估计方法

测评既可以有理论的目的，也可以有实用的目的。每种可能的目的，都会导致对效度的不同理解。美国心理学会于1985年出版的《心理与教育测验的标准》一书中，将效度分成三大类，即：与内容有关的效度（content-related validity），与外在效标有关的效度（criterion-related validity）和与理论建构有关的效度（construction-related validity），以及一个不具技术性意义的表面效度（face validity）。

（一）内容效度

1. 定义

内容效度是指测试题目对有关内容或行为范围取样的适当性，或者说测验的题目构成所要测量领域的代表性样本的程度如何。在实际工作中，我们编制的测验不可能包含所要测量的行为领域的全部可能材料或情境，只能选择一些题目来作目标领域的代表，通过观察被试者对这些题目的反应，来推测他在真实情境中的表现。因此，取样的恰当性和代表性是影响测量效果的一个重要因素。如果所选题目偏重于某部分内容，或是过难或过易，则都会使测验难以对目标行为或特点进行全面、准确的测量。

在考虑测验的内容效度时，主要应考虑三个方面的问题：一是针对性，即测验题目所反映的内容是否真正属于想要测量的领域。在主要考查知识的成就测验中，一般问题不大，但在人格测验和智能测验中，每个题目是否都测量了所要测量的领域，则不易确定。二是全面性，即测验所包含的题目是否覆盖了所要测量的领域的全部或主要方面。测验题目都来自于测评的目标领域并不能保证高的内容效度，因为还要看目标领域是否有重要方面被遗漏。三是代表性，即要考虑测验题目是否覆盖了目标领域的重点、难点以及它们在不同子领域中的分布比例是否合理。

简言之，内容效度是指一个测评所能测量到的具有代表性的内容和行为的程度。若内容效度低，则不能由测评分数去推论被试者在总体中的表现；内容效度越高，这种推论才越有效。

一个测验要具备较好的内容效度必须满足两个条件：

（1）要确定好内容范围，并使测验的全部项目均在此范围内。所谓内容范围可以是具体知识或技能，也可以是复杂行为。成就测验的主要目的在于测量学生的学习效果，因此特别重视内容效度。

（2）测验项目应是已界定的内容范围的代表性样本。换句话说，就是选出的项目能包含所测的内容范围的主要方面，并且使各部分项目所占比例适当。具体做法是对内容范围进行系统分析，将该范围划分为具体纲目，并对每个纲目作适当加权，然后根据权重，从每个纲目中随机取样。

2. 确定内容效度的方法

（1）专家判断法。

确定测验内容效度常用的方法是由专家对测验项目与所涉及的内容范围进行符合性判断，这是一种定性分析的方法。具体方法步骤如下：

① 定义好内容总体，并描绘出有关知识与技能的轮廓；

② 划分细纲目，并根据重要性规划好各个纲目的加权比例，作出尽可能详细的描述；

③ 确定每道题所测的知识与技能，将自己的分类与测验编制者的纲目作比较；

④ 制定评定量表，从各方面对测验作出评定。

这种方法的主要问题是，内容效度的判断有一定的主观性。为了集思广益，可同时请多名专家对同一个测评工具的内容效度进行独立评估，然后计算评分者信度。如果信度高，则说明多名专家的评定一致性高，对内容效度的评估准确。另外，还可以让专家组展开深入细致的讨论，以形成关于内容效度的一致性评价。

（2）复本法。

克隆巴赫认为，内容效度可由一组被试者在取自同样内容范围的两个测验复本上得分的相关性来作数量上的估计。如果相关性低，则说明两个测验中至少有一个缺乏内容效度，但无法确定究竟哪一个缺乏内容效度。当相关性高时，一般推论测验具有内容效度，但也可能出现两个测验有相同偏差的情况。

（3）经验法。

内容效度的确定还可以采用经验的方法，即研究不同个体在一个测验上所得的分数是否客观地反映了他们在该领域水平的实际差异。例如，对于某个胜任力测验，可以检查工作绩效不同的应试者在该测验上总分和每题分数的变化情况。如果工作绩效高的应试者，测验的总分和每个题目的得分率也高，就可以推测该测验基本测量了胜任力的内容。

3. 内容效度的应用

理论上，只要所要测量的特质能够明确界定其内容范围或成分，都可以验证该测验的内容效度。但在实际上，此类效度以应用在教育界的成就测验、诊断测验及效标参照测验上居多。至于用在人格和性向等测验上，则因为此类测验所欲测的特质较抽象、范围不易明确界定，所以较不适用。但如果是用于员工的甄选与分类上的职业测验，由于它是针对特定的职业进行工作分析以确定该职业所需的基本技能，所以同样具有明确的内容范围，也应验证其内容效度。

在实际应用中，内容效度容易与表面效度相混淆。所谓表面效度指的是外行人从表面上看测验是否有效。表面效度不是效度的客观指标，它不能真正反映测量的有效程度，但是它能影响被试者的动机，从而影响测验的效果。所以在编制测验时，表面效度是一个必须考虑的问题。

内容效度既具有一定的优点，也存在一定的局限。它的主要缺点是缺乏可靠的数量指标，因而妨碍了各测验间的相互比较。

（二）结构效度

1. 结构效度的概念

结构效度是指测验能够测量到理论上的结构或特质的程度，或者说用某种心理结构或特质来说明测验分数的恰当程度。所谓结构，就是心理学理论所涉及的抽象、富于假设性的概念、特质或变项，如智力、焦虑、机械性向、成就动机等。结构效度的主要重点是理论上的假设和对理论假设的考验。在考验的过程中，必须先从某一结构的理论出发，导出各项关于心理功能或行为的基本假设，据以设计和编制测验，然后由因求果，用相关实验和因素分析等方法，查核测验结果是否符合理论观点。

结构效度的验证，就是要考查一个测验测到某种特质的程度，其过程与对内容效度验证不同，后者把重点则在对测验题目与某一行为领域对应关系的考查上，而这一行为领域的范围，一般是比较清晰的。结构效度的重点则在测验本身，它取决于测验开发所依赖的理论以及测验测到这种理论结构或特质的能力。比如，一个智力测验，它是测验开发者基于某种智力理论或其头脑中对于智力的认识而编制出来的，但所编制出的测验和题目，究竟有没有测到，或者在多大程度上测到开发者想要测量的智力水平，就是结构效度关注的问题。

2. 结构效度的确定方法

一般而言，要确定某个测评的结构效度，需要经过以下三个步骤：首先，建立理论框架，以解释被试者在测评上的表现；接着，依据理论框架，推演出各种有关测评成绩的假设；然后，以逻辑和实证的方法来检验假设，如果不能作出恰当的解释，则应该修正上述理论假设，直到能作出恰当的解释为止。

结构效度的确定过程可以用一个常见的例子来加以说明。例如，某人对研究领导力这个结构感兴趣，必然是由于他假设或认为那些具有领导力的个体与那些不具备领导力的个体具有某些不同，因此可以建立一个理论（或一个理论体系）来说明那些有领导力的个体的行为与其他人的不相同之处，从而使人们能够通过观察个体的行为和根据某种理论分类来辨别具有领导力的个体。如果希望编制一个测评来测量领导力，那么，这个领导力测评必须具有结构效度，即测评分数与根据领导学理论观察被试者行为所作出的判断具有相关性。如果这种相关性不成立，则该领导力测评缺乏结构效度的支持。相关性不显著，可能有多种原因。例如，测评可能没有真正测量领导力，或者说关于领导力的理论是错误的。在这种情况下，就应该重新研究该理论了。如果测评分数与根据理论作出的判断相关性很高，则表明该测评具有结构效度。

结构效度的分析，一般可以按如下几步进行：

（1）给所要测评的素质的结构模式下一个操作化的定义。

在素质测评中，我们常常听到有些人说："我们所要测评的素质是有关××的态度、有关××的品质、有关××的技能。"像这样一些表述所测评的具体形象是什么，结构是什么，我们并不清楚，它仍然是从具体行为概括中抽象出的一种意识或观念，因此，对结构效度分析是没有多大作用的。我们必须再次把这些"态度"、"品质"、"技能"进行建构。这里的建构不是从行为向观念建构，而是相反，从观念向具体的行为建构。不是简单的还原，而是在更高的水平上抓住所测素质的本质特征，确立一个可感觉与可操作的结构模式，由这种具体的结构模式作为抽象观念建构的替代物。这种替代物的成分显然应该是我们实际能够看到、听到和感觉到的东西。如外显行为、客观性生理反应等。素质测评的目标体系实际上就是所测素质的一个行为建构模型。这种结构模型分别由项目、指标、权重、标度等组成。这种模型的建构，在很大程度上取决于所测素质本身的特征及其抽象程度。像技能的模型建构就比品德的模型建构容易一些。要定义或建构一个素质的结构模型，可以从以下几个方面着手：

首先，采用工作分析的方法，对所想测评的素质进行结构分析与行为分析，确定各种素质结构成分及其代表行为。

其次，用图表的形式逐一列出工作分析得到的素质因素及其特征行为。除此之外，还可以通过查找历史上或现在人们对所要测评素质的模型的现成资料，丰富已有分析的结果。在这种图表中，要表明结构模型中的全部成分及其相互关系，还要包括具备这种模型中大部分成分或仅具备其中一点成分的人的行为描述。图表的描述方式既可以是图形面积比例，也可以是数字比例。

最后，还要另外准备一份与已建构的模型可能混淆的，但关系密切的其他模型图表，反问自己并向人说明为什么所测素质是你所定义的结构模型而不是其他别的结构模型。

（2）收集事实资料，评判结构效度。

结构效度的分析一般都是采用实证法，即找到足够的事实证据，证明测评结果的结构模型是所测素质结构的一个很好的代表。因此，事实资料的收集在结构效度的分析评估中是非常重要而关键的。具体的方法包括：

排除法。如果测评结果能明确地排除它所对应素质结构模型的其他解释，那么就表明所获得的测评结果具有较好的结构效度。

咨询法。可以请一些有经验的专家就你所获得的测评结果、所对应的素质结构进行判断或推断，问他们该测评结果实际测评的素质是什么。如果大家的回答与你所想测评的素质结构几乎一致，那么说明你的测评有较好的结构效度。

相关法。找一个具有较高结构效度的测评工具或结果，与你所获得的测评结果进行相关性分析，如果相关性很高，则说明你的测评结果同样具有较高的结构效度。例如，某一个具有"自尊"结构效度的测评量表，它的测评结果就应该与自信、社交能力及领导作用等测评量表的测评结果成正比，面与如内向性、自卑、孤独等测评量表测评的结果成反比。

逻辑分析法。当大家对所测素质的结构模型具有比较一致的认识时，只要能断定测评内容（工具）选择正确，且整个测评过程排除了一切外来干扰因素，就可以说测评结果具有较好的结构效度。例如，测评时间足以保证被试者完成所有的工作，被试者没有受到催促因素的影响；操作测评工具的指导十分明确，从而，被试者操作准确。

多元分析法。多元分析法就是采用聚类分析与主成分分析等数学手段，对测评结果进行分析，看分析的结果。例如，所找出的主要因素与分类结果，与所想测评素质的结构是否一致，如果一致，则说明所获得的测评结果具有较好的结构效度。

（三）效标关联效度

1. 定义

效标关联效度用测评分数和效标分数之间的相关系数 r_{xy} 表示，它实质上是指测评分数对某一行为表现的预测能力的高低。例如，一个机械倾向测验，其效标可以是成为机械师后的工作表现；对于一个学习能力测验，其效标可以是被试者在以后的学习中取得的成绩；而对于一个神经心理测验，效标可以是大夫的评定或被试者的病史。由于根据测评分数作出的预测大多包含决策的意义，所以只有当证明测评分数确实能够预测所欲研究的行为时，这种决策才会正确。

效标关联效度主要考虑测评分数与效标之间的相关性。效标的材料可以在测评事实大致相同的时间获得，也可以在间隔一段时间后获得。根据效标材料的时间不同，美国心理学会又进一步区分出同时效度和预测效度。预测效度的效标资料往往需要经过一段时间才可以获得，它反映的是从测评分数预测任何效标情境或者一段时间间隔后被试者行为表现的程度。预测效度的信息大多用于人员的选拔、分类和岗位安排。例如，雇用员工、选择大学生和分派军事人员参加不同的专业训练等决策过程中都需要预测效度的信息。同时效度的效标材料可以和测评分数差不多同时搜集。在一般情况下，同时效度可以作为预测效度的替代。因此当测评施测于已存在有效效标的团体中时，就不必经过一段时间后再作比较。例如，选拔测评往往与被选拔者现在工作中的绩效作比较。

2. 效标关联效度的评估

要评估一个测验的效标效度，首先要做的是选取一个有代表性的样本并收集到样本中每个个体的测验分数和效标测量值，然后考查两者的一致性。样本有代表性，得到的相关系数才能推论到总体；同时，样本容量要足够大，如果样本量太小，则求取得相关系数受到抽样误差的影响大，否则，计算出的效度系数就没有多少意义，或仅限于某一具体情境。

考查作为预测源的测验分数和效标测量值的一致性，最直接的方法就是计算这两组分数的相关系数。根据收集到的资料的性质，如测验分数和效标分数是离散的还是连续的等，可以计算皮尔逊积差相关、等级相关、质量相关、四分相关等相关系数。因此，效标关联效度验证的最终结果，是确定一个高度概括化和数量化的相关系数，这一点与内容效度的验证过程有明显的区别。这个相关系数，就称为效度系数。还有一些方法可以用于考查效标效度，如观察两种分数的散点图，或比较测验上高分组和低分组在效标测量值上有无显著差异，但它们同相关系数的表达相比都较为粗糙。

3. 常用的效标

效标既然用来作为衡量测验效度的标准，它本身当然要符合全面、精确、稳定、客观等特性。在选择测量效标或将效标量化的方法时，要对其方法的信度、效度加以慎重考虑，否则效标本身即无法代表所欲测量的特质，那依据它所求得的效标关联效度便更无意义；而当所求得的效度偏低时，我们也无从判断是由于效标不够理想或是测验本身的设计不良。

效度验证时常用的效标形式很多，选用时常依测验性质及使用目的而定，其中最常用的有下列几种：

（1）学业成就。

智力测验和成就测验最常以学业成就作为外在效标，智力测验是因为其所测量的常偏重学术性向（scholastic aptitude），而成就测验是因为测验取材内容大部分与学校教学内容重叠，所以它就成了最佳且现成的效标。学业成就不只是指每年的平均学业成绩，也包括升留级记录、得奖记录、教师的评分等。至于已经离开学校的成人因为已没有学业成绩，所以常以其受正式教育的年数代表其学业成就。这种效标是基于下列假定：即教育阶梯代表一种渐进式的筛选过程，唯有学习成就较高的人才能继续上一级的教育。这种假定在初等教育及中等教育阶段大致没错，然而到高等教育阶段就很有问题了，因为这时经济、社会、动机及其他非智力上的因素都会影响到个人是否继续接受高等教育。因此，若只取高中以上的样本来求算学术性向测验与受教育年数的相关性，则其相关性将非常低。

（2）特殊训练上的表现。

特殊性向测验或针对某一职业特别设计的测验最适宜采用这种效标。例如，音乐系和美术系的学科成绩可以用来验证音乐性向测验或美术性向测验的效度；某一职业的新进人员筛选测验可利用此类人员的职前训练成绩来验证其效度。

效标可以分为中途效标和终点效标，特殊训练上的表现只能算做中途效标，而实际从事该职业后的表现才是终点效标。然而，搜集终点效标需要更长的时间，也更容易掺杂难以控制的因素，致使终点效标无实际应用价值。例如，空军飞行员的筛选测验，其中途效标是在受训时的表现，终点效标是在战争时的战果，若未实际发生战争，则无法取得终点效标资料。又如，医学性向测验的中途效标是参加医院实习的表现，终点效标是独立执业后的表现，然而独立执业后，其所执业的科别、执业地区也会影响其表现，因此，各人的执业表现难以比较。因为这些原因，在训练阶段的累积表现记录就成了最常用的外在效标了。

（3）实际工作表现。

大部分的特殊性向测验、少数的一般智力测验和人格测验可用实际工作表现作为效标，它尤其适合针对某一职业而设计的筛选测验。

搜集实际工作表现的资料常有很多的困难，第一是它要长期追踪，所以不但耗时，且样本会愈来愈少。第二是某些职业从业人员工作地点非常分散，无法把相同职业人员放在同一工作条件下作比较。例如，各种机关单位的会计、出纳人员。第三是某些职业没有上级督导人员，研究者也无法到其工作处所做长期观察、记录，因此无法对其工作表现进行评价。第四是在同一职业名称之下，因所属机构不同而有不同的工作要求，因此各人的工作表现之间常无法进行公平比较。例如，同是汽车维修工，在小修厂工作可能要包揽全部修理工作，而在大修厂则可能只负责修刹车和换轮胎。

（4）先前有效的测验。

若一新编测验是某一现行测验的浓缩或简化版本，则可以用现行测验作为效标，并以高的效度系数证明新测验可以取代现测验。因此，纸笔测验可以作为效度已知的操作测验成绩的效标。团体测验可以用知名的个体测验作外在效标。这时所求得的效度又称为同时效度。

在使用现成测验作效标时，应注意两点：一是现成测验本身已被证实具有良好效度；二是新编测验的目的是要取代现行测验或是作为现行测验的复本。

（5）心理治疗上的诊断。

在编制某些人格测验时，心理治疗上的诊断可以同时作为筛选题目及验证效度时的依据。这些诊断通常是依据美国精神医学会（1994）出版的心理异常的诊断及统计手册第四版（*Diagnostic and Statistical Manual of Mental Disoders IV*）所作的分类。

心理治疗上的诊断之所以能成为令人满意的效标是因为它是基于长期的观察和详细的个案史；若只是依据一次的面谈或检查，那它本身的可靠性并不比测验分数好，这种初步的粗略诊断本身就应该先验证其效度，不能作为测验的效标。

（6）相关人员所作的评定。

评定法（rating）可以应用在每种类型测验的效标搜集上，但在人格测验上，尤其是在测量社会特质的测验上用处更大。因为人格特质本身难以找到客观的效标，所以受测者周围相关人员对受测者行为的长期观察便成了最主要的效标资料来源。虽然在搜集学业成就、特殊训练表现及实际工作表现等外在效标时，也可由教师、训练师或工作督导者以评定法评定其表现，但它只被视为辅助搜集资料的一种方法。但在人格测验上，它常会成为唯一的方法。例如，在测量亲和性、领导欲、自发性等人格特质时，由相关人员依据其对受测者行为的观察，评定他具有此种特质程度的资料便成了唯一可行的效标资料搜集法。

虽然评定法常会有判断上的误差，但通过评定人员的讲习训练、评定量表的精心设计及增加评定人员人数等方法都可减少误差，确保效标的品质。

4. 效标的测量

效标是测验效度验证的标准，它的测量必须科学、准确，否则效标效度的建立就是无的放矢，缺少了方向。

首先，效标要在理论上体现测验有效性的主要方面，即跟所研究的问题有实质性的相关。如果效标跟作为测量目标的心理属性没有实质性的联系，就无法推论测验的有效性。当然，对效标与要测量的心理属性关联程度的判断，也依赖于个体的经验和水平。

其次，效标测量必须是客观的，要避免偏见的影响。比如，当效标测量运用等级评定时，要采取措施控制评定者主观印象的干扰，特别是要注意防止效标污染。

所谓效标污染，是指由于评定者知道测验分数而影响其效标成绩。比如，如果把高中一年级两次期末考试的平均成绩作为高中入学考试成绩的效标，由于任课老师知道学生的入学成绩，在批改期末成绩考试试卷时，对入学考试成绩好的学生评得松，而对入学考试成绩差的评得紧，这样就导致了效标污染，使效标效度虚假性增高。

再次，在收集效标资料时，必须注意防止所抽取的代表性样本中个体的流失。一方面，样本容量减小本身会使抽样误差增大，从而降低了效度系数的准确性；另一方面，如果样本中个体的流失不是随机的话，会给效度估计带来更大的危害。

最后，效标测量必须稳定可靠，即有高的信度。

（四）表面效度

表面效度很容易和内容效度混淆，但它不是内容效度，而且也不能替代其他种类的效度。它虽不是真正的效度，但它却是任何心理与教育测验应具备的一种重要特质。表面效度是指受测者、测验结果的使用者及一般大众对于某测验的试题和形式等所作的主观判断，判断该测验能否达到其所宣称的目的。一个具有高表面效度的测验比低表面效度的测验更能赢得受测者的合作及提高作答意愿，并使得分低者减少对测验公平性的抱怨，也更能使得一些决策者、雇主或行政首长信服并愿意采用该测验。

1. 表面效度的评定

表面效度是来自与测验的实施、应用过程有关的非专业人员的主观判断，所以它可以用评定法加以量化。Nevo（1985）曾提出表面效度的操作定义，此定义为：

表面效度是由实际受测者、应用测验结果的人员或一般大众，采用相对或绝对的评定方法，就内容恰当性、结构形式来评定某试题、测验或测验组合与其所要达成的目的的相配合的程度。

在这一评定过程中，评定人员是由实际受测者（如职位应聘者、实验对象、学校学生等）、应用测验结果的人员（如雇主、人事主管、辅导人员、学校行政人员等）、一般大众（如受测者家长、新闻记者、议员、法官、教育政策主管人员等）来担任，其中并不包含心理计量学家或学科专家。在评定方法上可以采用"绝对法"，亦即用 Likert 的五点量表法来评定测验是否适用于某一测验目的，以 5

代表"非常适合"，4代表"适合"，3代表"无意见、无法判断"，2代表"不适合"，1代表"非常不适合或完全无关"；另外，也可用"相对法"评定，亦即由评定者比较几种测验，看其适合测验使用目的的程度，然后排列等级。至于在评定时，评定者应考虑的维度除了测验内容的恰当性外，还应考虑测验的结构与形式（如指示语和试题的遣词用字及其可读性、测验的版面编排及印刷、答题纸的设计等）。在评定的对象上，除了少数情况下是以试题为单位（如申论题、口试试题、体操比赛的指定动作等）来进行评定外，大多是以一个测验或一套测验组合作为评定的对象。

以多人同时独立评定方式所求得表面效度的数据，可以采用考验"评定者间的一致性"和"先后重复评定的一致性"来确定评定结果的信度；也可以比较几种不同的测验在同一测验目的上是否得到不同的平均数，从而确定此评定结果的区分效度。

2. 表面效度的改进

改进表面效度的方法可从两个方面着手：一方面是依据特定的测验目的，修改测验名称、重新安排试题的用词用字，使它显得更切题、更合理；另一方面则是从改进版面设计、印刷、装订、纸质着手，使得整个测验看上去是经过精心设计的，进而赢得使用者的重视。

表面效度可以在整个测验编制过程中因不断地修改而提升。但我们不能够假设只要改善了测验的表面效度就可以提高真正的效度；也不能够假设为了增加表面效度而去修改测验的文字或外形后，其真正效度仍然不受影响。我们还是应该直接检验一个测验修改到最后形式的真正效度。

三、影响测验效度的因素

效度的种类很多，影响各种效度的因素也随之不同，就内容效度而言，致使内容效度降低的因素有：① 缺乏学科专家或资深教师参与拟题；② 双向细目表设计不良；③ 预试的题数不多且品质不良，经试题分析淘汰部分试题后难以达到双向细目表上的要求。

就建构效度来说，致使建构效度偏低的原因有：① 该测验的心理学理论建构尚不完备，有待加强或修改；② 题目设计不良，与原理论脱节；③ 所提出待考验的假设不当。

在表面效度方面，最常见的降低表面效度的原因是：① 版面设计与印刷的品质不良。② 遣词用字不能配合受测者的程度与背景。③ 指导手册或技术手册内容不够完备，未能作充分的沟通。

至于最常用的效标关联效度，由于它是测验分数与外在效标的相关系数，所以有很多因素会影响此系数的高低。这些因素包括：

1. 样本的性质

就像信度的研究一样，在报告效度系数时也要同时说明所用样本的性质。同一个测验用在不同年龄、性别、教育水准、职业或任何以有关特征区分的组别时，可能具有不同的测量功能，因而有不同的效度。例如，用英语命题的数学推理测验对于以英语为母语的群体来说，可能是和数学成绩有高相关性，而和英语成绩没有相关性；但对于不是以英语为母语的群体来说，可能该测验分数和英语的相关性高于和数学的相关性。

测验编制者在验证效度时，应检查在不同性质的样本是否效度系数有显著差异，若是，则应分别报告其样本特征及效度系数。

2. 事先筛选与样本同质性

在验证效标关联效度时，最常遇到的困难是所能取得的样本常是经过事先筛选的，所以样本的同质性很高；换句话说，样本在作为筛选依据的几种主要心理特质上，分数的变异很小。当样本的变异受到局限时，其所求得的相关系数会变低。

在高等教育或工商企业界中，其成员绝大部分是经过事先筛选的，所以效度系数不可能很高。测验使用者在依效度系数作判断时，应把这一事先筛选的比率考虑进去，当录取的比率很小（样本同质性很高）时，即使效度系数偏低，也不能说此测验不能用。

测验编制者在以相关法验证测验的信度或效度时，应随时检查其样本的变异程度是否和母群体一致，若有显著差异，则应检查样本的代表性，考虑重新取样或以统计方法将求得的相关系数加以校正。

第三节　项目分析

当我们在编制一个测评时，为了改善和提高测评的信度和效度，在组成测评之前，应对每个题目进行分析，这就是项目分析。所以，项目分析是指根据被试者的反应对组成测评的各个题目（项目）进行分析，从而评价其适用的程序和方法。项目分析既能帮助测评使用者评价现有的各种测评，还非常适合特殊的和非正式的测评的编制。

项目分析包括定性分析和定量分析。定性分析包括考虑内容效度，题目（项目）编写的恰当性和有效性等；定量分析主要是指题目难度和区分度的测量。任何测量的信度、效度最终都依赖于题目的上述性质。通过项目分析，我们可以选择和修改测评题目，以提高测评的信度和效度。

一、项目难度

所谓难度，是指项目的难易程度。在能力测验中通常需要一个反映难度水平的指标，在非能力测评中，类似的指标是"通俗性"，即取自相同总体的样本中，能在答案范围内回答该题的人数。下面主要介绍能力测验的难度分析。

（一）难度的估计方法

选取题目难度计算方法之前，首先要确定该测验题目采用何种计分法。

1. 二值计分题目的难度

（1）通过率法。如果忽略应试者作答时的猜测成分，二值计分的测验题目难度一般用通过率表示，即答对或通过该题目的人数占总人数的比：

$$p = \frac{R}{N} \times 100\%$$

其中，p 代表题目难度，N 为参加测验的应试者总数，R 为答对或通过该题目的人数。例如，在 100 个回答某题的学生中，70 人答对，则该题目的难度为 0.70。

p 值反映的是项目的相对难度，亦即心理难度，而不是绝对难度。一个项目的 p 值大小，除和内容或技能本身的难易有关外，还同项目的编制技术以及受测者的经验有关。一个本来很容易的问题，可能因为表述不清楚，或者受测者由于某种原因没有学过而变难；一个很难的内容，也可能因为答案过于明显或者由于受测者已经学会而变得容易。所谓难者不会，会者不难，指的就是难度的相对性。依靠主观判断来确定项目难度之所以不够可靠，其原因也在这里，这也是测验需要预测的原因之一。

（2）高低分组法。当应试者人数较多时，计算难度的一个简便方法是，先将应试者依照测验总分的高低次序排列，然后分出人数相等的高分组和低分组，再分别求出此两组在每一题目上的通过率，以两组通过率的平均值作为每一题目的难度。其公式为：

$$p = \frac{p_h + p_l}{2}$$

其中，p_h 和 p_l 分别表示高分组和低分组的通过率。

由于选择题允许猜测，所以通过率可能因机遇作用而变大，备选答案的数目越少，机遇的作用越大。为了平衡机遇对难度的影响，吉尔福特提出了一个难度的校正公式：

$$CP = \frac{KP - 1}{K - 1}$$

这里 CP 为校正后的通过率，P 为实得的通过率，K 为备选答案的数目。

假定一个题目有 75% 的应试者通过，若此题有 5 个备选答案，则 $CP = \frac{5 \times 0.75 - 1}{5 - 1} = 0.69$。用同样的方法可算出当有 4 个备选答案时，$CP = 0.67$；当有 3 个备选答案时，$CP = 0.63$；当有 2 个备选答案（是非题）时，$CP = 0.54$。

当题目的备选答案数目不同时，欲比较它们的难度，使用校正的通过率是比较合理的。

2. 非二值计分的题目难度计算

很多测验题目是按多级方式计分的，如论述题，有从零分到满分之间的多种可能结果。对于这类非二值计分的题目，通常用平均得分率表示难度，公式如下：

$$P = \frac{\bar{X}}{X_{max}} \times 100\%$$

其中，$\bar{X}$ 为应试者在某一题目上的平均得分，X_{max} 为这个测验题目的满分。

例如，某一测验题目的满分是 15 分，在这个题目上应试者的平均得分是 12 分，则这个测验题目的难度系数为

$$P = \frac{12}{15} = 0.80$$

（二）项目难度的等距量表

以通过率作为难度指标，实际上是以顺序量表来表示难度，它仅仅能指出题目难度的顺序或相对难度高低。比如，有 3 个题目，第 1，2，3 题的难度系数为 0.55，0.65，0.75，我们可以判断在 3 个题目当中，第 3 题最容易，第 1 题最难。但是我们不能说第 1、2 题的难度之差等于第 2、3 题的难度之差。虽然它们的相差数值相同，但由于人数百分比的单位是不一样的，所以不能认为难度差别一样。

如果被试者在所欲测量的特性上成正态分布，则可以根据正态分布曲线表，将试题难度作为正态分布曲线下的面积，查标准正态分布表，用以标准差为单位的等距量表来表示难度。例如，一个题目恰好被 50% 的人通过，那么它的难度处在标准分数量表上的零位，即标准难度系数为 0；如果某题的通过率为 84%，那么该题的标准难度系数为 -1σ（σ 表示标准差），而通过率为 16% 的题目的难度系数转换为标准难度系数后则为 1σ。从上面的例子我们可以看出，较难的题目的标准难度系数为正值，简单的题目为负值。根据正态分布曲线，我们可以很快地将普通的难度系数转换为标准难度系数，即查找 P 值相对应的 σ 值。

（三）难度的确定

1. 试题难度的确定

我们在编制一个测评时，组成它的那些题目难度到底该多大为合适，这要看该测评的目的是什么，其性质和题目形式有什么特点。

对于大多数的测评者来说，我们希望准确地测量出每个个体之间的差异。如果在某个题目上，所有的被试者全部答对或全部答错，则该题无法为我们提供个体的信息，也不会影响测验分数的分布，因此对测验的信度和效度没有多大的作用。P 值越接近于 0 或者接近于 1，越无法区分被试者间特质的差异。相反，当 P 值等于 0.50 时，区别力最高。

因此，我们在编制测评时，为了使该测评具有尽可能大的区别力，应该选择难

度在 0.50 左右的试题。但是，在实际的编制工作中并非如此简单。如果难度都是 0.50，那么试题之间的相关性将有偏高的趋势。

如果我们编制的一个测评是为了选拔或进行诊断，比如，高考或者公务员选拔考试，应该比较多地选择难度值接近录取率的题目。例如，要在部队当中选拔出一群最优秀的士兵，那么这种测评就应该有相当高的难度，从而能够辨别和选择少量最优秀的士兵。如果录取率为 10%，那么题目难度最好确定为 10%，使得这次测评恰好能使 10% 的优秀被试者通过；假如，编制的测评是要诊断或筛选出少量交叉的被试者，如果公司中的末位被淘汰，那么题目 P 值应该高，使得大部分的人都能够顺利通过，而只有那些差的被试者不能通过。

2. 测评难度的确定

我们知道，整个测评的难度取决于组成测评的各个试题的难度。整个测评难度水平需要根据测评分数的分布来确定。人的心理特征基本上是呈正态分布的，因此大多数测评结果应该符合正态分布的模型。如果我们选择的被试者具有代表性，则测评总分应该接近正态分布。

但是，如果所获得的分数不是正态分布的，而是得分多数偏高或偏低，则为偏态分布。偏态分布又分为正偏态分布和负偏态分布。在正偏态分布中，即大多数被试者的得分都很低，说明编制的测评对于所研究的被试样本组来说太难，必须对这个测评进行修改，增加足够数量的较容易的题目；在负偏态分布中，即大多数被试者的得分都很高，说明测评太容易了，必须增加足够数量的较难的题目。

当然，在某个测评分数出现了正偏态或负偏态时，并非都是需要修改的，因为有些效标参照的测评，出现偏态分布是允许的。

二、项目区分度

每个题目（项目）都可以看做一个独立的测评。一些题目对这个测评所需要测量的属性发挥了相当好的测量作用；有些题目则对测量被试者之间的差异毫无作用；有些题目测量出来的结果竟全部是错误的。项目分析的一个基本目标就是找到哪些项目能够最好地测量出整个测评想要测量的结构或特质。

如果测评和某个题目都能测量同一属性，就能预计在测评上表现好的被试者也能够正确回答那个题目，表现较差的被试者则不能正确回答。换句话说，好的题目能够把在测评上表现好的被试者和差的被试者区分开来。

项目区分度，也叫项目鉴别度，是指测评的题目对于所研究的人的特性的区分程度或鉴别能力。

区分度在选择性测评中是非常重要的。区分度高的项目往往可以很明显地把素质优秀的人员与一般的人员区分开来。不同性质的项目，其区分度的分析方法也不同。对于二值性计分的项目（要么满分，要么零分），可以采取点双列相关系数公式来计算：

$$D = \frac{\overline{X_p} - \overline{X_q}}{S_t} \sqrt{pq}$$

其中，D 表示区分度；

p 表示项目通过率，$q = 1 - p$；

$\overline{X_p}$ 表示通过项目被测总分平均数；

$\overline{X_q}$ 表示未通过项目被测总分平均数；

S_t 表示被测总分标准差。

对于非二值性评分的项目，则可以采取积差相关公式，项目得分与总分的相关系数揭示了项目区分度的大小，相关系数越大则说明项目区分度越高。

三、项目反应理论

（一）项目反应理论的概念

项目反应理论（item response theory，IRT）又叫潜特质理论，它不是直接对被试者对题目的反应进行统计分析的，而是找到被试者能力与题目反应概率之间的函数关系，通过这个函数来估计出被试者的能力。

虽然经典测评理论是编制测验的常用方法，其研究发展至今已经有近百年，并且还在不断完善中，但是作为一种理论，它的一些缺陷不是修改就能完善的。正是在这种情况下，现代测验理论应运而生。在项目分析部分，主要运用的就是项目反应理论，这是由美国测量专家洛德于 1952 年在其博士论文中提到的。

在此之后，特别是 20 世纪七八十年代，项目反应理论使用频率大幅度上升，得到了充分的发展。同时，随着计算机技术的发展，项目反应理论迅速被推广应用。目前，一些大型的考试如 TOEFL、GRE 等都相继采用了项目反应理论为基础的计算机化适应性测验。一些传统的智力测验，如比奈测验、韦氏智力测验、瑞文测验等也使用项目反应理论作为分析的理论依据。

（二）项目反应理论的假设

在讨论项目反应理论的优劣之前，我们先来看看项目反应理论的几个重要假设。与经典测评理论建立在弱假设基础上不同的是项目反应理论建立在强假设基础上。

第一，潜在特质空间的单维性假设，在项目反应理论中，假定测评中的所有测题都是测量同一种能力（潜在特质）或者同一种能力的不同方面。

第二，题目间的空间独立性假设，它的含义是当影响测评表现的能力被固定不变时，被试者在试题上的反应应满足统计独立性。简而言之，就是在考虑被试者的能力因素后，被试者在不同题目的反应之间没有任何关系。

第三，项目特征曲线假设，在项目反应理论中，假定了这样一条曲线，它反映了被试者对某一题目的反应概率与被试者真实能力水平之间的函数关系，称之为项目特征函数。

第四，非速度实验假设，这是项目反应模型的一个隐含假设，即测验的实施不是在速度限制下完成的。如果被试者成绩不理想，则其原因应该在于能力不足，而不是时间因素的影响。

(三) 项目反应理论的优势

项目反应理论的假设基础与经典测评理论是截然不同的。因此，在很多方面，项目反应理论对于经典测评理论有着不可比拟的优势。有一些问题经典测评理论无法解决，而项目反应理论有较大的突破。

第一，经典测评理论依据其项目分析法所得到的项目统计量受样本的抽样变动大。这些抽样所带来的问题，并不是经典测评理论所能解决的。而项目反应理论采用局部独立性假设和项目特征曲线，项目参数固定，不需要根据抽样计算答对率来计算参数。经典测量理论是确定性的，而项目反应理论是概率性的。因此，项目反应理论不会受到抽样变动的影响，即使是抽取不同被试样组，其项目参数依然是固定不变的。

第二，经典测评理论中，被试者的测评分数依赖于项目难度的高低，参加不同测验的被试者无法直接比较。解决这个问题的方法是对被试者实施同一测评。但是，事实上由于被试者素质能力的不同，实施同一测评往往会造成更大的误差。因为项目难度只有一个，在这个难度下只有某部分能力水平的被试者能准确估计，对于其他特别高或者特别低的被试者，误差就会比较严重。为了解决这个问题，项目反应理论提出了适应性测验、测验等值化等。

第三，经典测评理论中所用的平行测验或者说复本测验假设，在实际操作中是不可能实现的。即使是同一组测验对同一群体的被试者进行测评，由于遗忘、记忆、练习、动机、情绪等诸多因素的影响，不可能达到完全的一致。而项目反应理论没有采用平行测验这一概念，因此也就没有这样的问题了。

第四，经典测评理论无法预测被试者在一个新的测评项目上的正确回答概率，而这个概率在实际应用中对编制与被试者能力水平相适应的测评是非常重要的。项目反应理论的项目特征曲线就可以清楚地描绘出被试者能力水平与被试者正确回答概率之间的关系，因而在选拔、分配测评中用处较大。

第五，经典测评理论假设所有被试者的测评标准误差都是一样的。这种情况也不太现实，因为不同能力水平的被试者，其测评的稳定性是不一样的。而项目反应理论没有这样的假设，它采用了信息函数的概念代替信度理论，用测验对能力估计提供信息量的多少来表示测评的精度。这样，在避免平行测验的同时，也给出了不同能力被试者的测评精度。

（四）项目反应理论的缺陷

通过上面分析，我们可以看出项目反应理论体系是建立在更为复杂的数学模型上的。其理论与推导比经典测评理论更为严谨。但是，项目反应理论并不是无懈可击的，它也有自己的不足之处，主要在于：

第一，单维性假设实际上难以满足，这也是项目反应理论受到攻击的最主要原因。一个测验测评单一的潜特质，这在实际中难以满足，所以对于项目反应理论来说，更重要的是确定一个标准，即在多高的单维性程度下可以使用项目反应理论。

第二，项目反应理论的应用以二分计分法为主，而且局限于单维反应模型。

第三，项目反应理论的数学模型非常复杂，不容易掌握。

第四，项目反应理论测验要求比较严格，需要样本容量大。

本章关键词汇

信度　信度系数　重测信度　复本信度　内部一致性信度　效度　内容效度　结构效度　效标关联效度　表面效度　项目难度　项目区分度　项目反应理论

本章小结

1. 信度是指测评结果反映所测素质的一致性，也就是测评结果的稳定性、可靠性程度，即在相似情境下，用同一测评工具对相同个体重复施测，所得结果的一致性程度。

2. 信度的类型主要分为重测信度、复本信度、内部一致性信度和评分者信度等；影响信度的因素有样本团体的性质、测验的长度及测验的难度等。

3. 效度是指测评结果对所测素质反映的真实程度，一个测评工具具有多种效度，这些效度的确定依赖于测评的具体目的和评估效度的方法。一般来说，效度的作用比信度的作用更为重要，一个测评若效度很低，则无论信度有多高，也是无用的。

4. 效度可以分为内容效度、结构效度、效标关联效度及表面效度等；影响效度的因素主要有样本的性质、事先筛选与样本同质性等。

5. 项目分析是指根据被试者的反应对组成测评的各个题目（项目）进行分析，从而评价其适用的程序和方法。项目分析既能帮助测评使用者评价现有的各种测评，还非常适合特殊的和非正式的测评的编制。

6. 项目分析包括定性分析和定量分析，定性分析包括考虑内容效度，题目（项目）编写的恰当性和有效性等；定量分析主要是指题目难度和区分度的测量。

复习思考题

1. 什么叫信度？信度可以分为哪些类型？影响信度的因素主要有哪些？

2. 什么叫效度？效度可以分为哪些类型？影响效度的因素主要有哪些？

3. 项目分析有哪几种方法？

4. 如何确定测评的难度？

5. 项目反应理论的优势和劣势有哪些？

【案例分析】

信度的计算

现代企业之间的竞争归根结底是企业家素质的竞争。经理人，特别是职业经理人的综合素质、工作能力、解决问题的风格和工作动力成了企业发展的重要因素。某企业为了招聘到适合的职业经理人，准备使用企业高级管理人员综合素质测评工具，对应聘者的管理理念、能力特点、性格特征和职业兴趣进行测评，给出应聘者的总体评价。为了更加科学、准确地对应聘者作出全面评价，某企业打算对测评工具进行试测，以评估该工具的可靠性。为此，某企业特地邀请了12名测评专家作为参评人，并用此工具对他们前后两次进行了试测，其结果见下表。

两次测评结果表

参评人序号	1	2	3	4	5	6	7	8	9	10	11	12
第一次测评（x）	8	8	9	7	7	6	7	9	9	8	9	9
第二次测评（y）	8	9	9	8	6	6	9	8	9	8	9	9

◎思考题

1. 请运用本章估计信度的公式来计算一下对该测评工具试测的信度。

2. 如何提高测评的信度，请结合案例进行分析。

第十一章　素质测评报告

【学习目标】
1. 了解素质测评报告的定义及构成要素
2. 掌握素质测评报告类型及表述方法
3. 理解并掌握素质测评报告撰写的原则及注意事项
4. 掌握素质测评报告分析方法
5. 了解素质测评报告的一些应用实例

【引导案例】
　　素质测评报告是整个素质测评过程最后的关键环节，也是素质测评方案整体设计、项目取向、数据处理以及结果评价、发展建议等的集中反映。无论是组织还是个人，对最后测评信息的获取都落实在素质测评报告中。那么什么是素质测评报告呢？如何分析和应用素质测评报告呢？

第一节　素质测评报告的概述

一、素质测评报告的定义

　　素质测评实际上是一个搜集信息、处理信息、输出信息或反馈信息的过程。当我们对素质测评结果作了系统分析之后，最后剩下的工作即为报告测评结果了，从而形成素质测评报告。因此，素质测评结果的报告作为素质测评信息的输出或反馈，同样是素质测评过程中的一个重要环节。

二、素质测评报告的构成要素

　　标准的素质测评报告主要包括以下一些基本格式：
　　（1）前言。
　　每项测验都有它的目的和要求，前言就是对本项测验的总体说明，特别是一些相关基础理论的发展过程以及运用情况在本次测验中起到的作用等。
　　（2）测评信息。

① 测评基本信息

测评基本信息主要有测评编号、测评场次、测评机构名称、测评日期等。建立这些信息主要是为了便于归类存档，方便以后查询，同时也有利于测评机构树立自己的专业形象。

② 被测对象信息

被测对象信息主要包括姓名、性别、身份证号码、教育程度、职业取向、个性爱好等。这些信息有利于掌握被测对象的基本情况，为测评项目的选择、实施及以后对此项目的样本研究提供一些基础资料。

（3）测评项目。

测评项目的确立是测评过程中的关键步骤，测评机构的专业人员可根据委托方的要求，岗位分析后的工作说明书，以及被测对象的基本信息，选择合适的测评项目。

（4）测评结果及其分析。

测评结果是被测对象对测评项目作出相应反应后所得到的一系列对应结果，以及测评机构对这些结果的分析综述，包括文字表述、数据表述和图表表述。这一部分是测评报告中最重要的一环，要求结果一定要客观、实际，表述一定要清楚、易懂，分析解释力求精确适度、完整而不主观。

（5）总评和建议。

总评是测评机构对此次测评过程各个环节的整体评价，主要包括项目设计的合理性评价，测评实施过程的严谨性和规则性评价，测评结果分析的科学性、客观性和准确性的评价等。建议是测评机构根据此次测评得到的具体结果，结合委托方的要求，工作分析后的工作说明书，以及分析被测对象的各类相关信息而提出的中肯而客观的建设性意见，主要包括对委托方的建议和对被测对象的建议两大类。

总评和建议的撰写这一部分也具体反映了测评机构的实力，是测评科研机构和社会运用相结合的集中反映，直接为委托方提供了是否获取这些人才的客观依据，以及获取后如何开发使用的发展趋势；也为被测对象更科学、更客观地了解自己的优缺点，以及自己的发展潜能，为自己的人生选择和职业规划提供最为切实有用的科学建议。

（6）测评机构的信息和说明。

测评机构的信息和说明是素质测评报告的最后一环，主要包括免责说明和测评机构的地址、网址等联系方式等。

免责说明是素质测评报告这个整体中不可缺少的一部分，它主要是为了规避由测评报告而引发的各类纠纷和风险冲突，合理阻止使用测评报告进行一切违法活动的企图。免责说明虽然简单，但意义重大，作为一个严谨规范的人才测评机构，千万不能掉以轻心，而忽略了这一部分的撰写。

测评机构的信息是指在对素质测评报告中的最后署上自己的名称、网址、地址以及电话号码、主要联系人等，以方便被测对象以后作咨询，也有利于测评机构开展工作，树立形象，提高知名度。

三、素质测评报告类型

（一）素质测评报告的分类

1. 按形式分类

素质测评结果报告的方式，常见的有：口头报告、分数报告、等级报告、评语报告等以下介绍两种常用的报告形式：

（1）分数报告。

所谓分数报告，即以分数的形式反馈测评结果。分数的形式有多种，依其性质有四种基本形式：① 目标参照性分数，即依据测评指标本身要求而给出的分数；② 常模参照性分数，即根据被试者总体的一般水平而给出的相对分数；③ 原始分数，即在测评活动中直接得到的分数；④ 导出分数，即通过一定转换形式后得到的分数，其中，常见的导出分数有：名次、百分位数、Z 分数、T 分数、标准九分、C 量表分数、斯坦分数等。值得一提的是，上述分数形式之间存在交叉关系。

分数报告的优点是简洁、可加、可比性强，但缺点是所反馈的信息缺乏准确性。

（2）评语报告。

所谓评语报告，即以书面语言的形式反映测评的结果，这是一种最原始也是最常用的测评报告形式。

评语报告的优点是信息详细准确，但其可比性差。

2. 按内容分类

素质测评结果报告的方式，按形式来分有：分项报告和综合报告。

（1）分项报告。

所谓分项报告，即按主要测评指标逐项测评并直接报告，不再作进一步的综合。其优点是全面详细，但缺乏总体可比性，只能作出单项比较。

（2）综合报告。

所谓综合报告，即先分项测评，最后根据各测评指标的具体测评结果报告一个总分数、总等级或总评价。其优点是总体上具有可比性，但有"削峰填谷"之弊，看不出具体优缺点。

（二）素质测评报告的表述方法

翔实有效的素质测评报告对用人单位而言，直接影响到他们对人才的获取、录用、保持、开发、评价和激励等各个环节，关系到用人单位如何进行科学有效的人事决策和人力资源的最终配置和使用；对被测对象而言，影响到择业发展的科学合理性，关系到被测对象本人更好地认识自己、把握自己。

一般而言素质测评报告的表达主要有以下四种方法：

1. 文字表述法

文字表述法是指通过一定的格式，用一些比较容易理解的语言文字来表述测评结果的方法。

这种表述法具有描述内容翔实丰富，表述具体完备等优点，可以注意到测评结果的每一个细节，并且还可以分类、分系统甚至是分等级描述，有利于测评对象更好地阅读和理解测评结果。文字表述法的缺陷在于描述不直观、不简洁，加上文字表意存在着理解上的偏差，甚至会出现多义或歧义等，可能会对测评结果带来负面影响。这就要求撰写者具备较强的文字表达能力。

2. 表格表述法

表格表述法是指对测评数据进行归类、统计，最后形成表格来表述素质测评结果的一种方法。见表 11.1。

表 11.1　　　　　　　　　　　　人格测评表格报告

人格因素	原始分	低分特征	标准分	高分特征
乐群性 A	6	缄默、孤独、冷漠	4	外向、热情、乐群
聪慧性 B	0	迟钝、学识浅薄、抽象思考能力弱	1	聪明、富有才识、善于抽象思考
稳定性 C	13	情绪激动、易生烦恼	4	情绪稳定而成熟、能面对现实
恃强性 E	13	谦逊、服从、随和	6	好强固执、武断好斗
兴奋性 F	12	严肃、审慎、冷静、寡言	6	轻松兴奋、热情活泼
有恒性 G	11	苟且敷衍、缺乏奉公守法精神	4	有恒负责、做事尽职
敢为性 H	13	畏怯退缩缺乏自信心	6	冒险敢为、少有顾忌
敏感性 I	9	理智的、讲究实际、自食其力	5	敏感、富于幻想
怀疑性 L	11	信赖、易与人相处	6	怀疑、警觉
幻想性 M	14	现实、合乎成规、力求合理	6	幻想的、狂放不羁
世故性 N	11	坦白、直率、天真	7	精明能干、世故
忧虑性 O	10	满足、沉着、有自信心	6	忧虑抑郁、烦恼自扰
实验性 Q1	10	保守的、尊重传统观念与行为标准	5	自由的、批评激进、不拘泥于现实
独立性 Q2	10	依赖群体随意附和	5	自立自强、足智多谋
自律性 Q3	9	任意松懈、不顾大局	3	愿受约束、自律谨严
紧张性 Q4	14	心平气和、闲散宁静	6	紧张困扰、激动挣扎

　　表格表述法是一种定量表述法。格式清楚、数据精确、简单明了、前后对照形成一体，有利于测评对象一目了然地获悉自己的相关信息，也有利于测评机构归纳总结，整理归档。但由于表格中有些数据的专业性，如表 11.1 中的标准分概念，可能对阅读者的理解造成一定的障碍。与文字表述法相比，一般它不能提供表格之外的信息，也不能满足对隐藏在测评之后的那些信息作相应评述的要求。

　　3. 图形表述法

　　图形表述法是指对测评所得的数据进行相应的处理后，标注在图形上，用图形来表达测评结果的一种方法。见图 11.1。

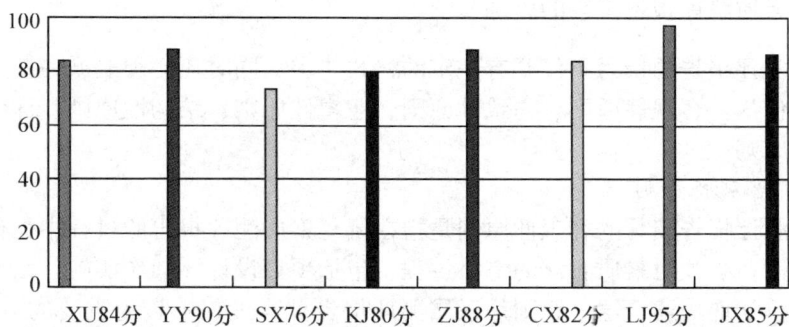

测评	代码	测评要素	分值
多重职业能力倾向测评	XU	一般学习能力	84.00
	YY	语言能力	90.00
	SX	数学能力	76.00
	KJ	空间推理能力	80.00
	ZJ	知觉能力	88.00
	CX	抽象推理能力	82.00
	LJ	逻辑推理能力	95.00
	JX	机械推理能力	85.00

图 11.1　测评数据的图形表述

　　图形表述法也是一种定量表述法。数据客观、准确、简明扼要、形象生动、一目了然，具有很强的直观性，阅读者的阅读不像表格表述法有时那么困难，也不会像文字表述法那样可能会造成阅读误解。因此图形表述法在人员素质测评中被普遍采用。一般而言，比较常见的有：折线图、柱形图、环形图、坐标图等。

　　4. 综合表述法

　　综合表述法就是运用文字表述的同时，结合表格或图形的引用，发挥不同表述方法的长处，形成一份既直观明了，又丰富翔实的人员素质测评报告。

事实上，可以全部用文字来撰写报告，却很少见到仅靠表格或图形来完成一份报告。表格和图形有其表述上的不完整性，而对某种维度上的测评数据常常需要作进一步的解释，这种解释就往往需要文字来作额外的补充。所以在人员素质测评报告的撰写上更多的是采用综合表述法。

第二节　素质测评报告的撰写

一、素质测评报告撰写的原则

素质测评报告的撰写不仅要有一定的格式要求，同时还必须遵循一些必要的原则。主要包括：客观性原则、一致性原则、逻辑性原则、结构性原则、详细性原则和实用性原则。

（一）客观性原则

素质测评报告撰写的客观性原则是指在撰写素质测评报告的过程中无论采用何种方式表述，必须对素质测评的整个过程，包括项目设计、操作实施、结果分析等进行客观科学地描述，这一原则是素质测评报告撰写过程中最为重要的一个原则。即使在素质测评过程中难免有一些主观因素会干扰和影响素质测评的客观性，但测评机构必须对此进行适当的处理和修正，尽可能地保证素质测评报告的客观性和科学性。

例如，在测评前、测评中、测评后进行多方面的客观化控制，以此减少主观因素对测评结果的影响；又如，在测评项目选择时，尽量采用一些被广泛运用、被事实证明具有较高信度和效度的量表，测评实施过程中严格控制主观人为因素的影响，在测评结果分析时，尽量请各位专家参与分析评价，取得最高限度的评价一致性。

（二）一致性原则

素质测评报告撰写的一致性原则是指在撰写素质测评报告过程中，无论项目设计的精确度如何，实施测评的客观性怎样，素质测评报告的撰写力求前后一致、左右贯通，务必做到不矛盾、不冲突，以保证测评报告的科学一致性，尤其是对于那些由各个测验项目合成的素质测评报告的撰写更要注意这一原则。

（三）逻辑性原则

素质测评报告撰写的逻辑性原则是指在撰写素质测评报告过程中，报告的内容、报告的结构等要相互关联，并且有一种由浅入深，环环相扣的内在逻辑规则。素质测评常常是多种测评工具或方法的组合使用，撰写报告时还要考虑不同测评工具或方法的相关逻辑性，从而更好地揭示出被测对象的内在素质。

（四）结构性原则

素质测评报告撰写的结构性原则是指在撰写素质测评报告时要遵循一定的格式，需要有一个比较易懂又不缺乏科学性的规范性结构。一旦形成规范，那么同一测评机构测评出来的报告基本上拥有一致性的结构，这对于形成测评机构的权威性和树立相应的品牌都是有利的。一般的测评报告结构由六大类构成（如上节所述），但不同的测评机构可根据自身的特点进行相应的变化，只要能达到预期的最佳效果即可。

（五）详细性原则

素质测评报告撰写的详细性原则是指在撰写素质测评报告时，对结构中的每个类别，每个类别中的每个指标，包括亚指标，必须知无不言，言无不尽。尤其对每一项测评结果的分析，包括优点、缺点，合理、不合理，适合、不适合等，做到尽可能的详尽。

（六）实用性原则

素质测评报告撰写的实用性原则是指撰写的素质测评报告无论如何表述，必须对委托组织或被测对象本身具有针对性，并且对其具有指导意义，实用性就意味着切实可用。有的测评机构出具的测评报告，洋洋数万言却不着边际，有的甚至根本就不适合委托组织或被测对象的外在发展环境，长此以往，难免会影响到测评机构自身的形象，甚至还会造成社会对人才测评行业的误解，不利于人才测评业的发展。

二、素质测评报告撰写的注意事项

人员素质测评报告是素质测评中极为重要的一个环节，是素质测评题目设计、过程实施、数据处理等各个环节的最终表述，也是对整个测评过程最直接、最理性的反映。无论是测评设计的独特性，还是测评过程的专业性以及最终结果的科学性，都将在测评报告中体现出来。因此，在测评报告的撰写中需要注意以下事项，防止以下倾向：

（一）宽容倾向或严格倾向

测评者在测评总结时受到自己的情绪的影响，采用过分宽容或者过分严厉的评价，造成评价标准的主观随意性，从而影响结果的客观公正。即不依据分数解释标准来评议，过分宽容或过分严格。

（二）极端化倾向或中心化倾向

即走极端，倾向于普遍打高分或低分，或总是给中间分数。

（三）以偏概全倾向

即所谓一错百错，一好百好，缺乏对事实的深入分析。

（四）逻辑推断倾向

即不是始终按测验所得实际结果进行评议，而是进行逻辑猜测判断。比如，某人有知识，就推断他一定具有判断力，其主要原因是缺乏对各项考核要素的充分理解。

（五）好恶倾向

即测评人员在自己喜欢的方面或擅长的方面，考核就严；在自己讨厌的方面，自己不擅长的方面考核就宽，缺乏实事求是的态度。

（六）"联想效应"

它又称"晕轮效应"。即因为某人在某一方面表现好或者差，就对此人的其他方面给予过高或过低评价，而不是依据事实对应试者作客观的评价。

（七）"定势效应"

由于测评者本身具有个人固有的经验背景、行为方式和价值观，造成在评价时存在一定的心理定势，有时会不自觉地根据自己的好恶来作出评价，偏离中立、客观、公正的立场。

（八）解释不足和解释过度

一方面，测评总结中所揭示的信息是依据各种测评工具和技术的结果，是以数据和基本事实为依据的。测评者如果没有充分解释数据和事实的内容，则会导致信息损失、解释不足；另一方面，测评者如果根据自己的主观臆断、猜测作出评价，而不是根据客观依据，则又会造成解释过度。

由此可见，测评报告最好能经过测评专家的复核，复核的目的主要是保证报告的权威性，保证测验结果的公正、科学、客观和有效。确认整个报告体现结构性、逻辑性、翔实性和客观性的特点。复核可以从这些方面进行：总体评价是否全面，报告内容是否有遗漏，测验结果是否真实有效，测验结果是否有前后矛盾之处，解释是否合理适度，评价是否依据所有事实等。

三、素质测评报告示例

无领导小组讨论测评报告样本

无领导小组讨论测评报告

××人才公司测评部

测评编号：20070621

姓　　名：李华

年　　龄：23

性　　别：男

教育程度：大学本科

前　言

本次测评的目的是为了了解被测对象在沟通能力、合作意识、分析能力和组织协调能力等四个方面的表现，为以后的培训发展掌握基本的信息。

测评项目

无领导小组讨论（Leaderless Group Discussion）是一种可信度较高的测评形式，经常用于人才招聘与培训中。通过这样一种对真实情景的模拟测评，能够考查被测对象某些能力所达到的程度。如影响力、组织能力、决策能力、表达能力、沟通能力、合作意识等。

测评分数

根据被测对象在此次无领导小组讨论中的行为表现，所得分数见图11.2。

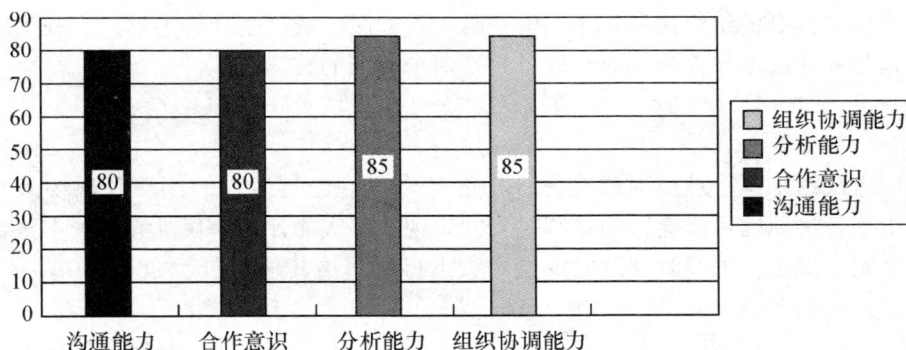

图11.2　被测对象的行为表现

结果分析

一、沟通能力

言语表达准确，用词符合人际沟通环境，发言积极主动，能积极提出自己的主张，肯定别人的意见。说服技巧尚有欠缺，发言多但有效发言比率还应提高。

二、合作意识

注意倾听别人意见，不随意打断，较好地处理讨论分歧，言语有一定的亲和力，能顾全大局放弃自己观点。对他人的意见有时没有足够重视及理解，出现了几次误解。

三、分析能力

陈述观点时有理由，阐述理由时较全面，有大局观。当讨论出现分歧时，能分析各方利益点，提出解决问题的方法。对问题的分析深度尚嫌不够，相关专业的知识面还需进一步拓展。

四、组织协调能力

保持讨论和谐进程，主动协调各方意见，有控制时间的意识，对目标实现起到核心组织作用。自主意识过强，没能很好采纳各方面的意见，影响了完成任务的效率。

结　　论

被测对象在小组讨论中的能力表现属于良好水平，很自信，整体观念强，在讨论中发挥了很好的组织协调作用。但在与人沟通时，成熟度尚嫌不够，自我为主的意识较强。建议增加人际沟通与业务管理两个方面的技巧培训。

声　　明

所得成绩来源于被测对象在测评中的基本表现、与他人的比较及现场参与程度，由于各种原因可能会影响被测对象的表现。本次测评结果仅供参考。本报告所含信息属于保密，未经测评对象本人同意不得泄露给其他人员。如需进一步咨询，请与本公司联系。

电话：6653××××

咨询人：李老师

第三节　素质测评报告的分析与应用

一般而言，对测评质量检测之后，当误差在我们所允许的范围内时，我们就要进行测评结果的分析与报告。其中，测评结果的分析包括数据综合和内容分析。

一、素质测评报告数据的分析方法

数据综合即指如何把零散的项目（指标）分数综合为一个总分数的方法。常见的方法有以下几种：

（一）累加法

累加法即把各指标（项目）的得分直接相加。其公式为：

$$S = \sum_{i=1}^{n} x_i = x_1 + x_2 + x_3 + \cdots + x_n$$

其中，S 为总分；

x_i 为第 i 个指标（项目）得分。

例如，某人的品德素质得分为 25，智能素质得分为 40，体质得分为 15，则采取累加法得其总分是：

$$S = x_1 + x_2 + x_3 = 25 + 40 + 15 = 80$$

累加法要求各指标同质并单位大致相近，否则要考虑采取加权综合法。

（二）平均综合法

平均综合法即把各项指标得分作算术平均数运算求出一个总分。其公式为：

$$S = \frac{1}{n} \sum_{i=1}^{n} x_i$$

其中，S 为总分；

n 为测评指数总数；

x_i 为指标 i 上的得分。

（三）加权综合法

加权综合法即根据各个指标（项目）间的差异，对每个指标得分适当扩大或缩小若干倍后再累加的一种方法。其公式为：

$$S = \sum_{i=1}^{n} w_i x_i = w_1 x_1 + w_2 x_2 + \cdots + u_n x_n$$

其中，S 为总分；

w_i 为第 i 个指标的权数；

x_i 为第 i 个指标的得分。

加权综合法是对累加法的一种改进，它不仅综合了被试者在各项指标上的得分，而且体现了各个指标在整体中的重要程度，因而显得更加合理。但是也有缺点和不足，有"削峰填沟"之弊，不便于拉开档次。

比较复杂的素质测评中权重还可以随着不同被试者得分的情况变化，即权重 w 不是常数而是 x_i 的函数，$w_i = f(x_i)$。

$$S = \sum_{i=1}^{n} f_i(x_i) \cdot x_i$$

例如，当我们要求综合时，素质 A 的分数重要性应该是素质 B 的 2 倍，那么按照 $k = \dfrac{\omega_A}{\omega_B} \dfrac{S_A}{S_B}$ 来确定具体的权重系数，这里 ω_A 与 ω_B 对应两个素质 A 与 B 的权重，$\omega_A + \omega_B = 1$，S_A 与 S_B 分别为被试者在素质 A 与素质 B 上的得分标准差，因为：

$k = 2$，假设 $S_A = 0.55$，$S_B = 11$，则有

$$2 = \frac{\omega_A \times 0.55}{\omega_B \times 11}$$

有 $\omega_A : \omega_B = 40 : 1$，取 $\omega_A = \frac{40}{41}, \omega_B = \frac{1}{41}$，

则 $S = \frac{40}{41} x_A + \frac{1}{41} x_B$

显然这里的 ω_A 与 ω_B 会随着被试者得分的变化而变化。

（四）连乘综合法

连乘综合法是把各指标上的得分直接相乘得到一个总分。其公式为：

$$S = \prod_{i=1}^{n} x_i = x_1 . x_2 \cdots x_n$$

其中，S 为总分；

x_i 为第 i 个指标的得分。

这种综合方法的优点是便于拉开档次，"灵敏"度高，但容易产生"晕轮效应"。当一个指标上得分非常小或为零时，整个测评的总分因此也会非常小或为零。

（五）指数连乘法

指数连乘法不但考虑了各指标上的得分，还考虑了指标的相对重要性。其公式为：

$$S = \prod_{i=1}^{n} (x_i)^{\omega_i} = (x_1)^{\omega_1} . (x_2)^{\omega_2} \ldots (x_n)^{\omega_n}$$

若两边取对数，则有

$$S^{'} = \sum_{i=1}^{n} \omega_i x_i^{'}$$

其中，$S^{'}$ 为 $\ln S$；

$x_i^{'}$ 为 $\ln x_i$。

显然指数连乘法转化为加权综合法了。但指数连乘法有利于拉开距离，区分被试者的档次。

二、素质测评报告的内容分析

测评后所得的结果仅仅是个性体，其意义常常不是很清楚。例如，某次素质测评中某人得了 80 分，看这个 80 分也许你会说这个人不错，但在公司中他究竟算优秀职员还是中等职员呢？我们并不明白。因此获得个体测评结果后，还应从整体上分析。只有从总体中、从个体与个体的相互关系中，我们才能真正把握与认识单个职员的素质水平。

素质测评结果的总体分析，主要包括整体分布分析、总体水平分析、差异情况

分析等内容。

（一）整体分布分析

整体分布分析即是通过图表的形式来分析素质测评结果的一种方法。常见的有：频数分布表分析和频数分布图分析。

1. 频数分布表分析

频数分布表也称次数分布表，即是以频数分布表形式来分析素质测评结果的整体分布情况。常见的有：简单频数分布表、累积频数分布表和累积百分比分布表等不同形式。

其中，累积频数分布表的制作可以在简单频数表的基础上进行，累积百分比分布表的编制是在累积频数分布表的基础上进行的。

2. 频数分布图分析

图形化的频数分布表即为频数分布图，也称次数分布图，它是以曲线或折线来表示相应的频数分布表的一种形式。常见的有：直方图和多边图。直方图是以面积来表示频数的分布；多边图是以相应纵轴上的高度点来表示频数的分布情况的图形。

（二）总体水平分析

上述整体分布分析的目的在于通过频数分布表或分布图了解在各分数段上的人数分布、最高分与最低分及其差距、偏态与峰态等情况；在于人们能够从直观上迅速地把握总体情况。总体水平分布则是通过众数或平均数分析，把握全部被试者的一般水平。

所谓众数，即相同人数最多的那个素质特征、分数或等级，它代表整体水平结构自然群中最大的典型群水平。所谓平均数，即所有测评结果在理论上的代表值。在众多的素质测评分数中，相互间可能各不相同。

（三）差异情况分析

差异情况分析包括整体差异分析与个体差异分析。其中，整体差异分析有极差、平均差、方差、标准差和差异系数等不同形式。

标准差、方差、平均差和差异系数都表示了总体的平均差异情况。差异量越大，说明总体内各个个体之间的素质水平差异越大，总体差异量的分析并不能具体地揭示某几个个体或群体之间的差异程度。为此，我们在作差异分析时还有必要作进一步的差异程度检验。具体方法有 U 检验、t 检验、χ^2 检验、F 检验、秩和检验等。当测评结果的分布不是很清楚时，一般应采取秩和检验、符号检验、合成秩次检验等其他非参数检验形式。

三、素质测评报告的应用

通过以上对素质测评报告撰写的学习，我们对素质测评报告有了一些了解。本节就重点介绍素质测评报告的一些应用。

（一）管理岗位评价报告（见图 11.3）

测评结果

王先生，38 岁，硕士，某集团总经理

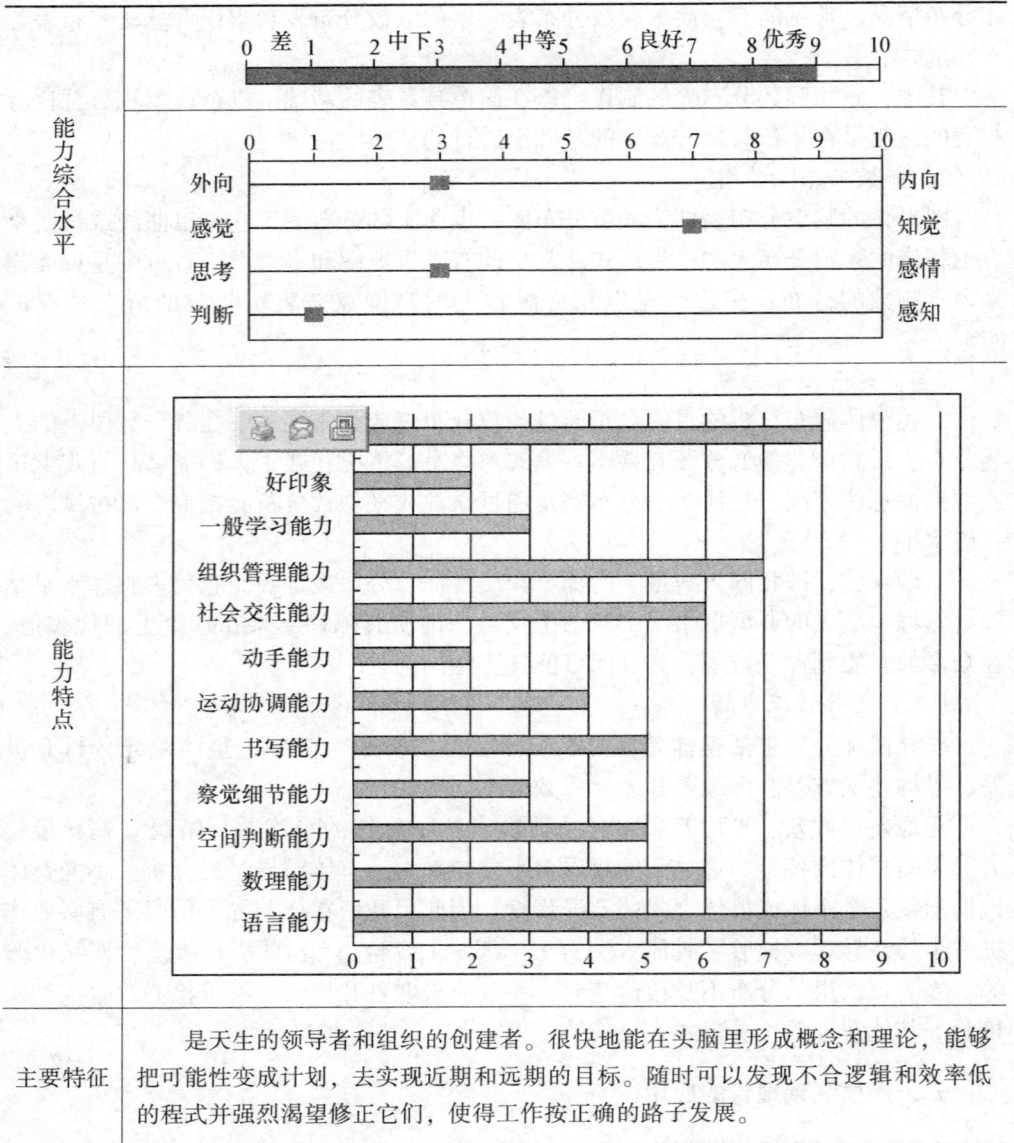

能力综合水平	差 0 1 2 中下 3 4 中等 5 6 良好 7 8 优秀 9 10
	0 1 2 3 4 5 6 7 8 9 10 外向 ——————— 内向 感觉 ——————— 知觉 思考 ——————— 感情 判断 ——————— 感知
能力特点	好印象 一般学习能力 组织管理能力 社会交往能力 动手能力 运动协调能力 书写能力 察觉细节能力 空间判断能力 数理能力 语言能力 0 1 2 3 4 5 6 7 8 9 10
主要特征	是天生的领导者和组织的创建者。很快地能在头脑里形成概念和理论，能够把可能性变成计划，去实现近期和远期的目标。随时可以发现不合逻辑和效率低的程式并强烈渴望修正它们，使得工作按正确的路子发展。

续图

给他人的印象	喜欢不断有新意的人际交往关系，并愿意在这些事上花费精力。经常对他人的言行提出置疑，希望他人出面维护自己的行为，这样就可以互相学习，钦佩那些反对、直言不讳，争论，有说服力的人，并渴望碰到这种人。喜欢事情解决得清清楚楚，但你对理论的偏爱可能使你广泛地凭理论去探索和讨论问题，从而忽略了实际。善言辞、决断、自信，但有时会使你凌驾于他人之上。别人一般认为你： *直爽、富于挑战性、决断 *客观、公正、有激励性
发展中需要注意的方面	1. 需要注意充分发展自己的知觉和思考偏爱。 对事物的知觉不够时，会不考虑其他的可能性，就过于匆忙地作出专制、武断的决策。这时候，你的决策可能变得： 思考不细，会找不到可靠的途径评估自己的洞察结果和制订计划。那么，决策就会前后矛盾，变化不定。 2. 当个人发展不顺利时，会： *过于客观、吹毛求疵 *强加于人、指手画脚、发号施令而不听别人意见 *变得易伤人、言辞很冒犯 3. 易于忽视情感和现实，因而： *看不到或不看重另外一个人对个人关系的称赞和表扬的需要 *在自己的计划中不考虑他人的支持和时间的需要 *忽略完成你的计划所必需的特殊和现实因素 4. 压力很大的时候，可能会被人怀疑所困扰；感到孤独，不受赏识，认为无法向他人表达自己的忧愁。

测评机构：中国沈阳人才市场评估中心

图 11.3　某集团总经理的管理岗位测评结果

（二）面试评价报告（见表 11.2）

智海人才咨询公司招聘面试评价报告

本面试报告用于×××旅行社的人员招聘，请注意妥善保存，未经授权及本人同意不得对外泄露应聘者的个人信息。

表 11.2　　　　　　　　　某公司的面试评价报告

委托单位：×××旅行社		应聘职位：前台接待	
应聘个人基本情况			
姓名：李某	出生年月：1984.7	最后学历：大学专科	毕业学校：××大学
所学专业：涉外秘书		所获证书及奖项：（略）	

续表

基于胜任力的面试评价说明

胜任力要求	评分(1~5)	权重	得分	说明	总分
礼仪风度	4	15%	0.6	从坐姿看出该应聘者没有经过规范的礼仪训练。但其他表现尚可，举止大方，语速适中	
情绪稳定	4	20%	0.8	对于直言本岗位困难性的提问反应平静自然，整场面试过程中能保持良好的情绪稳定性，但通过其对过去挫折经历的描述表明应聘者内在的情绪稳定性方面还有待加强	
人际关系	3.2	5%	0.16	通过其对大学同学人际交往的描述可以看出应聘者待人热情坦率，人缘颇佳，但在处理人际关系的方式上存在太过坦率的问题，容易在交往中遇到困窘	
工作动机与愿望	2.6	5%	0.13	在应答应聘本岗位的理由陈述中，表现出应聘者兴趣与薪酬的矛盾。个人职业生涯规划也较模糊	
工作责任心	3.8	10%	0.38	通过其大学期间所担任的工作及经历，表明应聘者做事能认真负责，且诚实可靠。在应答中宁愿牺牲个人利益也要处理好工作的回答，体现了这一点。但在工作主动性方面还需进一步加强	
配合协调性	3.6	5%	0.18	根据大学期间参加辩论赛的经历可以了解到应聘者甘当绿叶，愿意协助他人把工作做好，有较好的配合协作意识。但从对团队所作的贡献来看，应聘者还需加强配合协作的能力	3.68
客户服务导向	3.8	15%	0.57	整个面试过程中应聘者表现出良好的态度与情绪控制力，在对处理客户关系的问题上也能体现出"顾客至上"的精神，敢于主动承认错误。但也可观察到其内在情绪的不稳定性，可能影响到以后办事的效果与积极性	
解决问题能力	3.2	10%	0.32	在应对处理紧急事务的假设性问题时，应聘者表现沉着冷静，有条不紊，但宁可自己掏钱去解决问题的行为选择，固然精神可嘉，实际上是对通过自身能力这一途径来化解争端的否定	
外语水平	2.4	5%	0.12	通过CET-6表明其拥有良好的英语阅读、书写能力，但通过运用英语进行的自我介绍，可以看出在口语表达上还有欠缺	

续表

面试综合评价

优点	举止稳重大方，表达能力强，思维敏捷、反应迅速，并能在一定程度上控制表面情绪。对人坦诚热情，工作认真具有责任意识。沟通协调能力较强，乐于帮助他人，并具备自我认知能力和积极向上的精神
缺点	缺乏工作经验和社会阅历；对旅游业相关知识熟悉程度有限。工作主动性欠缺；处理人际关系方式不老练，缺乏个性与领导能力；内在情绪稳定性一般，容易受环境变化而影响到个人心情。不擅长自我职业设计，求职动机不明确
录用意见	1. 立即录用（　　）原因： 2. 有条件录用（　　） 原因：该应聘者虽然在许多方面超过了该岗位的基本胜任要求，但在诸如情绪稳定、客户服务导向等重要的胜任力方面还有一定的差距。考虑到作为应届生，可塑性强，故建议给予一定的培训与适应时间，在试用期间注意其在本岗位的发展潜力。 3. 拒绝（　　）原因：

面试考官签名：李某　王某　路某	日期：2005 年 7 月
公司地址：（略）	咨询电话：6540××××

（三）职业生涯设计测评（见图 11.4 和图 11.5）

测评结果

刘小姐，21 岁，未婚，大学毕业，学生兼导游

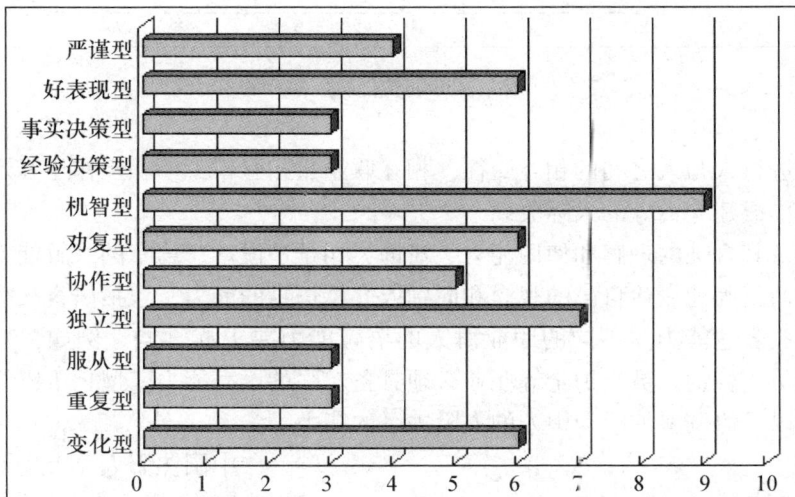

图 11.4　职业性格特征

在紧张的和危险的情境下也能自我控制和镇定自如，能很好地执行任务。在意外的情境中工作得很出色，当事情出了差错时，不易慌乱。

喜欢计划自己的活动和指导别人的活动。在独立的和负有职责的工作情况中感到愉快，喜欢对将要发生的事情作出决定。

喜欢设法使别人同意自己的观点，一般通过谈话或写作来达到。对于别人的反应有较强的判断力，善于影响他人的态度、观念和判断。

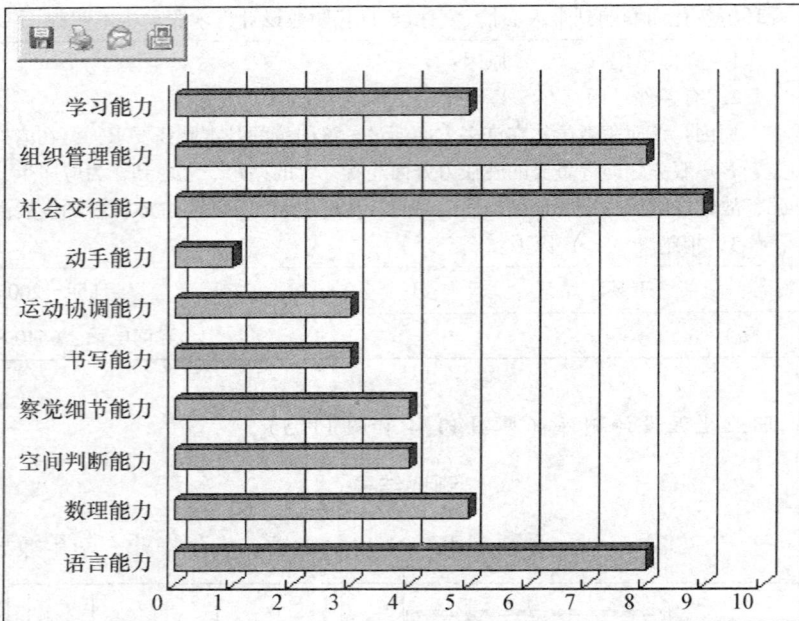

图 11.5　职业能力特点

善于进行人与人之间的相互交往、相互联系、相互帮助、相互作用和影响，从而协同工作或建立良好的人际关系。

对词及其含义的理解和使用能力，对词、句子、段落、篇章的理解能力，以及善于清楚而正确地表达自己的观念和向别人介绍信息的能力，包括语言文字的理解能力和口头表达能力。不同的职业对人的语言能力要求亦不同。例如，教师、律师、营业员、咨询人员、护士等职业必须具备较强的语言能力。擅长于组织和安排各种活动以及协调参加活动中人的人际关系的能力。

中国沈阳人才市场评估中心

本章关键词汇

分数报告　评语报告　分项报告　综合报告　文字表述法　综合表述法　定势效应　数据综合　整体分布分析　总体水平分析　差异情况分析

本章小结

1. 素质测评报告是在测评实施之后，通过对一系列测评过程产生的数据和信息进行综合分析，包含对被试者的素质评价、测评机构、时间、测评人等相关信息的一种报告。

2. 素质测评报告构成要素：前言、测评信息、测评项目、测评结果及其分析、总评和建议、测评机构的信息和说明。

3. 素质测评报告撰写原则：客观性原则、一致性原则、逻辑性原则、结构性原则、详细性原则、实用性原则。

4. 素质测评报告的分类：

（1）按形式分为：口头报告、分数报告、等级报告、评语报告等。

（2）按内容分为：分项报告和综合报告。

5. 素质测评报告的表述方法：文字表述法、表格表述法、图形表述法、综合表述法。

6. 素质测评报告撰写的注意事项：宽容倾向或严格倾向、极端化倾向或中心化倾向、以偏概全倾向、逻辑推断倾向、好恶倾向、联想效应、定势效应、解释不足和解释过度。

7. 素质测评报告数据的分析方法：累加法、平均综合法、加权综合法、连乘综合法。

8. 素质测评报告的内容分析方法：整体分布分析、总体水平分析、差异情况分析。

复习思考题

1. 简述素质测评报告的构成要素。
2. 简述素质测评报告撰写原则及注意事项。
3. 概述素质测评报告有哪几种表达方式？
4. 素质测评报告数据分析及内容分析方法有哪些？

【案例分析】

职业经理人测评

综合评价等级：

★ ★ ★ ☆ ☆

姓　　名：李某	应聘职位：总经理
性　　别：男	编　　号：ugsash00271
年　　龄：34 岁	测试日期：2008. 03. 17
学　　历：本科	毕业学校：××大学
专业方向：管理	

测评结果

答题情况

◆ 本测验共 582 题，平均用时 100′20。李某完成 580 题，用时 91′44。

◆ 李某回答问题有较高的掩饰性，本次测试结果中对其个性特征倾向的判断需慎重考虑。

一级指标数据图

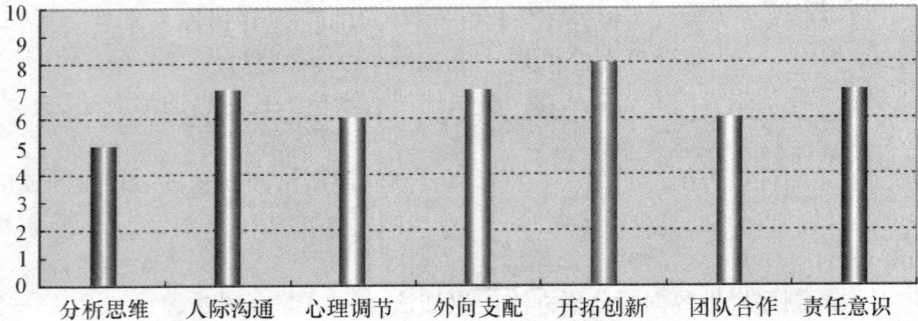

二级指标曲线图

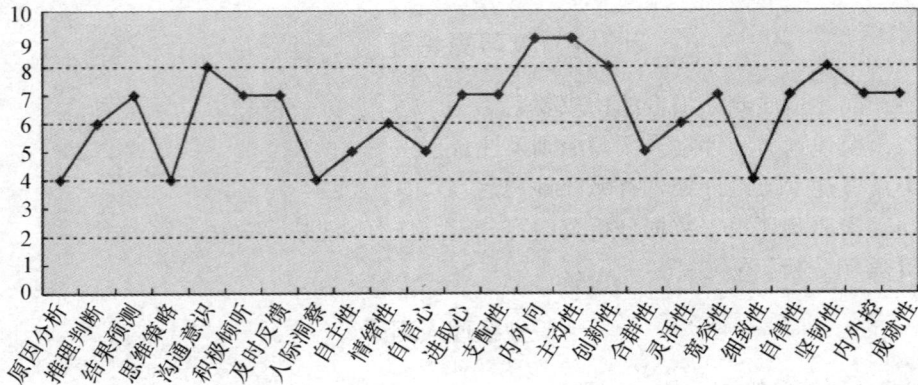

典型特征

优势特征：

◆ 沟通意识：有较强的沟通意愿，重视沟通在解决问题中的作用。

◆ 内外向：外向，热情活泼，喜欢与人打交道，做事积极主动，善于表现自己。

◆ 主动性：积极主动寻找机会，及时采取行动。

◆ 创新性：求知欲旺盛，强烈的好奇心，富有冒险精神，喜欢尝试新东西。

◆ 坚韧性：对目标执著，意志坚定，不气馁，遇到困难坚持到底。

详细解释

分析思维

		1 2 3 4 5 6 7 8 9 10	
5	难以运用已有知识经验去分析当前问题，使问题得以成功解决	. . . . ■	能够运用已有知识经验去分析当前问题，使问题得以成功解决
	相应素质：	1 2 3 4 5 6 7 8 9 10	
4	对产生问题的原因的把握不够准确，较难迅速抓住解决问题的重要线索	原因分析 . . . . ■	善于准确把握产生问题的原因，迅速抓住解决问题的重要线索
6	对事物间内在本质关系的把握不够准确，不善于厘清问题内部逻辑脉络	推理判断 . . . . . . ■ . . .	能准确把握事物间内在的本质关系，善于厘清问题内部的逻辑脉络
7	不太能够准确预测问题可能的发展方向	结果预测 . . . . ■ . .	能准确预测问题可能的发展方向
4	在解决问题时，不太关注对思维过程的调控，思考问题不太注意策略性	思维策略 . . . . ■	善于调控解决问题的思维过程，讲究思维的策略性

■ 在面临问题时，能够对造成问题的各种可能原因进行一定的分析，但判断不够准确；能从中发掘出一些解决问题的线索，但对重要线索的把握略显不足。

■ 能对现实事物内部隐含的关系进行一定的分析和判断，能抓住问题中一些事物之间的逻辑关系，有一定的准确性。

- 对已掌握的信息能进行较为深入的分析，比较准确地判断和预测问题的可能发展方向和结果。
- 在问题解决的过程中，能有意识地对思维过程进行调控，但有效性略有欠缺，解决问题的策略性不够强。

人际沟通

		1 2 3 4 5 6 7 8 9 10	
7	沟通时较被动，不太注意倾听，不注意及时反馈，人际敏感度较低，不太善于揣摩非言语信息	· · · · · · · ■ · ·	主动与人沟通，注意倾听，对沟通内容兴趣高，及时向对方作出反馈，人际敏感度强，善于揣摩非言语信息
	相应素质：	1 2 3 4 5 6 7 8 9 10	
8	沟通过程中显得比较被动，不是经常采用沟通来解决问题	沟通意识　■	有较强的沟通意愿，重视沟通在解决问题中的作用
7	沟通中不善于倾听对方，较少与对方产生共感	积极倾听　■	沟通中善于倾听，容易与对方产生共感
7	沟通中对对方的回应不够积极，不善于运用反馈技巧	及时反馈　■	沟通中能积极回应对方，以恰当的方式向对方表达理解
4	沟通中对非言语信息的把握不够准确，不太关注隐含的信息	人际洞察　■	沟通中能准确把握非言语信息，抓住隐含的信息

- 在人际交往过程中愿意与人交流，能主动采用沟通的方式来解决问题。
- 沟通时注意力比较集中，能向对方提问以澄清语义，从而比较准确地理解对方的言语，对对方所要表达的内容表现出兴趣，能体会和理解对方的情绪和情感，并给予关注和重视。
- 多数情况下会采取合适的方式向对方进行及时、清楚的回应，能让对方比较准确地理解自己的想法、感受和愿望。
- 对对方在沟通中表现出来的面部表情、姿势、动作、服饰、空间等非言语信息给予一定的关注，但对其隐含意义的理解不够准确。

心理调节

		1 2 3 4 5 6 7 8 9 10	
6	较难调控心理状态，情绪易波动，依赖性强	· · · · · ■ · · · ·	善于调控心理状态，情绪稳定，独立自主
	相应素质：	1 2 3 4 5 6 7 8 9 10	
5	缺乏主见，依赖性强，盲从权威	自主性 · · · · ■ · · · · ·	有主见，倾向于独立完成工作，不盲从权威
6	情绪波动，感性，易激动，不能调控好心理状态	情绪性 · · · · · ■ · · · ·	情绪稳定，理性，善于调节和控制自己的心理状态

■ 遇到事情，基本能独立思考，也有自己一定的意见和看法。
■ 情绪波动范围不大，偶尔会因为一些小事情或环境的改变而受到影响，基本上可以及时地对自己的心态和情绪反应进行调节和控制。

外向支配

		1 2 3 4 5 6 7 8 9 10	
7	信心不足，随遇而安，性格内向，喜欢受人支配	· · · · · ■ · · · ·	有自信，富有进取心，性格外向，善于控制局面，支配他人
	相应素质：	1 2 3 4 5 6 7 8 9 10	
5	缺乏信心，自卑，消极否定评价自己，无克服困难的勇气和决心	自信心 · · · · ■ · · · · ·	自我肯定，挑战自己，不盲从权威，有克服困难的决心和勇气
7	缺乏奋斗目标，随遇而安，满足现状	进取性 · · · · · ■ · · · ·	有高奋斗目标，喜欢竞争和冒险，追求成功和卓越
7	低支配欲，喜欢受人支配，有较强的从属性	支配性 · · · · · ■ · · · ·	喜欢控制事情的发展，支配他人，不愿受别人的约束，好胜心强
9	内向，沉默寡言，不喜欢与人打交道，不善于表现自己，喜欢自省	内外向 · · · · · · · ■ · ·	外向，热情活泼，喜欢与人打交道，做事积极主动，善于表现自己

- 对自己的能力有一定的信心，对自己的评价更为中性，有一定的克服困难的勇气和决心。
- 能够为自己设置较高的目标，并为之奋斗；比较喜欢竞争，对现状不满足；当遇到挫折或困难时，不容易气馁。
- 比较喜欢支配他人，比较喜欢控制事情的发展和进程，不愿受别人过多的约束，好胜心比较强。
- 外向，活泼，热情，喜欢与人打交道，做事积极主动，善于表现自己。但较少深思熟虑。

开拓创新

		1 2 3 4 5 6 7 8 9 10	
8	墨守成规，缺乏想象力，常处于被动地位	． ． ． ． ． ． ． ■ ． ．	富有创新精神，有主见，善于主动采取行动
	相应素质：	1 2 3 4 5 6 7 8 9 10	
9	常处于被动地位，更愿意满足于现状	主动性 ． ． ． ． ． ． ． ■ ．	积极主动寻找机会，及时采取行动
8	比较保守，比较喜欢遵循传统，不喜欢冒险，对探索新事物兴趣不高	创新性 ． ． ． ． ． ． ■ ．	求知欲旺盛，强烈的好奇心，富有冒险精神，喜欢尝试新东西

- 善于积极主动地寻找机会，及时采取行动以达到目标，喜欢不断去改变当前自身的处境。
- 具有较强的自觉性，有较强的求知欲和好奇心，有适度的冒险精神。

团队合作

		1 2 3 4 5 6 7 8 9 10	
6	缺乏亲和力，难以容忍他人，难以赢得他人的信任和支持，反应迟缓，难以灵活应对社交问题，难以激发团队功能	． ． ． ． ． ■ ． ． ．	有亲和力，善于容忍他人，赢得他人的信任和支持，关心人，灵活应对社交问题，激发团队动能

续表

	相应素质：	1 2 3 4 5 6 7 8 9 10	
5	喜欢独处，不愿与人打交道，很少相信他人，不被他人接纳	合群性 · · · · ■ · · · · ·	有亲和力，平易近人，容易被他人接纳，信任他人，喜欢与人交往
6	思维不灵活，反应迟缓，很少能应对社交场合中出现的问题	灵活性 · · · · · ■ · · · ·	思维敏捷，反应迅速，能自如应对社交场合的复杂局面和突发事件
7	排斥不同的意见，对人苛刻，好争执，易记仇	宽容性 · · · · · ■ · · · ·	善于接纳不同意见，体谅他人，不斤斤计较

■　在和他人相处时，能够为大家所接纳，不会引起他人的反感，对他人持有一定的信任。但在人际交往中不会表现得很活跃和容易亲近。

■　处事有一定的灵活性，能够应对一般的社交难题，基本上能够适应不同的社会生活。

■　对于大多数与己不同的意见和观点，能够表示理解和接纳，比较容易原谅他人的过失；尊重具有不同风格、个性或生活方式的人，对其行为方式表示理解；偶尔会和他人发生争执，但较少记仇。

责任意识

		1 2 3 4 5 6 7 8 9 10	
7	做事敷衍随意，不善于自我克制，无固定目标，低的成就动机，害怕主动承担责任	· · · · · · ■ · · ·	做事严谨细致，善于自我克制，对目标执著，强的成就动机，主动承担责任
	相应素质：	1 2 3 4 5 6 7 8 9 10	
4	做事粗枝大叶，敷衍随意，较难妥善完成工作任务	细致性 · · · · ■ · · · · ·	做事细致、认真，能妥善完成各项工作任务
7	自我控制能力较弱，放纵自己，比较散漫	自律性 · · · · · ■ · · · ·	严格要求自己，能自我克制，对人对事有自己较为严格的标准和要求

续表

	相应素质:	1 2 3 4 5 6 7 8 9 10	
8	没有明确的个人目标，目标经常变化、容易放弃原有任务	坚韧性 · · · · · · · ■ · ·	对目标执著，意志坚定，不气馁，遇到困难坚持到底
7	从外在因素解释问题，相信运气或命运	内外控 · · · · · · ■ · · ·	从内在因素解释问题，相信自身能力、经验、努力程度等的作用
7	不喜欢挑战，缺乏开拓精神，较少期待成功	成就性 · · · · · · ■ · · ·	喜欢挑战，有明确的目标，全力以赴追求成功

■ 较少关注细节的精确，做事不够细致、认真，工作上有些敷衍，较少能妥善完成工作任务。

■ 对自己要求比较严格，有较好的自我克制能力。能用自己的标准要求自己，能控制自己的行为。

■ 对于设定的目标或任务，较少改变或放弃，对自己认定的目标比较专注。当遇到困难或挫折时，会付出努力争取克服。

■ 经常从内在因素出发看待、解释问题，相信能力、经验、努力程度等自身因素对事情的发生、发展起着比较重要的作用。

■ 具有相当的成功欲望，具有较强的开拓精神，喜欢有较多挑战性的任务，并尽力获取成功。具有较为明确的目标，对自认为有价值的事情比较能够持之以恒，尽管有困难，也会尽量坚持到底，并对成功抱有较高的期望。

团队角色

指标名称	10　20　30　40　50　60　70　80　90	得分
执行者		47
统领者		51
指导者		49
智多星		44
外交家		47
评审员		54
支持者		46
实干家		46

■ 评审员是一个严肃及谨慎的人，并能自我控制免于过分热诚。喜欢三思而后行，故作决定的过程比较漫长。通常拥有很高的批判能力，并善于就有争论的事情反复思考。一个优秀的审议员很少出错。

■ 统领者最突出的性格是有能力推动其他人朝共同目标进发。有成熟、令人信任及自信的性格，善于放权。在人际关系方面，能很快找出有才能之人，并能知人善任，以达到既定的目标。统领者并不需要是团队中最聪明的人，拥有一般的外表，但却受人尊重。

■ 指导者是很有自发性、拥有无限精力及追求成功的人。很有野心并有强大的原动力。喜欢挑战别人、追求胜利。也喜欢领导和推动别人。如果遇到阻碍，则会另辟蹊径寻求解决方法。刚愎自用及独断专行的性格，使其在遭遇失败或挫折时，情绪会不受控制。指导者是个"面皮厚"、喜欢争论的人。但却不善于了解别人，在团队中扮演了最喜欢竞争的角色。

职业性格

指标名称	10	20	30	40	50	60	70	80	90	得分
现实型										72
探索型										70
艺术型										58
社会型										76
经营型										92
事务型										72

■ 经营型的人是精力充沛的、冒险的、自信的、支配的。更喜欢按自己独特的风格办事。当与人讨论有争论的话题时，常显得过于自信，并且总是强调自己的观点。喜欢销售产品，贩卖自己的理念，管理他人。喜欢拥有权力、声望和高的社会地位。具有良好的语言技能，喜欢用言语来控制和影响他人。

■ 社会型的人是友好的、有亲和力的、理解他人的。喜欢与周围的人待在一起，帮助他人，工作中能直接对他人产生影响。喜欢与人打交道而不是与数据或是事物打交道。喜欢寻求亲密的人际关系，喜欢教学、帮助他人，以及解决社会问题。关注人的福祉，喜欢解决人际问题的工作。不喜欢使用机器或工具，不喜欢需要大量智力投入或体力劳动的工作。喜欢按自己的情绪行事而非自己的头脑。喜欢通过让别人快乐来使自己快乐。往往把自己看做能够减轻他人痛苦的人。没有很强的竞争性，然而对朋友、家庭和工作全身心投入、忠诚。

■ 事务型的人是自控的。对结构性情境中的细节感到舒适和满意。喜欢保持事物的整洁和有序。喜欢与表格、图表和报告打交道。对身份、地位有强烈的认同感。对名字、日期或琐事有良好的记忆力。倾向于拥有许多朋友，社会化程度高，喜欢团体活动。

工作价值观

指标名称	10	20	30	40	50	60	70	80	90	得分
成就导向										93
独立创新										70
获得承认										87
人际关系										87
寻求支持										73
工作条件										63

■ 成就导向价值观放在第一位的人希望在所从事的工作中能够尽量施展自己的才能，看到自己的努力付出能够结出硕果，在工作中获得成就感是他们工作的最大动力来源。

■ 人际关系价值观放在第一位的人希望在工作中和同事保持良好的人际关系，追求同事之间的友谊，能够让自己为他人服务，工作中不干违背良心、道德的事情。

■ 获得承认价值观放在第一位的人希望在工作中能够使自己得到成长，不断取得进步，通过工作，使自己获得名望，也希望在工作中取得领导地位。

关于报告

本报告是运用诺姆四达开发的经理人素质测评系统生成的。本测评系统适合于企业招聘管理人员所用，本报告乃基于答题者所回答测验题目的结果生成，并且充分体现了答题者的答案意义。同时，也应该与其他有关的信息，如学业成就、教育背景、日常观察、面试、工作经历等结合使用，则会更好地提高招聘选拔决策的准确性。

本测评结果注意保密，只供公司领导、人力资源部负责人或测评者本人阅读。

咨询电话：010-5150××××

资料来源：诺姆四达测评咨询公司提供案例.

◎**思考题**

1. 为什么李某回答问题有较高的掩饰性？请结合测评结果进行分析。
2. 你认为李某适合总经理的职务吗？为什么？

附录：上海诺姆四达公司测评工具与测评服务

诺姆四达（NormStar）是专业的人力资源咨询公司，创建于 1998 年，为客户提供以促进人才发展为最终目标的整合服务，专长于素质模型构建及其应用，人才选拔与评价、领导力发展。致力于通过识别、培养和发展优秀人才，帮助组织建立人才竞争优势

10 多年来，NormStar 先后为数百家客户提供专业的测评咨询、培训及发展服务，其中 2/3 是世界 500 强和中国 500 强企业，领域遍及金融、能源、化工、汽车、机械、电子、房地产、电信、高科技、进出口贸易、服务业等 20 多个行业。

同时，我们的客户还包括政府部门、行业协会及高校等一流的组织。

一、面向教育领域的测评工具与服务

在教育服务领域，我们旨在帮助高校心理学、人力资源管理专业提供专业的教学辅助系统，以更好地提升学生的人才测评专业化水平及实践动手能力。在十余年间，我们根据客户不断升级的需求以及诺姆四达强大的测评咨询经验，开发了华瑞人才测评教学系统之标准化测验平台及评价中心模拟演练平台，以 B/S 软件平台为载体将全新的测评理念及经验传递给高校学子。其中：标准化测验平台：包含 31 个量表；分为实验导向、应用导向两大部分，实验导向部分主要是基于人格特质、人格类型理论、需求层次理论开发的国际通用经典测验的本土化修订版，如 16PF、气质测验、个人需要等；应用导向部分主要是基于麦克利兰的胜任素质模型理论自主开发的、以应用为目的的测验，如销售潜能测验、人力资源管理从业者岗位胜任力自评问卷等，能够满足心理测量、人才测评、组织行为学等课程实验教学的要求。

评价中心模拟演练平台：则是企业人才测评咨询实战的再现，除了各单项技术（行为事件访谈法、无领导小组讨论、角色扮演）的深度实训外，还囊括了评价中心技术应用的整个测评咨询流程，并融合了人才测评与人力资源招聘选拔、培训开发、绩效考核、员工职业生涯规划等选、用、育、留四大环节，一种 PICO 全新教学模式的创新，能够基本满足招聘选拔、培训开发、绩效考核、员工职业生涯规划、人才测评等人力资源管理核心课程的模拟逼真实训教学需求。

二、面向企业应用的测评工具与服务

在企业服务领域，基于人岗匹配及胜任素质模型理论，开发了标准之星测评、360°BMF考评系统、评价中心技术咨询等产品。

诺姆四达"标准之星"招聘选拔系列产品：摒弃传统招聘选拔工具采用测验量表组合、注重单一测评指标的解释与分析的测评模式，引入了"针对岗位素质模型，分岗位测评"的独特设计理念。通过对目前用人单位招聘的常见主要岗位进行分析，我们将测评的目标岗位分为十多类，包含管理、技术研发、市场营销、销售、客户服务、财会、文秘等不同方向、不同类别岗位的招聘选拔，覆盖80%以上的常见招聘岗位。测评工具已成为现阶段企业招聘选拔的必要环节。

诺姆四达360°反馈评估技术（360 degree feedback）又称多源反馈系统：它是由与被评价人有密切工作关系的人（包括被评价人的上级、同级、下级、自己）对被评价人进行匿名评价的综合评估系统，从而全面、客观地搜集员工工作表现的信息，了解其优势和不足，并可以通过多次评价结果的连续跟踪和记录，帮助员工进行科学的自我评价，促进其不断成长。现已将360°考评系统广泛应用于企业内部考评晋升环节中。

评价中心（Assessment Center）：是现代人才测评理论及其应用高度发展的产物，是近年来西方企业中流行的一种选拔和评价高级人才，尤其是中高层管理人员的一种综合性人才测评技术。诺姆四达在原有评价中心的理论基础上同时运用心理测验、面试、情景模拟等多种测评技术，对人的性格、能力、潜能和行为进行综合评价。诺姆四达评价中心与其他的人才测评技术相比，最大的特点体现在两个方面：第一，采用情景模拟的表现形式；第二，评价方法更加科学准确。奔驰、欧尚、中广核等数百家知名企业已成为诺姆四达评价中心主要服务对象。

NormStar以长期为一流组织服务的经验、严谨的态度和专业的精神，为客户的人事决策和人才发展提供优质的服务，成为优秀组织人力资源服务的首选合作伙伴。

参 考 书 目

［1］蔡圣刚，王永丽．人才测评应用中的两难问题［J］．中国人力资源开发，2005
（5）．

［2］詹一虹．人员素质测评在人力资源管理中的应用分析［J］．武汉大学学报：
哲学社会科学版，2007（3）．

［3］朱蛇华，张华初．我国人才测评存在的问题及对策［J］．中国人力资源开发，
2004（10）．

［4］郑盛日．人才测评理论发展概述［J］．交通企业管理，2007（11）．

［5］马惠霞，白学军，沈德立．论心理测验项目编写的科学性［J］．心理科学，
2007（5）．

［6］刘岩，梁镇．管理人才测评的难点及设想解决方案［J］．商业研究，2002
（3）．

［7］况志华，张洪卫．人员素质测评［M］．上海：上海交通大学出版社，2005．

［8］赵曼．公共部门人力资源管理［M］．北京：经济管理出版社，2005．

［9］彭剑锋．管理者能力评价与发展：和君创业管理文库［M］．北京：中国人民
大学出版社，2005．

［10］张爱卿．人才测评：MBA 精品课程系列教材［M］．北京：中国人民大学出
版社，2005．

［11］吴志明．员工招聘与选拔实务手册［M］．北京：机械工业出版社，2003．

［12］肖鸣政．人员素质测评［M］．北京：高等教育出版社，2007．

［13］费英秋．管理人员素质及测评［M］．北京：经济管理出版社，2005．

［14］于海波．员工招聘与素质测评［M］．北京：对外经济贸易大学出版
社，2009．

［15］肖鸣政．人员测评与选拔［M］．上海：复旦大学出版社，2005．

［16］孙宗虎．人力资源管理咨询工具箱［M］．北京：人民邮电出版社，2009．

［17］姚裕群．人力资源管理案例教程［M］．北京：中国人民大学出版社，2006．

［18］孙健敏．组织行为学［M］．上海：复旦大学出版社，2005．

［19］鞠强．如何考量员工主流品质：人才测评理论与实务［M］．上海：东方出版
中心，2004．

[20] 德斯勒. 人力资源管理 [M]. 曾湘泉, 译. 北京：中国人民大学出版社, 2007.

[21] 刘小平, 邓靖松. 现代人力资源测评理论与方法 [M]. 广州：中山大学出版社, 2006.

[22] 肖鸣政. 人员测评理论与方法 [M]. 北京：中国劳动社会保障出版社, 2004.

[23] 杜林致. 人力资源测评理论与实务 [M]. 广州：暨南大学出版社, 2008.

[24] 况志华, 马士斌. 人力资源素质测评 [M]. 南京：南京理工大学出版社, 1997.

[25] 王继承. 人事测评技术 [M]. 广州：广东经济出版社, 2001.

[26] 马欣川. 人才测评——基于胜任力的探索 [M]. 北京：人民邮电大学出版社, 2008.

[27] 况志华, 徐沛林. 管理心理学 [M]. 南京：南京师范大学出版社, 1998.

[28] 况志华, 马士斌. 人力资源素质及其结构分析 [J]. 南京：南京理工大学学报, 2007.

[29] 谌新民, 刘善敏. 人员测评技巧 [M]. 广州：广东经济出版社, 2002.

[30] 凌文辁, 方俐洛. 心理与行为测量 [M]. 北京：机械工业出版社, 2003.

[31] 卢荣远, 李凌, 等. 职业心理与职业指导 [M]. 北京：人民教育出版社, 1996.

[32] 吴谅谅, 谷健之. 人员素质测评 [M]. 杭州：浙江人民出版社, 1989.

[33] 爱德华, 霍夫曼. 人才心理测评 [M]. 艾晔, 译. 北京：中国财政经济出版社, 2002.

[34] 陈仲庚, 等. 艾森克人格问卷的条目分析, 医学心理学文集 [J]. 1982.

[35] 程正方. 现代管理心理学 [M]. 北京：北京师范大学出版社, 1991.

[36] 戴忠恒. 心理与教育测量 [M]. 上海：华东师范大学出版社, 2004.

[37] 龚耀先, 等. 艾森克问卷手册 [M]. 长沙：湖南医学院出版社, 1985.

[38] 彭剑锋, 包政. 现代管理制度, 程序方法范例全集, 人事考核卷 [M]. 北京：中国人民大学出版社, 2003.

[39] 彭剑锋, 包政, 等. 现代管理制度, 程序方法范例全集, 人员甄选录用与培训卷 [M]. 北京：中国人民大学出版社, 2003.

[40] 赵永乐, 等. 招聘与面试 [M]. 上海：上海交通大学出版社, 2006.

[41] 孙卫敏. 招聘与选拔 [M]. 济南：山东人民出版社, 2004.

[42] 黄娜. 面试及心理素质测评 [M]. 北京：中国人事出版社, 2006.

[43] 周文, 龚先, 方浩帆. 素质测评与职业生涯规划 [M]. 长沙：湖南科学技术出版社, 2005.

[44] [美] 理查德·吕克. 招聘与留用最好的员工 [M]. 李红怡, 译. 北京: 机械工业出版社, 2005.

[45] 王益明. 人员素质测评 [M]. 济南: 山东人民出版社, 2004.

[46] 刘葵, 蔡圣刚, 李高峰. 人员测评技术 [M]. 大连: 东北财经大学出版社, 2008.

[47] [美] John W. Johns. 人力测评 [M]. 上海: 上海财经大学出版社, 2001.

[48] 王继承. 人事测评技术 [M]. 广州: 广东经济出版社, 2001.

[49] 廖泉文. 人力资源考评系统 [M]. 济南: 山东人民出版社, 2000.

[50] 王垒. 实用人事测量 [M]. 北京: 经济科学出版社, 1999.

[51] 林泽炎. 诊断专家 [M]. 北京: 中国国际广播出版社, 2002.

[52] 吴谅谅. 人力资源开发管理技能 [M]. 北京: 华夏出版社, 2002.

[53] 肖鸣政. 现代人事考评技术及其应用 [M]. 北京: 中国人民大学出版社, 1997.

[54] 陆红军. 人员测评与人事管理 [M]. 郑州: 河南人民出版社, 1987.

[55] 费英秋. 素质的透视与测评 [M]. 北京: 中国物资出版社, 1994.

[56] 张国初. 人力资源管理定量测度与评价 [M]. 北京: 社会科学文献出版社, 2000.

[57] 李子燕. 中国识人学 [M]. 石家庄: 河北人民出版社, 1995.

[58] 晨曦. 人生测试全书 [M]. 北京: 经济日报出版社, 2000.

[59] 郑晓明. 工作分析实务手册 [M]. 北京: 机械工业出版社, 2002.

[60] 陈黎明. 管理能力与管理风格 [M]. 北京: 中国商业出版社, 2001.

[61] 张春兴. 现代心理学 [M]. 上海: 上海人民出版社, 2001.

[62] 徐升. 人才测评 [M]. 北京: 企业管理出版社, 2000.

[63] 许书扬. TOP100 面谈题目排行榜 [M]. 上海: 学林出版社, 1999.

[64] 刘锦山. 人才测评谋略 [M]. 北京: 中华工商联合出版社, 2001.

[65] 刘远我. 现代实用人才测评技术 [M]. 北京: 经济科学出版社, 1998.

[66] 汪洲. 惊喜心动测一测 [M]. 北京: 中国城市出版社, 2000.

[67] 阿尧咨询网: 本领测试 [M]. 海口: 海南出版社, 2001.

[68] 袁俊昌. 人的管理科学 [M]. 北京: 中国经济出版社, 1996.

[69] 林语堂. 中国人 [M]. 上海: 学林出版社, 1994.

[70] 吴志明, 孙健敏, 武欣. 人事测评理论与实证研究 [M]. 北京: 机械工业出版社, 2009.

[71] [英] 查尔斯·杰尔逊. 了解心理测验过程 [M]. 北京: 北京大学出版社, 2000.

[72] [美] 斯蒂芬·P. 罗宾斯. 组织行为学 [M]. 北京: 中国人民大学出版

社，1997.

[73]［美］加里·德斯勒. 人力资源管理［M］. 北京：中国人民大学出版社，1999.

[74] 孙健敏. 人员测评理论与技术［M］. 长沙：湖南师范大学出版社，2007.

[75] 唐宁玉，等. 人事测评理论和方法［M］. 大连：东北财经大学出版社，2002.

[76] 郑日昌. 心理测量［M］. 长沙：湖南教育出版社，1987.

[77] 安妮·安娜斯塔西，等. 心理测验［M］. 杭州：浙江教育出版社，2001.

[78] CASICO，W. Applied Psychology in Personnel Management，Englewood Cliffs［M］. NJ：Prentice-Hall，1992.

[79] LYMAN，H. B. Test Scores and What They Mean［M］. Boston：Allyn and Bacon，1991.

[80] M. R. BARRICK & G. L. STEWART. Relating Member Ability and Personality to Work-Team Process and Team Effectiveness［J］. Journal of Applied Psychology，1998，83（3）：377-391.

[81] DORAN H. C. The Information Function for the One-Parameter Logistic Model：Is Reliability［J］. Educational and Psychological Measurement，2005，65：665-675.

[82] EMBRETSON S. E.，REISE S. P. Item Response Theory for Psychologists Mahwah［M］. N. J.：L. Erl baum Asso ciates，2000.

[83] MACDONALD P.，PAUNONEN S. V. A Monte Carlo Comparison of Item and Person Statistics Based on Item Response Theory Versus Classical Test Theory Educational and Psychological Measurement，2002，62：921-943.

图书在版编目(CIP)数据

人员素质测评/赵琛徽主编;黄化锋,周新军副主编.—武汉:武汉大学出版社,2010.4(2024.2 重印)
管理学通用教材
ISBN 978-7-307-07628-0

Ⅰ.人…　Ⅱ.①赵…　②黄…　③周…　Ⅲ.人员测评工程—高等学校—教材　Ⅳ.C962

中国版本图书馆 CIP 数据核字(2010)第 024241 号

责任编辑:辛　凯　　　责任校对:黄添生　　　版式设计:詹锦玲

出版发行:**武汉大学出版社**　(430072　武昌　珞珈山)
　　　　(电子邮箱:cbs22@ whu.edu.cn　网址:www.wdp.com.cn)
印刷:武汉中科兴业印务有限公司
开本:720×1000　1/16　印张:21　字数:418 千字　插页:2
版次:2010 年 4 月第 1 版　　2024 年 2 月第 13 次印刷
ISBN 978-7-307-07628-0/C・255　　定价:49.00 元